图书在版编目(CIP)数据
无锡：一座江南城市的自白 / 汪春劼著.
上海：同济大学出版社, 2025.7.
ISBN 978-7-5765-1570-1
Ⅰ. K296.33
中国国家版本馆CIP数据核字第2025NK2516号

无锡：一座江南城市的自白

著　　作　汪春劼
出版策划　《民间影像》
责任编辑　陈立群(clq8384@126.com)
视觉策划　景嵘设计
内文设计　昭　阳
封面摄影　潘晓鸣
封面设计　陈益平
电脑制作　宋　玲　唐　斌
责任校对　徐逢乔

出　　版　同济大学出版社www.tongjipress.com.cn
发　　行　上海市四平路1239号　邮编 200092　电话 021-65985622
经　　销　全国各地新华书店
印　　刷　上海锦良印刷厂
成品规格　170mm × 213mm　336面
字　　数　353 000
版　　次　2025年7月第1版
印　　次　2025年7月第1次印刷
书　　号　ISBN 978-7-5765-1570-1
定　　价　78.00元

无锡

一座江南城市的自白

汪春劼 著

同济大学出版社·上海

序 言

2009年夏天，我在厦门主持过一个纪念储安平先生百年诞辰的学术活动，会议向学界征稿，春劼兄寄来论文并参加了会议，由此我们相识。以后虽偶有联系，但近十年间并没有再见面。今年九月间，我到无锡瑾槐书堂和当地朋友交流钱锺书的一段特殊经历。到无锡前，我想此行一定要见这位老朋友。

春劼兄不善言谈，这也许是我们见面太少的感觉，但我能体会到他内心对学术的热情和敬意。他的学术趣味及追求，我非常认同。春劼兄是史学科班出身，但对现实有强烈关怀，他的学术追求总是在历史和现实的结合点上表达出来。他写过两本有关中国大学校长的专著，虽然流传不是很广，但专业学者都熟悉他在大学校长研究中寄托的对现实的批判热情。

我到无锡后的两次学术活动，春劼兄都参加了，闲谈中他提及自己将有一本关于无锡地方史研究的专著要出版，希望我能写几句话。我对无锡地方史了解极少，我感觉春劼兄的美意是借此联络我们的学术友谊。我用了一个多月读完春劼兄这本专著，感觉他在地方史研究中找到了一个新的角度，即用一种不同于传统地方史研究的方法，将自己对一个地方的独特思考用一种新方式表达出来。

本书是关于无锡城市变革的一本专著，但与传统地方史研究中方志的写法不同，春劼兄独具匠心，用地理和人文融合的手法，巧妙地将自己对无锡百年来变革的思考，特别是对无锡乡贤在历史中的作用和事迹叙述出来，文笔清通又富感情，是文史研究又有散文味道。对百年来中国乡绅文化消失的思考，使得本书在相当程度上有了超越单纯地方史研究的意义，具有更深刻地思考中国文化变革的追求。

是为序。

谢 泳

2017年10月23日

目 录

第一编 消失的水城

水是无锡魂。水孕育了无锡，无锡又包容了水，水与无锡交融，血肉相依。三横四直的河网水系如经如纬，充盈城区的四面八方。

自建城起，无锡城内城外便河川纵横，傍水而居的人们，离不开水运，私家船曾经很普遍。

人口的增加导致与水争田。几千年间，不断地围湖筑圩，导致无锡水域面积呈下降之势。

可帝制时代，社会组织力、动员力都不强，又缺少大型设备，围湖填河规模毕竟有限。到民国年间，无锡城内绝大多数河流依然“健在”。

城市的魅力产生于它独特的地理环境和历史文化积累。设想水城无锡没有遭到破坏，而是延存至今，它的旅游价值、文物价值、经济价值将无以估量，这个“东方威尼斯”必成为“吸金高地”。

回顾水城无锡消失的历程，既痛心于决策者的短视，也痛心于对传统与自然的漠视。只有尊重自然，尊重传统，才能拥有更好的自然生态与社会生态。

城市奏鸣曲

一、城的早春

1. 城墙时代

花开花谢，草长草枯，这个星球上，一茬又一茬人群存亡过，一座又一座建筑兴废过。能经得住岁月洗礼的唯有日月星辰、高山大河，成千上万年它们都以同样的面目呈现给古人与今人。古人不见今时月，今月曾照古时人。

具体到无锡这块热土，人与物虽换了一代又一代，城址在两千多年的风风雨雨中，却始终未迁，而且无锡城名一贯至今，这在全国来说，也并不多见。

现在能看到的无锡城最早的地图，绘于1268年(南宋咸淳四年)，内容简略，只标了城墙、城门与中直河(现中山路)。中直河是当时京杭大运河的主航道(无锡段)，也是大运河一千多公里航线中唯一一段穿城而过的航道。这条大动脉上船来船往，运输繁忙，经过此河的既有赶考的学子、奔波的商人、公干的官员、也有流亡的皇帝与宫女……还有五花八门的货物。

明弘治七年(1494)的无锡县城图含有更多的信息。图上所标注的儒学(即学宫)、县衙、北禅寺、城隍庙以及城墙、河流、桥梁等，都在近几十年中消失了。如学宫，北宋时建于学前街(现大桥中学处)，以后多次大修，存世九百多载。学宫的建筑由两条轴线组成：东路为孔庙，有棂星门、戟门、大成殿、尊经阁等；西路为县学，有泮池、明伦堂、讲堂、教谕衙等。它占地几十亩，是无锡城最大的建筑群。其中大成殿是文庙的主体建筑，地方当局与社会名流常聚于此，举行春秋大祭与各种尊孔活动。

自宋至清，文化精英多在家乡的文庙接受教育，文庙自然成了一座城市文脉的中心。1905年科举废除后，文庙不再辉煌，但其场所仍为文化教育机构使用。

1930年6月，无锡县立历史博物馆也在孔庙建成开放，有陈列室及办公用房共30间，征集到藏品70种657件。1935年，藏品增至380种2346件，其中包括全套孔庙乐器、祭品以及明代无锡人民抗倭古炮、辛亥革命锡金(无锡、金匮两县)军政分府门额等。博物馆辟有5个陈列室，分别为：一，金石、雕塑、陶器；二，兵器；三，乐器、祭器；四，服装等；五，图书、物产、碑帖，全年观众达3万多人次。日本占锡时馆内藏品被洗劫一空，但每年的祭孔大典却从未中断。

从前每年二八两月第一个丁日祭祀孔子，后国民政府规定每年农历八月廿七日即孔子诞辰日，举行纪念仪式。1946年农历八月廿七日，为孔子2497年诞辰纪念日，也是当时的教师节，无锡城区中小学教师200余人，在此集会纪念教师的鼻祖，并聆听国学名师钱基博演讲。[①]

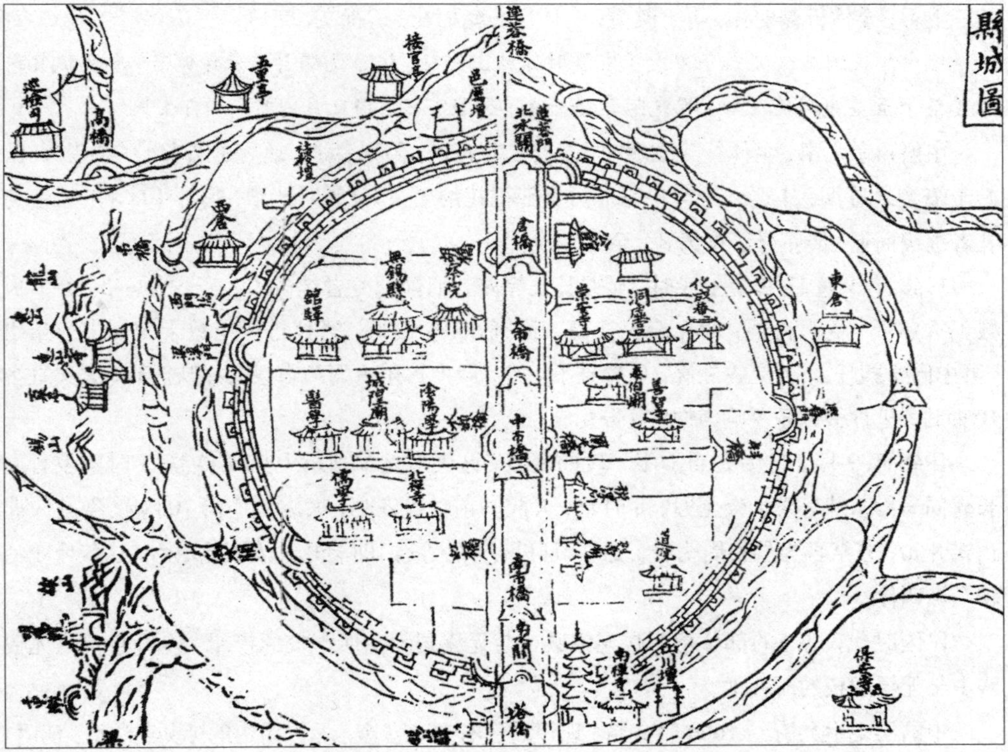

明弘治无锡县城图

1947 年 9 月 15 日为农历八月初一日，乃本年秋季丁祭之日。早晨八时，祀孔典礼在文庙举行，文庙内外，挤满了许多观礼的民众。参与典礼的有：县长徐渊若、议长李惕平、教育局杨局长、教育会杨理事长、无锡师范施仁夫校长及地方耆绅侯葆三、孙锡丞、朱梦华、蔡松如、虞循真等多人。大成殿已打扫清洁，“至圣先师孔子神位”立于大祭桌上，桌前置有铅质爵器、宝炉等祭器。徐县长任主祭，陪祭官李议长、教育局杨局长，通赞王韵楼，引赞顾毓澄、王小白，读祝朱梦华，司香孙振亚、沈彦洪，司爵钱殷之、顾衡如，司帛王承烈、王绍熊，司钟鼓裘少卿等人，鱼贯入场，依次肃立祭坛前。

祀典乃于庄严肃穆中展开，秩序为：全体肃立，辟户，迎神，继而钟鼓齐鸣，主祭官上

①《纪念孔诞庆祝教师节》，《大锡报》，1946年8月28日。

前三上香，全体行鞠躬礼，再三献爵，全体行三鞠躬礼，读祝文，文曰：

维中华民国三十又六年岁次丁亥夏时仲秋上丁日，江苏无锡县县长徐渊若，暨阖城官绅等致祭于至圣先师孔子曰：惟先师德隆千圣，道冠百王，揭日月以常行，自生民所未有……

主祭再敬大帛，全体行三鞠躬礼，至此众祭官退，陪祭者退，最后主祭者退，祭祀大礼，乃于缭绕之香烟，庄严之钟声中完成。全部祀礼约历20分钟。礼毕，鸣钟108响，全体与礼者缓缓而退，隆重之丁祭大礼，全部完成。[①]

1948年3月13日上午8时，无锡县长徐渊若偕同地方耆绅多人，着长袍马褂，在大成殿上香献爵，奠帛行礼，司祝捧祝文高声朗诵，乐声响起，祭仪进行中数十名舞生与乐生（县中同学担任），各穿古礼服，乐舞宣平之章，殿内古乐古舞与古祭器相映成辉，大典直至10时许，于钟鼓舞乐交响声中，宣告礼成。[②]

1948年9月9日为孔庙一年一度的丁祭，这天清晨学前街上热闹异常，7时整教育局长先同耆绅多人，祭于崇圣殿。8时整，大成门前钟鼓齐鸣，大成钟连击108响，祭孔大典正式开始，主祭官为县长周明馨。通赞高呼辟户，大成门即洞开。政权鼎革后，这些传统活动全被叫停。

民国时代，文庙的部分场所是无锡县中与无锡国专两所学校的校园，1960年代为无锡八中与无锡卫校的所在地。

中国历史上共有约1600座文庙，现存的还有300多座，无锡周边的苏州、常州、江阴、上海、南通的文庙至今“健在”，可无锡的文庙，主体建筑都已拆除，只有明伦堂、讲堂及戟门保存至今，县学门口两棵银杏尚存。明伦堂今为碑刻陈列馆。[③]

在大桥中学高楼的映衬下，明伦堂显得很卑微很弱小。文庙的主体建筑大成殿未能得到维护与保存。

1965年6月，经八中报告、市房管局等三部门会同检查鉴定，大成殿被确定为危房，停止使用并拆除，原址改建为教学用房，对此市文化局明确反对，认为大成殿是“无锡地区已发现的较宏伟的一座古代建筑，具有一定的历史和艺术价值，应列为文物保护单位”。翌

① 《昨举行祀孔典礼》，《人报》，1947年9月16日。
② 《大成殿庄严肃穆，昨举行祭孔大典》，《锡报》，1948年3月14日。
③ 无锡市园林管理局编：《梁溪古园》，方志出版社，2007年，第206页。
④ 徐忠宪编：《无锡市第三高级中学建校一百周年纪念册》，印刷品，2020年，第58-59页。

清末孔庙(张建清藏)

年 5 月，市政府不顾文化局的反对，批准拆除大成殿，可“文革”爆发，建房施工停顿。[④] 这座“危房”何时拆除，笔者现知三个版本，公益中学退休的徐志钧老师记得大成殿 1969 年被拆毁，尊经阁 1974 年被拆除；八中毕业的杨钧健先生则记为大成殿是 1968 年他下乡插队前就被拆；八中求学的徐忠宪老师则认为直到“文革”结束后大成殿才被毁弃。

文献上找不到无锡文庙“死亡”时间的确切记载，虽然距今并不远，可我们很清楚无锡文庙的出生年份——1058 年，那正是中国文化的最高峰，正是苏东坡、司马光、王安石等超级大腕们登台献艺之时。

明代无锡城市地图上，如今只剩南禅寺和妙光塔还在原地，见证着一个城市的千年沧桑，但其自身也迭遭创伤。南禅寺，南朝建寺，宋代建塔，1860 年太平军与清军交战，塔顶焚于兵火。1926 年荣宗敬荣德生兄弟捐 5000 元，唐申伯捐 1000 元修葺残塔，将砖木结构的塔顶、屋檐、平台、护栏均改建成钢筋混凝土结构。

1949 年后，南禅寺陆续改为工厂、民居，僧房全数拆除，最后只剩一塔独存。“文革”期间，塔上发生多起上吊事件。

1974 年的一个傍晚，狂风骤起，塔顶的避雷针被吹落，将一民房屋顶砸穿。宝塔周围居民闻之大惊。当时正值批林批孔时期，有人认为古塔纯属封建迷信的遗迹，以拆除为上；但也有人认为妙光塔已有近千年历史，1957 年 8 月又被定为市级文物保护单位，理应整修。几经周折，历时两年有余，市革命委员会决定拆除，并由市计划委员会下拨拆除经费 2 万元。幸亏计划经济时代，拆塔搭脚手架所需的毛竹 3000 根一时无法买到，拆除工作才延搁下来。不久，“文革”结束。[①] 1980 年 3 月，市政府拨专款 23 万元，修葺古塔，南禅寺得以恢复。

中国古代传统的地图绘制采用计里画方的平面符号和散点透视的写意山水方法，图面信息有限。西方地理思想经日本传入我国后，地图绘制始多采用经纬测绘的平面符号和多色套印的方法印刷。1881 年《无锡县城图》出版之后，无锡城市地图测绘进入近代测绘阶段。这幅地图一改中国传统制图的神似与稚拙，变得形似和精确，这是无锡城第一次以真实的龟背形象呈现于书中。

1881 年的无锡刚从疮痍满目中走出来。1860 ~ 1863 年，无锡遭受了太平天国战争毁灭性的破坏，人口从战前的 136 万，减少到战后的 45 万，损失 2/3。大量的耕地因劳动力缺乏而抛荒。城中建筑 90% 被毁，县衙门、文庙战后虽有重建，再也未能达到其以前的规模。

此际无锡因有全国四大米市之一的基础，商业很发达，南门外的南长街与北门外的三里桥，商店鳞次栉比，但仍是传统的农业社会，一根大烟囱也没有。130 公里外的上海因有外国的租界，工商繁华，马路宽阔，大量的有钱人躲避战火来此经营，不少普通人也离开故土到上海打工。无锡第一批企业家如杨宗瀚、周舜卿、荣宗敬荣德生昆仲等都是在上海接触到先进的管理后，走上实业兴国之路的。

2. 第一根大烟囱

清末，无锡是江苏第一个出现工业企业的县份。1895 年 10 月，杨宗濂、杨宗瀚兄弟筹资 24 万两白银，在东门外运河边创办了无锡第一家民族资本企业——业勤纱厂，拉开了近代无锡机器生产的序幕。同过去的手工作坊相比，该厂资本与规模都是空前的，雇有 800 名女工、200 名男工与 70 名童工。

业勤纱厂是无锡近代化的起始，它的创立对无锡城市发展影响至伟。无锡开始走出城墙，走向近代化，也开始由一个极其普通毫不起眼的小县城向苏南工业中心跨越。

第一根大烟囱让无锡人开了眼界，但工厂里的滚滚浓烟和轰鸣的机器声也让部分绅士反感。1900 年，在外闯荡多年、见多识广、年仅 26 岁的荣德生决定由经营钱庄转向兴办实业，在城墙外竖起第二根大烟囱时，遭到了绅士的抵制。后来打了两场官司，荣家的工厂才算搞起来。荣氏兄弟在西门外太保墩购地 17 亩，作为厂址。地分低田与高田，低田每亩 60 元，高田每亩 100 元。

1901 年底无锡第一家面粉厂也是全国的第五家面粉厂竣工投产。“厂房共用去二万，机器二万三千，股款三万九千，已透用四千元。幸赖当时钱庄生意好，那年余五千两，可以挪用。”当时 75 公斤小麦只要 2.85 元，在荣家创业的启动资金中，土地成本所占比例极低，那时无锡城墙附近仍有许多不适合耕种的荒地，地价便宜。时该厂只有 30 多名工人，规模有限，并处于创业阶段，没有品牌没有知名度，利润也很少。尽管如此，它却为后来荣家成为中国工商巨子奠定了基础。

1904 年在上海发家的周舜卿衣锦还乡，投资 8 万两白银开办了第一家缫丝厂——裕昌丝厂，自行仿造意大利式缫车 96 台，用机器缫丝替代传统的土法缫丝。至此，纺纱、面粉、缫丝这三大行业在无锡已打下根底。

从 1895 年到 1913 年，工商实业家在无锡共办工厂 19 家。这些工厂在就业、运输、土地、基础设施等各方面都推动了无锡城市的发展，从而使城市的功能结构和市容市貌发生根本性的改变，使“从前自然成长起来的城市”，在不太长的时间里“变成了现代化大工业城市”。

3. 火车开进无锡城

1906 年 7 月 18 日，无锡到上海铁路通车 (1908 年延至南京)，无锡从此迈入火车时代。当时锡沪间每天只运行客车 2 对，无锡早上 7 点 08 分与下午 2 点 38 分开，两趟车大致 4 小时 20 分后抵达上海。虽然与现在相比车次少，车速慢，但这是无锡交通史上的一个新纪

① 无锡市南禅寺地区规划建设办公室编:《南禅寺》, 上海科学技术文献出版社, 1993年, 第10页。

民国初期的无锡火车站

元，这个新元素的出现使无锡城市空间开始发生裂变。

此前无锡对外交通主要依赖水运，如无锡到上海，航船一般要走 3 ～ 5 天，轮船也要一天一夜（1900 年左右，无锡始有轮船），而火车到上海只要 3 ～ 4 个小时，这是一个巨大的飞跃，标志着除传统水运之外无锡又有了新的交通方式。

北门外运河边原来是很平常的农田菜园，火车站建成后，此地人口流量大增，地价大涨。城市的商业中心由城中、南门向北塘、北大街和火车站附近转移。

1912 年无锡建成区有 5 平方公里，是城墙内面积的一倍多。这一年，王朝时代结束，新上台的革命党人意气风发，为缩短市中心到火车站的距离，他们破墙开门，增添了光复门，使几百年的城墙多了一个缺口，城门数由 4 个增加到 5 个。

革命者对寺院风水没有禁忌，他们占用洞虚宫基址，建起了无锡市图书馆。这座建筑高 20 米，保持城内最高纪录 60 多年，曾经的市中心标志性历史建筑如今已度过百年华诞。

同年，在县长俞复支持下，费银 1 500 元，得到南京陆军地图测绘局华锦浦和南洋公学

(上海交大的前身) 工程系学生邓栽臣、张德载等人的协助，历时近百日，绘制了无锡第一张实测地图。该地图 1917 年出版发行，2008 年无锡市城市建设档案馆以《无锡老地图》名义再版，让其重放光彩。

这张实测地图真实反映了 100 年前无锡城的原貌。城内西南片仍有大片未开发之地，复兴路与解放路交叉处还有一块墓地。城墙外面除北门、西门、南门一带房屋较多，其他地方仍是农田，兴隆桥到锡山的路上，有大片坟茔。

地图上标示城里有公园、巡警总局、电灯公司与很多教育单位，它们都是新生事物，诞生于清末民国初。城中公园兴办于 1905 年，后扩展到 3.3 公顷，它是中国人自己创办的第一所公园；1909 年在连元街小学南面设置的巡警总局，起源于 1898 年商民自筹经费设立的商市团防局；1909 年孙鹤卿与薛南溟等人集资纹银 6 万两创办耀明电灯公司，翌年 6 月竣工发电，开业时有大小发电机 6 部，足装 16 瓦灯 13280 盏，此为无锡地区用电照明的开始。

竢实学堂 1898 年创建于连元街上寿禅庵；同年三等学堂也在崇安寺西方殿开办；1902 年东林书院改办东林学堂；1905 年竞志女学在水獭桥启程。以学堂代替传统的私塾，让学

无锡部分地块示意图 (1916)

生了解数学、物理、化学、外语等新知识，无锡的近代教育走在了全国的最前列。

1911 年，县立无锡初等工业学堂创办于崇安寺，江苏省立第三师范学堂也创办于学前街。师范学堂占地近百亩，教师有钱基博、钱穆等时贤，学生中有院士级的钱骥、汤定元、唐敖庆、史绍熙、钱保功、蔡旭、薛暮桥、钱俊瑞 8 人，这样的“产品”榜单足以让其不逊色于锡城任何一所高校。

1914 年爆发的第一次世界大战，给中国带来了机会，无锡工商业迎来了发展的好时光。城郊一些地块得以开发，由农田变成城区。

1917 年，杨翰西于北郊丁村长源桥建广勤纱厂，起初用工 1400 人，最盛时达 2200 多人。当时火车站以北还是一片旷野，广勤开工后，这里人烟渐稠，后筑周山浜至广勤厂的广勤路，成为火车站以北第一条马路，又“于道旁陆续修建市房，招引商贾，日趋成市，使一片旷野逐渐繁荣热闹起来”。杨翰西又陆续开办小学、医院，建小型发电厂，沿广勤路安装路灯。1921 年，更辟胥乐公园，建公共体育场。入夜，公园灯火通明，有多种文艺演出活动，市民俗称其为“夜花园”。在周山浜广勤路口，还建有华盛顿西菜馆和西式客房，市区新潮人士趋之若鹜，成为当时无锡一景。周山浜和夜花园地区逐渐与火车站以南的商业闹市连成一片。

作为无锡最主要的工业区，西门外集中了锦记丝厂、茂新面粉厂、申新三厂、兴业布厂等几十家大中型工厂。这些工厂对原辅材料的需求，又催生了大批配套协作厂商。纺织厂浆纱所用的淀粉需求量日增，西门一带粉坊如雨后春笋般涌现，进而产生规模更大的淀粉厂。产品包装所用的蒲包、草绳需求亦增，专营蒲包草绳的店号随之跟进。大工业带动手工业和商贸服务业，使西门外棚下街一带很快形成锡城又一商业闹市。

二、工业都市

1. 工业中心的确立

在工业化方面，无锡位居内地前列，至 1927 年其工厂数量在全国仅次于上海、大连。1911 年至 1927 年间，就工厂增加数量来看，上海由 48 家增加至 491 家，苏州由 2 家增加至 17 家，无锡由 8 家增加至 76 家，南通由 5 家增加至 13 家，南京由 1 家增加至 12 家，大连由 39 家增加至 146 家，广州由 3 家增加至 45 家。

1933 年商务印书馆出版的《中国都市工业程度之统计分析》一书中，龚骏先生这样赞美无锡——“上海天津武汉无锡广州，常称为我国之五大工业都市”，而“我国之重要工业都市，其工业完全为华商所经营，由华商自行创始，自行建设而自行发展者，首推无锡。无锡之新式工业，虽始创于中日战争 (1894) 以后，然其发展之猛进，实非它地所能及”。

作为民族工商业发源地的无锡，本是一个普通的小县城，在 20 世纪前期异军突起，跻身全国工业都市五强。更让无锡人自豪的是，这里没有租界，非通商口岸，不靠政府投入，没有外资，完全由民族资本创造了这个奇迹。当时的无锡人即宣称：“我国市场之有名者，若上海、天津、汉口等，皆为外人所经营，非我市民所自办。近虽有广州新市场之突起，然亦赖陈炯明、孙科等官吏助成之，不若今日之吾邑，纯粹出于地方人士之自动也。”

民国年间，无锡经济要远超苏州、常州与镇江、南京：

苏州为人文杰出之区，自沪宁铁轨通行以来，商市菁华几几乎一萎而不能复盛。自辛亥清政府推翻以后，公馆锁闭，几几乎一蹶而不克再兴，加之以风尚趋于空文，人情安于小就，其上焉者依旧宦情浓厚，其下焉者始终门户争持。分利之人，举目皆是；生利之业，罕乎有闻。而彼投我苏人嗜好之玩物商，窥我苏人罅隙之药物贩，则已据我苏人之堂奥也。不禁为苏人士一忧念、一汗下焉。自苏以西，若无锡、若常州则大不然。无锡境内，各项实业之发达之竞进有殊足令人称羡者。若面粉厂、若丝厂、若纱厂、若布厂、若电灯厂、若榨油厂，区区一县境耳，大小厂著名者已得二十余家，其结合团力，乘时而起，企图诸般新事业者正未有艾。”“武进境内实业亦在活动，比之苏州则略胜，比之无锡则不如远甚。由镇而宁，实业雏形尚未备具，他无论矣。

苏州、无锡、常州自然条件差不多，为何无锡能成为一匹黑马？实业家穆藕初解释道：“无锡教育之革新先于诸邑，学生界教育界人才之盛甲于他处，锡邑人民中有一大部分勤朴耐劳，工筹画，善经营，且富于冒险性质，易受外界刺激，而有一往直前之概。其因以集事者，殆得力于此多血质与胆汁质之混合体乎？境以内机声隆隆，百业繁昌，人民生计因之而裕。”[①]

工厂的增加吸引人口向城市聚集。民国初年，无锡城乡人口为 79 万余人，其中城区仅 5 万～6 万人。1920 年城区人口突破 10 万，1928 年接近 20 万，城市人口占总人口的比重为 23% 左右，1935 年升至 25%。

---

① 穆藕初：《实业与教育之关系》，赵靖主编：《穆藕初文集》，北京大学出版社，1995年，第147页。

无锡丝厂劳动调查表(李昆)[①]

厂名	所在地	成立年份	车数	工人数
裕昌	扬名乡周新镇	1905	330	720
锦记	西门外仓浜前	1908	310	670
源康	黄埠墩	1908	320	690
振艺	清名桥	1909	520	985
乾甡	通运桥	1909	208	560
乾丰	冶坊场	1915	256	630
鸿盛	亭子桥	1915	256	645
义昌慎	小粉桥	1915	248	620
瑞康慎	跨塘桥	1917	280	546
锦丰	周山浜	1920	240	630
宏昶	周山浜	1920	240	600
工资	最高每日0.35元，最低每日0.08元，饭自理			
工作时间	仅开日工，早晨5时上工，傍晚6点半放工，每日工作13小时，星期日并不停工			

城区人口急剧膨胀，旧城难以负荷，客观上要求打破城墙的禁锢，在城外辟建新的居住区。沪宁铁路通车后，城区私房出租占私房总量的一半，仍不敷住房需求，人们惊呼："旧城厢快要胀破了！"为了便利本厂工人居住，规模较大的企业先后建造了一批工房，在城厢外围和主要工厂区周围，形成庆丰里、丽新里、乾德里、华新里、豫康里、勤工桥、通扬桥、振新一村二村等工房区，全市此项工房，大小不下两三万幢。

工厂给企业家带来丰厚的利润，无锡当时除了荣家、薛家、杨家、周家、唐程、唐蔡这六大资本集团外，还诞生了一批追随这些大老板的职业经理人，如薛明剑、王禹卿、王尧臣等。

拥有巨额财富后，企业家便在家乡修桥、造园、筑路、办学。1912 年，荣宗敬、荣德生昆仲在家乡荣巷附近购山地，植梅花，筑园林，至 1934 年梅园亭台楼阁等所有建筑基本建成，占地 81 亩，成为无锡著名的风景区，与杭州超山、苏州邓尉山并列为江南三大赏梅胜地；1917 年，杨翰西以 2000 元，置鼋头渚山地 60 亩，筑路筑屋，利用太湖山川资源，开发鼋头渚风景园林；1927 年，王禹卿在蠡湖畔斥资造蠡园；1929 年，荣氏兄弟在太湖边的小箕山，买荡地 250 余亩修筑锦园；1930 年，陈梅芳在蠡园旁，填芦苇荡，叠假山，植树木，筑渔庄。这些园林让青山绿水的无锡锦上添花，无锡的旅游业开始火起来。1928 年秋冬之间，党国要人蒋中正、阎锡山、李济深、何应钦等先后来锡游览，对其天然胜境赞不绝口，认为其称得上是“风景都会”，“将来扩而大之，不难与南京之‘政治都会’、上海之‘经济都会’鼎足而三”。大批游客的到来，也带动了无锡交通、餐饮业的发展。

2. 工业化的“马车”

由于工商业的拉动，无锡城市开始形成轴向发展和组团发展的布局特征。

一是工商业沿着运河、铁路、公路等主要交通线向外延伸，成带状分布，工厂、商店、堆栈、码头、货场相对集中，如北塘—蓉湖庄一线、长埄路—羊腰湾一线、周山浜—广勤路一线。

二是在闹市口和交通要道口形成各有特色的经济组团，呈块状分布，如吴桥、北塘、三里桥至莲蓉桥沿河，粮油行、粉麸号、南北山地货行及堆栈较为集中；江尖—南尖—龙船浜—李家浜和迎龙桥—西水墩两处，以纺织厂、碾米厂、面粉厂及相关仓库为多；清名桥、南塘和亭子桥等处，以丝厂和相关行号、堆栈为主；机械修造业、翻砂业、则集中于光复门外及惠农桥；造船业主要分布于泗堡桥、塔桥下和丁埄里。

三是商业服务业也在发展中形成一定的片区，如零售商业主要分布在城中大市桥－崇安寺、北大街、光复门等处；批发商相对集中于北塘、工运桥等地；金融业则处于与北塘和北大街相邻的财神弄；娱乐业则以火车站、汉昌路一带为多。

工商业日臻繁盛，工业建筑不断增多。1911 年至 1937 年，无锡城新建各类建筑达 120 万平方米以上，其中 55 万平方米为工业建筑，占 46% 左右。1949 年底，无锡城区建筑面积 315 万平方米，其中工商业用房 110 万平方米，住宅 180 万平方米。在住宅中，新兴工商业者占 70 万平方米。因此，工商业资本占有的房产将近 60%。这从一个侧面反映了工商经济在城市发展中所起的作用。

民国初年，无锡城厢已具有都市特征，建成区面积达 5 平方公里，抗战爆发时已扩展至 10 平方公里，这无疑应归功于近代工业的快速发展。

抗战前夕，无锡有一定规模的工厂近 200 家，资本总额 2 000 万元，产业工人总数不下 6 万人，工业大致构成一定体系。而当年常州只有为数极少的几家小纺织厂、小铁工厂以

① 1920年5月1日《新青年》劳动节纪念号。

茂新第一面粉厂

及一些手工作坊；苏州到1949年，千人以上的工厂只有一家，手工业占全部城市产业户数的94.5%。其余工厂中，职工50人以下的又占91%，人们嘲笑“工厂没有庙宇大，烟囱不及宝塔多”。镇江开埠后，陆续建立了电厂、水厂、火柴厂、碾米厂和面粉厂，但始终没有形成规模。[①] 辉煌一时的南通近代工业在1924年便进入拐点，其后江河日下。

正当无锡工商业一骑绝尘高歌猛进时，日本发动的侵略战争让其遍体鳞伤。1937年10月，日军飞机重点轰炸了火车站与惠山一带，造成房毁人亡；其后日军在北门一带放火，不少房屋毁于一旦。大量工厂要么被毁要么内迁，企业主、技术工人、城市管理者等本地精英纷纷“跑路”，无锡经济一落千丈，现代化的进程遭受重创。“我们真无法想象，如果无锡的新工业不经过八年的停滞和破坏，将发达至怎样灿烂的地步？如果无锡的文化教育不经过八年的空白和脱节，将进步至怎样光华的境界？如果无锡的人物不经过八年的压抑和蛰伏，将怎样的风起云涌？”[②] 当年记者发出的天问至今仍掷地有声，令人叹息。

抗战胜利后，无锡经济有所复苏，可还没有达到其战前最好状态时。国共易手，部分企业主携带资金远走他乡，留下来的也在私有制改造中走向边缘化。

3. 地价最高的北大街

任何一个城市，都存在区位上的差别，市口有好有坏。现在人民路与中山路交汇处的三阳广场为无锡的商业中心，区位优势明显。可1948年无锡地价最高、人气最旺的当属北门外的北大街，北大街从北门到莲蓉桥，长只有120米，宽7.5米(1937年日本侵略时被焚毁，重建时拓宽至7.5米)。地价次高的为通运路(火车站到吉祥桥)、北大街附近的市行弄和北塘大街南段。1935年的无锡县，城市地价分为以下几个等级：一等区域为北门外北塘，光复路、汉昌路、通运路地区，每亩地价达到16000元；二等区域包括光复门外亮坝桥、周山浜、崇安寺、大娄巷、西门外大街和迎迓亭(现三阳广场西南角)，平均地价在四五千元一亩；三等区域包括上塘街、盛巷、驳岸上、熙春街、大河上、三下塘、中市桥巷、南门外校场里、驻总桥、三皇街、东大街、学前街、中市桥街和谈渡桥；四等区域包括新庙前、北水关、南市桥街。其他像羊腰湾、南上塘属五等区域，亭子桥、南水仙为六等区域，吴桥为七等区域，山清水秀的惠山地区已经是八等区域了。地价最低的是尤渡乡的塔影桥、五河乡的张家桥。

北门这一片能成为无锡的商业中心，同当时交通状况有很大关系。时无锡汽车甚少，而北门一带既靠近火车站，又有码头，还有纵横交错的河网，各乡镇航船码头群集于莲蓉桥下，四乡八里的民众都在此换乘，客流量非常大，市口最佳。

北大街两边的商店建筑，大多为三四层楼，有的高达五层，比中山路两旁的房屋要高一些，而且大都是钢筋水泥结构的现代楼房。街上店招林立，人头攒动，一批名店，如万大糖栈、大成绸庄、裕丰北货公司、日新绸缎庄、时和绸布庄、大华照相馆在此扎堆。

1973年，北大街铺柏油路面。1988年4月，有关部门调查，这里共有商业店家和机构30家，其中商店15家，商业批发站7家，饮食服务业7家，其他1家，商店数量明显比解放初期减少。1990年北大街拓宽，其东侧的半面街几乎全部拆除，包括已列为市级文物控制保护单位的百年老店“时和绸布庄”在内的几十家商店和200多家居民都被拆迁，昔日的繁荣景象逊色大半。

2002年，北大街再次拓宽，其两侧的坛头弄、布行弄、小郲弄、芭斗弄(即原来的长城门弄)，以及桃枣沿河、麻饼沿河、茅蓬沿河和芋头沿河等“四大沿河”也全部拆除。北大街

---

① 茅家琦主编：《无锡近代经济发展史论》，企业管理出版社，1988年，第223页。
② 钱可亭：《我写无锡》，《锡报》，1946年6月2日。

变成有路无街的状况。交通畅通了，楼房建高了，但商气全无了，以至于当时有人评论说："北大街变成了北大荒。"

无锡县公共体育场开幕纪念(《无锡县立公共体育场年刊》第1期)

北门附近的北塘乃古芙蓉湖的一部分，河面宽阔达二百米，非常适合众多大船停泊。清末民国初这一带成为米市的集中地，聚集了一批粮食加工企业与储放粮食的仓库晒场。此外，还有一些纺织厂。

国民政府时代，无锡县改市未能成功，县政府设在县前街原金匮县衙门；原无锡县衙门改为地方法院。明清两代无锡县衙就在汉朝子城的位置上，是一个庞大的建筑群，整个区域由玉带河环绕。鼓楼、正门、驰道、仪门、大堂、埠民台组成中轴线，真武堂、迎宾馆、同心堂、衙役房等几十间房屋分列两旁。

地方法院东面在 1934 年扩建成省第三监狱，占地 10 亩，耗资 7.8 万元，其中 2.8 万元来自工商界的捐款。1934 年该监狱在押的犯人 439 人，其中女性 41 人，犯人中抢夺罪者最多，有 144 人；次为贩吸鸦片者，100 人；还有 3 人是政治犯，罪名是危害民国。[①] 王朝时代，按制式监狱跟衙门连在一起，清时无锡城设无锡与金匮两县，两县衙都有监狱。省第三监狱直到 1964 年才从市中心拆除移到吴桥西路。

监狱北面原是一片墓地，1911 年在此辟建无锡县公共体育场，有半圆形跑道 200 米，习称内操场。1918 年在西门外购买一座旧仓库(今自来水公司)，场地 16 亩，改建成无锡县立公共体育场，建有 200 米半圆形跑道，篮球、足球、排球场和单双杠等设施，又称外操场，相应地把羊腰湾运动场称为南操场。

1920 年代，无锡便以暴发户的姿态名列中国工业名城。"论工业者必誉之谓中国之芝加哥，论风景者亦必仍誉之谓中国之威尼斯"，"无锡年纳税于中央者约 2000 亿，内货物税一项即达一千数百亿，仅次于上海而过于武汉天津，纳税于省者亦数百亿，纳税于县者以1948年度预算岁出总额计，更须九百余亿。”[②]政府取于无锡的很多，而用于无锡的建设经费1948年预算仅为区区45亿元，这样导致这个经济发达税收巨大的工商城市，城市建设严重滞后，最繁华的中山路北大街仅9米宽。

经济欠发达的徐州与连云港都升格为市，而无锡与苏州却仍是县的建制。1947年无锡县参议会通过提案，电呈行政院，请以无锡辖境，改设无锡市，理由为："无锡地居京沪中枢，滨临太湖，工商发达，风景优美，不仅为苏省首县，亦为国内名城，至其向中央之贡献，则以货物税一项，每日即达五亿左右，占全国第二位，负担不可谓不重，甚盼设市以后，中央能月拨巨款，协助建设，一面谋地方之发展，一面正以裕财源，诚两便也。”[③]但此际内战正酣，此提案也泥牛入海。直至国民党政府在大陆败退，无锡还是小马拉大车，县改市的愿望一直未能变现。

三、短暂的省会城市

1. 换了人间

1949年的改朝换代，绝不是一次普通的政权更替。有着强烈革命情怀的中国共产党人求新求变，对社会进行了全面改造。

1949年，对无锡来说，是不平常的一年。这一年，无锡不仅由县升级为市，更主要的是无锡第一次成为省会所在地。苏南行署下辖无锡市和镇江、常州、苏州、松江4个行政分区，27个县、市。几大城市中，无锡历史地位最低，一直为县城；常州与松江长期为府城；镇江在国民政府时期为省城；苏州在清朝是省会。决策者为何挑中无锡作为苏南行署的中心，笔者推测可能与无锡的地理区位和经济实力有关系。

一个小县城，一夜间有了三个层级的机构：无锡县、无锡市与苏南行署，需安排大量房屋作为机关用房。那些豪宅就成为征用对象——其主人有的已跑路，如薛寿萱、华绎之、王禹卿、唐星海、蒋东孚、吴昆生等；有的因有资敌记录，财产被没收，如杨翰西、钱凤高、缪斌等。

---

①《无锡概览》//陈文源主编：《民国时期无锡年鉴资料选编》，广陵书社，2009年，第404页。
②《无锡设市与建设问题》，《人报》，1947年11月8日。
③《参议会一致通过，请在无锡设市》，《人报》，1947年11月8日。

苏南行署部分机构设在占地20亩的薛家花园；无锡县法院为军管会所在地；原无锡县衙门成为市政府所在地；无锡市委设在现解放西路吴昆生的大宅子和中山南路的王禹卿宅（后改为梁溪饭店）；新生路钱凤高的家成为无锡市公安局所在地；新生路的缪公馆成为政府招待所；道长巷的杨翰西宅成为无锡县政府招待所；无锡县政府设在原杨家产业的野花园；中山路华绎之宅成为电台工作地；无锡市教育局设在文庙；实业家龚瑞翔宅为无锡日报社办公处。部分领导的宿舍安排在占地面积达十多亩的蒋家花园（即现在的汤巷）。

据学者萧一山记载，南京城垣达61里，苏州城周45里，各省垣大概均在40里上下，县城普通宽长各3里许，城周约有12里。[①] 无锡城墙5560米，完全与旧制吻合，作为一个县城，其大小是合适的；而当省、市、县三家都来此安营扎寨时，无锡的道路与房屋立即僧多粥少，供不应求。

新政权为解决城市的空间问题，一是迅速决定拆城筑路；二是废弃城内体育场，在其上建会场——人民大会堂，可以同时容纳2000人开会；三是建政治集会的广场，从前无锡城内没有集会的广场，城外只有一个不大的火车站广场，1930年代的反日集会都在此举办，1950年12月9日，庆祝平壤解放大会也在火车站广场举行。[②] 因火车站广场容量太小，1951年1月19日，市建设局召开会议筹建体育场，场地西自振新纱厂，东到谈渡桥大王庙，南自夹城里，北至护城河，20日丈量钉桩。4月建成，占地16万平方米(240亩)，成为苏南最大的体育场。[③] 50～70年代，这个体育场利用率相当高，不时有几十万人以上的大规模政治集会。"文革"期间，两派在此地上演全武行。

1967年1月18日，无锡县革命工农红卫联合总部，从农村调动了两万多工农红卫军进城，在体育场召开"无锡县市革命造反派揭发控诉无锡县市委所执行的资产阶级反动路线大会"。而激进的八一战校的革命造反派与"就是不服你"战斗队认为大会是以揭发控诉之名，行道道地地的包庇之实，便来会场搅局，结果双方从抢夺话筒、撕毁队旗迅速升温到扔石头、砖头，泼开水。"据不完全统计，长征大学（现江南大学）626兵团、抗大一机校（现江苏信息职业技术学院）、八一八战校、工读初中等学校的革命造反派同学，以及全国革命造反串联总队'又来了'联合造反队等单位，共有40余人负伤。"[④]

在626派边缘化后，1968年3月4日无锡市革命委员会成立大会在体育场举行，"中央文革小组"副组长张春桥、"上海工总司"司令王洪文这些名角专程来此捧场。1968年7月

16日郊区5万余人在体育场集会，举行无锡市农民革命造反总司令部成立大会。9月7日郊区贫下中农5万余人在体育场召开庆祝人民公社成立十周年大会，会后游行。1980年代后，体育场变为纯粹的锻炼身体之所，再也见不到人山人海的场景。

1952年，恢复江苏省建制，无锡作为省会的历史随之画上句号，降格为地级市，与苏州、常州平起平坐。

2. 城墙的消失

明嘉靖三十三年(1554)，无锡知县王其勤为抵御倭寇骚扰，率领全城民众用了70天时间，在原有土城墙基础上修筑了一座条石作墙基、巨砖包砌的坚固城墙。

城墙高2丈1尺左右，内外皆有护城河，墙基有6尺，墙外道路(即墙脚与护城河间)宽度不一，光复门至吉祥桥平均约20尺，北门到西门平均约10尺。城墙内墙基到里城河，有70多尺，后不少市民侵占公产建造房屋。

清末民国初，随着无锡城市工商业的繁荣发展和人口的增长，城市空间已突破城墙边界，不断向外扩展，城墙成了影响交通的瓶颈。受天津、汉口、上海等开埠城市“拆城筑路”的影响，无锡也出现了“拆城筑路”的社会呼声。工商界的代表人物荣德生1912年曾提出“欲辟大市街，不可不拆城”。此后工商人士多次集议“拆城筑路”，认为城墙在巨炮时代早已失去防卫功能，毫无益处，不如毁之。时执政无锡的县长秦毓鎏则明确以为不可。

不然，此古物也。……吾闻游于罗马之都者归而语曰：入其国，虽一堕砖、一坏瓦，皆可凭吊英雄，在在摅吾人怀古之念。况其崇墉危垣，其令人俯仰忾慕，不尤大哉!

为城墙命运揪心的钱基博(以后成为国学大师)听罢秦氏之言，赞道：“予是以释然，高望有举而莫敢废也。予生也晚，幸得从诸君子后，振我汉声，匡复故物，则斯城也，其亦故物之一也欤？盖毓鎏之言如此，则信乎城之不可堕也。”⑤

进入20世纪，中国所有的城墙拆除前都有争执。拆者用的是经济学视角；保者用的是

---

① 萧一山：《清代通史》，华东师范大学出版社，2005年，第519页。
② 无锡市地方志办公室编：《无锡市大事记》(征求意见稿)(上)，第18页。
③ 无锡市地方志办公室编：《无锡市大事记》(征求意见稿)(上)，第20页。
④《“一一八”流血事件是资产阶级反动路线的垂死反扑！》，《革命造反报》，1967年1月21日。
⑤ 钱基博：《无锡光复门碑记》//苏国强主编：《辛亥革命在无锡》，古吴轩出版社，2011年，第248页。

拆城(1951)

拆除中的控江门(无锡城建档案馆提供)

文化学视角。得失如何权衡，考验着执政者。

无锡城墙经历过多少次战争洗礼，缺乏确切统计。太平军与清军曾在此交过锋；抗战爆发时，日军与国民党部队也在此有过激战。

第二次直奉战争波及无锡，城墙有了“表现自己”的机会。1925 年 1 月 18 日，离除夕只有五天，家家户户都在忙着准备年货，可就在农历新年来临之际，苏督齐燮元的溃军兵临城下，四处打劫，繁华的无锡顿时危如累卵。

间不容发，上任仅两个月的无锡“市长”钱孙卿（时称市公所总董）果断下令城门全部关闭，全市进入紧急状态。

后奉军来，齐兵逃散，围城持续了 7 天，无锡城总算凭借地方精英的齐心协力，借助古老的城墙，躲过一劫。

1929 年，新建立的无锡县建设局颇有革故鼎新之意，编制了《拆城筑路工程计划概算书》，计算出城墙每尺约有砖 0.85 方，石 0.3 方，旧砖计 4165 方，每方 7 元，得银 29155 元；旧石计 1470 方，每方 5 元，得银 7350 元，总计可收银 36505 元；而拆城筑路等共需支银 35918.5 元，收支相抵，还可余 587.5 元。[①] 但这项经济实用的工程并没有得到省政府的同意，其中重要原因就在于共产党在溧阳发起暴动，形势比较紧张，官府认为城墙还是有存在的必要。

1931 年 1 月 16 日，无锡县政府第二次行政会议上，张人杰提出拆除西门到北门的城墙，解决此段的交通拥堵，此案得到审查委员姚涤新、华绎之、余尚恕、荣德生、吴邦杰的支持，但会上仍有不同声音，有主张暂缓拆除，有主张添加城门而不拆除城墙者，争辩一小时后进

无锡市拆城筑路胜利完成剪彩通车典礼(1951.4.1，无锡城建档案馆提供)

行表决，拆城提案得以通过。[②]

城墙岌岌可危之时，一部分地方人士致电海陆空军总司令部、国民政府文官处及省厅等机关要求制止。此时苏州反对拆城者也在上访，得此信息后，蒋介石下令从国防与治安考虑，长江沿岸、临海临湖一带城墙不准拆动。[③]有了"尚方宝剑"，无锡这次拆城计划也告吹。

抗战胜利后，无锡选举了第一届县参议会，1947 年 3 月 29 日，120 名议员参加的大会上，在讨论"拆除城墙繁荣市场案"时发生激烈争执。许广圻首先起立表示反对拆城，钱少明接着怒吼道："本人坚决反对拆城，理由二点：无锡人有守旧观念，尤其本人更有守旧观念；现今宵小横行，地方不靖，城墙可以保障治安。"其发言尚未结束，"立刻拆"的声音哄然四起，会场紧张情绪，破历次大会纪录。孙翔风起立发言，他认为钱参议员为有感而发，斯

①《无锡年鉴》//陈文源主编:《民国时期无锡年鉴资料选编》，广陵书社，2009年，第180页。
②《行政会议之第二日》，《新无锡》，1931年1月17日。
③《蒋总司令制止长江沿岸一带拆除城垣》，《新无锡》，1931年2月20日。

案应以理智讨论，并说明拆除城墙，已动议数十年，迄未付诸实行，如再不能在我等当参议员任内完成拆城工作，实为可羞，如谓保障治安，则城区未尝无劫案发生。李议长亦屡请各参议员于讨论时，出以温和态度，并将本案提付表决，结果赞成本案审查意见者 92 人，以多数通过。议决：一、拆除城墙原则通过；二、由县府拟具拆城计划及建筑环城马路，填塞城河详细办法，交会核议；三、已塌将塌之城墙应拆除，不必修复，城砖公开标卖。[①] 不知何故，参议会通过的拆城案没有付诸实施。

新政权做事雷厉风行，1949 年 12 月，市第二届人民代表会议讨论通过《关于拆城筑路与取缔违章建筑物的决议》，“决定拆除几千年来的封建堡垒，建设新无锡”[②]。在“封建堡垒”这个大标签下，所有反对拆城的杂音都消失了。

1950 年 3 月，市政府组成拆城筑路指挥部，4 月 1 日，于吉祥桥堍举行拆城筑路誓师大会。第一期工程，先拆吉祥桥到书院弄一段，其次拆光复门到胜利门一段，再由胜利门拆到西门。拆城工 1 500 人，运砖工 1 000 人，挑土工 1 850 人，公安局与学联等团体还担任拆城宣传、文娱、救护、维持交通秩序等工作。拆城经费计以工代账需米 1 461 石，筑路造桥及下水工程需米 4 000 多石。至 1951 年 3 月 10 日，古城墙全部拆除，拓建成 8 米宽的环城路。

整个拆城筑路工程，计拆砖石 93940 立方米，共拆迁民房 1281 户、2119 间，其中棚户 958 户、1568 间。[③] 拆除的城墙基石，一部分用于建新三里桥至吴桥沿河一带驳岸；一部分由苏南水利局调去，供苏州、松江专区兴修涵闸用。拆下的城砖，分别用于建造无锡市人民大会堂、苏南粮食仓库、苏南日报社房屋、吴桥商场、解放剧场、苏南行署招待所及苏南人民银行。1999 年在老体育场建起的人民大会堂因地基沉降而拆除，当年的墙砖现在不知“身”归何处?

无锡拆城之前，不少城市已拆城筑路，但也有一些城市仍保留城墙，如苏州城墙 1958 年大跃进期间才被毁坏；北京城墙也到 1965 年被拆毁。即使是拆城墙，也有差异，无锡很彻底，不留死角，后人见不到城墙的一丝痕迹，但也有不少城市如苏州、安庆、常熟、川沙等城仍保留一小段城墙供后人访古。2008 年，无锡市政府出资重修了南门与光复门，距拆除城门才 58 年，新修的城门与周围空间不协调，且新修的光复门离其原址还有一段不短的距离。

本雅明曾说过，城市是人们记忆的存储地，是过去的留存处，它的功用中还包括储存着各种文化象征。城墙作为一种具有古城象征意义的建筑符号，也是体现城市历史风貌的重要建筑遗迹，沉积了深厚的文化意义，它的消失留下了不小的文化遗憾。

四、城的扩张

1. 向南向北

1949 年，无锡升格为市，这有利于无锡的都市化。新政权实行计划经济，废除私有制，资源都由政府掌控，不管是土地、资本还是饭碗、物品。因长期战争破坏，50 年代初，无锡仅是恢复性的发展，通过拆城筑路、填河筑路改造城市的交通系统；建成了一批规模较大的公共建筑，如人民大会堂、第一百货公司、太湖工人疗养院、工人文化宫、展览馆、少年宫、体育馆、锡惠公园、梅园水厂、博物馆、传染病医院、华东疗养院、肺结核病防治院等。1954 年，无锡城市建成区呈纺锤形态分布，古运河为贯穿纺锤形城市的轴。

1958 年大跃进狂热下，无锡全民办厂，不久在调整巩固中，虽有大量企业关停并转，但仍有一批企业存在下来，如北边有焊割工具厂、大众化工厂、造漆厂，南边有钢铁厂、焦化厂、第一丝织厂，东边有振奋螺丝厂，等等。

50 年代后期，因公私合营与大跃进，工厂增多，城市人口不断增加，城市建成区面积也不断扩大。大跃进给国民经济带来了极大创伤，从 1960 年到 1967 年，无锡城市建筑行业基本歇菜，城市建设基本陷入停顿。"文革" 后期，兴办了一批企业，不少都是化工企业，时无环保意识，结果 70 年代开始，城市环境遭到破坏。

1968 年起，自上到下提倡知识青年上山下乡，大批中学毕业生与市民被迫离开城市到乡下种田，造成城市人口负增长，1972 年无锡市区人口比 1960 年还要少。

无锡城市建设，受到两方面限制。一是河道将城区分割成不规则块状；二是城东有铁路拦截，城西有惠山风景区与新开辟的京杭大运河限制，市区发展呈现南北向延伸状。当时，由上海经无锡至南京方向仅有沪宁铁路，312 国道尚未建成通车，沪宁高速公路还不存在，铁路运能和运量尚不能满足集散要求，必须由公路与水路补充，锡沪路、苏锡路、锡澄路发挥着较大作用。为利用便捷的交通，不少新建项目就沿公路设置。七八十年代，城市用地向外辐射扩展到近郊地段，形成星状分布形态。

无锡城市规模与经济发展很不匹配，在全国 15 个经济中心城市中，无锡城区面积最小。

---

① 《会场情绪再紧张，拆城案险成僵局》，《江苏民报》，1947年3月30日。
② 《便利交通，繁荣经济，本市即将开始拆城》，《无锡日报》，1950年2月25日。
③ 无锡房地产管理局编志组：《无锡房地产志》(内部发行)，1987，第101页。

为什么如此不协调，地方决策者很清楚其中缘由："1984 年我到无锡上任的时候，这个城市可以用'紧凑狭小'四个字来形容。经济上无锡确实在全国排名靠前，但城市发展是比较落后的，城区比解放前大不了多少。城市发展之所以如此滞后，究其原因是和当时的财政体制有关：市里财政上缴超过九成，而自留的部分仅勉强能给公务人员发工资。我印象最深刻的是：崇安区一年仅有几万元可以拿来机动办一点实事，真是杯水车薪啊。"①

一方面是财政上缴太多，另一方面则是中央和省级建设项目与投资极少，计划经济时代，无锡这个城市为国家奉献太多，自身却破破烂烂。

很长一段时间内无锡城市建设基本局限于恢复性建设及零打碎敲的旧城改造，基础设施建设较为滞后，生活设施用地比例偏低，住房严重缺乏，制约了城市功能的发育完善。到 1978 年，无锡市区除了自来水厂外，仍没有污水处理厂、垃圾处理厂、煤气厂，没有一幢 12 层以上高楼，没有一个功能完整的住宅小区。由于"文革"后大批知识青年回城，城市人口急剧增加，行路难、吃水难、乘车难、用气难等城市问题凸显，城市运行效率下降。80 年代初，无锡城市人居环境极其糟糕，人均住房、人均道路、人均绿化都达不到全国平均水准。城市东西向大道只有一条人民路，外地过境车必须穿城而过。

据说无锡有两次重大发展机遇未能抓住，一是 1980 年代国家实行计划单列市，大连、

无锡市建设用地与人口数据表(1949～1980)

年份	1949	1952	1954	1957	1958	1959	1960	1961
建成区面积(平方公里)	10.58	11.88		16	18.72	21.05	21.05	21.05
人口数	486677	487907	515434	554904	577827	615716	634683	617487
行政区面积(平方公里)	118.68	118.68	188.2	188.2	15.2	15.2	184.78	204.51
年份	1965	1970	1972	1975	1976	1978	1980	
建成区面积(平方公里)	21.79	22	24.92	28.14	29.07	34.62	36.36	
人口数	619897	563793	584814	611657	628047	665109	764921	
行政区面积(平方公里)	204.51	204.51	204.51	204.51	402.78	402.78	402.78	

资料来源：《无锡市1949～1981年城市建设用地情况》，无锡档案馆B29号全宗1982年永第71卷文书档案，《无锡市公安志》第114-115页。

青岛、宁波、厦门、深圳入围，无锡坐失良机；二是邓小平南方谈话后，筹建新加坡工业园，无锡也是重点考虑对象，最终苏州胜出。1992 年无锡高新区成立。1995 年，无锡新区成立，一期规划面积仅 5.45 平方公里，启动面积 2.8 平方公里；而苏州新区规划面积 52 平方公里，启动面积 6.8 平方公里，先期开发 20 多平方公里。1994 年 2 月，苏州新加坡工业园区经国务院批准设立，规划面积 70 平方公里，首期开发 8 平方公里。苏州既有新区，又有工业园区，一个园区的规模、范围就比无锡新区大得多，导致无锡与苏州差距越拉越大，2015 年苏州升格为特大城市（江苏省只有南京与苏州），更如虎添翼。2024 年苏州市财政收入 2459.1 亿元，无锡仅 1210.1 亿元。

2．市县分立

1949 年后，无锡的地位有了极大飞跃，实现了多年的梦想——由县升格为市，但也面临一个管理困境——市县分立。原有的无锡县来了一个切块设市，将县城及周边地区切割给市。

无锡设市之初，市区面积 118 平方公里，四周与无锡县接壤。1950 年底至 1954 年，先后 3 次从无锡县划出 31 个乡归无锡市。市区面积扩大为 188 平方公里，北至无锡县东北塘、西漳、石塘湾；东至无锡县东亭、坊前；南至无锡县新安、华庄、雪浪、南泉；西南至无锡县胡埭，西至无锡县洛社、藕塘。1958 ~ 1962 年，无锡县划归无锡市，市县边界数度变化。

县市边界调整牵涉土地、资源、人事等各种利益调整，靠近市区的往往是县域经济较发达的地区，市边界扩张过程即是县域经济优势向市区转移的过程，这种“劫贫济富”式的区划调整，不利于县域经济成长；对毗邻城市的郊区而言，往往为了避免县域优势地区被侵吞，而不愿在邻近市区的地段投资建设，一些县办企业分设洛社、荡口、甘露等乡镇，浪费了区位优势，对市和郊县经济发展都不利。双方博弈中，地位低一级的无锡县常处在下风，这当然容易造成市县间摩擦不断。

1983 年始，全国都在推行取消地区，实行市管县。原属苏州地区的无锡县、江阴县与原属镇江地区的宜兴县划归无锡市管辖。“苏州因为是当时苏州地区行署所在地，不管能否有效实现城乡统筹发展，在分‘家产’过程中都拔得头筹，拿到了六个县、市；无锡市区

①无锡市史志办公室编：《鸿猷新篇：新时期无锡市委书记市长访谈录》，当代中国出版社，2008年，第32页。

胜利门广场(1953)

经济实力远比苏州强，当时也只能从苏州行署中拿到剩下的江阴、无锡两个县，由于所辖两个县数量太少，只好把宜兴划归到无锡。”而江阴与宜兴历史上一直归常州府管辖，对这种行政区划改革，常州觉得亏大了。

20多年来，对市管县的改革，学界褒贬不一，争议较大。但不管怎样讲，无锡是这次行政区划变动的受益者，县市分治后，无锡市所辖面积最多不过三四百平方公里，虽曾领导过

无锡市建设用地与人口数据(1981～2011)

年份	1981	1983	1986	1990	1993	1995	2000
建成区面积(平方公里)	36.55		48	65	73	78	102
人口数(万)	78	81	86.06	92.8	96	108	113
行政区面积(平方公里)	402.78	397	397	397	397	517	517
年份	2001	2002	2003	2005	2008	2010	2011
建成区面积(平方公里)	164	176	180	193	208	231	289
人口数(万)	213	215.9	219.6	228.5	237.4	238.6	239
行政区面积(平方公里)	1622	1622	1622	1622	1622	1643.9	1643.9

无锡县，但持续时间都不长。而 1983 年市管县，使无锡市能管辖江阴与宜兴——而这两县在 1949 年前同无锡都是平行关系，都是县的建制。市管县后，无锡市治理的面积由 400 平方公里增加了 10 倍，达到 4650.4 平方公里，统领如此大的境域规模，这在无锡历史上是第一次。

市管县的新体制变革，使无锡县复归无锡行政管辖区，改变了无锡市孤城发展的区划形态，但市县并未转入相互融合发展的轨道，仍沿着惯性在各自的行政地域单元内独立发展。

1949 年的“切块设市”还引发出“市县同城”问题。无锡设市后，无锡县一直没有建立独立的县城，即使是在无锡县划归苏州地区的 20 余年间，无锡县的县城驻地仍然设在无锡市区，形成“市县同城”分治的局面。在计划经济体制下，人口、资金、土地等各类经济要素自由流动受到限制，无锡市县关系相对稳定，“市县同城”尚未受到区域经济发展冲击。改革开放后，作为“苏南模式”发源地的无锡县乡镇企业异军突起，县域经济发展突飞猛进，财力大为增强。1983 年，无锡县在全国社队企业收入超亿元的 209 个县区中居第一位。

在强县扩权的背景下，1995 年，无锡县升格为锡山市后，不愿两市同城而治寄人篱下，决定在距市区 4 公里的东亭镇建设新的行政中心，规划面积达 20 平方公里，建有政府机关大楼、文化娱乐设施与工业园区、商业场所等，这样的重复建设不利于资源的优化。

锡山市建市后，仍从东、西、北三个方向包围了无锡市区，对中心城市空间拓展带来了极大限制。直到 2001 年 1 月，锡山市撤市设区后，通过采用“切块设区”“融入都市”的办法，才一举解决了困扰无锡城市发展近半个世纪的“市县同城”问题，使无锡市区与县域发展逐步融为一体。

3．城市“疯长”

2001 年，锡山市与无锡市融为一体，恢复 1949 年前的行政区域，这次行政区划调整，消除了市县分治的冲突，加快了城乡融合，为城市发展提供了更大的空间与更多资源。

锡山并入市区后，无锡建成区面积急剧增加，达 164 平方公里，人口超过 200 万。无锡的行政区划重新组合，设锡山、惠山、滨湖、崇安、北塘、南长六区（马山区撤销，郊区重组）。

行政区划调整后，无锡开拓性、整体性、有规划的大规模城市建设就此开始，“一年一个样，三年大变样”是政府提出的动员令，也为实践所证实。1949 年时无锡城市建成区不到 11 平方公里，而 2002 年后无锡每年新增的建成区面积都超过 11 平方公里，等于每年新造出一个老无锡城。

城市像吃了激素一样“疯长”，源于住房商品化，土地价值升高，政府通过运作土地有了开发资本。2002 年，无锡城市建设总投资达到了 80 多亿元，相当于前 5 年的投资总和。

交通是一个城市的命脉，是一个城市经济发展的重要支撑。从 2002 年起，无锡市接连实施四轮三年城市建设行动纲要，超前建设以道桥为先导的基础设施，人均道路面积从 2002 年的 16.7 平方米提高到 2012 年底的 24.4 平方米，先后建成了城市快速内环及一大批道路桥梁，形成新老相接、内外相连、环形加放射的城市路网体系。2014 年，地铁 1 号线与 2 号线通车，城市交通立体化。2020、2021、2024 年地铁 3 号线、4 号线、S1 线开通，通车总里程 141.2 公里，在全国排名 21 位，而苏州同期为 251 公里，在全国排名 14 位。

历经十多年高速发展，无锡拉开了城市空间布局，实现了从“运河时代”走进“蠡湖时代”，再迈向“太湖时代”的巨大飞跃，并实现了城市“大变样”“大跨越”“大提升”三大转变。现在太湖新城、锡东新城、惠山新城已基本成型。

2012 年无锡市区建成区面积 315.9 平方公里，2000 ～ 2013 年为城市大扩张阶段，建成区面积由 102 平方公里增至 325.1 平方公里，而后速度放慢，2023 年为 360.7 平方公里。在全国各大城市中，无锡建成区面积排在第 34 位 (2023)，市区人口 287.39 万，排名第 30 位 (2022)。无锡 GDP 与财政收入在全国排名 14 位 (2024)。

在城市空间与结构巨大变化之际，2015 年，政府也对行政区划进行了新的调整。在无锡新区所辖区域基础上设立新吴区，为一个市辖区。新区实力很强，但 20 多年间它都不是行政区，其辖区归滨湖区所有。

无锡现状图(1973)

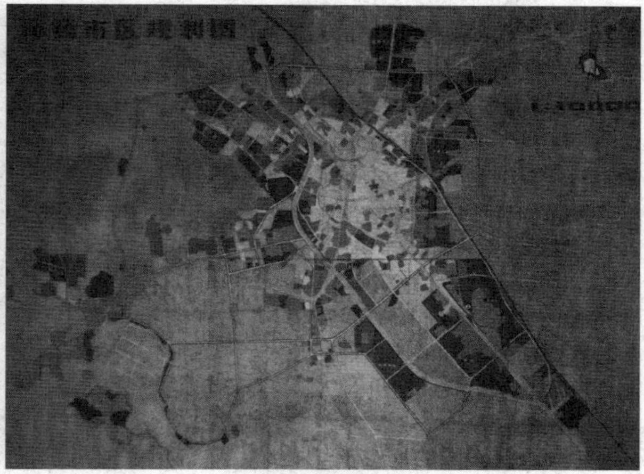

无锡规划图(1978)

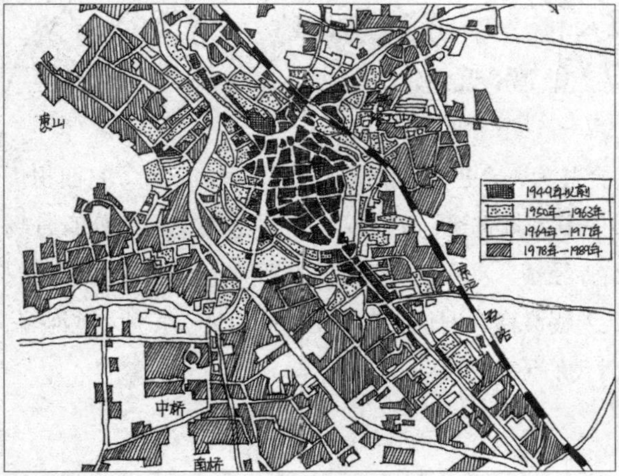

1989年前无锡建设用地扩展图

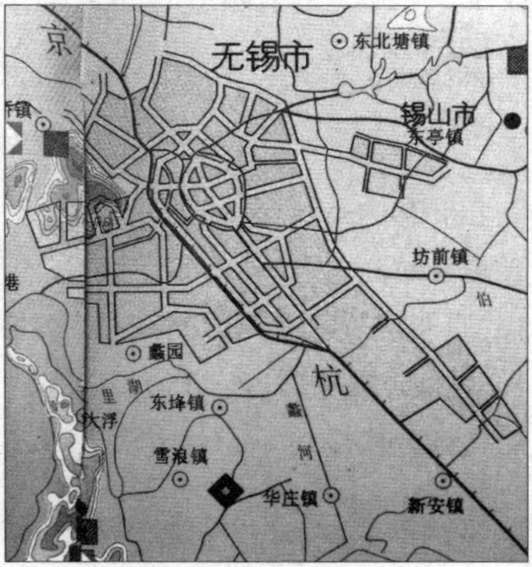

无锡建成区图(1996)

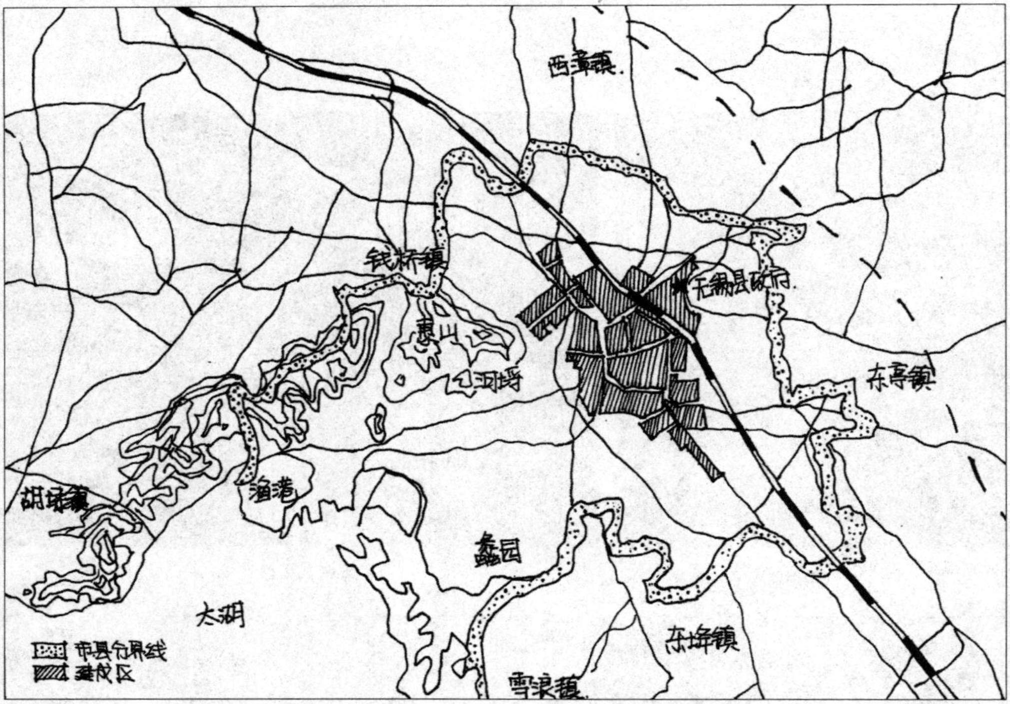

无锡市与无锡县分界示意图

市中心三个区管理半径太小，这次合并为一，更名为梁溪区，在市辖五区中，它面积仍是最小的，但人口却最多，其区域内集中了大批古迹，仅跻身于全国重点文物的就有寄畅园、薛福成故居建筑群、东林书院、惠山寺经幢、天下第二泉庭院及石刻、惠山古镇祠堂群、阿炳故居、小娄巷建筑群、秦邦宪旧居、无锡县商会旧址、茂新面粉厂旧址、京杭大运河等。这些历史遗产，是城市的文脉，承载着时代的记忆。

河流绝唱

一、以水为路的时代

1. 八水绕锡城

现在城内大马路上行驶的是首尾衔接、排放尾气的汽车，而这些大马路原是一条条流动的小河，上面行驶的是手摇船。船橹吱呀，河中水草被流水冲得弯曲摇曳，河边青衣女子洗菜淘米，两岸民居鳞次栉比，高低错落，码头石埠，黛瓦粉墙，水城的风景如画如诗。

水在无锡的起源、形成和发展中，有着无可替代的特殊作用。数千年来，无锡与水结缘，傍水而居，枕水而眠，依水而兴，因水而荣，孕育了独具特色的水文化。

"君到姑苏见，人家尽枕河。古宫闲地少，水巷小桥多。"唐朝诗人杜荀鹤的《送人游吴》一诗，是苏州当时景观的真实情景，也是无锡古城的客观写照。

1950年前，江南水乡所有城镇都有水巷与小桥，保存完好的周庄、同里、荡口等古镇以及苏州平江路等古街区现成为旅游热地，游人如梭，财源滚滚。此情此景，让一些老无锡心里不是滋味，同当年的无锡城相比，周庄等古镇是"小儿科"，可它们硕果仍存，而号称"东方威尼斯"的无锡，城(墙)内见不到一条河流，只留下一些让人浮想联翩的地名：前西溪、后西溪、东河头、西河头、东映山河、西映山河、大河上、小河上、新开河、大河池、荷花荡、鸭子滩、南上塘、水沟头、浅水湾、水车湾、田基浜、置煤浜、南河浜、老鸦浜、周山浜、三凤桥、茅竹桥、迎溪桥、三茅桥、中市桥、南市桥、虹桥下、岸桥弄……

无锡自建城以来，一千多年间，都是以水为路。明清城墙定型后(现解放环路)，城内2平方公里区域内，河流纵横，虽有淤积减少，但到1949年，仍有22条，河面达80986.5平方米，占总面积3.6%。

密如蛛网的河流组成水系，具备众多功能：运输功能、引水功能(洗菜、淘米、捣衣、刷马桶等)、排水功能(雨水、污水排放)、防洪功能(排涝)以及消防隔离、美化环境、调节气候等功能。

鼎革之际远走台湾的方永施曾在《民初故乡生活琐记》一文中回忆道：

家乡是水城，家家傍河道，都有码头，凡淘米、洗菜、洗衣、洗涤用具(包括溺器)等，都在自家码头上工作。虽然运河水源充足，水色长清，可是用水的人多，水质不纯，尤其河面浮了些瓜皮烂菜等，作为饮食用水，实在不卫生。但除此以外，只有井水，井水不是每家都有的。所以饮食用水，大都在早晨起来，河边人家还没有开始在河岸工作时，先用水桶，提水装满一两个大缸。然后用明矾放在水里，让明矾与水中杂质起化学作用，混合了沉淀到水底，上面即清澈的水，可以作为饮用之水。

洗衣服是在河边码头上擦了肥皂，然后平摊在码头石条上，用木杵着力地击打。要反复地打好几次，污物自然去掉，再用河水漂洗清爽，然后挂在太阳底下晒干。清洗晒干的衣服穿起来有一股太阳香味。

讲到水肥，那时尚未发明化学肥料，人粪是唯一的肥料来源，举凡稻田、菜田，都离不开人粪肥料。我家住在南门城内，城外就是菜农，以种菜为业的农户很多。往往选定水肥对象，承包一年用的肥料，天不亮的时候，即到承包家去担粪。粪坑大多在门外，不必惊动户主，担回去后，倒在粪池里，要等发酵过后，才能用以施肥。乡下的农家则开了船，到城里购粪肥。有些人在人来人往大街旁的小巷子里，开辟公共厕所，利用其粪便赚钱。菜农承包利用了一年，到年底就回馈供肥之家，以年底能生产的大青菜，作为补偿。青菜数量以承包家人口多寡为准，大约此青菜可制咸菜，供一年之用。[①]

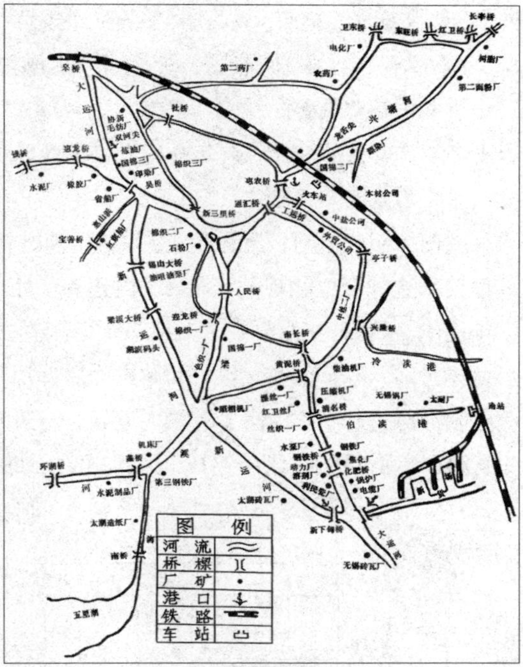

无锡市市区河流示意图(1986)

民国时代，城里人的燃料为柴和草——这些都是农民用木船运进城的；当年粪便能卖钱，一缸粪能换几大捆稻草，"柴有粪坑米有田"作为常识广为人知。每天城内几万人的生活离不开这些进进出出的木船，它们运来了粮食、蔬菜、柴草等各种生活物资，运走了粪便、垃圾等东西。20 世纪六七十年代化肥的广泛使用，才打破这种生态循环，大粪不仅失去了价值，而且成为河流的污染源之一。

在以水为路以舟为车的时代，临河房子"卖相"好，有水码头的房子卖价最高。无锡城内政府大院、公共设施、重要场所、大户人家多临河而建，都拥有水码头。如无锡县衙、金

① 无锡历史文献馆编：《梁溪忆旧》，苏州大学出版社，2015年，第119页。

匮县衙、文庙、三皇庙、城隍庙、武庙、崇安寺、连元街小学、无锡师范、江南中学、东林书院、普仁医院以及薛家、杨家、顾家、孙家、秦家、许家等都与河“零距离”。

我家前后都是河……院子里有一个泊船的小平台，船可以开进来，平时在那儿下柴，外出也可以在那儿上下船，例如去给祖宗上坟就是坐船，从门口上船之后，慢慢摇进运河，一直到祖宗的坟都不用下船。[①]

屋前屋后都有河，既说明无锡城内河流之密集，也说明此屋非平民之家，占地较多。像许倬云家这样两方临河的豪宅，城内还有多处。如占地达 20 亩的薛家，门前是束带河（现学前街），门后是前西溪；1911 年“部级干部”唐文治落户无锡，其新居介于城内前西溪与后西溪之间，院子就达三亩，“其地本为周舜卿所有，余以三千金购之”。

临河房子与不临河房子有较大差异。清道光二十五年 (1845)，进士侯桐告老回乡，有 43 只官船，无河道到家门前，遂开小河浜，以石砌成驳岸，称驳岸河，路称驳岸上。[②]

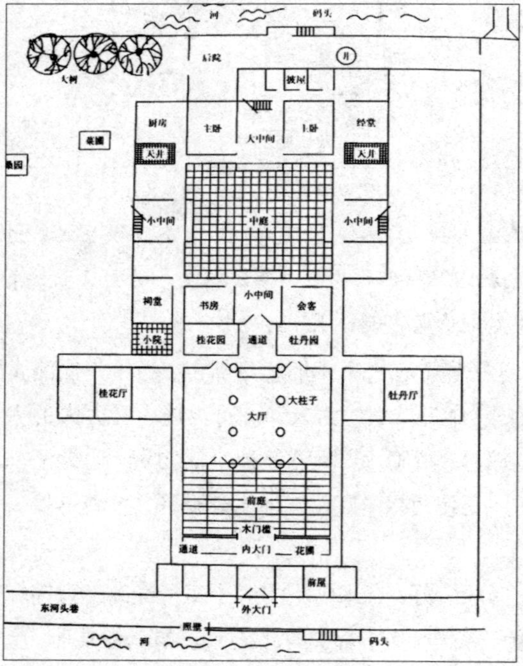

许倬云祖宅平面图

驳岸河 1955 年被填塞，建人民路，欣慰的是：侯桐的豪宅仍在，只是年久失修破落不堪；而 1996 年建检察院大楼时，许倬云的老房子彻底消失。著作等身的台湾“中研院”院士许倬云，2000 年后频繁讲学内地，家乡领导也把其当座上宾，“你早回来几年，你家的祖宅肯定能保住”，听罢斯言，这位七旬老人黯然神伤。

临河房子有区位优势，但较稀缺。多数房屋不能同河流零距离。如新街巷钱锺书家占地 2.8 亩，面积不小，由于不靠河就要低一等，而其妻杨绛生在临水人家，她回忆道：“我由宽裕的娘家嫁到寒素的钱家做‘媳妇’，从旧俗，行旧礼，一点没有‘下嫁’的感觉。”[③]

无锡城内地价最低的地方当然是离河

最远处，那就是城市西南片（解放西路以东、汤巷以南、中山路以西）。无锡环城内河缺了西南这一段，大大影响了西南角的交通，这里因偏僻地价便宜④，设南校场，供地方考武操兵检阅之用，清末改为刑场，对犯人斩首（后改为枪毙）便在此处进行。民国时期，刑场改在火车站南广场，1930 年交通部禁止在火车站外枪决犯人，可此时占地面积达 17 亩的南校场早已被顾谊初（大淦）以每亩 16 元的地价化公为私，并将其中的 10 亩建了房子，县府要其出让 3 亩作为刑场，顾要求县府按每亩 600 元出资购买。对于顾大淦的损公肥私行为，张桐等律师很气愤，上书省政府要求追讨国有财产，而省政府却要县政府去解决。⑤

1931 年 9 月 12 日上午 10 时，无锡县长陈传德在县府（原县前街崇安区政府）升堂，盗窃犯周新顺被押上，讯问有无遗言，周痛哭流涕，连声喊冤。“遂由政警给以酒食，如法捆绑，纳入大监中，则警察队大队副程序为监刑官，乘马押后，该犯由武装长警押赴南校场，一路仍痛哭呼冤，既抵刑场，即由警士执行枪毙，共打三枪，方始毙命，当即整队而返。”⑥

1942 年，刑场才移至西门外体育场（今五爱小学所在地）。以后城墙拆除，河流填平，这一区域身价倍增，成为无锡最好的地段，市委市政府大楼建在此处，地方官员也在附近安家。市政府 2012 年搬到观山路的市民中心，此处现为梁溪区委、区政府所在地。

清朝时，城内河网以直河（即现在的中山路）为界，可分为东西两部分，东为金匮县地盘，西为无锡县地域。

西部里城河（又名留郎河）没有全线沟通，有南北两个小水系，北段从北水关至西城门，东西向河道自北向南有斥渎（西河头）、胡桥河、州桥河，而胡桥河与州桥河间，除西侧有里城河相通外，东侧还有营河沟通（州桥河与营河合称玉带河）。四河之中则为无锡县治所在地，其是制式化的建筑群，1957 年被拆除。西里城河南段较短，北起后西溪，南至西水关，东西向自北向南则有后西溪、前西溪、束带河。

东里城河自北水关经东城门至南水关全线沟通，呈弧形，古称弓河。以直河比作弓弦，

---

①《家事、国事、天下事——许倬云一生回顾》，南京大学出版社，2012年，第9页。
② 郁有满：《无锡地名》，西安地图出版社，2003年，第93页。
③ 杨绛：《杂忆与杂写：一九九二～二〇一三》，生活·读书·新知三联书店，2015年，第5页。
④ 1937年，无锡城区的最高地价为每亩一万元，集中在老城厢，如北大街、光复门内、崇安寺、大市桥等；而西门、东门，虽与老城厢距离不过咫尺，地价每亩仅为2000元左右，到了南市桥、校场地区，只有每亩1000元了。
⑤《刑场问题的春云乍展》，《新无锡》，1930年8月26日。
⑥《昨在南校场执行枪毙》，《新无锡》，1931年9月31日。

则其间东西向河称为箭河，呈现弓张箭发之势。箭河共九条，其中第三（即新开河），第六（即师姑河）两条东西贯通，其余只通东里城河。一箭河在最南端，但河道极短，早湮没，九箭河在盛巷北端，亦很短小，至元末仅存河口 3 ～ 6 米，后湮没。一箭是大概的距离，是古时候拉弓射出一箭可以到达的地方。

除九条箭河外，在北头金匮县治南侧和东侧，另有县前河和锦树里河，两端沟通直河和东里城河。

城内 22 条河道，组成了一个引排自如，航运畅通的水系，其有 4 个水关门与外界沟通。明代建城墙时只设南、北、西三个水关门，民国十三年 (1924) 又增开了东水关门。东南北三个水关与城门相邻，唯有西水门与西城门相距 600 米。水关既是船只检查站，属于公安设施，又具备水利功能，可调节城市河流水位，排涝抗旱。晚上城门与水关都要关闭。

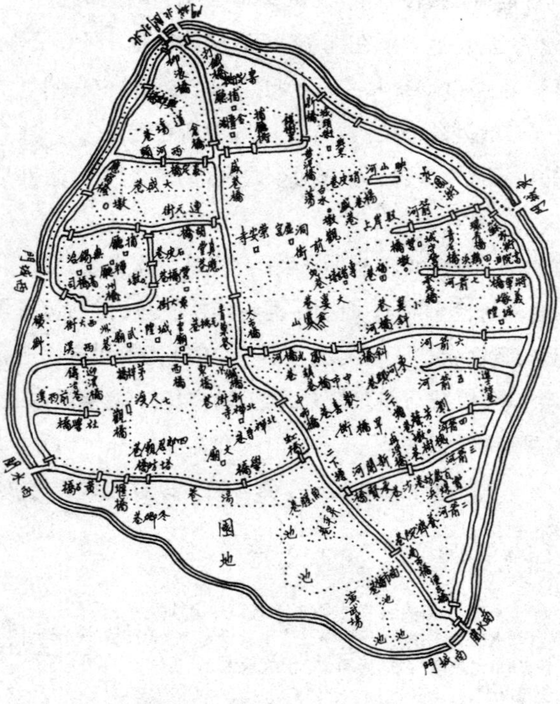

无锡城区河网密布图(清光绪七年)(1881)

城内河流交错，城外也是河川纵横。城墙周边，有两道护城河，一道就是 6 公里的环城河，一道则由古运河、酱园浜、耕读河相连。城市周边的梁溪河、伯渎河、长广溪、南塘河、锡澄河及与之网状相连的数百条河道构成了完善的城市水网系统，它们与蠡湖、太湖等大大小小的湖泊串联在一起，把无锡变成了水乡泽国。借助水运，无锡与江南成千上万的村庄，与大江南北成百上千的城镇实现了联网。如明末一段时间里，东林书院附近“船位”非常紧张，来自江南各地的士大夫在此集会，“妄议”朝政，臧否人物，小城无锡一时声名大振，拥有了一个至今还光彩夺目的人文景点；清康熙乾隆两帝下江南，无锡的山水曾让他们流连忘返。

这个发育极为完善的水系，大大便利城内民众的生活。以后随着无锡工业化时代的到来，城市周边出现了大量工厂、仓库，更多工商业者开始在城中置地建房，如荣德生女婿李国伟有豪宅（现荣耀花园内）；1930年代在中山南路，荡口的华绎之建洋房爱日堂，青祁的王禹卿建豪宅齐眉居（现梁溪饭店）。

2．河比路宽

河流纵横舟楫畅行的同时，也带来一个麻烦，河两岸沟通困难，需建桥解决，可又不能建平板桥——它妨碍船只通行，尤其是水位较高之际。由是江南的桥多是有台阶的石拱桥，它让行人上上下下，它让汽车止步不前，但它与江南的河、江南的街却很搭配。

20世纪中国才有从西洋传来的钢筋混凝土，才能在大河上造长桥。古代社会的技术条件决定了造大桥有难度，因此，无锡城内全是宽十米以内的小河与长十米之内的小桥。这些桥体量不大，用木头或石头构建，城内20多条河流上分布着50多座形态各异的桥梁，它们串联起无锡城内地面上的交通网。

每座桥的年龄不一样，其中许多桥“年事已高”，如中山直河上的大市桥（位于现在三阳广场），建造最早，为隋大业八年(612)的桥梁，以后历代重修，饱含岁月沧桑；中市桥（位于今八佰伴附近），是宋代的建筑物，经历了九百多年的风和雨，载过无以计数人的脚印；南市桥，构造精致，两边石栏上，雕刻的系列儿童像，栩栩如生。

王朝时代，老城区最大的街为东大街和西大街，全长仅542米，宽2～3米，均为砖铺。每逢迎神赛会，道为之塞。1934年，地方当局强拆部分建筑，完成了新生路“升级”，其长1000米，宽6～7米，黄石铺就，这是城内唯一的南北通途，成为当时无锡城内最宽的地标性道路。1938年，绅商领袖杨翰西利用日本侵略破坏后整理废墟的机会，拓建三凤桥到老北门的中山路，长850米，宽8米，成为城区的主干道。

1951年无锡城墙拆除前，城内最宽的路才8米，宽3米以上的路只有3条，其长度加起来才2100米。城内更多的是1米宽的人行道，部分人行道与河流平行，有的河流两边都有路；有的河流一边有路一边为屋。时无锡的河流最宽9米，最窄3.5米，大多在7米左右，贯穿南北的中直河长达2100米。无锡的河流比无锡的路要宽，在以水为路以舟为车的时

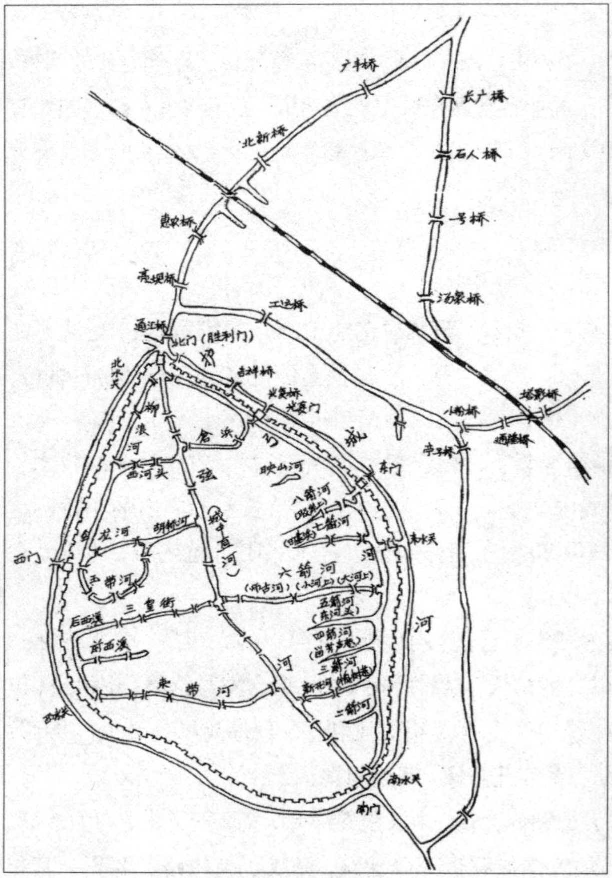

无锡城区桥梁图(1949)

鸿桥

蠡桥

申新桥

代，这种格局非常合理与自然。

城内的河流不宽，建桥容易；城外的河流较宽，建桥面临技术与资金双重困难。近代无锡城外桥梁的三个“代表”为清名桥、工运桥、吴桥。

清名桥为单孔石拱桥，长 43.4 米，中宽 5.5 米，桥高 7.4 米，桥孔跨度 13.1 米。桥体用花岗岩石构筑。整个石桥造型匀称，稳固雄伟，太平天国后重建，迄今有 140 多年历史，为无锡古运河上留存规模最大，最为完整的一座古石拱桥。

工运桥位于无锡火车站之南，横跨古运河，是城中到车站的必经之路。1913 年经无锡各界人士捐款筹资，建造一座四孔大木桥。1928 年，经各界集资改建成无锡第一座钢筋水泥桥，时桥宽 6 米。

1917 年通车的吴桥位于黄埠墩之西的运河上，长 79.248 米，宽 7.32 米，它是无锡最早的钢铁桁架结构公路大桥，也是无锡当时最长的桥，这一纪录保持到 1934 年荣德生建成宝界桥前。吴桥耗资折合银洋 32324 元（当时白米每石 150 斤，为 5 元左右），这一巨款全由一个生于安徽、在上海打工发了财、来无锡经商的企业家吴子敬个人承担。大桥尚未竣工，39 岁的吴子敬就遽归道山，邑人感念他的急公好义，在惠山尊贤、至德两祠为他举行了入祠典礼。1965 年铁桥拆除，改建混凝土新桥。

河网密布，桥梁稀少，使无锡城乡千百年来存在大量渡口。1949 年前，无锡中心城区有渡口 50 多个，以后随着桥梁增多，渡口逐渐减少，1954 年减少到 23 个，1985 年再降至 17 个。①

二、千年城河生命的停摆

1．全民填河

无锡城内填河始于何时，已无考。1946 年 2 月中旬，地方当局因日占八年管理不善，河边垃圾成堆，河水发臭，决定用垃圾填塞有名古迹映山河，虽有居民反对，但警察局长带警员，监督日俘把这段不长的映山河堵塞。此年夏天大雨后，水深二尺，居民跋涉水中，困苦不堪，他们集体来到中二镇公所请愿，要求政府尽快建筑排水道。①

新中国成立初期，无锡市区被大大小小 20 多条河道分隔着，可谓三步一河、四步一桥，沿河街巷弯弯曲曲，道路狭窄短小，路网残缺不全。在市区 10.6 平方公里范围内竟有道路 486 条，总长 48 公里，平均每条道路长度不到 1 000 米，全市找不出一条像样大道。

经济比南京、苏州、青岛都要发达的无锡，在城市建设方面比它们就要落后许多。

为发展城市的马路，让汽车畅行无阻，一些主事者便想在城内河流上做文章，把这些河流填平变成马路——这一切操作起来很简单，新政权有着强大的政治动员力，有着超强的资源支配力与控制力；南方诸多城市都开始了填河工程，如苏州、宁波、上海等，只是在填

①《填塞映山河 建立纪念碑》，《人报》，1946年2月17日。

中山河(1957)

河方面，无锡主事者表现得最出色，把城内20多条河流在不到十年时间里，让它们全部从地球上消失，从而让千年水城的景象只存在于文献中，存在于经历者的记忆里。

填河始于拆城筑路，城墙的泥土就近推进里城河，四个水关受影响，城内河水流速降低，水质开始下降。其后被填塞的是前西溪、后西溪与几条东西向箭河。1955年在填塞驳岸上河时，动员群众挖掉了金匮山。此山高7~8米，周长约100米，[①]王朝时代登上山顶就可看到全城街巷衢道，因此，几千年来一直被视为城中胜迹。为留住历史地标“金匮”老地名的记忆，2010年在尚贤湖湿地公园堆土筑山，形成54米高的主峰、23米高的东峰、19米高的西峰。

为填埋贯穿全城的中直河，政府进行了政治动员：“为了彻底除尽四害，消灭病源，讲究卫生，提高人民健康水平，市人民委员会决定堵塞已经淤浅污积、失去利用价值的中山河和西河头。”(注：时中直河改称为中山河)[②]1958年3月25日下午，崇安区人民代表大会召开了第四次全体代表会议，对几十天填塞中山河，“代表们在会上热烈进行了讨论，大家

开挖映山湖

信心很足”。

中山河全长 2172 米，需填土 44 000 多立方，还要排设长宽高都是 1 米的下水道，建筑简易路面。填河的土来自 2 公里外的惠山之麓（土挖走后成湖，取名映山湖），在依靠手挖肩挑的年代，这是一个巨大的工程，它的完成，靠的是人海战术。当年的媒体对热火朝天的填河场面如是报道：

本市广大人民都热情地参加了这项填河义务劳动，不论下雨刮风，都坚持工作，有时还挑灯夜战，填河的泥土大部分要从惠山黄公涧、锡澄路口等地运来。长途跋涉，但个个情绪高涨，抢着干，争着干。他们喊出了“污河要在我们好汉面前成路”，“多填一方土，为民多造一份福”的豪迈口号。

本市四面八方，各行各业的人都参加了这项工程，男男女女，老老少少，居民妇女都挑上泥担，拉上车子，在大街小巷里，“填河去！”“义务劳动去！”成了愉快和光荣的事情。市委书记、各局局长、工程师、教师、学生、演员们都参加了这项工程。四月下旬，各区人民代表会议开会期间，许多区的人民代表也特地抽出半天参加劳动。许多没有被同意参加填河的人，也坚持申请要去。崇安区瞎子朱富仁也硬要参加，一人拉一辆车，一路上喊着，在

① 无锡市政协编著：《亲历无锡城变迁》第四分册，凤凰出版社，2016年，第183页。
②《全民参战义务劳动填塞中山河工程开始》，《无锡日报》，1958年4月5日。

环城河(1958)

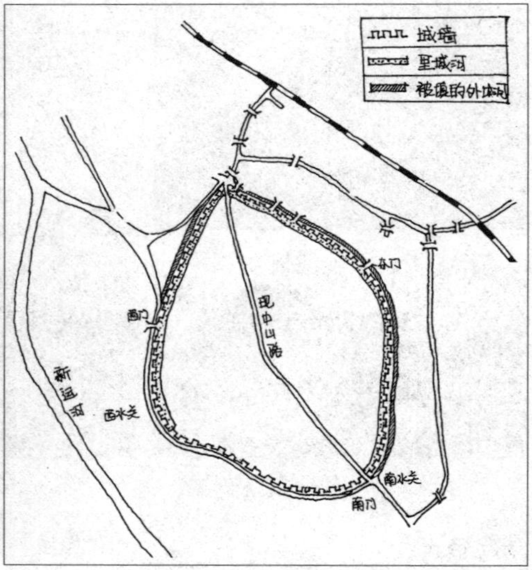

被填与新开运河示意图

二里多的路程上，一天就来回拉了六趟。即使没有参加劳动的人，也到处出力，全市许多老虎灶免费供应填河同志茶水，附近居民端凳送水。许多居民文艺演唱队也到工地演出，有些居委写大字报，表扬劳动中的先进人物先进事迹。经过这次全民性的义务劳动，人们轻视体力劳动的观念有了进一步改变。[①]

借助大跃进的高涨热情，无锡成立了“填河指挥部”，建设局长季恺任总指挥。全市动员，各单位分配任务，排好时间表，动用黄包车、三轮车及可以运土的各类运输工具，昼夜不停地运土。整个五里街人山人海。这种群众运动维持了数月，运土的各路人马筋疲力尽，仍无法完成最后一公里的运土任务。最终由市政府拨款到省里请了一个运输车队，映山湖挖土也请了专业队伍，终于在 1958 年底填完。

城河被填后，居民生活极为不便。一是当时自来水并没有普及，有限的公用自来水龙头前，天天都要排长队，“淘米洗菜天天苦恼，全市公用淘米池很少很少”；[②]二是城内居民需要步行较长的路，来到环城河洗衣服，很不方便；三是影响排水，下雨路面常积水而泥泞不堪。[③]

在城内 20 多条河流生命终结的同时，河上 50 多座桥梁也“粉身碎骨”，消失得无影无踪。

1952～1958年老城区填河、拆桥、筑路情况一览表

地点	时间(年)	工程量(米)			拆桥数量(座)
		长	宽	深	
内城河北门到东门	1952～1954	1219	8	4.5	5
内城河东门到南门	1952～1954	1433	8	4.5	3
内城河三茅殿至西水关	1952～1954	343	8	4.5	2
内城河庙巷到西河头	1952～1954	542	7.5	4	1
置煤浜	1953	100	3.5	2.5	0
前西溪	1953	220	5.5	4	1
后西溪	1955	583	6.5	4.5	5
东门新生路	1956	540	9	4.5	3
田基浜	1956	390	7	4	2
崇宁路	1956	390	8	4.5	4
学前街	1956	761	8	4.5	5
玉带河	1956	483	6	3.5	4
南门到三皇街口	1957～1958	1180	7	4	5
三皇街口到胜利门	1957～1958	1040	8	4.5	4
连元街至西河头	1958	463	7	4.5	3
西河头	1958～1960	344	7.5	4	1
北里城河	1958～1959	450	5.5	3	2
县前街到锦树里	1957～1958	380	8	4.5	3

(无锡市崇安区崇安寺街道志编纂委员会编:《崇安寺街道志》, 凤凰出版社, 2010年版, 第563页)

2．环城河的“截肢”

当城内河流全部填完之后，填河筑路的风潮刮向城外，上世纪60年代先后填塞信德桥浜、前张巷浜、后张巷浜、通济桥浜、张成弄后浜、大河池、周山二浜、周山三浜（现为广勤二支路、三支路拓宽部分）、大王庙浜、东门龙船浜、南门龙船浜、西仓浜、带钩桥浜、天打浜、水沟头浜、振新河、大鱼池、烟筒头浜等浜地，形成了第二次填河筑路高潮。

70年代起，城市建设发展较快，大量无机垃圾要寻找出路，又掀起了第三次填河高潮，

---

① 竹涛、世昌:《填塞中山河工程六月初即可竣工》,《无锡日报》, 1958年5月8日。
②《建设局“吃饭不动脑, 无事三日忙”》,《无锡日报》, 1957年6月1日。
③《丁希尹说: 教育局像衙门, 填河设计有毛病》,《无锡日报》, 1957年6月1日。

而且数量更多，规模更大。先后填塞了后祁街浜、田堵里浜、华盛弄浜、菩提浜、东冻巷浜、西陈巷浜、泗堡桥浜（西段）、祝家浜、后社桥浜、三角港、丁蜂里浜、李家浜（一段）、高头坝浜、槐古桥浜、南街浜、冰池头浜、庆云山主浜、蚂蟥桥浜（北段）、孙蒋巷浜、尤渡里浜、商业仓库后浜、老鸦浜、万源浜、茅泾浜（东段）、陶巷东浜、后蒋家巷浜。

无锡城墙周长 5560 米，内外皆有城河，里城河西南部缺失，未能形成圆环；而环城河作为护城河而存在，非常完整，环城河，河面宽度不一，在 20 米左右，是城市排水、供水、运输的重要河道。河道上桥梁甚少，原只在四个城门设桥，1912 年新增光复门，增加光复桥（先为木桥后改石桥）与吉祥桥。到 1949 年，环城河上还只有这 6 座桥梁。

1976 年“文革”结束前夕，中央强调备战防空，地方主政者打起了环城河的主意，要对其东部与北部进行“截肢”，利用原有河道，建成下设防空洞、上为大马路的人防工事。工程以南门塔桥下为起点，经槐古桥、东吊桥、光复桥、吉祥桥东环；由吉祥桥起，经北门吊桥、聚丰园后门，到南尖止，为北环。两个半环，全长 3 公里，先筑防空洞，排下水道，再全部填塞。

该年 4、5 月份填河工程动工，河道筑坝抽水，后因市防汛办公室向市政府反映，该河不能填塞，更不得在汛前打坝，以免影响防汛排水。市政府协调后，工程暂停施工，拆坝通水，但汛后随即恢复施工，河道仍被断流、填塞。

因原环城河宽狭不一，除筑路 10 米宽外（命名为解放二路），其余空地，则建造住宅（槐古桥一带），或改作绿化带（槐古桥至光复门），或辟成小公园。环城河填土成路前后历时 7 年。至 80 年代，拓宽道路，拆除路中央房屋，解放二路并入解放一路（解放一路是 1951 年依托拆城后的墙基而建，宽 8 ～ 10 米）。

1981 年 7 月 11 日下午的一场暴雨，市区许多住户、工厂、商店受淹，一些马路、街道短期深度积水，少数工厂被迫停产，损失严重。[①]其后，城市受淹频频发生，大雨大淹，小雨小淹情况愈加严重。不但外河水位较高时道路淹水，河水位不高时，一下暴雨仍要受淹。[②]之所以出现这种灾害，缘于盲目填塞河道造成排水不畅。在此形势下，无锡市政府不得不决定，今后在城市建设中不得随意填塞河道，市人大常委会通过决议，未经市政府批准，一律不准再填河塞浜，填河情况一度有所控制。

但到 90 年代，随着社会经济发展加速，特别是房地产开发市场的崛起，与河争地风潮又起。在道路建设、绿化建设和房地产开发中填塞了不少河道，主要有曹婆桥浜、耕渎浜、九里基浜、张巷浜、绢纺厂浜、纪湾里浜、庵桥河西段、西顾巷浜、盛新河、翠园浜、北桥浜、机床技校浜、东顾巷浜、大成巷浜、孙蒋浜、荣巷西浜、荣巷东浜、张桥浜、西门龙船浜、泗堡桥浜东段、朝阳市场浜。③

现在打开无锡地图，看到解放西路与环城河相邻，此段环城河从小尖桥到南长桥，长1.7公里，宽30米，而解放南路、东路与北路4.3公里的环城河都变成通衢大道。

三、可怜双溪伤筋骨

1. 减了肥的梁溪河

《梁溪诗钞》、梁溪八景、梁溪之声、梁溪全集、梁溪饭店、梁溪人家、梁溪大桥、梁溪广场、梁溪商厦、梁溪路、梁溪区……千百年来，梁溪是无锡人最常用最熟悉的两个字。

梁溪河何时诞生，没有确切记载。据说是东晋时，随着北方的混乱，中原民众大量渡江南迁，无锡一带人口增加，经济发展，到梁大同年间（公元535年起），对这片沼泽地带进行疏浚，加深加宽，所以命名为梁溪。

梁溪河自双河尖经西水墩南流，经蠡桥、大渲口入五里湖，再经独山门入太湖，梁溪不仅是沟通古运河与太湖的水上大道，是无锡重要的行洪、灌溉渠道，也是无锡去太湖的交通要道。在水运时代，梁溪河是无锡交通大动脉，无锡前往浙江湖州、宜兴等地的船只大都经过这里。直到1980年代，水运衰落，梁溪河才结束帆樯林立的繁忙景象。

梁溪河两岸景色优美。明代戏剧家汤显祖到无锡游玩，曾泛舟溪上。他北眺惠山九峰，西望太湖云烟，诗兴大发："横山断尾若龙蹲，烟雨平芜势独尊。日暮花溪泛桃水，太湖西去有双门。"南宋时期，梁溪河水面扩展到今梁溪路一带，大丁村当时还是一片湿地，到明正德年间，江苏巡抚周忱在高淳到溧阳筑东坝后，这里水面退至今梁清路以北。④

一千多年间，全长7.5公里的梁溪河上桥梁极少，在家家都有"私家船"的时代，建桥不是很必要；在没有钢筋混凝土的时代，要在宽阔的梁溪河上建桥也不现实。

梁溪河上的蠡桥，位于仙蠡墩畔，1930年由荣德生、王禹卿等老板募建，全长60米，

---

① 何锡君：《暴雨后的教训》，《无锡日报》，1981年7月17日。
② 无锡市水利局编：《无锡市水利志》，中国水利水电出版社，2006年，第222页。
③ 无锡市水利局编：《无锡市水利志》，中国水利水电出版社，2006年，第223页。
④ 无锡市政协编：《滨湖乡土》，南京大学出版社，2015年，第131页。

宽 6 米，7 跨。1977 年车行道加宽到 11.64 米。1988 年，拆除旧桥，改建成三跨连续梁桥，宽 30.5 米，长 78 米。2007 年，湖滨路拓宽时，蠡桥又拓宽改建。没有桥梁的时代，人们摆渡过河，常有悲剧发生。1923 年王尧臣的妻子查氏在此落水身亡，为纪念母亲，王启周在蠡桥南岸建有怀萱亭，1955 年湖滨路拓宽时被拆除。

1932 年建的鸿桥，由荣德生、陆培之、陈仲年、黄裕清等人募建，长 40 米，宽 6 米，水泥桥。2007 年拆除扩建。其后，荣德生又建申新桥、西新桥。1953 年政府修建的健康桥，长 35 米，宽 9 米。1981 年建蠡溪桥，长 69.1 米，宽 15.5 米。因桥梁较少，梁溪河上还有几处渡口，为人们过河提供方便。如现在的青祁桥，原有河埒渡口，1978 年前摆渡过河一次收费 2 分钱。70 年代起大力发展乡镇企业和养殖业，美丽的梁溪河遭到全面“毁容”，河水不断恶化，河面遭到侵蚀而缩小。

70 年代后期，梁溪河边有太湖造纸厂、色织一厂、天元麻纺厂、机床厂等众多排污企业，日积月累排污导致该段河流水体水质严重污染。从蠡桥到大渲口共有 9 条随塘河浜，其中 4 条常年发黑发臭，河埒渔业大队沿梁溪河的 1400 多亩鱼池，从 1983 年后就再也不能用这 4 条发黑发臭的河浜水入池，其他 5 条河浜污染也日益严重，平时只能看水色选择使用。河埒乡渔业一队鱼池区有 3 条河浜已变为臭水浜，导致连续取得亩产 2000 公斤的试验鱼池，到 1985 后也被迫停止试验。郊区范围内像梁溪河沿线水体污染影响池塘养鱼的情况日益增多，

1983 年无锡主要河道水质情况

河系	地点	主要成分含量(PPM)							污染等级
		溶氧	化学耗氧	氨氮	氰	铬	砷	铅	
锡澄运河	白荡圩	4.4	10.76	2.92	0.0056	0.0086	0.005	0.005	严重
大运河	双河尖	4.63	13.93	2.74	0.0077	0.123	0.013	0.002	严重
锡北运河	化肥桥	1.83	10.87	5.13	0.111	0.0186	0.001	0.009	严重
	硫酸厂	0.67	20.62	3.98	0.014	0.025	0.053	0.1006	严重
	七一水厂	2.59	10.38	2.28	0.0051	0.01	0.012	0.011	严重
梁溪河	鸿桥	6.9	3.6	1.14	0.001	0.0025	0.003	0.003	重
骂蠡港	中桥	7.8	2.96	0.24	0.002	0.006		0.006	较清
蠡湖	湖心	9.4	3.2	0.39	0.0014	0.0038	0.0026		清
太湖	小箕山	9.5	4.56	0.16	0.002	0.005	0.002		尚清

引自无锡市园艺水利研究所1983年《水利调查报告》

如广益、黄巷、山北、扬名、蠡园等乡镇都出现不同程度的水污染，导致养鱼用水困难。据郊区渔政管理站的初步统计，从 1978 年至 1985 年 5 月，郊区因水体污染直接导致死鱼 4.05 万公斤，经济损失 1 万多元。这是 1985 年前后的水污染情况，到了 90 年代水污染更加严重，渔民到了为水犯愁的程度，愁在水污染死鱼减产、出产的鱼品质下降不好销售。[①]

2005 年 2 月，蠡桥至蠡溪桥段沿河整治全面开工建设，市房管局拆除两岸违章、临时建筑，搬迁部分工厂，拆除、重建梁溪河两岸破损倒塌驳岸，整合原来新村分割零乱的绿化地块，并根据沿岸地形地貌造景美化，对两岸 5.1 万平方米建筑实施“平改坡”改造，在蠡溪苑，把鱼池改筑为 8 600 平方米的芙蓉池，池中筑烟雨墩。水池两侧恢复建设纪念宋代抗金名相李纲的“梁溪居”和明代谏臣顾可久的“清溪庄”，为市民提供自然与人文相映成趣的休闲胜地。经过几年努力，建成长达 5 公里的梁溪河景观带，两岸绿地面积 116 万平方米。

21 世纪后，城市大扩张，两岸鱼池全被填没变成住宅区。现在梁溪河两岸高楼林立，绿树成荫，一片园林式城市风貌，只是“减肥”了的梁溪河没有了穿梭的船只，没有了清澈的河水。2022 年政府斥巨资进行梁溪河景观带提升改造，梁溪河“颜值”明显改观。

2. 瘦身的长广溪

三国时，无锡是一片水乡泽国。南面是浩渺无际的太湖，惠山以北是烟波迷茫的芙蓉湖，东面有嘉菱荡、谢埭荡、宛山荡、鹅真荡、漕湖等众多湖泊。只在阳山、惠山、城中及伯渎港一带稍有高地。至于小的池沼则处处皆是，密如星斗，连城中也有不少水塘。孙吴时期，政府曾组织力量疏浚长广溪。公元 245 年，毗陵典农校尉陈勋领兵 3 万人驻赤马嘴，疏导长广溪，拓宽和开通河流，兴修水利，发展农业。

长广溪长 13 公里，流经今天的大浮、东绛、雪浪，从吴塘门入太湖。大运河开通前，它是南北交通主动脉，是联系江苏和浙江的重要水道，每天有装满货物的船只经过。

隋代开通大运河后，长广溪交通地位有所下降，但仍有不少船只从这里进入太湖。

1937 年 11 月，日本铁蹄到来之前，众多无锡人就是乘船经过长广溪，来到许舍一带躲避战乱，无锡国专校长唐文治、著名职业经理人薛明剑等则出长广溪、吴塘门，经太湖到安徽再到大后方。

① 无锡市滨湖区政协学习文史和社会法制委员会编著:《滨湖渔史》，凤凰出版社，2017年，第374页。

在漫长的历史长河中，长广溪边的石塘山、雪浪山因交通方便，存有古迹，吸引了众多文人骚客与政府要人。1928 年 10 月 26 日下午 1 时半，蒋介石偕妻宋美龄，乘船经五里湖、长广溪至雪浪山游览，至山顶，登蒋子阁。到下午 5 时，即乘船顺道到石塘登岸。

1948 年 5 月 18 日，蒋氏夫妇于 6 时起床，9 时坐船出游，蘋香画舫由汽艇拖带，从蠡园直驶雪浪山，蒋氏衣着藏青色长袍，戴鸭舌帽，夫人穿白底黑红花纹之旗袍，玄色短大衣。船抵横山桥，蒋氏持手杖与夫人登陆步行，直上雪浪山，到山顶后，山僧欢迎，引导入雪浪禅寺，俄顷，至蒋子阁瞻仰颇久。蒋子阁建于南宋，是无锡历史上第一个状元蒋重珍读书的地方。无锡众多景区中，雪浪山至今依旧很平凡，不吸引眼球。可蒋介石却在 1928 年、1948 年两次光顾，根源就在于他把蒋重珍视为自己的同族前辈先贤。

长广溪从蠡湖边石塘桥向南至雪浪山段 3 公里，皆为广阔的湖荡，宽处达千余米，这又长又广的水面与它的名字完全匹配。

长广溪与蠡湖相通，两块辽阔水面连接处较窄，宋朝在此建石塘桥，沟通东西两岸。因是交通咽喉，石塘桥在战争年代常成为牺牲品。元末守将莫天佑为阻挡敌兵曾拆毁该桥；1937 年 11 月，抗战爆发后不久，国民党军队撤退时也把石塘桥拦腰炸断，这样既断绝了出入长广溪的水上通道，又阻碍了前往长广溪西部大浮一带的陆路交通。

“文革”期间，长广溪遭受了围湖造田浪潮的冲击，1968 年到 1969 年，雪浪公社组织民工，从新风大队（今板桥村）赤马嘴的新桥港口起，向西北围堤 800 米，折南筑至横山桥北，再折东围堤 500 米到陆巷港口止。将长广溪东岸水域 1563.4 亩围成联圩，留西岸通太湖的航道。圩堤总长 5 公里，大部用浆砌块石护堤，堤顶高程 5.4 米，顶宽 3 米。建排涝站 2 座，圩内设五七大队和渔业村，其中许舍大队有田 500 亩，多为水旱田。①

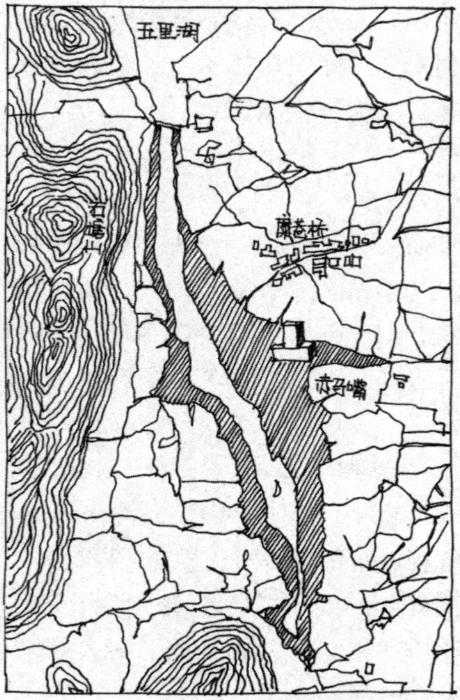

长广溪变化示意图

围溪造田彻底改变了长广溪原有的形象，它变得“苗条”了，修长了。

2003 年无锡市政府在此地建设大学城，被围的圩田与鱼塘上建起了一幢幢大楼。每天进出这些大楼的学子们根本不知道，他们脚下这块土地几十年前还在水底——那里是鱼虾繁衍生息的幸福家园。

2005 年，长广溪两岸规划建设为湿地公园。人们走到草木茂盛的溪边，再也看不到宽阔的水面，再也看不到行驶的船只。可 1800 多年间，逐利的民众、访亲的游人不停地行进在这条航道上。

“围溪造田”时，发现了属马家浜文化的“赤马嘴遗址”，出土了一批文物——新石器时期器物，两汉、三国时期的钱币、陶瓷器，两晋的青瓷器，南北朝的钱文墓砖，宋代的陶瓶。据考证，这里 6000 年前已有先民聚居，可以说是太湖平原最早的原始氏族聚居地之一。在江南大学校园里，立着一块写有赤马嘴遗址的大石碑，记载此事。

四、河的兴废

1. 大跃进下的“蛋”——新运河

无锡古运河段，原来是直线通过无锡城南门与北门，以前城内的大市桥、中市桥、南市桥，都是跨运河的桥梁，从明朝开始，改道走莲蓉桥、工运桥、羊腰湾，进入古运河河道。

为解决无锡市城区段运河桥多、湾多、河浅、水急等问题，无锡市有关部门规划对城区段进行改道整治，当时无锡地理教材是这样描述的：“新运河由吴桥以东的黄埠墩南折，过食品机械厂、蓉湖公园、锡山，再向西南经扬名新村、动力机厂西南，至下甸桥入老运河。其规格为：河底宽 60 米，河面宽 102.6 米，需运土方 15100 多万立方。在新运河上将建造大桥 10 座，4 个大型装卸码头。全部工程将于 1959 年春季完成。到那时，3000~5000 吨的轮船可在运河内通行无阻。”② 新河从吴桥黄埠墩向南转向，经锡山东麓，穿梁溪河，至南门下甸桥接原运河，全长 11.24 公里，其中梁溪河以北 4.04 公里，梁溪河以南 7.2 公里。

在没有河塘可以利用的基础上，开挖十多公里的新运河，这样的大手笔也只有在大跃进狂潮中才敢想出来，并付诸实施。那是一个全国大亢奋的岁月：全民除四害、全民搞水

---

①《无锡县志》，上海社会科学院出版社，1994年，第269页。
② 无锡市教育局编：《无锡地理教学参考资料》，无锡人民出版社，1958年。

利、全民炼钢铁、全民办工厂……大干快干之时，这一工程的线路设计、施工设计都极简单，没有深入思考与全面论证。

1958 年 10 月，无锡市、县组建大运河工程指挥部，抽调市、县两级 162 名干部和技术人员（其中无锡县 13 人）参加指挥部工作，动员了民工 2 万多人（其中无锡县 5650 人）。11 月底前完成了测量和拆迁工作，共拆迁 1403 户居民、27 家工厂、3 个仓库、23 家商店、1 座变电所、3 处工人宿舍，拆除楼房 316 间、瓦平房 1520 间、草房 557 间，征用土地 1900 亩，赔偿费用 108.33 万元。位于蓉湖庄的蓉湖花园化为乌有，此花园原是大企业家唐星海的私家花园别墅，花园部分较大，为日本式庭园，政权更替后归公，辟为公园，里面有池塘假山，芳草茵茵。

开挖新运河时，黄埠墩上的历史建筑也被拆毁。黄埠墩四面环水，面积 600 多平方米，唐宋以来，建有寺院水阁，为著名胜迹。被破坏的黄埠墩楼阁，1981 年恢复重建，已非原貌。

无锡一中校园原在学前街文庙，1955 年迁至运河东路现校址，1957 年 8 月，教育局拨款 3.9 万元建造大礼堂，后要开大运河，这座竣工不久的礼堂于 1958 年 11 月拆掉，1959 年又花 3.9 万元重建大礼堂。[①]

新运河土方工程于 12 月 1 日正式开工，平均每天出工 2.4 万人，下旬在开挖了土方 58 万立方米后，因农村抗旱和其他水利工程同时开工，劳力严重不足而被迫停工。

1959 年冬，整治工程恢复，集中开挖梁溪河至下甸桥段新河，按四级航道标准施工，需挖土 500 万立方米，组织了民工 1.4 万人（其中无锡县 1 万人，江阴、常熟各 2000 人）。不久因大跃进后遗症爆发，填饱肚子都很困难。1960 年春节后，大运河工程停工，仅完成土方 278.5 万立方米（其中人工开挖 250 万立方米，机械挖土 28.5 万立方米）。那时生产力非常落后，“除了调集民工，还时常号召机关、学校、部队、企业来义务劳动，搬运土方。大家都是肩挑手提，很少有什么机械，就连卡车也很少。我也参加过多次这样的劳动。当时把这么多的土搬到哪里去都是个难题，记得后来是把这些土运到砖瓦厂烧了砖，造了居民房才‘消灭’掉的”，以后担任副市长的薛成志回忆道。[②]

由于仓促下马，河中坝埂众多，深浅不一，河虽成形而未通，未能使用。为尽快发挥工

① 《无锡市第一中学校史(1911～1983)》，油印本，第10页。
② 汪自力：《陆地上造起锡山大桥》，《江南晚报》，2008年8月18日。

黄埠墩(无锡城建档案馆提供)

程效益，决定将四级航道标准下调为六级航道，于 1963 年继续施工，主要用机械施工，两年内挖土 3.5 万立方米（其中水下方 2.5 万立方米），并建红星桥、金星桥、下甸桥等三座低标准公路桥，1965 年秋挖成通航。自此，京杭运河无锡段改由江尖经西门桥、西水墩、梁溪桥（现健康桥）转向新运河至下甸桥接南门运河。原莲蓉桥、工运桥、亭子桥、跨塘桥、清名桥至下甸桥段改称“老运河”。

为及早改善无锡大运河航运条件和解决城区河道阻水问题，1976 年起实施了开通黄埠墩至梁溪河 4.04 公里改道段工程。一共征用土地 1005 亩，其中河埒公社 700 亩，黄巷公社、城郊蔬菜管理区 305 亩，市财政拨款 30. 15 万元，作为土地青苗补偿费，平均每亩地补偿 300 元（时工人工资每月 30 元，猪肉每斤 0.7 元）。

这期工程，郊区分作两段施工：第一段工程，以梁溪大桥桥基为基点向南北两侧开挖，1976 年冬开始至 1977 年春完成 40 余万土方。1977 年夏紧接进行第二段工程，以锡山大桥桥基为基点，向两侧开挖，完成30多万土方，两段工程合计70万土方。

施工期间，常驻工地的郊区民工有1500多人。并集中一段时间，动员组织区、社机关干部、部分企事业单位职工，进行了万人开河大会战，还动用了50多台拖拉机、推土机、卷扬机等机具投入施工。

工程于1977年秋天基本结束（梁溪、锡山两座桥基尚未开通），共挖140万土方，郊区占其中50%，其余50%的土方工程量，由无锡市大运河指挥部组织常年民工完成60万土方，驻锡部队和市级机关干部等完成10万土方。市财政局按郊区每完成一个土方拨款补贴0.4元，0.5市斤粮食，实际各社队再补贴1元左右。郊区用去工程经费近百万元，其中市拨款28万元，区社自筹经费投入70余万元。这段河道的开凿建设全市总投资为2700万元（至1983年）。

土方基本完成后，因建锡山大桥、梁溪大桥和驳岸工程施工，河道未完全开通，直至1983年两桥建成，河床清理全部完成，于12月6日举行了通航典礼。当时的媒体这样写道：

昨天上午，晨雾飘洒，梁溪、锡山大桥下的宽阔河道上，彩旗缤纷，锣鼓阵阵……“向参加和支持运河建设的各行各业人民群众致敬”“热烈庆贺京杭大运河无锡新建段通航”的巨大横幅，在旭日中分外夺目。由三只航道监督艇为前导，“太湖”“梅里”“湖越”三艘客轮、三十二条钢驳船组成的两个货运船队组成的整齐队列，在热烈的乐曲和鞭炮声中，气势壮观地首次通过锡山大桥和梁溪大桥。大运河工程指挥部在水上举行了隆重的通航典礼。（《无锡日报》1983年12月7日）

自此京杭运河完全绕城而过，不但航运条件大大改善，而且北部涝水入湖的距离也得以缩短，市区狭窄河道的束水现象得以清除，汛期的排水条件大大改善，京杭运河的改道整治在航运和水利上均发挥了巨大作用。有得必有失，其一，新运河使无锡西部的交通变得困难，以后虽建了大量桥梁，但毕竟还是不方便。以前城里去惠山，经棉花巷与五里香塍，很快捷。建运河时，秀美的五里香塍被拦腰截断，成为历史记忆。通往荣巷的开源路也被运河一截为二，虽建了梁溪桥，但也比以前的开源路要绕要麻烦。

为了解决新运河两岸的交通问题，政府投入了大量财力，新建与改建多座大桥，使11公里的新运河上间隔不到一公里就有一座桥梁。从北到南，具体如下：

蓉湖大桥：2003年12月竣工通车。

锡山大桥：1980年动工，1982年建成通车。

梁溪大桥：1982 年建成。

开源大桥：2008 年 1 月通车。

红星大桥：1965 年建，1990 年重建。

盛新大桥：2009 年建成。

金匮大桥：1988 年通车，2010 年重建。

清宁大桥：2007 年 12 月通车。

金城大桥：1986 年通车，2004 年重建。

新扬大桥：2009 年竣工。

华清大桥：1965 年建，原名下甸桥，2005 年重建。

其二，无锡城区新运河开通，大运河水向城区新运河大量分流以后，导致太湖来水和大运河上游水流向古运河的流量锐减，致使城区古运河东、中线流速锐减，许多支流及其河浜变成死水一潭，黑臭期逐年增加，黑臭度愈来愈重。1980 年代中期，政府采用一控、二清、三调、四治对策，但收效甚微，并有日益加重之势。黑臭天数已由 1983 年的 4 天发展到 1988 年的 201 天。[①]“60 年代淘米洗菜，70 年代河水变坏，80 年代鱼虾绝代，90 年代不洗马桶盖。”1969 年 7 月 16 日，3000 余人举着毛主席画像与五星红旗，在水中一展身姿，以庆祝老人家畅游长江 3 周年，可现在运河水已不堪入目。

2. 航道迁徙

1000 多公里的京杭运河，将众多的城市连接在一起，河道一般都在城郊，唯有无锡，运河穿城而过。明代后有所改变，航道离市区并不远。

在以水为路以舟为车的时代，这些河流就是无锡的动脉，成千上万的人依靠河流运输业讨生活。农业社会没有机械作动力，一切都靠人工。世上三桩苦，撑船打铁磨豆腐。朝廷为使漕运官船不耽误时间，命各地官府遇逆风时抽调苦力替官船拉纤，沿途设立纤道、纤站和纤夫。拉到邻县交界处，就移交给邻县苦力接下去拉。无锡至沪水程约计 150 公里，帆船顺风 3 天，逆风 5 天，每石运费 0.22 元或 0.23 元。[②] 1889 年，15 岁的荣德生离开荣巷到上海当学徒，当年

① 沈炳康：《无锡古运河调水方案及流量计算》，《无锡城市科学研究》，1989年第3期，第29页。
② 郁有满编著：《无锡运河志》，西安地图出版社，2008年，第131页。

的阴历八月十五日晚出发，第二天早晨到苏州，晚上到昆山，十八日上午到上海。民国时期，还是小学老师的钱穆常从梅村到荡口，十来公里，坐船要 2 个多小时。这样的慢生活维持了几千年，直到发明了蒸汽机，人类才会使用机械力，轮船来到无锡后，开始代替非机动船。

以后汽车火车等地面运输出现，水运并没有立即衰落，而是凭借其量大、价廉、便利等优势，继续唱主角。据 1935 年调查，米稻只是 7%通过铁路运输，5%通过轮船拖运，更多的还是采取传统的木帆船运输。[①] 同铁路的竞争中，水运最大的优势是其低廉的价格。如 1947 年调查表明，往来苏州、无锡间的旅客，大多数还是选择坐船，时坐火车 1.5 小时，票价 3.5 元，坐船约需 4 小时，票价 1 元。[②]

20 世纪前期，桥梁与公路稀少，不能实现门到门，而四通八达的水网则能做到这一点。因此，富豪周舜卿 20 年代常来往于上海与无锡间，下火车后便从车站前码头乘上接他的“私家船”，直达他在东绛的大宅门。

无锡轮船客运始于 1900 年，最早的轮船码头设在前竹场巷。以后铁路通车后，水运码

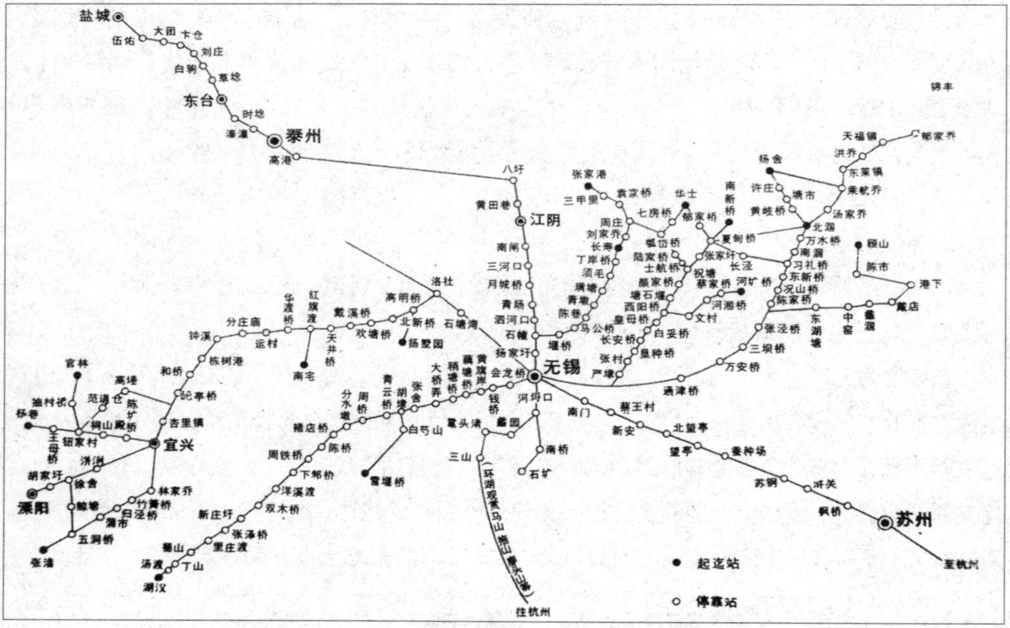

无锡市客运航线示意图

头逐渐向工运桥转移。50年代初，在火车站西边的亮坝设有无锡轮船站，除亮坝码头外，市区还有大公桥、清名桥等上船点，每天都有不少航班，航线远的到盐城、杭州、溧阳、丁山；近的到江阴、张家港、苏州及马山等。1965年，京杭运河无锡市区段改道后，辖区还留有人民桥（西门桥）和西水墩（环城河口）两个站埠。原西门轮船码头在今解放西路西门桥北侧加油站处，轮船站设在一幢二层小楼里，背靠古运河。楼下为候船室，楼上是办公室。乘客由码头经跳板上下船（由拖轮和客船组合而成）。客（货）轮由此可往返苏北和苏南的苏州、常州、宜兴诸地，也可在此登游轮（单船），出游太湖等景点。

"文革"期间，城市就业困难，众多中学生毕业后离开城市到苏北农村插队，一些城里居民也被迫到乡下安家，他们大都是在西门上船，踏上异乡的征程。西门背后运河水，中间多少行人泪。当年的西门环城河旁因骨肉分离让多少人伤感与痛苦。这段历史早已埋没在岁月的尘土中，知者寥寥。

1969年11月30日，严冬即至。

市革命委员会在人民体育场隆重举行声势浩大的群众大会，热烈欢送我市第四批两千户近万名革命干部和居民到苏北农村干革命。

大会始终洋溢着高昂的革命激情。会场内外，红旗招展，鞭炮齐鸣，群情激奋，万众欢腾，"到苏北去！到农村去！到祖国最需要的地方去！"的口号声响彻云霄。

欢送大会结束以后，上山下乡的革命干部、居民登船起航。数百条大船组成的船队在两岸十多万群众的热烈欢送下，浩浩荡荡向苏北进发。[3]

城乡间生活条件天壤之别，从城市去农村，从市民到农民，这样的转换，正常人都无法接受，倍感痛苦。今读当年的报道，更感极"左"时代对人性的摧残。

1964年和1965年水上客运达到高峰，有95条航线，年客运量1 255万人次26 541万公里。[4]之后开始下滑。1979年无锡到马山的航线因汽车开通而停运。1983年新运河通航，无锡轮船客运站也由西门外、火车站旁移到新运河边（梁溪大桥南），客运大楼5月动工，

① 王涌主编：《中国四大米市》，漓江出版社，1990年，第232页。
②《京杭运河(江苏)史料选编》编纂委员会：《京杭运河(江苏)史料选编》第三册，人民交通出版社，1997年，第1559页。
③《上山下乡万人革命大军扬帆启航》，《红无锡报》，1969年12月1日。
④ 李心言：《无锡轮船客运百年史事》，《无锡文博》，2010年第1期。

历时 3 年，1986 年底建成，时为无锡市第一座高层框架结构建筑，也是全国内河客运标志性建筑。建筑平面尺度宽 24 米，长 138 米，高 61.2 米，主楼 18 层（连地下室），底层有面积为 2416 平方米、层高 12.6 米、跨度 24 米的候船大厅，可同时容纳 2000 名旅客。每到春运期间，此处人气甚旺，常常一票难求，但红火时间并不长。

1984 年初召开全市农村工作会议，无锡市委市政府要求交通局在大会上作关于乡乡通公路的表态发言，代表交通局发言的领导讲了一半就被赶下台，原因是其发言中过于强调了客观困难，而对年内实现乡乡通公路信心不足。

1984 年无锡实现了乡乡通公路，1986 年实现了村村通公路，虽然标准比较低，以砂石路为主，但总算是解决了“通”的问题。

在公路冲击下，到 1984 年底，无锡县客运站经营的班轮全部停航。境内水上客运主要靠无锡市江南航运公司通往溧阳、华墅、高塍、湖㳇、江阴、苏州、杨舍、南桥、顾山的过境班轮。[①] 1990 年，水运客运量比 1985 年下降 79.2%。1991 年 9 月，无锡至后塍、杨舍两条航线撤销停航。至此，无锡地区经营的内河客运航运全部撤停。水运同公路相比，速度要慢得多。如市区到宜兴张渚坐船要一天，坐车只要 4 小时左右。

在轮船客运衰落之际，航运公司开始向水上旅游转型。1980 年 4 月江南航运公司首辟无锡—杭州的太湖夜航通航，这是一条“暮观太湖山水，晨游西湖美景”，集交通与旅游为一体的水上旅游航线，全程 166.3 公里，其中横渡太湖 65 公里。

因水环境破坏、高速公路发展等因素，水上旅游也陷困境，江南航运公司客运量：1985 年 399.82 万人次；1986 年 272.68 万人次；1989 年 97.38 万人次；1992 年 43 万人次；1994 年 21.2 万人次；1997 年 13.3 万人次；1998 年 8 万人次；2000 年 4.08 万人次；2003 年 0.08 万人次。2003 年 5 月国有企业全面退出水上客运旅游市场。新建的轮船客运站由盛到衰如此迅速，使用时间不到 20 年，这是当初主事者万万没有想到的。

进入 21 世纪后，因河道老化和污染，西门航道已不适合承担水运任务，2002 年开始停航。随即梁溪河、长广溪等河流也禁航。现在唯有新运河还能看到百舸争流的场面，但没有客船只有货运，只见浊流不见清波。

---

①《无锡县交通志》(内部发行)，1988年，第62页。

一条运河穿城过

水乡泽国的无锡曾经河网密布，河道兼具运输、水利、景观、渔业、休闲等多种功能，其中最著名的当推大运河。在几十座运河城市中，唯有在无锡运河穿城而过 900 年（从隋至明中叶）。当时漕运河道从北门经中直河（即今中山路）到南门，直至明嘉靖年间，运河才改道走城东的工运桥、亭子桥、羊腰湾，进入南长街古运河河道。

过去，无锡读书人到常州参加府试、到江阴参加院试、到南京夫子庙参加乡试、到京城参加会试，都要坐船来回。其中有状元孙继皋、探花秦蕙田、进士顾宪成等。徐霞客行走大半个中国，乘船离开故乡，驾舟回到桑梓。天启五年 (1625) 四月二十四日，朝廷派来的锦衣卫缇骑逮捕官员魏大中，浙江嘉善同乡数千人号泣送行。押解船沿运河一路北上，东林党领袖高攀龙在吴江平望镇运河边迎候学生魏大中，又在无锡高桥之北运河中同他依依惜别。不久魏大中在狱中被折磨至死，次年高攀龙不甘受辱，在无锡城内南门附近投水而去。1873 年，由于杭州与浙江部分官员草菅人命，造成杨乃武与小白菜冤案，江浙文人同情举人杨乃武的遭遇，不断造势，引起高层关注。慈禧太后命被害人赴京重审，杨乃武、小白菜包括装载小白菜丈夫尸体的棺材从运河北上，路过无锡时，杨乃武曾在无锡城金匮县衙监狱羁押一晚。冤屈洗清后，36 岁的杨乃武从苏北坐船经过无锡，在拱北楼吃了无锡小笼包后大加赞赏。千年运河里，有难以计数的离人泪，有数不尽的行人轨迹。

1980 年代中期，无锡乡乡通公路后，水中客运没落，货运占交通比重也降低，大量河流丧失了其持续千年的运输功能。

现在无锡只有几条骨干河道还有货船经过，但其与传统社会呈现完全不同景像：其一，百年前河流弯曲窄小，现代河道截弯取直，加宽加深；其二，以前河堤多土岸，堤坝与水面相距不远，平视中给人以舒展和惬意感，现代堤坝钢筋混泥土，高大结实，虽利防洪，但居高临下俯看却失去了河流、道路、田野那份和谐之美；其三，以前河道清澈见底，流水潺潺，水生植物多见，舟行其中，赏心悦目，现代河道水质污浊，观感甚差；其四，以前船小、船慢、船多，船中有高官贵人、有平民百姓、有香客戏子、有商贾武士……现代船队运力大增，但只有船员与各种货物；其五，以前运河有激流有落差，容易出现“船祸”，而现在运河平坦

---

①《南长区志》编纂委员会编：《南长区志》，上海人民出版社，1991年，第471页。
② 徐道清：《锡城桥梁变迁的缩影——西门桥》//无锡市政协编：《亲历无锡城市变迁》(三)，凤凰出版社，2016年，第188页。

环城河上的行船(1955)

宽阔，交通事故少见。

梅雨季节，太湖水北流入长江，狭窄的西门桥（今人民桥）下，水流湍急，非常危险。1915 年 4 月 20 日午前，一艘客船行经西门吊桥，船工持舵不稳，竟至倾覆，船中客人 7 人，获救者仅 2 人。同日午后，有下脚船一只行至该处，亦遭倾覆，船中约有四五人，落水后竟难觅踪影。[①]

为保证汛期西门桥安全，航运部门采取了两项措施，一是在此准备了几艘大功率拖轮，拖带过往船只；二是在桥东侧桥堍驳岸上安装了几条粗大铁链，供小型航船扶牵行驶。[②]

除此，为摇橹划桨的船只安全通过，航运部门还派人去放太平缆。离桥一段距离的下游，船上人紧紧抓住太平缆，一把一把拖着过桥，稍稍脱力，船就要被冲出去老远。

每年汛期，人民桥处就是防汛部门确保安全的重点，桥上和两岸会聚集大批关心汛情的民众，气氛紧张而热烈，一直延续到 1983 年底新运河北段开通，上游洪水改由新大运河南泄或入太湖后，此景象才消失。

乘舟赴无锡上任的县令

1908 年沪宁路通车之前的一千多年间，所有无锡县令都是坐船来无锡报到，他们到达之后，按标配模式举行交接仪式、到城隍庙祭神、乘轿在城内外转一圈，让老百姓知晓新官上任，那时新闻传播只能借助于口口相传。

1902 年夏，李超琼任无锡知县，他在日记中记录了从苏州来无锡的情形：

（阴历）五月二十二日：下午乃肩舆出胥门，登舟赴锡，由笙吉士亦偕行也。夜泊浒墅关。

二十三日：既明，鼓棹而西。午初，泊新安，中食竟，复行。酉刻抵锡，于东门登岸，至西河头，赁宅解装。是日，当国忌，未便诣客，客亦无至者。到官之初，清暇如此，亦未易得也。

二十四日：寅刻接印，由前任孙襄臣同年（赞元）移送光字七百四十六号礼部铸发无锡县铜印一颗而篆文均已模糊。仅余一片虚质，已由孙任禀明，另刊无锡县印篆文木戳，附印于旁，以为辨识而已。然印仅光绪八年十二月所铸，不知何以亏损至此，亦可诧也。礼成，天尚未曙，乃复就寝。辰正再起，适金匮令方果卿（臻峻）见过，小坐而去。余亦呼仗而出，遍拜同寅及城居各绅，则迎门谢客者多，惟于果卿、襄臣及金学王襄卿同年（有赞）、城营金殿臣守戎（作鼎）、高桥巡检程桂三、巡政晋处入而一谈。午正归，黄宗宪（佐卿）者，茧商也，来见。中食竟金匮新令张玉泉兄来，既送之，即往答之，数语而出。又历城内外谒客一周，返以酉初，而困顿已甚矣。批阅到官文牍，至夜乃尽。

二十五日：张玉泉大令卯刻接金匮县印。辰起，往贺之。便出南门拜客，直至黄埠墩乃返。所过阛阓之盛，固近县所未有也。

二十六日：辰初，诣学官及文武庙、本邑城隍祠。行香毕，遂出西门，循城而南、而北，周历一过，所谓阅城故事也。既而至署，点视监狱，狱囚仅四人，自新所羁犯亦如之，待质所则二人而已。讼狱之简，即此可见。午刻乃归。

六月二十六日：申正，至衙署一视，前任孙君既卸事，而盘踞官廨者逾月。

铁打的营盘流水的兵。在历史长河中，一任又一任无锡县令来了又走，走了不再来。

他们在无锡掌政 1 年或几年后便坐船离开这座江南小城。

无锡任期最长的县令当推吴兴祚。康熙二年 (1663)32 岁的吴兴祚来无锡，一口气干到 45 岁，13 年间他既是愚公谷的票友常客、秦氏寄畅园的赏曲知音，同时也是侯杲亦园、顾氏辟疆园的半个主人。这位政治、军事、文学才华兼具的官员，被后人誉为“曹孟德”。他修缮了龙光塔、泰伯庙、惠山寺、云起楼等众多古迹，编撰了《无锡县志》，赞助出版了顾祖禹的《读史方舆纪要》，其幕府荟聚了一批文艺人才，他结交、赞助了成百上千遭贬的失意官员与文人墨客，使无锡成为当时江南昆曲的中心、文化的中心。吴兴祚政绩卓著，地方上下对其好评如潮。1675 年，高升的吴兴祚乘舟沿运河南下，前往福建高就时，绅民们送了一程又一程。

能文能武的吴兴祚够得上“奇葩”官员，18 岁被选为贡生，任江西萍乡知县。45 岁越级提拔为福建按察使；46 岁升福建巡抚，率部屡败郑经的军队，49 岁任两广总督，58 岁受诬陷降职副都统。64 岁官复原职，66 岁卒。其赞助出版的《古文观止》流传至今。

当然，也有知县喜欢上了这座小城，在此买地安家终老，裴大中便是这一“款”，1876 年他赴无锡上任，爱上了其小桥流水。1879 年春，在无锡旧廨东北隅隙地，剪除荒榛，葺屋十余楹，缭以短垣，颜曰“且园”，并让两个儿子裴景福 (25 岁) 与裴景绶读书其中。他主持编撰《无锡金匮县志》，留存了珍贵历史信息。其后，裴大中任昭阳、上海县令、北洋武备学堂监督 (相当于校长)、直隶通州知州。1887 年，其妻去世，卜葬无锡孙家湾。

1903 年，其子裴景福在广东南海知县任上，受新任两广总督岑春煊打击，关进大牢，裴大中致信其子：“君子处患难，如五谷之得雨露，松柏之饱霜雪，在物则成枝叶花果，在人则成法慧术智，乃一生极得力处。天既厚待我，我岂可妄自菲薄？惟心要定，气要平，不要丝毫纷乱激昂。自问平日无愧怍处，则心自定。尝念横逆屈辱，磨砺英雄，须委曲忍受，能忍则生，不忍则死，自然气平。”传讯时，执事者曰：“大帅谓尔贪赃。”裴景福答道：“然，随夷溷兮跖蹻为廉，东汉党人、东林党人，国朝陈恪勤、张伯行、蓝鹿州，当时上官皆指为贪赃，何况区区。”

1905 年，裴景福被判流放新疆，他牢记父亲教诲，把磨难变成人生财富，一年时间里，他逐日记下从广东到新疆的万里征途，一部蕴含丰富信息的《河海昆仑录》流传至今。

1909 年，新皇帝上台，55 岁的裴景福得以平反，回到无锡，与父亲裴大中团聚。

在无锡的裴景福以金石书画自娱，这位清末民初收藏大家与鉴赏名家，让锡城平添了几份文化光环。

汉语流畅的法国汉学名家伯希和博士专程来到无锡裴景福寓所，取所藏精品摄影百余种，惊艳学界。

1910 年重阳节，裴大中、裴景福父子来惠山二泉登高望远，6 天后，裴大中在无锡病逝。

1914 年，裴景福来到上海拜访改朝换代后失去权力的岑春煊，两人惺惺相惜。

1923 年正月，裴景福重游天下第二泉，往事历历。

裴大中、裴景福这两位安徽人，对无锡的钟爱，对无锡的贡献，借助于文字，还能知晓一二，遗憾的是，其所居的“且园”已无踪无影，无论是从物理上还是从文献上。

为无锡点赞的官员

1177 至 1179 年，杨万里在常州任“一把手”，他曾坐船来到无锡，并留诗《泊舟无锡雨止遂游惠山》：“天教老子不空回，船泊山根雨顿开。归去江西人问我，也曾一到惠山来。”

1256 年春。当年 20 岁的文天祥和弟弟文天璧千里迢迢赶赴临安（今杭州）参加科举考试，他们坐船由吉州赣江出发经鄱阳湖、长江而下转入京杭大运河，途经无锡运河中的黄埠墩，对这里的美好风光留下了深刻的印象。那次考试，在 601 名进士中，文天祥名列第一，成了状元。

1275 年，元军沿江东下，进逼临安，文天祥在家乡赣州招募义军奔赴临安，任右丞相，可抵抗失败。次年农历二月初五，元将伯颜在临安南宋朝廷的祥曦殿正式举行受降仪式，6 岁的皇帝赵昰率领众大臣献降表，退帝位，元军接收各政府机关、府库、图书档案及各部门的符印文件，南宋 148 年的偏安局面宣告结束。伯颜诱降，文天祥宁死不屈。初八日，伯颜胁迫文天祥“随祈请使吴坚、贾余庆等北行”。这天夜里，文天祥“作家书，处置家事，拟翌日定行止。行则引决（自杀），不为偷生”。后来，他想到南宋尚有大片国土，复国仍旧有望，遂决计放弃轻生念头，暂时北上，再作打算。

路经无锡时，为防被人劫夺，元军将船停泊在四面环水的黄埠墩。百姓闻知文丞相经过，不顾阻挠，在运河两边排得密密麻麻，持香跪送，哭成一片。文天祥感慨万千，赋诗一首《过无锡》：

伯希和在惠山寺唐经幢旁(1908)

金山冉冉波涛雨，锡水茫茫草木春。二十年前曾去路，三千里外作行人。

英雄未死心先碎，父老相逢鼻欲辛。夜读程婴存赵事，一回惆怅一沾巾。

明隆庆四年 (1570)，名满天下的海瑞因其施政搞得官不聊生，被赶出官场。从南京回海南途中，海瑞坐船路过无锡，拜谒老师顾可久的墓，登临黄埠墩，为岛上环翠楼题写“环山临水第一楼”。

曹雪芹曾祖父曹玺、祖父曹寅、父亲曹颙和叔父曹頫，三代四人相继担任江宁织造几达六十年，长期居住南京。康熙四十四年 (1704) 五月间，曹寅有苏州之行，来回路过无锡时，都曾泊舟上岸，在《楝亭集》中留下了《舟中望惠山举酒调培山》《过无锡卖茶器处》《泊舟锡山晚游泉上》《明日复至泉上题一断句》等诗以记其游踪。

康熙年间江苏学政张宝臣乘船经过无锡，诗云：“九龙山色何媚妩，坐见白云生缕缕。空濛散作波上烟，篷窗一夜潇潇雨。”史夔在《无锡望惠山》一诗中也对水运有描述：“九峰天半落，一棹夕阳过。客为游山盛，船因载水多。溪边高士宅，月下榜人歌。好趁樵风便，轻船采芰荷。”

一八三九年十二月二十二日，47 岁的思想者龚自珍与长女阿辛一起坐船抵无锡，游惠山，他在《己亥杂诗》第三一三首赞道：“惠山秀气迎客舟，七十里外心先投。”两年后，龚氏便满怀忧虑飞天而去，“我劝天公重抖擞，不拘一格降人才”成为时代跫音。

进出无锡的商船

在水运时代，借运河行路的商人更如恒河沙数，他们不擅著文，有关其行踪少之又少。

1790 年，一位徽州商人由皖南休宁出发，经屯溪、率口，再由新安江东下至钱塘江滨的杭州江干，复经运河，沿塘栖镇、吴江、苏州、无锡、丹阳、丹徒，再由瓜洲渡江，到邵伯、宝应、淮安，然后雇车，自王家营起程北上前往北京。他的行程记录在手抄本《乾隆五十五年自休宁之一角至北京旅行用账》上。

恶劣天气常使航行受阻，心情烦燥。绍兴人周星誉在咸丰六年 (1856) 正月二十四至二十五日，因河冻又兼风大，船被迫停黄埠墩两天，“枯坐闷甚”，二十六日虽风力减弱，但舟行仍缓，早上开船，申刻（下午三点到五点）到达常州戚墅堰。

1889 年中秋节，明月高照，14 岁的荣德生辞别亲人，坐同村细阿胖的信船，前往上海当学徒。那里不仅有他想念的哥哥荣宗敬，还有哥哥信中告知的许多新奇事物：宽宽的马路、自来水、电灯、路灯、电话、轮船、跑马，而这些先进玩意，当时无锡都见不到。

经过一晚航行，次日早晨船到苏州，荣德生在阊门上岸，随同船人一起徒步穿城，直到下牵埠头上船，晚上船到昆山。农历八月十八，这艘以帆与桨作动力的信船经过两个白天三个晚上的航行终于到达上海南码头，船主把荣德生送到荣宗敬学艺的钱庄。

在上海当学徒 3 年，荣德生从未回过一次家，虽然无锡到上海只有 140 公里水路。1892 年农历十二月初一，他坐同村细阿胖的信船回无锡，晚上开行，次日天亮船到昆山，碰到十多年未见的寒流，河水结冰三四寸厚，几百艘船只滞留在此。荣德生只得在昆山等候天气转好，十天后，东南风大作，一路顺风，晚上抵达荣巷。母亲见到分别三年、个子长高、不再稚气的儿子，喜上眉梢。

无锡运河的货船装载着五花八门的货物，而粮食在其中占有极重要地位，明清漕运鼎盛时期，无锡成为太湖流域和两浙漕粮集中地及江南著名粮食市场，清代粮食吞吐量高峰时每年七八百万石，居全国四大米市之首。光绪十四年 (1888)，定无锡为南漕转运点，江、浙两地在锡采办漕粮年约 300 万石左右。湖南、广东、江西等地客商运粮到锡，购回生丝、

运河上壅塞的船只(1949.12)

布匹等物。19 世纪末 20 世纪初，无锡粮食堆栈容量为东南各埠之冠，粮食加工业成为全国五大碾米中心之一。作为粮食集散中心，长三角大量粮食运往无锡销售，诸多粮商来无锡采购粮食销往全国各地。这些粮食在 1908 年沪宁路通车前完全依赖水运，有了铁路与公路后，水运还唱了一段时间主角。

与无锡水运有缘的外国人

王朝时代，交通落后导致中外间交流极少，到过无锡的外国人也寥若晨星。

北宋熙宁五年 (1072)，日本学问僧成寻法师，从宁波海港上岸，去台州参拜天台山后，便从杭州坐船沿大运河北上，前往山西五台山。农历九月六日，成寻从苏州坐船到无锡，住了一晚。次日早晨再坐船，到常州已是晚上 8 点。[①]

明弘治元年 (1488) 朝鲜人崔溥因父丧乘船归家，结果遇海上风浪，漂流至中国宁波。其后他沿浙东运河、京杭运河北上，至北京后辗转回国。归国后写成《漂海录》一书，以外国人视角详细记载了运河沿线风物。崔溥一路航过望亭巡检司、马墓铺、纯安桥，直至四更 (次日凌晨一点) 才到“锡山留泊”。在锡山驿休息调整后，第二天接受了无锡知县赠送的“馔物”——美味佳肴。此后他由锡山驿进入无锡县城，过建渡桥，走城中直河 (今中山路)。在县城内，他一路经建虹桥、都宪门、少司寇第、亿丰桥、进士坊，然后出北水关到县城外，经十里铺、高桥巡检司、藩葑铺、洛社铺到达石渎桥，走完了大运河无锡段，从横林镇铺开始他就进入了武进界，二月十九日傍晚到达常州府治所在地。[②]

崔溥大运河之旅是从南往北，日本使节策彦周良则由北向南沿运河而下。1547 年，明嘉靖年间，日本遣明使策彦周良第二次来华，沿运河考察。难能可贵的是，他把运河之旅用日记形式详细记录下来，包括途径运河全线的驿站和巡检司，各地官署的外观仪容、沿途名胜古迹特别是庙宇、江南的人文风貌，等等，其中不乏无锡运河沿岸的精彩。

1868 年 4 月 28 日，瑞士人克莱尔抵达无锡。他相册里的黄埠墩照片是迄今发现的无锡第一张摄影作品。

在克莱尔之前 5 年，英国人呤唎就驾船来无锡，追随太平军将领李秀成，与李鸿章的清

---

① (日)释成子原著；门化文、李鼎霞校点，《参天台五台山记》，石家庄：花山文艺出版社，2008年，第87页。
② 刘晴：《从崔溥〈漂海录〉看大运河无锡段的驿传系统》，《江南论坛》，2020年第10期。

无锡南门外运河边的妙光塔

军较量，因洋轮高大坚固，不得不毁掉清名桥等众多桥梁以其通行让行。

1898 年，无锡第一家新式学堂——竢实学堂（现连元街小学）由地方绅士杨模创建，自此无锡学校开始有了数学、物理、化学课程。因国内缺乏这方面师资，特聘请懂吴语的日本人松本义成来任教，26 岁的松本坐船来到无锡。

明清两朝，还有一些外国传教士坐船来无锡传教，其最早一批信徒都是穷苦船民。

1903 年 1 月 1 日，无锡知县李超琼来到三里桥天主堂，与法国神父萧子云见面，恭贺新春。萧子云在中国十多年，汉语流畅。

1908 年沪宁线开通后，坐船来无锡的外国人基本消失。到了 1980 年代，大量外国游客坐火车来无锡畅游古运河。时无锡外事旅游部门在全国率先提出“欲游中国古运河，请到无锡来”的口号，结果一炮走红。

古运河游全程精华是从吴桥至清名桥段 6.6 公里。从新运河少年宫（锡山大桥南）码头上船，北上到吴桥；登临人文古迹黄埠墩，看北塘大街无锡米市。时从吴桥至三里桥宽 100 多米的芙蓉湖面上，停泊着几百艘各色货船，樯帆林立，蔚为壮观。从三里桥到莲蓉桥，即从北塘大街至北大街，加上两巷（江阴巷、竹场巷）、四弄（布巷弄、巴斗弄、小猪弄、坛头弄）、四沿河（蔴饼沿河、桃枣沿河、芋头沿河、茅蓬沿河），是无锡布、米、丝、钱四大码头所在地。游船在江尖渚西侧南行，穿西门桥，从梁溪河到西水墩向东，经环城河到南长桥右转，两岸水乡民居，粉墙黛瓦，前店后坊，枕河人家。老人在河边藤椅里看报品茗，孩子们在弄堂口跳橡皮筋，家庭主妇在河边码头上方厨房烧菜，上面往往有露天阳台，晾晒的五颜六色衣服在空中飘动，展现了活生生的江南水乡风情画。在大公桥轮船靠岸，外国游客进丝织厂看缫丝、养蚕，购中国丝绸。船到清名桥，客人再次登岸上桥、下坡，进入两岸百姓家，拍下中国老百姓的普通生活。那时，大窑路尚未建古窑遗址博物馆，但可以看一两座古窑。船从清名桥返程，从黄泥桥走羊腰湾，穿高墩桥、工运桥、莲蓉桥，最后回到少年宫码头，登车返回酒店。这一程被外国游客称为“神奇的旅行”。这条游览线路后逐步延伸，东到苏州看寒山寺，北至扬州游瘦西湖，形成一条黄金旅游线。

1986 年无锡邀请日本著名音乐制作人山田广作、作曲家中山大三郎、青年歌唱家尾形大作来锡创作歌曲《无锡旅情》《清名桥》，在日本 6 家电视台播放 6 个月，打开了日本市场。

1988 年 11 月，中国无锡国际旅游电影节举办，20 多个国家代表团参会，14 条游船全部出动，浩浩荡荡，在清名桥下形成高潮，众多市民与船上外宾及靳羽西、赵浩生等名人，互相招手致意。

“古运河之旅”经历了 10 年辉煌，至 1980 年代末已有 80 万境外游客参加。然而，90 年代后，“古运河之旅”日趋衰落。2000 年无锡市接待 21 万境外游客中，游古运河的已不足万人。

“古运河之旅”衰落因素众多，随着旧城改造，有些河段两岸建筑拆除，原貌不存。90 年代北大街的改造，拆除大量沿河建筑，从莲蓉桥至吴桥段、南长桥至跨塘桥段，已难觅米市、布码头、“水弄堂”踪影；古运河两岸保护区内的人文景观、历史遗迹或被拆除或倾塌，以及大量沿河民居年久失修，日趋破落，已无游览观赏价值。此外，古运河水变黑发臭、污染严重是导致旅游者“望”而却步的直接原因。

如今，只剩下物流的运河丧失了人气，其高光时刻离我们渐行渐远。或许从古人的诗文中，我们还能感受到无锡运河曾经的辉煌。

湖泊哀歌

一、马山变形记

1. 世外桃源

自 1997 年灵山大佛落成后，无锡城里人没有去过马山的应当不多，而七十年前去过马山的无锡人绝对寥寥无几。

马山原为面积 34 平方公里的太湖的第二大岛，山多地少人稀。1933 年全岛只有 5 600 多人，田 22 600 多亩，人均约 4 亩，无大富，亦无游民，有“富不过万，贫不讨饭”之谚。由于四面环水，与外界联系少，此地风俗淳厚，人多土著，夜不闭户，也无窃盗发生。山里的居民，一辈子没有出过此岛的大有人在，比较闭塞的马山宛若陶渊明笔下的桃花源，被称为千年孤岛。不过，时局混乱时，马山也时有湖匪来抢劫。

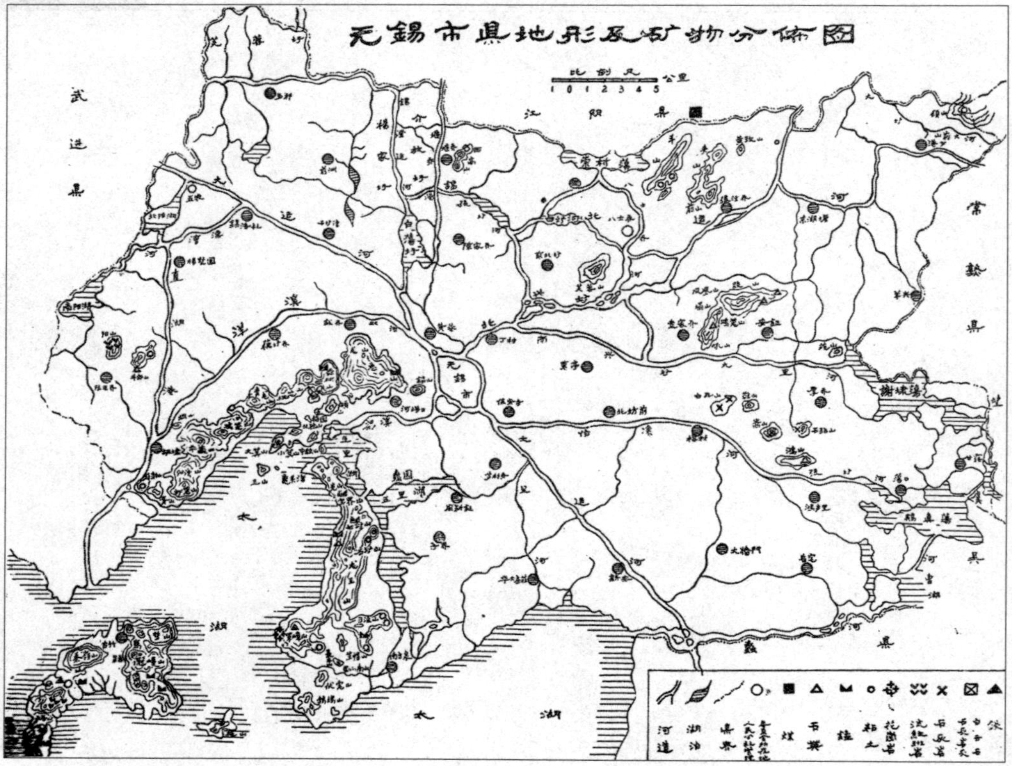

无锡市县地形及矿物分布图

长期以来，马山归常州武进县管辖，同无锡虽有一些经济联系，但并不密切。民国时代马山对外交通有每天往返古竹浜到武进雪堰桥的班船。往宜兴周铁则要逢三、六、九到雁门去乘渡船。1962 年开启无锡至马山的客轮航班，单程航行需 4 小时。上午 6 点由无锡开往马山，下午 1 点由马山返回无锡。遇大风、太湖封冻等，轮船还要停航。60 年代末，围湖造田工程开始，马山与无锡间人流量急剧增加，古竹到无锡工运桥的班船改每天一班为两班。

没有机动船、没有天气预报、电信不发达的时代，马山民众出行极不方便也极其危险。1933 年，学者蒋维乔乘汽船从雪堰桥到 9 公里外的马山古竹湾，因风不顺，就用了 2.5 小时。[①] 至于摆渡翻船时常发生，1948 年的一次翻船就夺走了 18 人的性命。

2. 汽车进了马山

1954 年马山划归无锡县管辖，行政区划的改变，使马山与无锡开始融合到一起，可宽阔的湖面仍让马山成化外之地。

汽车第一次开进马山是 1966 年 5 月 1 日，马山战备公路正式通车，渡轮载 5 辆汽车登上马山。马山民众万人空巷去看这个难得一见的新玩意，可试车结束，这些汽车又登船离去。

马山通车是在围湖造田把马山变成半岛之后。围湖造田发生在“文革”爆发的第三年，此际造反派已被边缘化，老干部受打压，军方为主的革命委员会唱主角。在江苏省革委会主任许世友的建议与批准下，1969 年 11 月 5 日，马山围湖造田指挥部成立，郊区区委副书记钱定军任总指挥。由无锡市郊区河埒、广益、江溪、解放（今黄巷）、山北、刘潭、南站、扬名、马山、旺庄等 10 个公社及市轻工业学院、解放军驻锡部队和武进县雪堰公社参加，共同围垦马山岛以北太湖水面 18.53 平方公里。

因“文革”期间大学停止招生停止上课，无锡轻工学院 1500 余名师生员工除留极少数人值班外，都到马山参加围湖造田劳动。有的教师是双职工，将子女送回老家给父母带，或者在无锡农村找可靠的农民帮助代养。张瑞平在其自印的回忆录中给后人留下了极其珍贵的史料：

我们学校人员较多，无法集中于一处，分三处居住。食工系、机械系居住在耿湾大队集体公用房和农民家里，陈德钧同食工系师生住在一起。粮工系住在古竹大队的农民家里。其他系和机关（包括工宣队、王箭主任）住在古竹与耿湾之间的山脚下的一块平地，称之

① 蒋维乔：《马迹山纪游》，《旅行杂志》，1934年，第8卷第1期。

围湖造田

“大平场”。我们在那里从山上砍下树木，搭建滚地笼居住。所谓滚地笼，就是在山脚下有泥土较平坦的地方，用木棍搭成人字形架子，将稻草盖在上面挡雨雪。我们在地上铺了厚厚的稻草当床铺睡在上面。遮雨尚可，挡风不佳，御寒更不行。那年冬天特别冷，我们洗脸毛巾放在宿舍就冻成像“鱼干”一样。当时生活条件比较艰苦。春节后天气转暖，我们用稻草铺在泥土上的“床铺”底下常有四脚蛇出没。李宗元棉鞋不穿了，放在那里，一条毒蛇钻进去了。

我们在半山腰采石头、挖黄泥放在板车上，两人配合拉车。前面一人双手握紧车柄，后面一人紧紧拉住板车后面的粗麻绳，从半山腰出发，板车快速如飞，后面的人拉紧麻绳将其拖住减速。但是半山坡到湖边落差大，惯性作用迫使我们不得不快跑，基本上像运动会上800米长跑那样。在那样冷的冬天，我们从半山腰将石块、黄泥放在板车上冲下来，跑得很快，只能穿衬衫，身上还有些汗；将石头、泥土倒入湖中返回时，用厚棉衣将身体裹紧以防受凉感冒。劳动很累，生活很苦。

最使人头痛的是，在太湖边无水可吃，我们居住地的湖边，对面隔湖相望的农村在我们西北方向，是农民聚居地。湖对岸农民将垃圾倒入湖水中，随西北风飘来，臭味很浓。搭建码头要伸入湖中很远，工程较大，当时难以解决。所以每个男同志每天只有半水瓶开水，女同志每天一瓶开水。这种窘态延续了三至四个星期。一直到“大平场”水井挖好，可以使用了，饮水问题才解决。劳动强度大，每月28斤粮食是吃不饱的。我们男教职工每天要吃一斤多。猪肉供应算是照顾我校师生，每天每人可吃一块肥肉。①

围湖工程是在马山岛东北角和西北角各向北岸修筑一条大堤，其中东部的称东坝，长6250米，西部的称西坝，长1832米。后在南部马山沿山脚开挖环山河，长4.68公里，宽15米，并筑有马圩南大堤。在北部沿雪堰公社湖岸开环堤河，长7.62公里，宽15米，筑有马圩北大堤。后5.52公里长的北环堤河东段被堵成鱼塘，长2.1公里的西段成为雪堰港（蛳蝶港）通湖口门。南环山河则成为沟通梅梁湖和竺山湖的引水通道和无锡至宜兴的航道。

1970年2月，西堤基本贯通，3月东坝开始投放内外石方，至8月约有2/5石坝露出水面。为及早筑通东坝，原郊区区委、革委会做出决定，组织“万人千船”大会战，并于9月中旬在无锡市体育场篮球场召开誓师大会，指挥部在会上提出“毛主席挥手我前进，围湖造田干革命，风口浪尖炼红心，备战备荒为人民”的口号，以激励士气。

大会战期间，原郊区各公社都抽调强壮劳力增援，参加会战人员多达1.4万余人。参加运输的船只可谓五花八门，有水泥船、货运的轮拖驳船队、篷帆大木船、渔民的小渔船、军用舟船共1200余只，湖面上人声鼎沸、机声隆隆，放炮炸山声此起彼伏，一片繁忙、热闹的场面。1971年元旦，东坝口合龙，开始排水，50多台大口径水泵，经过近一个月昼夜不停排水，于2月围圩内全部排干，一条长13华里、宽6米的弧形东大坝展现在人们眼前。马山围田中由于管理不善，发生了12起严重伤亡事故，造成10人遇难。

西坝完成土方5.6万立方米、石方4.6万立方米；东坝完成土方18.3万立方米、石方15.9万立方米。排水完成后，又开挖河渠，加高东西大坝，建筑南北大堤，铺筑湖底通路，整个工程于5月告一段落。

筑坝苦，开挖河渠也苦。当年参加开河的上马墩村农民回忆道：

现在回想起来，真是不敢想象。要挖环田河、中心运输河，每条河都要三四米深、十来米宽，挖出的泥土要拿去坚固坝面，每担两三百斤的土都靠肩挑人扛，走五六十米的上坡路。虽然饭能吃饱但营养不够，每天中午小休的那会工夫，一躺在工地上就觉得再也爬不起来了。当时真是苦啊！但那时候只知道埋头一个劲地干活，什么都不多想。垫肩破了、扛棒断了，只求快点完成任务，早日回家。②

围出的2.5万亩马圩土地论功行赏，分配给各参与单位和公社。雪堰2300亩，山北2100亩，308部队1000亩，350部队80亩，南站2100亩，101医院100亩，解放2300亩，马山2312亩，广益2300亩，刘潭2100亩，河埒2100亩，6532部队300亩，轻工学院600亩，旺庄1200亩，扬名1400亩，江溪1800亩，机动1220亩。③ 1971年全圩区粮食总产

① 张瑞平：《难忘的家乡和抹不去的记忆》，自印本，2017年，第117页。
② 刘健华主编：《广益史话》，古吴轩出版社，2010年，第107页。
③ 江苏文史编辑部编：《马山志》（内部发行），1989年，第181页。

150 万公斤，1972 年为 250 万公斤，1973 年达到 500 万公斤。

许多单位离分到的粮田都有几十公里距离，耕种管理都比较麻烦。无锡轻工学院当时打理农场的都是一些在政治运动中受到错误处理的教职工，农忙时节师生们前来帮忙（1972 年起学校恢复招生，但没有高考，推荐入学）。

因忙于参加农场劳动，轻工学院老师没有时间备课，教学效果很不好，这引起部分要求上进的工农兵学员不满。1973 年秋，团委书记张瑞平与教务处副处长陆炎培提出不办农场，让老师们有精力来备课，结果遭到领导学校的军宣队工宣队的激烈反对。他们上纲上线，"张瑞平、陆炎培他们以关心工农兵学员文化学习为幌子，实质是反对走毛主席提出的'五七'道路，反对学校办农场。这是一个政治问题"。他们秉承极"左"思想，认为工农兵学员在学校学习，政治上要 100 分，业务上可以为零分，绝不能让资产阶级教育路线卷土重来，占领话语制高点的轻工学院军宣队与工宣队，在学校开展了一场对"常识"的斗争，但此时聒躁多年的极"左"话语已为人厌倦，军宣队工宣队的斗争火力明显不足。[①]

上马墩村分到了 300 亩湖田。每年 6 月 28 日到 7 月 5 日都是湖田最忙的时候，也是最炎热的季节。"那一周每天村里有一半以上的劳动力来支援湖田的农忙大会战，每个小队都要派近三十人，有男有女，早上五点就要从村里集中出发前往湖田。近三百人乘着村里借来的几辆大卡车颠簸一个半小时到达雪堰桥，再下车步行五十分钟才能走到湖田，水都来不及喝一口就要下田劳作，一直忙到晚上八点多才能回家休息。"[②]

1973 年开始，安排城市下放知青务农，马圩成为无锡市知识青年上山下乡的基地。3000 多名中学毕业生离开城市到此种地，比起去苏北插队，离家不远的马山是人们首选目标。

1975 年 1 月，马山围湖造田指挥部更名为马山建设指挥部，负责马圩堤防、河道、闸站、道路及生产生活设施的建设。1976 年，成立马山"五七"农场，移交市有关产业局经营，分别成立农工商公司，与各公社脱钩。1980 年 7 月，成立无锡市人民政府马山办事处，管辖马圩和马山公社。[③]

围湖造田使太湖岛屿马迹山与大陆连成一体后，马山人最渴望的是通车，可因无锡常

---

① 张瑞平：《难忘的家乡和抹不去的记忆》（自印本），2017年，第126页。
② 刘健华主编：《广益史话》，古吴轩出版社，2010年，第108页。
③ 无锡市郊区史志办公室编著：《中国共产党无锡市郊区历史大事记》，江苏人民出版社，2000年，第78页。
④ 叶祖德：《"90.7"梅梁湖蓝藻暴发的初步调查报告》，《无锡城市科学研究》，1991年，第1期，第15页。

州的利益纠葛，线路规划上双方意见难以统一。直至 1975 年 12 月 22 日，无锡市计委批准建筑从闾江桥至马迹山古竹街长 10 公里的闾马公路，并拨款 24 万元用于工程建设。知青们奋战了两年多，1978 年 3 月 14 日，闾马公路才得以贯通，马山民众才能坐车出“岛”。

汽车能开进马山，得力于围湖；同样也是在西坝筑成的 1970 年，马山才点亮了第一盏电灯，而无锡城区点亮第一盏电灯是在 1910 年，相距 30 公里的路程，用上电灯的差距竟是 60 年。

3. 诸多后遗症

马圩围湖造田前，梅梁湖与西边的竺山湖连成一片，构成一个敞开的宽口湖，其口宽 18 公里，纵深 9 公里，深宽比为 0.5，这种浅而宽的湖盆，与外太湖的水量交换容易，对营养物质的稀释迁移自净能力强。围湖造田后，马山由岛屿变成半岛，该半岛把原来的宽口太湖湾，隔成两个狭深的马蹄状湖湾。其中梅梁湖深 15 公里，宽只有 7.5 公里，深宽比为 2，该比例是围湖造田前的 4 倍。如此深口袋状的湖湾，极不利于水量水质的交换和自净，特别是枯水期，更近乎死湾，营养物质严重滞流。[4]

无锡第一个自来水厂——梅水园厂的进水口处于这个口袋的底部。1990 年 7 月份，梅梁湖第一次发生蓝藻大爆发，日供水能力达到 20 万吨的梅园水厂，因无法及时处理藻类，每天只能供水 4 万 ~10 万吨，时间持续 25 天，严重影响 10 多万居民的生活用水，使 119 家工厂停水，损失 1.3 亿元。无锡市政府报请江苏省政府开启沿长江各闸，引水入湖。至 8 月初，蓝藻污染开始缓解。市长王宏民来到梅园水厂水源地查看蓝藻情况，手伸进水里再拿出来，手臂全绿了。

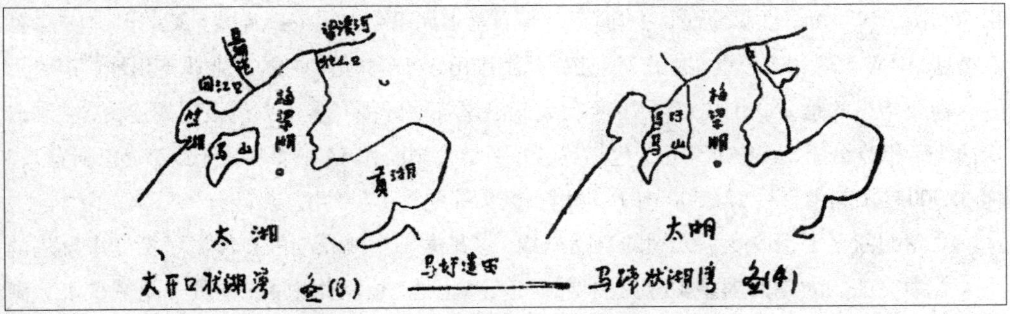

马圩围田前后太湖湖湾变化

为让居民喝上放心水，梅园水厂水源区蓝藻防治实验工程 1992 年 3 月底动工，经过一个多月努力于 5 月完工，其在 400 多亩地的取水口周围，打下 10 米长的毛竹、钢管桩 2514 根，放竹帘 4000 米，形成三条约 5000 米长、15 米宽的波浪带，力图把大部分蓝藻阻拦在消浪带外。

在防治区放养水花生 60 万公斤，在水面上形成 30 余亩长的一条绿色生物带；放养水葫芦 5 万公斤，形成 150 亩的绿色水面；以及 200 余亩面积的红菱、水上蔬菜、水草、罗非鱼等。有关专家预测，这项工程建成后，除藻能力将在 1991 年 37.5% 的基础上提高到 60% 左右。[①]

1994 年夏，高温干旱，造成湖水变浅，常年淤积在湖底的污泥受热发酵，使湖水发黑发臭，鱼、虾、蚌等水生动物大量死亡，漂浮水面，堆积岸边的尸体腐烂又进一步污染水体。7 月 1 日到 5 日，中桥新水厂、梅园水厂自来水发臭，净水消毒剂的投放次数从一次改为三次，投放量增大到 3 倍多，价格较高的高锰酸钾、三氧化铁、氢氧化钙、水玻璃、高分子助凝剂……统统被破例使用。水倒是不臭了，但是自来水成本增加了好几倍。[②]

1995 年 7 月初，由于暴雨和高温，城镇发臭的污水经梁溪河泄入梅梁湖，溶解氧 (DO) 接近于零，造成藻类大批死亡，使湖水产生恶臭，梅园水厂在 7 月 5 日到 8 日不得不全面停产，10 万户市民的生活受到影响。蓝藻爆发最厉害时，扔块砖头到十八湾的湖面也不会沉下去。因梅梁湖蓝藻频繁暴发，梅园水厂不得不于 2009 年停止供水。

无锡除了在马山外，还在贡湖等处围湖。1969 年，宜兴县周铁、洋溪公社沿太湖筑成竺山圩，围垦太湖水面 4.7 平方公里，成田 3 711 亩；1970 年，无锡县南泉公社在自竹山至小竹山的滩地上筑堤长 2.96 公里，围成塘前圩，围垦太湖水面 0.55 平方公里，成田 450 亩；1973 年，新安公社从大溪港起向东至太湖头筑堤 3 公里，围成创新圩，围垦太湖水面 1.19 平方公里，成田 760 亩。1974 年，红旗公社 (今华庄镇) 从石基上向东至大溪港口筑堤 5.2 公里，围成公社农场圩，围滩 1.39 平方公里，成田 750 亩。以上围田，均作养鱼为主的农业生产用地。[③]

需要指出的是，60 年代末至 70 年代太湖沿岸各地区都开展了大规模围湖造田，共围去水面 117 平方公里，其中苏州市 (包括吴江) 围垦太湖面积 142 000 亩；无锡市 (包括宜兴) 为 67 900 亩 (其中宜兴为 8 500 亩)，常州在虎头等地为 1 700 亩。[④]

太湖的围垦工程改变了太湖的自然岸线，这是太湖岸线长期的自然淤积渐变中发生的重大人为突变。太湖的围垦工程虽然增加了一些土地，但副作用很多，其一是减少了太湖蓄水量，加剧了洪涝灾害；其二是破坏了太湖石生成的自然条件。

太湖石是由石灰岩遭到长时间侵蚀后慢慢形成的，又分水石和干石两种。水石是在河湖中经水波荡涤，历久侵蚀而缓慢形成的。干石则是地质时期的石灰石在酸性红壤历久侵蚀下而形成。形状各异，姿态万千，通灵剔透的太湖石，被品评为富有“皱、漏、瘦、透”之美，是中国古代著名的四大玩石之一。

70 年代末和 80 年代初，无锡在梅梁湖、贡湖区域又进行了一些围垦，包括十八湾沿线滩地围垦公路建设用地，在大箕山、管社山之间围垦用于养殖，在鼋头渚至庙山沿线围垦滩地。1991 年太湖流域发生特大洪水后，由于多种因素，又在实施环湖大堤工程、望虞河工程等太湖流域综合治理骨干工程建设中，对贡湖、梅梁湖区域实施了部分围垦。⑤

二、梅梁湖的故事

1. 红火多年的码头

1917 年，“养在深闺”的鼋头渚，经地方巨绅杨翰西的投资开发，掀开了红盖头，众多游客开始慕名前来。起初，游人来鼋头渚必须坐船，一部分游客选择从火车站附近的码头上船；更多的游客则选择从万顷堂、小箕山附近码头登舟，前往湖对岸。

1934 年，荣德生六十大寿，他将所收礼金 6 万元全部捐出（时普通工人工资 20 元 / 月左右），由民间建筑家朱梅春率 106 人负责建造宝界桥，桥长 375 米，为东南第一大桥（时钱塘江桥未建）。在造桥时间与地点上，荣德生都求仙问卜。此桥使用了当时还极为先进的“水泥”（时称“洋灰”）作材料。两年后抗日战争爆发，此桥为中方炸断，1946 年才得以重修。

南京国民政府时期，乘坐黄包车（时汽车极少，更没有公交车）经宝界桥到鼋头渚的游人占少数，大多数还是走水路。登舟点多数又在鼋头渚对岸的万顷堂、小箕山。

蒋介石掌权南京时，曾在 1928 年、1946 年和 1948 年陪夫人宋美龄三游无锡。第一次他们在火车站附近大有栈码头上船。汽船拖王家画舫并一小船，小船载卫士员役，蒋氏夫妇居画舫中；第二次蒋氏夫妇陪同美国特使马歇尔夫妇、美国《生活》《幸福》《时代》三杂志发行人亨利·鲁斯来无锡。他们在无锡下火车后，即乘汽车抵小箕山，登蘋香号画舫，于舟中进午

---

① 无锡市建设委员会编：《无锡市城市建设年鉴》，南京大学出版社，1994年，第29页。
② 管毓鹏：《锡水苍茫》，人民日报出版社，2006年，第80页。
③ 无锡市水利局编：《无锡市水利志》，中国水利水电出版社，2006年，第82页。
④⑤ 杨卫泽：《警钟与行动》，凤凰出版社，2008年，第89页。

餐，为蒋介石举行六十大寿庆典。第三次蒋氏夫妇由宜兴乘汽车来到小箕山码头，乘船游览。

白浪的一篇游记讲述了他 1937 年 4 月 28 日在无锡游览的过程与花费。他雇了一辆黄包车，一天车资为 1.3 元，从北门出发，10 时到蠡园，门票 5 分；再游渔庄，门票也是 5 分，12 点半从渔庄出发经宝界桥到鼋头渚，时为 1 点。下午 3 点 20 分，连同车、车夫摆渡过湖，渡资 1.5 角。由小箕山北行三里到达梅园，回到城里已是晚上 7 点。[①]

1954 年 1 路公交车从火车站直抵鼋头渚，多数游客选择快捷的公交，少数乘客则愿意坐船，坐船地点一在火车站附近，一在梅园南边的渡口码头。小箕山、万顷堂渡船何时关闭，尚不清楚，估计同梅梁圩的修建有关。

梅梁圩位于梅梁湖北端，太湖饭店西侧。1969 年 10 月至 1970 年 5 月，由无锡市郊区渔业、梅园和旺庄 3 个公社联合组织施工，围湖造田 7000 余亩。主要解决太湖渔民陆上定居问题，梅园和旺庄两公社及郊区苗圃也在圩内建立农场和苗木基地。该圩由北面的基康山嘴到南面的大箕山嘴间筑一长 2.8 公里的大堤，围占水面 4.7 平方公里。后在大箕山经太湖饭店、石埠至基康一线开挖长 4.14 公里的环山河，沿河筑堤成圩。

1976 年，为减轻围湖造田对太湖调蓄的影响，并改善城市副食品供应，政府发动全市力量对圩内农田进行改造，梅圩留下鱼池 2500 亩、林果地 800 亩，其余面积全部恢复水面。2004 年，改造鱼塘，建设滨湖绿化带。[②] 不久，该处进行房地产开发，修建高尔夫球场。

围湖造田后，私立江南大学校园与太湖再也不是零距离了，不熟悉这段历史的人根本不了解：荣德生所创建、钱穆曾任教的老江大是三面环湖一面环山，可以进入国内大学最美校园排行榜的前三名。1983 年在龙山之麓重建的江南学院以及 2004 年在长广溪畔重建的江南大学，校园风光都无法与私立江南大学滨湖风光相媲美。

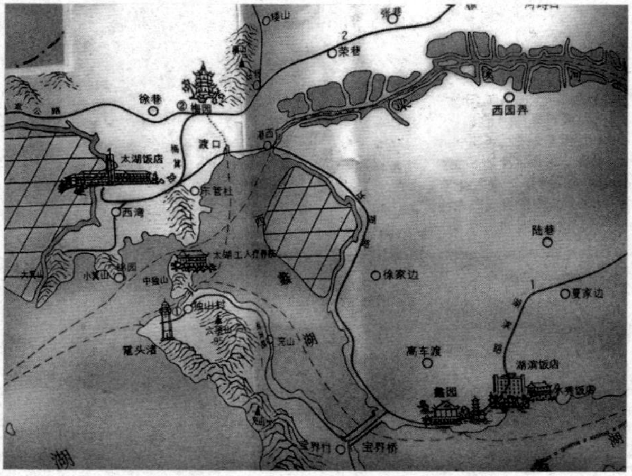

围湖造田示意图

私立江南大学滨湖风光

2. 一坝贯穿南北

利用蠡湖与太湖形胜，把无锡打造成吸金的旅游高地，是荣德生等大老板一直追求的梦想。1933年他就设想构筑经中犊山的蠡湖大桥，“万顷堂、中犊山间之最大桥梁一座，至少需要十万元，中犊山至鼋头渚间之桥梁，亦需三四万元”。[③]这座所长桥如建成，不仅方便游客前往鼋头渚，而且能把万顷堂景区、梅园景区、鼋头渚景区连成一线。只因耗资过多，荣德生只能先建宝界桥。

1946年，蒋介石来无锡庆生后，在万顷堂与中犊山间架设长桥的梦想又被提上日程，此桥被定名为万寿桥。

做梦易，变现难。一是此桥长达千米，工程耗资巨大，资金难觅；二是内战的烽火越烧越旺，苛捐杂税越来越多，通货膨胀日趋严重，民不聊生，企业陷入困境。因赶不上扶摇直

① 白浪：《无锡山川纪游》，《青年界》，1937年。
② 无锡市水利局编：《无锡市水利志》，中国水利水电出版社，2006年，第81页。
③《整理湖山繁荣地方》，《锡报》，1933年12月2日。

上的物价，连接中犊山与鼋头渚不足百米的二泉桥也成了“烂尾桥”。

钱锺书之父钱基博与钱基厚是孪生兄弟，两人与蒋介石同龄，1946年，为庆祝两兄弟的花甲之寿，由无锡众多名流发起，在鼋头渚景区筑二泉桥表达敬意，时人认为两兄弟“产同胞貌同型幼同好，学长同以学行树誉于时”，“子泉先生（钱基博字）贯彻经子博览坟典著述等身，弟子满天下，蔚然为东南国学大师；孙卿先生（钱基厚字）洞达时务，从政地方，为民众解痛苦，为邦国争献替，当世贤豪长者皆愿虚衷就教，晋挹风采则其树立，虽各有所诣而其为施利于公众，植名于方来则又似异而实同”。

二泉桥原拟建桥洞七个，后改五个，最后因物价原因，筑成三个。桥面竣工，但两面桥堍因经费用罄，只得停工。如全部完成，尚需二亿五千万元。[①] 这天文数字也证实了内战所带来的经济崩溃。

随着蒋介石败退大陆，万寿桥成为永远的天方夜谭。

几十年后，梅梁湖上取代万寿桥的是一条长达千米的大坝。

为抵挡太湖洪水，无锡市农机水利局提出修建犊山口防洪工程。但这一工程遭到了非议。园林、交通、环保、旅游及省太湖风景建设办公室等部门都表示反对：在国家级风景区内建设水利工程会破坏自然风光，造成不可弥补的损失；犊山口建闸后会影响水流，造成梅园水厂水质恶化，影响城市供水；犊山口是锡马（山）、锡汊（宜兴湖汊）、锡湖线（浙江湖州）航运要道，建闸会碍航等。[②]

虽遭到多方杯葛，犊山口防洪工程还是借助于抗洪的大帽子，得到市政府与国家水利部门的支持。1987年工程刚开始，浙江省水利厅到水电部告状，反映犊山口防洪工程施工影响汛期太湖排水，要求停工，水电部没有接受浙江省水利厅的诉求。

此路不通，浙江省政府出面，上京向国务院报告，要求犊山工程停工。争执中，无锡市委书记刘济民，市政府副市长薛成志及市农机水利局副局长徐道清去北京向国务院秘书局、国家计委、水电部汇报情况，力争国家有关部门和浙江省的理解和支持，保证犊山工程不下马。

1989年2月19日，国家计委、水利部为犊山口防洪工程建设问题，在北京召开江浙两省协调会。最终以浙江长兜港、旄儿港工程批准列项为利益补偿，换得犊山口防洪工程继续按计划施工。[③]

一波刚平一波又起。1990年11月，交通部致函江苏省政府，提出因犊山口防洪工程梁溪河船闸是对原有航道的补偿工程，工程建成后由省航运部门统一管理。由此引起了工程管理权的博弈。

水利部门提出犊山口防洪控制工程是以防洪为主的综合利用工程，是一个统一的整体，犊山船闸是其重要组成部分，且均由水利事业投资兴建，理应由水利部门统一管理。

面对双方的较劲，无锡市政府处理起来非常棘手，水利、交通都是"菩萨"，谁也不能得罪。脚踩两条船最好，可行不通，必须要选边。1991 年 7 月 25 日，无锡市市长王宏民、副市长吴经起带领市计委、财政局、水利局等部门领导去水利部汇报。最终敲定产权归属工程投资部门，交通部门未能拿到船闸的管理权。

历时四年，风波不断，至 1991 年 10 月 18 日，犊山口防洪工程终于举行竣工典礼。该工程造价 3 600 万元，国家、省、市各投资三分之一。全部工程完成土方 118 万立方米，石方 4.5 万立方米，混凝土 3.6 万立方米。其中利用下甸桥新大运河水下土方，船运至犊山口工地修筑围堰。④

横隔蠡湖与梅梁湖间的犊山口大坝已存在 20 多年，对它的评价仍见仁见智。除了建坝之外，人类还有没有更好的防洪方式？如果答案是肯定的，那么此坝的修建就是得不偿失。

三、蠡湖悲欢

1. 漫长的原生态

原生态，一个新生的名词，被人们广泛使用。原生态种植、原生态食品、原生态唱法、原生态舞蹈、原生态歌手、原生态大写意山水画等。

"原生态"本意是指生物和环境之间相互影响的一种生存发展状态，是一切在自然状况下生存下来的东西。在日益现代化的大都市中，在商品社会时尚文化的冲击下，我们距离原生态越来越远，人们对这种稀缺资源也越来越渴望。

几万年间，蠡湖（又名五里湖、漆湖）都处于原生态，湖中水草摇曳，鱼虾成群，湖岸自然天工，芦苇丛生，湖上碧波荡漾，渔帆点点。湖之东、北岸是一抹平畴，沿湖鱼池毗连，

① 《二泉桥工程搁浅》，《锡报》，1947年10月21日。
② 无锡市水利局编：《无锡市水利志》，中国水利水电出版社，2006年，第459页。
③ 无锡市水利局编：《无锡市水利志》，中国水利水电出版社，2006年，第462页。
④ 无锡市水利局编：《无锡市水利志》，中国水利水电出版社，2006年，第76页。

桃红柳绿；西、南面梅梁湖景区中诸岭拱立，岚影波光。

1927年蠡园、1930年渔庄兴建后，美丽的蠡湖开始声名远播，游人们纷至沓来。因古代社会没有钢筋混凝土，长达6公里的蠡湖上没有一座桥梁，虽交通不便，但也让人们真真切切感受到蠡湖的旷逸。不少游记都反映出那一汪碧水带来的身心愉悦：

风和日丽，湖水清碧。游艇行经处，水波鳞起，与日光相映，如簇银蛇。远近画舫三五，若即若离，美色相接，歌声相和，置身其间，真不知世上有愁苦事。大好胸襟，与水大同其澄澈，顿觉能纳千觞，大有吸尽西江之概。[①]

蠡湖最宽处1.8公里，最窄处0.3公里，1934年荣德生在最窄处建造了宝界桥，这是蠡湖上有史以来第一座桥梁，以桥为界，分东蠡湖与西蠡湖。1994年建新宝界桥，2004年再添蠡湖大桥。

宝界桥的建成，使依山傍水的西蠡湖“升值”，1935年适逢无锡国专校长唐文治七十大寿，其弟子们倡议为老师建茹经纪念堂，得到广泛支持，募得15000元捐款，傅志章、唐谋伯购赠地基，江应麟承建，历时一年，一座依山临水的宫殿式园林建筑在宝界桥南竣工。

在宝界桥北蠡湖之滨，无锡国专用11000元购置了43亩土地，准备用三年时间打造一个设施完善的新校园，并增设史地、经济等专业，让国专的规模上一个层次。但这个建校计划因日本的侵略而成空中楼阁。如果没有日本的铁蹄，蠡湖之畔必是弦歌绵绵。

工业化时代到来后，蠡湖周边虽然建了蠡园、渔庄、茹经堂，但并没有因此而破坏蠡湖的天然美，湖水依然清湛。

1956年高真编写的《无锡风光》介绍了他从工运桥堍搭游轮游太湖的所见所感：

我们的船穿行在弯弯曲曲的河道中，两岸上不知过了多少街道，并通过许多座拱形石桥。无锡的热闹情况，水运便利，在途中都可以领略到。一路驶去，又不知经过多少纺织厂、面粉厂、碾米厂、石粉厂以及不知多少木行、米行、粮油行、石灰砖瓦行、窑货行等。然后到达郊区，两旁都是桑田、稻田。小轮进入五里湖时，情形又一变。只觉眼前一片碧波，水天相接。[②]

据1962年统计，蠡湖有1.55万亩水面，以宝界桥为界自然分为东、西两湖，东五里湖

① 尹学进：《无锡游记》，《海王》，1948年，第20卷第22期，第346-347页。
② 高真：《无锡风光》，上海文化出版社，1956年，第15页。
③ 无锡市郊区地方志办公室编著：《无锡市郊区志》（内部印刷），1992年，第246页。
④ 管毓鹏：《锡水苍茫》，人民日报出版社，2006年，第120页。

宝界桥

8500 亩，西五里湖 7000 亩。[③]

1965 年，政府在东蠡湖投入了一根粗大水管，蠡湖水由此源源不断输往中桥水厂。不久，“文革”暴发，带给蠡湖的是满目疮痍遍体鳞伤。

2．向河湖要粮

那是一个丧失理性的时代，在“人定胜天”的口号下，以粮为纲，向江河湖海要粮，向荒山要粮，无锡千军万马齐上阵，推车挑担向湖里填土，数年间蠡湖面积由 9.5 平方公里锐减至 5.6 平方公里。[④]

1970 年，无锡县东绛公社在东蠡湖北侧鱼池头西围成鱼池头圩，把著名的人文景点“高子水居”遗址填在泥土下（此地现为山水湖滨住宅区），在东蠡湖南侧围成渔业南圩、渔业北圩，共围垦土地面积 0.33 平方公里。到 1980 年代初，东五里湖实际水面为 5000 亩，围湖造田占用了 3000 多亩。

西五里湖的围湖造田工程，于 1969 年 4 月动工，是年 10 月东西两条堤坝筑成合龙，围田 5000 余亩。

此项工程由郊区大浮、蠡园、溪南、河埒四个公社，以及无锡市人民武装部联合组织力量实施。其主要工程是，围筑东西两条大坝，西坝在西五里湖的出口处，从南犊山脚的二泉桥向北至大渲桥堍，全长 530 米，阻拦太湖水流；东坝在宝界桥西侧 100 米，与宝界桥平行堆筑长达 380 米的堤坝，挡住东五里湖水流。围田区的南北两侧，沿公路修筑两条航道，均由东五里湖通往太湖，沿航道围筑土坝。在东西大坝基础上，建造两座排灌站，共安装水泵7台190千瓦动力。大堤内开挖内河渠道，通往外河河口，分别建造闸门。

对五里湖造田，当时的媒体报道，带有强烈的时代烙印：

早在大跃进的年代里，广大贫下中农就提出了围湖造田的宏伟计划。可是，叛徒、内奸、工贼刘少奇及其在本市的代理人却站在反动的资产阶级立场上，无理压制贫下中农这种革命愿望，胡说什么“围湖造田影响风景区”“会减少河道面积，必有水旱之灾”。毛主席亲自发动的无产阶级文化大革命好得很，把这一小撮隐藏在革命队伍里的蟊贼揪了出来，围湖造田的规划得到了市、区革委会的大力支持，受到了江宁机械厂、机床厂、钢铁厂和废品公司等单位的大力支援。广大贫下中农个个兴高采烈，人人干劲倍增。五月十五日，二百多名贫下中农和革命群众手拿红彤彤的《毛主席语录》，奔赴工地，参加战斗。十多天来，他们边学习“九大”光辉文献，边开山运石筑堤，许多贫下中农发扬一不怕苦、二不怕死的革命精神，抢挑重担，废寝忘食，已开一千多吨黄石，为筑堤围田打下基础。目前，他们正突出政治，全力投入战斗，为早日完成造田任务而奋斗。（郊区西五里湖围湖造田指挥部供稿）[①]

1969年冬，围田开始种植三麦，翌年夏收后种植水稻4300亩，其中蠡园、溪南公社各1200亩，大浮公社600亩，河埒公社900亩，市人武部400亩。

曾有两年时间，五里湖的湖心稻浪滚滚，瓜果飘香，今人对着那一汪湖水，绝对想不到曾经有这样的事情发生过。

当年成千上万农民顶着严寒，冒着酷暑，赤着双足，披星戴月，在蠡湖上改天换地，可他们所付出的汗水带给蠡湖的却是深深的创伤。

围湖造田影响防洪排涝，影响生态平衡，破坏了鲤、鲫、鳊鱼类的栖息和产卵场所，破坏风景旅游资源，在上级政府的批评下，无锡市革命委员会不得不亡羊补牢，1972年、1976年，分两批退耕还水，开挖养鱼池123.67公顷。1976年8月，该圩南半部分开坝退田还湖1.33平方公里，东堤全部挖除，西堤挖开南半段，在环湖路苏家嘴向西修筑一条1.56公里的东西向大堤，与原西堤北段相接。保留的圩内建立河埒、蠡园、溪南3个养殖场，留下鱼池1800亩、饲料地80亩，作为以鱼为主的副食品基地。[②]

1972年后，蠡湖逐步退耕筑塘养鱼，湖中大面积围网养殖，周边遍布水产和禽畜养殖基地、工厂，各种污水直排入湖，湖水水质有所下降，但存量丰厚的净水还是让它支撑了一段时间。1982年，蠡园旁建了一个天然游泳场，曾吸引不少市民在此沉潜漂浮。可90年代，蠡湖变得“臭名远扬”。

3. 俟湖之清

80年代提倡大力发展乡镇企业，无锡村村冒烟，遍地办厂，结果对环境造成了巨大破坏。1989年7月，市委书记邓鸿勋调离无锡时，在告别会上说，“太湖美，运河秀，但我没有把污染解决好，心中很是不安”。[③]

应当指出的是，水体的破坏在中东部一带有普遍性。如江苏兴化，“首先是大幅度公路建设，瓦解了传统的水上交通运输，大多数河道由于不再航行而被废弃，加上南水北调淮河不再来水，河床一年年淤积阻塞，水质迅速恶化；第二是养殖、生化以及重金属对水体造成的污染日趋严重，大部分湖泊河流，从过去二级水质下降到现在五级水质，水资源的破坏达到前所未有的程度”。[④]

90年代起，每到夏季，蠡湖、梅梁湖蓝藻大规模繁殖，臭味扑鼻。市领导隔三岔五要在湖滨饭店、太湖饭店宴请来访贵宾，那气味让外宾们大开“嗅界”，也让地方官们很难堪。进入新世纪以来，上级政府开始重视环境治理。

要让病入膏肓的蠡湖重焕活力，谈何容易。2002年时任国务院副总理温家宝视察蠡湖，他要求苏南提高水价，把污水处理厂的运行成本计入水价成本，作为环境治水的资金。“当时哪个城市都不愿意提高水价，一怕老百姓反感，二因对环保的认识还没到现在这个程度，三怕影响以低成本吸引外资。”[⑤]

2002年3月，无锡调整市区水价中的污水处理费，生活、工业、商业服务业水价分别调整为每立方米2元、2.5元、2.6元。2004年4月，在调整市区水价的同时，实行区域供水同城同价，上述3种水价分别调整为每立方米2.4元、2.7元、3元，而2000年1月，生活、工业、

---

① 《郊区围湖造田工程正式开始》，《红无锡报》，1969年6月2日。
② 无锡市郊区地方志办公室编著：《无锡市郊区志》(内部印刷)，1992年，第246页。
③ 《邓鸿勋在无锡工作的岁月》，微信公众号《无锡闲话》，2019年12月23日。
④ 费振钟：《兴化八镇》，江苏凤凰文艺出版社，2017年，第17页。
⑤ 无锡市史志办公室编：《鸿猷新篇：新时期无锡市委书记市长访谈录》，当代中国出版社，2008年，第186页。

商业服务用水水价每立方米才 1.15 元、1.55 元和 1.8 元。几年间水价翻了一番。

综合整治的第一步，是进行生态清淤。平均水深仅 2 米的蠡湖清淤深度达 0.5 米，总计清淤 248 万立方米。

第二步是退渔还湖，2002 年底启动，至 2003 年上半年结束，搬迁企业 47 家、住宅 5 户，拆迁建筑 8.1 万平方米，安置劳动力 1972 人，还湖面积 3282 亩——得不偿失的围湖养殖持续了 30 年，终于画上休止符。蠡湖水面由原来的 5.8 平方公里扩大到 8.6 平方公里，虽没有恢复原有面积，但也有很大的进步。

第三步梅梁湖动力换水，借助转换功能的梅园水厂，给蠡湖输入新鲜“血液”。

第四步是生态修复，2003 至 2008 年，在西蠡湖区域种植各种沉水、挺水、浮水植物 500 多万株，沉水植物种子 138 公斤，投放螺、蚌、蚬等 50 多吨，鲢、鳙鱼苗 16 万尾。

第五步是湖岸整理和环湖林带建设等系列工程。

短短几年，蠡湖总算起死回生，2005 年湖水能见度从 20 厘米升至 80 厘米，沿湖开放区景区建设打出了一条靓丽的景观带。如今蠡湖水稳定在三类水的水平，要使其恢复到清澈见底仍有一段漫长的路要走。①

蠡湖因封闭治理，湖水有所改观，但河道却因各种污染源的存在，治理起来困难重重。

2016 年起，无锡市委书记李小敏，高度重视市内河道治理，前后多次赴污染河道暗访、明访。经过一年多努力，一些河道治理有起色，但仍面对巨大困难。如河埒浜分为上下两段，上游是惠山雨水泄洪通道，只有梁溪河至梁清路为明河，长约 350 米，其余 2700 多米均隐在箱涵里。经过前段时间整治，人能到达的 800 米箱涵完成了清淤，两台巨型水体“透析”机每天 24 小时运行，已从感观上消除了河埒浜的黑臭。② 可人工排查不到的箱涵还存在诸多难题，河埒浜水质的彻底改观还有待时日。污染容易治理难，现任无锡领导这种迎难而上、啃硬骨头的精神值得肯定。

---

①《无锡蠡湖水环境治理成效与启示》，《无锡日报》，2008年9月10日。

② 周晓方：《锡报调查：治河，尚有几重难关待攻克？》，《无锡日报》，2017年11月30日。

建筑咏叹调

一、为路"割爱"

1. 汽车为大

在衣食住行中，住与行都与城市形态相关。几千年里，无锡人外出除步行外，还有两种方式：坐船和乘轿。1918年城厢内外有轿行18家，"轿子分滕轿、中轿、小轿三种，每日约二元。下乡游山，可以钟点计算"。[①]1928年增加到30余家，后逐渐衰落，1941年后绝迹。[②]取而代之的是人力车。

1905年，无锡出现了木轮人力车，一人拉一人推，毫无弹性，乘坐不舒适，还破坏路面。1915年，地方人士致书无锡市公所，要求一律改为橡皮轮胎人力车。在民国时代，人力车是人们出行的主要交通工具，1917年有739辆，1924年上升到870辆，1929年为1609辆，1949年达到2700辆，从业人员有8000来人。1958年，在无锡大街小巷穿梭了50多年的人力车遭淘汰。

无锡部分年份人力车与车夫统计表

年份	车辆数	工人数	年份	车辆数	工人数	年份	车辆数	工人数
1905	8	十几人	1930	1759	3000多	1952	2449	7000多
1908	80	100多	1933	2214	4428	1953	2345	7000多
1913	180	200多	1938	2314	4500多	1955	2323	4230
1918	400	500多	1940	2700	7000多	1956(上)	2274	4130
1921	600	800多	1949	2700	8000	1956(下)	1076	2064
1928	1181	2000多	1950	2702	7000多	1958	1150	709

(数据来源：无锡市建设委员会编：《无锡城市建设》，《江苏文史资料》第92辑，1996，第104页)

无锡马车何时消失，笔者还搞不清楚，估计在1940年代。1921年编的《无锡游览大全》中曾有这样的记载："马车自通运桥至惠山约一元，自通运桥至(城中)公园约三角。雇马一匹，至离城20里左右，约一元。马夫酒资在外。"[③]1946年6月9日，田汉来无锡旅游时感叹："两少年骑高头日本马出城门望桥边驰去，予极羡，不觉有髀肉之感，真是又有好久不骑马了。"[④]

1911年，从国外进口的自行车开始进入无锡，由于价格昂贵，仅是富家子弟的时髦玩意，因此一度发展迟缓。当时有个叫徐洪源的，从上海购得旧车两辆，经营出租业务，是自行车车行之始。太湖风景区的开拓，使出租自行车渐增，1930年达330辆，经营业主24家，而私人自备自行车的却不多，仅200辆左右。

1930年的城乡道路

当年的公共汽车

1914 年，由荣德生倡议出资，从西门迎龙桥到梅园辟筑开原路，这是无锡城乡之间的第一条公路，也是江苏省最早的公路之一。其后，荣德生、陆培之、祝兰舫、杨翰西等先后出资兴建广勤路（周山浜通勤路－华庄岸）、通惠路（火车站—吴桥—惠山）、扬化路（南门带钩桥—南方泉）等 14 条公路，总长 48 公里，使无锡城区与近郊连成一片，昔日的荒郊野地如北栅口、周山浜等渐成闹市。近代交通建设的发展，对无锡城市的拓展起到了极其重要的作用。1930 年 7 月，全长 39 公里无锡至江阴的锡澄公路竣工，路基宽 8 米，路宽 3 ～ 3.5 米，路面铺煤屑，建有钢筋水泥桥梁 11 座，这是无锡与外界的第一条公路。1934 年，长 58 公里的无锡到宜兴公路通车，次年无锡到常熟段公路通车，无锡与上海间汽车始可到达。

1928 年，无锡有了第一条公交线，由荣尔仁与荣辅仁等人经营，共有 5 辆面包车。从西门迎龙桥至梅园，全程 8.16 公里，全程 3 角，每站 5 分，每隔 30 分钟开班一次，但不久就停运。

1927 年起，小汽车和大型汽车先后在无锡出现，由于当时道路较窄，大型公共汽车尚未普及，因此民营出租汽车有其独特优势。1927 年 3 月，袁世开独资 1200 元购车一辆开办袁世开汽车行，同年 8 月施福楼、王韵寿等合资 5000 元购小客车四辆开办无锡第一家汽车公司——广兴汽车公司。

1949 年时，全市有汽车（包括消防汽车等）140 辆，摩托车 8 辆。汽车还是交通的配角，

① 无锡饭店编：《无锡游览大全》，1921年，第38页。
② 周祥发主编：《无锡市交通志》，上海人民出版社，1990年，第186页。
③ 无锡饭店编：《无锡游览大全》，1921年，第38页。
④ 田汉：《无锡之游》，《锡报》，1946年7月7日。

城区因河网密布，桥梁多有台阶，不利于汽车行驶。

1950年代汽车开始不断增多，统计市区机动车辆，1950年229辆，1956年166辆，1958年328辆，1965年411辆。1970年代达到四位数，1971年1165辆，1976年3895辆，1981年4926辆，1984年5863辆，1985年，无锡共有大小汽车8843辆。1987年上升到五位数，为10053辆。[①]

1969年无锡才出现出租汽车，全市只有3辆；1978年为59辆；1985年为116辆；1990年为654辆；1994年上升为1340辆；1996年达到2306辆。[②]

民国时代，自行车属高大上的东西，还进不了寻常百姓家。70年代，结婚流行三大件：手表、缝纫机与自行车；80年代自行车开始普及，锡城上下班高峰，自行车占主角；90年代摩托车与助动车大量出现，这两者在21世纪多为电瓶车所替代。电瓶车普及的同时，私家车也迅猛增多，1999年私家车尚不足9000辆，2008年底，无锡市已有私家车353740辆。

2001年末，无锡全市汽车拥有量为11.18万辆以上，年增长25.5%，2002年末为14.53万辆，年增长30%，2003年末为18.5万辆，年增长27.3%。截至2016年末，全市机动车保有量达到158.4万辆，比2015年增加16万多辆。

汽车的增多要求拓宽道路。五爱路，原12～15米，1986年拓宽到30米。清扬路1978年初建时面基9～10米，1986年拓宽到30米。湖滨路9米，1986年拓宽到37米。解放南路，1997年拓宽到30米。学前路，1997年拓宽到30米。梁溪路(原名开原路、锡梅路)1914年初建时，路基宽6米，路面宽2.5米；1955年第一次改建，6米路基拓宽至12米；1973年该路面宽由6.5米拓宽至12米；1982年改名为梁溪路，同时于展览馆至手表厂先行拓宽至30米；1984年，因市区自行车、汽车猛增，又将梁溪路新运河边至展览馆，拓宽至40米；手表厂至横山，拓宽至29.5米，1987年再拓宽到40米。

全市道路长度，1986年为295公里，1990年356公里，1995年675公里，2000年1192公里，2005年4324公里。在这一组冰冷的数字背后是大量的良田、河渠变为宽阔的道路，大量的工厂、房屋、行道树为道路作出了“牺牲”。人均道路面积1986年为3.23平方米，1990年为3.99平方米，八九十年代无锡路少路窄，交通堵塞是家常便饭。21世纪，无锡用大手笔进行交通建设，拉开城市骨架，对路网进行加密加长，2001年人均道路面积上升到16.71平方米，2005年达到20.64平方米。

2005 年无锡启动“一环八射”快速路系统建设。快速内环工程是无锡道桥建设史上房屋拆迁量最大、工程建设量最大的项目。工程共涉及 2 672 户住宅和 487 家非住宅动迁，拆除的房屋总建筑面积 822 221.39 平方米，征用集体土地 1603.84 亩，政府投入征地拆迁补偿费用 216 591.24 万元。用 34 个月时间，在 2008 年建成了一条长达 28.5 公里，包括隧道、立交、高架、大桥、地道等多个复杂结构物工程的快速闭合式环线。这是无锡道桥建设史上首个高架快速路系统，有效解决了锡城交通拥挤的“瓶颈”，提升了城市形象。

2．中山路的几次“大手术”

拓宽道路，必然要冲击道路两侧的树木、房屋。城区一些要道十来年就要再拓宽一次，刚刚长大的树木又遭破坏，造成无锡城区不见大树，没有浓荫大道。这种为路“割爱”，带来的危害不可小视。

与一些城建基础较好的大城市不同，无锡是从一个小县城发展起来的，城墙内面积不足 2 平方公里，城内全是小街小巷，城外也无大马路。城内最宽的路是 1934 年修的新生路（宽 7 米）和 1938 年修的中山路北段——从北门到三凤桥长 1200 米（宽 8 ~ 10 米），南段（凤光桥至南城门）仍是原貌，仅 3 ~ 3.5 米。1954 年 8 月，南段全线拆房。至 1955 年秋，道路拓宽到 16 米。1958 年，在中直河填后筑成中山二路，弹石路面。1959 年，原中山路一期（新市桥至三凤桥段）拓宽，拆除中山路与中山二路之间的带状商业用房 208 户，面积 8 000 多平方米，建成宽 40 米的沥青道路。其中车行道 19 米，人行道各 5 米，绿化带各 4.5 米。并与建成的人民中路相交，形成市中心广场，后称东方红广场。

1964 年，中山二路胜利门至连元街段铺沥青面层。1966 年，复兴路（原新市桥）吟春书场至寺后门段中山路与中山二路之间，房屋被拆除，路面拓宽至 40 米。1979 年 9 月 8 日至 28 日，为整顿市容，拆除了中山二路北段（寺后门到北门）道路中间的商店、住房 4 535 平方米，同时安置了拆迁户 115 户、5 144 平方米。③拓成 40 ~ 45 米宽的中山路，车道做成三块板式，其中快车道 10 米，慢车道各 5 米，快车道与慢车道之间设两条 2.5 米宽绿化带，

① 《无锡公安志》，群众出版社，1993年，第130页。
② 《无锡统计年鉴》，中国统计出版社，2012年，第47页。
③ 无锡房地产管理局编志组：《无锡房地产志》（内部发行），1987年，第124页。

无锡街头(1959)

中山北路(1963)

两边人行道各为 4 ～ 5 米。自此，从三凤桥至胜利门，已形成 40 米阔的宽敞街区。

1955 年打造的中山南路总长 1.16 公里，宽 16 米，两侧主要是 1~2 层高的民房，商店很少，1982 年在填河形成的中山二路基础上新辟车道一条，宽 7 米。1988 年合并中山路与中山二路，扩建到 44 米，共拆除旧房 4.5 万平方米，搬迁住户 1300 多户，新建房屋 6.7 万平方米，平均房屋层次为 7 层，总投资 8500 万元。[①]

1988 年，中山南路的扩建让一些极有保存价值的老宅遭到致命一击。清代治水功臣嵇曾筠、嵇璜父子故居位于中市桥巷 17 号。市房屋开发公司将嵇氏父子故居“楠木厅”前后数进建筑和花园拆毁，正厅“楠木厅”严重受损，迁移到梅园开源寺内。无锡嵇氏在清代崛起，嵇永仁死于耿精忠反清之乱，嵇曾筠、嵇璜父子在康熙、雍正、乾隆三朝均为显赫高官，位至大学士，官至一品，负责当时治水抗洪大事，清廉守节，皇帝曾下旨敕建牌坊表彰。牌坊立于县学西侧，“文革”中被彻底推倒不知所终。

薛福辰之子薛凤喈故居位于学前街 14 号。薛凤喈官至浙江金华署理知府，其宅建于清光绪年间。1988 年，故居被拆后，所属花篮厅“晚翠山房”移建至东林书院。

许国凤故居位于中市桥巷，为民国建筑。许国凤 1852 年出生于秦氏章庆堂，20 岁中秀才，37 岁中举人，42 岁中进士，会试第一，为会元，任职京城，后丁忧回锡，承父业主讲东林书院，他是国学大师钱基博的启蒙老师，其妻秦清徽系秦邦宪姑母。1988 年，在中山路南段改造建设中，许国凤故居被拆。

① 无锡市政协编著:《亲历无锡城变迁》第四分册, 凤凰出版社, 2016年, 第470页。

江南名士廉泉、吴芝瑛夫妇故居位于中市桥上塘街，为晚清建筑，1988 年在中山路南段改造建设中被拆。吴芝瑛生前即被人视为奇女子。好友秋瑾被害，她不顾危险，将其遗骨葬于杭州西泠桥畔；她在原籍安徽桐城拥有田地、房舍遗产极多，却全部捐赠，在家乡办了一所以父名命名的鞠隐学堂（后改称鞠隐小学）；她还不惜变卖家藏董其昌手书《史记》真迹全部，以数千金赎出误入妓院为娼的良家女子李频香，并结为诗友；她对救济妇孺的慈善单位的捐助，亦不在少数。其夫廉泉是一位清末名士，朋友圈很强大。

1997 年 3 月至 1998 年 8 月，中山路大修时拆除快慢车道之间的绿化带，快车道由 10 米拓宽至 15 米，慢车道由 5 米拓宽至 5.5 米，人行道从 4.5 米左右拓宽至 7 米。同时敷设电力、通信、自来水、下水道等管线。

2006 年 2 月，无锡推进道路“路长制”管理，中山路路长由市一把手担任。次年 7 月份开始，对全长 2100 多米、宽 40 米的中山路全面整修。经过整修的中山路比原来道路抬高 4 厘米，同时还专门设置公交专用线，慢车道与人行道高于快车道，形成互不干扰的行车环境。2010 年至 2014 年，因修地铁，中山路又被迫围起来“开膛破肚”。

近 70 年间，中山路做了十多次“手术”，其宽度从 5 米拓展到 40 多米；其行道树换了一茬又一茬；其管线从空中转到地下；其路面铺了挖，挖了铺……

中山路是城区南北的主干道，人民路是城区的东西主要干道。1949 年前，城内无东西干道。1955 年，政府发动群众，挖去城内金匮山土墩，填塞熙春街驳岸上河（近 1000 米，宽 8 米）并拆除河上的华德桥、克宝桥等，在填河的基础上修筑一条单行车道。1958 年 9

中山路(1958)

月，政府成立东西干道拓宽工程指挥部，着手定线工作。从东门至锡惠桥，全长 3.4 公里，拆迁商店、住宅、学校 7271 间。1959 年 10 月，集中大批建筑工人和市政队伍，投入施工。道路拓宽初定为 40 米，后因拆迁量过大，改为 22 米（内车行道 15 米，人行道各 3.5 米）。1960 年 10 月 1 日，东门至五爱广场全线建成通车，成为当时无锡市区东西方向的唯一干道。暮鼓晨钟曾是一个城市的“必选动作”，但在建人民路的过程，无锡鼓楼消失得无影无踪。1978 年 5 月，具有三百多年历史的明代建筑三皇街老庙被拆除，翻建住宅。

现上海市中心城区有 64 条“永不拓宽”的风貌道路，留存了大量历史风貌。而无锡市中心找一条从未拓宽过的马路却非常困难。在隔三差五拓宽马路的过程中，是历史街区的丧失，是城市记忆的不存。

3. 幸存的南长街

南长街旁依古运河——1965 年新运河开通前，这里都是京杭大运河的主航道，舟楫如梭。

南长街原宽 3 ~ 6 米，仅可容两辆人力车交会，中间用竹筒式石板铺地，条石边铺砌砖，两边房屋栉比鳞次、粉墙黛瓦、前店后坊，一片繁华。民国时代这里有 13 家丝厂和上百座砖窑。

1958 年 6 月，政府决定将北起南门，南至华新桥，全长 3050 米湾头上北长街、南长街、棉花巷、清名桥街、南上塘街路宽放至 12 米并改建为弹石路，当时共拆迁 572 户，共 13000 平方米，重建南长桥、黄泥桥、日晖桥、塘泾桥、动力桥等 5 座桥梁。拓建后统一命名为南长街，于 1958 年 10 月 1 日建成通车，开行 5 路公交车 (1984 年 5 路车公交线改行清扬路)。

1980 年，无锡市开辟古运河水上风情游览线，以“要游古运河，请到无锡来”为广告语，一举打入国际旅游市场，累计接待国外游客达 37 万人次，其中 1988 年达 6 万人次，许多欧美游客面对枕河而眠、桨声惊梦的小桥流水人家流连忘返，赞誉为“神奇的旅游”；1986 年日本中山大三郎先生创作的歌曲《清名桥》《无锡旅情》扩大了古运河的影响。80 年代无锡曾四次蝉联全国十佳旅游城市，古运河风情旅游功不可没。①

1983 年，市人大九届六次常委会通过《古运河规划决议》，市区古运河两岸各 50 米定为古运河规划控制线，受法律保护；1987 年，市政府颁布《无锡市古运河管理暂行规定》，确定古运河吴桥至莲蓉桥、棚下街至迎龙桥段、南门吊桥至清名桥段为重点保护地段。1992 年，由无锡市规划局会同南长区政府聘请清华大学吴良镛等来南长街实地考察，用修旧如旧、镶牙织补、有机更新理论指导，严控规划红线，编制《无锡市南长街古运河改建规划》，但此方案遭到市个别领导的极力反对与“否决”，未报批实施，政府改请同济大学朱锡金教授重新规划设计。

由无锡人朱锡金设计的南长街一期（南长桥至跨塘桥长 600 米段）改造，建快慢车道 24 米，两边各加 3 米人行道，河道原建筑被全部拆除，按规划设计新建了 10500 平方米三至四层的商业高层建筑，局部五层粉墙黛瓦；由于防汛与新建筑基础的需要，对原驳岸全面改造，改建时未再砌水码头（原来共有 23 个水码头），且驳岸向河中延伸约 1 米。一期改造完成后，受到社会多方批评，视为败笔，成为国内多次建筑和遗产保护学会会议被点名的典型。②

因时任南长区区委书记浦学坤“犯上抗旨”，南长街二期改请东南大学、北京大学专家规划设计，按照“挖掘内涵、提升文气、创新理念、吸纳灵气、和谐自然、凝聚人气、集聚特色、弘扬名气”的要求，切实按照“原真性、整体性、人文性、可复原性”的原则保护修复，终使清名桥历史街区于 2010 年 6 月以“无锡清名桥”称谓摘取“中国历史文化名街”桂冠。2013 年 5 月“大窑路窑群遗址”又被直升为“全国重点文物保护单位”。

现在每到夜晚，南长街人流不断，弄堂、酒吧、小吃、旧宅让这个古老的街道充满了活力，美中不足的是古运河的水不再美丽动人……

南长街虽然毁坏了一截，但主体还是幸存下来。可北塘大街却没有这么幸运。北塘大街紧靠运河，从莲蓉桥至三里桥，长 800 米，宽 8 米，100 多年间，河中商船林立，街上人头攒动。可 1992 年拓宽道路，拆了临河有过街棚的西街，最能反映无锡个性的米市遗址从此消失。拓宽后的北塘大街只见车流，不见人流，人气涣散，生意冷落，失却昔日繁华景象。③

二、“腾笼换鸟”下的城市建设

1. 退城进园的工厂

上世纪 50 年代前，无锡属于商贸发达的工商型城市，城市产业结构以传统的轻纺、手工业和商业为主，在城市建设用地结构中工业用地仅占不大比例，以居住、公共建筑等为主

---

① 无锡市政协学习文史委员会编：《古运河的呼唤》，《无锡文史资料》，1999年，第29页。

② 曹荣之：《谈古运河畔南长街改造》，《无锡城市科学研究》，1998年第4期，第28页。

③ 市政协学习文史委员会：《关于无锡古运河保护开发的调查和建议》，《无锡城市科学研究》，1998年第4期，第35页。

火车站工运路(1960年春节)

的生活性用地占有主导地位。50年代后，在以生产为中心的城市思想支配下，无锡城市工业占据优先发展的地位，工业用地规模随之迅速扩大，成为仅次于居住用地的第二大项用地，且用地比例也迅速提高。1956年无锡市工业用地比例仅为12.5%，到1974年增加到34.6%，超过全部建设用地比重1/3，远大于国家标准15%～25%的范围。

民国时代，工厂选址都设在城墙周边，原因有二：一是步行时代，人们的行动半径有限；二是城墙附近有大量廉价的土地供应。抗战爆发后，因人口疏散，有人借城内的一些房屋办起了小厂，生活区与工业区交织在一起。50年代尤其是大跃进期间，大办街道企业，城内办起了许多规模不大的工厂，又占用了寺庙和一些老宅子。

50~80年代，政府新建的大工厂，布点在老城区周围。南门外地区是冶金、机械工业区，有无锡钢铁厂、无锡柴油机厂等近20家大中型企业；中桥地区是机械工业区，有无锡机床厂等10多家大中型企业；吴桥地区是纺织、轻工工业区，有市第三棉纺织厂、协新毛纺织厂等近20家大中型企业；锡澄路附近是化工工业区，有市电化厂、造漆厂、第二制药厂等六七家大中型企业；周山浜地区是纺织工业区，有市第二棉纺织厂等十几家大中型企业；健康路两侧是以纺织为主的老工业区，有市第一棉纺织厂、光明内衣厂等七八家大中型企业；蓉湖庄地区是机械工业区，有无锡油泵油嘴厂、无锡市电机厂等五六家大中型企业；马山地区是新兴工业区，有华瑞制药公司、啤酒厂等。河埒口地区是电子仪表工业区，有无锡无线电厂、江南无线电器材厂、江宁机械厂等近10家大中型企业，1988年，电子工业部“七五”重点建设项目——无锡微电子工业基地的建设，在河埒口地区形成新的城市增长空间。1992年，距无锡市中心6公里的无锡国家高新技术开发区（锡南开发区）启动建设，又带动了城市空间的向南跳跃扩展。

2000 年后，随着住房的货币化，政府在经营城市、土地财政的驱使下，城区的工厂被迫“腾笼换鸟”，搬到更远的郊区，原厂区由政府收购从事地产开发。

2007 年 5 月，无锡水危机发生后，政府加快了“城市南进、产业北移”步伐，推进“工业出城入园”，迁移改造一批污染企业，淘汰退出一批劣势企业，支持发展一批都市型企业，打造各具特色的工业集中区，构建城市现代化工业新体系。调整规划确定：3 年内完成快速内环 50 平方公里内（江海东路—凤翔路—青祁路—金城路）三类工业企业的迁移调整工作。

其后大批企业迁移到远郊工业区，甚至到其他城市与省份。其中大型重化工（石化、冶金、造船等）产业向沿江两岸集中，特色制造业（环保、新材料、食品等）向宜兴地区扩散和集中，高新技术产业（电子信息、生物医药、机电等）向科技园区集中。

工厂迁走后的老厂区多数被开发成房产，变成居民区，部分变成道路与绿地，只有少数作为工业遗产保存下来，其中有无锡市第二粮食仓库旧址、茂新面粉厂、庆丰纱厂址、北仓门蚕丝仓库、业勤纱厂以及位于清名桥附近的永泰丝厂等。这些老厂房有的改造为艺术馆、创意园区、高级餐厅、酒吧、酒店等，也有的改为博物馆，如茂新面粉厂改造为无锡民族工商业博物馆，永泰丝厂改造成中国丝业博物馆。

遗憾的是，荣氏核心企业，建于 1919 年的申新三厂（后改为无锡市国棉一厂）厂区未能保存，2007 年该地块以近 30 亿元出售，开发成西水东小区。

2. 迁徙的医院

近几十年，无锡二院与三院、四院还在原址，一院与中医医院、崇安口腔医院等已搬离原地。

位于市中心黄金地段人民路上的无锡市第一人民医院综合楼，1997 年 12 月开工兴建，2000 年 9 月底交付使用；由市政府和第一人民医院共同投资建设，建筑面积 39145 平方米，22 层，高 98 米，总造价 3776.70 万元。大楼为框架结构，施工中采用了粗直径钢筋连接高效新技术。

2003 年，政府决定在清扬路与金城路相交处易地新建。2007 年 10 月建成，年底市第一人民医院、市儿童医院整体迁入新址，定名为市人民医院。医院一期就占地 30 多亩，建筑面积达 25.62 万平方米，设计床位 2000 张。一期工程总额突破了 16 亿元。

第一人民医院市中心地块，2007 年 9 月 3 日，苏宁电器和其他开发商大战 169 回合，以 12.01 亿元人民币的总价将其拍下。原一院综合大楼仅使用 7 年，便在 2008 年 4 月中旬爆破拆除。在原址建苏宁广场，这一城市综合体面积达 32 万平方米，双塔造型，328 米高度与惠山齐平，从而应验了建筑行业这句话：“从前是孙子拆爷爷，意思是爷爷建造的房子，孙子辈改造了。后来是儿子拆老子，又到了自己拆自己。”

在无锡各医院中，搬迁最频繁的当推中医医院。1954年10月建立时设在中山路368号，1958年6月迁至后竹场巷，1970年6月再迁至新生路102号，1975年11月迁至后西溪33号。

1996 年 4 月底，中医院要求扩建，鲜红的“拆”字被刷上新街巷 30 号和 32 号的围墙，这是钱锺书先生的故居——钱绳武堂建于 1923 年，占地 2.84 亩。

消息传出，立即引起无锡社会各界关注，群众纷纷给媒体去信，无锡市民盟、工商联也联名向上递交了紧急提案，呼吁保护钱绳武堂。当时的钱锺书旧居只是市级内部控制文物点，《文物法》管不到，介乎保与不保两可之间。由于民间呼声日高，而中医院的扩建又是“民心工程”，先期投资数额巨大，无锡市政府不得不先后召集十余次专门会议，研究这座微不足道的旧宅子。喧嚣了整整两个月，也经历过抢夺北京记者的胶卷底片，也经历过扣留南京记者的摄像机录像带，闹剧种种不必到《围城》里去寻，好在头头们的思想也随着形势有所提高，终于恍然大悟——原来钱锺书已经是世界文化名人了！

拆除钱绳武堂是不敢再说了，于是有人抛出了所谓的折中方案，即将旧居移出 10 米进行“保护”的金点子。此论一出，仍然招来一片不调和的声音，有位因病不能出席论证会的文史专家在电话中表达意见：“旧居应原地保护，移建是造假！”

此时，无锡一位学者张铁民先生在 7 月 31 日的《光明日报》上发表题为“无锡钱锺书旧居：保护还是拆移”的文章，将前 4 个月在无锡的论争作一小结，并将话题引至全国范围。从此形势急转直下，要求保护的声浪日渐高涨，在全国和海外学人的普遍关注下，原地保护遂成定论。①

中医院企图占据邻近的钱锺书故居地块没有完全成功，但到 1990 年代后期，它在硬件上也大有改进，建筑包含急诊楼、影技楼、病房大楼等，其中有 450 张床位。建筑面积 2 万平米的16层智能化病房大楼在2003年前后投入使用，其余建筑在此前后也进行过装修改造。

2013 年 9 月 29 日，在历经整整四年建设后，新中医院全面投入启用，新中医院占地面积达 108 亩，总建筑面积为 16.22 万平方米，投资近 11 亿元。

中医院后西溪原址 26 亩全部卖给恒隆集团，该地块上 3.58 万平方米建筑包括刚刚使用才 10 年的 16 层大楼全部拆除。

短命建筑在无锡极其普遍，无锡展览馆原在河埒口梁溪路 34 号，1979 年落成，占地 24 亩，建筑面积 5 700 平方米，2004 年拆除；无锡博物馆，1958 年建馆，原址在惠山大同殿内，1986 年迁至河埒口惠河路 71 号，2010 年拆除；无锡新华书店，原在公园路 31 号，1968 年迁中山路 333 号，1990 年移到人民西路，该大楼高 9 层，建筑面积 5200 平方米，已无存，2002 年移到人民路与健康路交会处物产大厦 (1993 年建，23 层，2022 年拆除)。2023 年经两年过渡后移至县前西街 99 号银仁大厦。无锡革命陈列馆原在公园路 16 号，1988 年建馆，后在太湖广场建新馆，2006 年新馆拆毁。

美国建筑物寿命一般是 75 年，欧洲甚至更长，而中国通常不足 30 年。在“一年一个样，三年大变样”口号激励下，中国涌现不少被冠以“拆迁书记”“推土机市长”的领导，导致“前任建后任拆”。一些建成才一二十年甚至仅七八年的大楼和道桥，在推土机轰鸣声中化为乌有，这与科学发展观极不相符。

3. 难觅老校园

与医院相比，校园迁徙更频繁。还在原创地址没有动迁的学校——不管是中小学还是大学，在无锡已极少，而其他城市老校园却很常见，如苏州大学老校园 1900 年建于天赐庄，仍原地不动；南京大学、南京师范大学、武汉大学、西北大学、华东政法大学、浙江大学、上海交通大学等，也都还在原址，校园依旧保存着大量的老房子。可在无锡，所有的大学校园都是崭新的，都离开了原地。

1948 年，江苏省共有 24 所大学，南京有 12 所，苏州有 5 所，无锡有 3 所，南通、徐州、镇江、丹阳各 1 所。[②]无锡 3 所大学为：私立江南大学 (师生数分别为 77 与 242)、江苏省立教育学院 (师生数分别为 81 与 455)、私立无锡国专 (师生数分别为 48 与 403)。

1950 年私立无锡国专停办，其校园后为无锡卫校使用，1988 年卫校搬迁到无锡新区，校

---

① 苏迅：《钱锺书故居在晚风里绽放》//无锡市史志办公室编：《明月山川》，凤凰出版社，2011，第81页。
② 江苏教育志编委会：《江苏高校变迁》(内部发行)，1990年，第21页。

拆除前与拆除中的文浩馆(上图)，公益图书馆(左下)与拆除中的学生宿舍(右下)(王建中摄)

区从原来的不到10亩扩大至100多亩。原址现为大桥中学的一部分，其上老建筑荡然无存。

1952年私立江南大学停办后，其校园改为太湖饭店，接待高层领导。

江苏省立教育学院，1928年在私立东吴大学无锡实业学校原址上建立，位于通惠路社桥，占地102亩，重要建筑有楼房三座，平屋二座，以及自流井等，价值十万元。教育家高阳通过个人关系，以32000元购买之。交涉手续完备后，添建礼堂及宿舍。1952年高校重组后，此地转给华东艺专做校园。1958年初华东艺专迁到南京，该处给新建的无锡轻工学院做校园。1966年轻工学院整体搬到青山湾，这一地块又转给其他单位。现在原建筑全部拆除，开发成商品房。

轻工学院更名为江南大学，2004年移到蠡湖大道1800号，青山湾地块一间老房子也没能保留下来，现变为青山中学与河埒街道办事处。

1978年春，无锡职业大学创办，校址原在城内后西溪，1980年代初迁梁溪路张巷，1984年更名为无锡大学。次年7月1日，又改名为江南大学。1997年专升本，易名为江南

上世纪五十年代初，(左起)满涛、张可、王元美、王元化、杨村彬、王芳荃在太湖饭店留影

学院，2001年与无锡轻工学院合并重组新的江南大学。随之，江南学院校园内的几十幢大楼全部夷平，这些大楼有的才建两三年，“年龄”最大的也不足20岁。原址上建起了住宅楼与新的育红小学总部。

锡城大学没有老校园，中学老校园也不多。一中原在学前街文庙内，1954年迁到锡山大桥下，其后一直未迁址，人过中年的毕业生来到校园还能找到痕迹与感觉。其他的中学却没有一中这样幸运。辅仁中学创建于1918年，1924年在城东苏家弄购地自建校舍，1952年改为公办，更名为市第二中学。1992年迁沁园新村，面积由12亩扩大到65亩，2009年再迁会友路1号，其占地158亩，校园建设耗资3.5亿元。

三中原在古运河畔羊腰湾50号，1920年高阳毁家兴学，捐银53 000两，购地16亩，创办私立无锡中学，后逐步扩建，1949年校园占地20多亩，有二层十三开间教学楼2幢，二层十三开间、九开间宿舍楼各1幢，二层三开间图书馆楼1幢、食堂厨房实验室等平房40余间，是当时无锡市区占地面积最大、校舍最完备、操场最大的完中。1952年政府接办，改名为无锡市第三中学，校园面积扩大到50多亩，其后增建扩建不少房屋。1999年，市政府市教委根据省政府制订的现代化学校建设规范，对三中校舍进行整体改造，彻底拆除1977年之前建造的所有校舍（包括1920年高阳先生所建的主教学楼），先后斥资1亿多元建现代化的校舍，几乎重造学校。第一期工程于1999年6月开工，建设项目有：建筑面积为8 500平方米的五层现代化教学综合大楼，建筑面积达1 600平方米的二层食堂；400米塑胶跑道标准足球场；其后五年中又续建了五层学生宿舍楼、体育馆、四层图书馆实验室大楼。2009年，学校在政府安排下南迁20多里至新区行创四路288号校区。①

五中原为荣德生先生1919年在荣巷捐资兴建的公益工商中学，1956年更名为市立第五中学，因校园邻近27军军部，不少学生为大院子弟。这所完中在新世纪就时运不济，2007年公益中学校园已成育红小学分部。

六中校址原在中桥后街，1941年创建，在秦意诚、陈梅芳等人的努力下，这所私立学校不断发展。1956年改为公立，更名为无锡市第六中学，2009年学校迁至沁园原辅仁中学校址。

江南中学原在中山南路近南门处，1930年创建，后虽多次更名（1949年后改为市七中），但校址未变，可2010年学校迁往通扬路。校园内原有东林党领袖高攀龙1626年3月27日不甘受辱投水自尽的水塘，清初在此建祠纪念，上世纪50年代，高氏后裔高昌运等请郭沫若题“高子止水”四字，摹勒石上，置于池的南壁。1957年列为市级文物保护单位。1960年5月，《人民日报》原总编邓拓来此，写《访高子止水》诗：“力抗权奸志不移，东林一代好男儿。攀龙风节扬千古，字字痛心绝命辞。”“文革”伊始，邓拓首先被打倒，城门失火殃及池鱼，止水池被填平，刻石砸为两截，丢在池中。1976年，市第七中学在原址重筑，池周驳以黄石，面积8.73平方米，并将郭沫若原题刻石胶合后，置于池北壁。惜毁于21世纪。

无锡市八中诞生于1958年的大跃进狂潮中，由市第三初级中学升格而成，校址在学前街孔庙，1954年一中迁出后改办初中。1993年更名为中山高中，2001年同羊腰湾市三中合并，原校园变为私立大桥中学校园。

荣巷公益小学创建于1906年，校舍建于1915年，2012年被拆除，改作他用，保留的风雨操场与过桥仍让后人对当年的建筑质量敬佩不已。

从90年代开始，无锡城彻底翻新改建，学校、机关、工厂、商场、住宅还在原址不动的是一小部分，更多的都经历了一次甚至多次搬迁。90年代，3000多米的梁溪路上有梅园中学、公益中学、桃园中学、河埒中学；有育红小学、河埒小学；有在张巷的江南学院、大王基的无线电工业学校、王巷的纺织学校等，在近十多年的关停并转中没有一所学校还在老校址，它们要么被兼并（如公益中学、桃园中学、纺织学校、河埒小学等）；要么换位，如育红小学西移了一公里，河埒中学新校园移至梁溪河边，江南学院与纺织学校、无锡轻院合并后南迁长广溪，无线电学校校址迁到10公里外的西郊藕糖。搬迁以后，校园面积大大增加，校园环境焕然一新，但这种移位也有相当大的副作用，它使当年的学子们重返母校时很难找回往昔的记忆。

三、新桃换旧符

1. 都市更新的纷争

每一个城市在发展的过程中，都要面临传统与现代的冲突。"世界上很多古城都是小心翼翼、常常是选择放弃现代化带来的便利来呵护自己的历史。"[②] 遗憾的是，1949年来，中国绝大多数城市都发生了"脱胎换骨"的变化。老城区消失在前人的记忆里与历史的文献中，代之而起的是林立的高楼、宽阔的道路。这种千城一面，没有个性的城市形态在遭到广泛批评的同时，也使人们对老城市产生了怀旧之情。

无锡的城市建设规划是另辟新城还是旧城改造，对此有过争议。市长顾风是主张另辟新城的，他形象地比喻说："旧城就像女人裹小脚，即使把裹脚布放开了，脚也已经受伤。"[③] 双方争议的过程以及为何没有采纳市长的意见，相关资料尚未公开。

上世纪60年代初，市长江坚提出了把无锡建成"东方日内瓦"的畅想，曾考虑把市中心移到中桥。规划建设已经启动，但因各种原因未能得以有效实施。

---

① 无锡市政协编著：《亲历无锡城变迁》第三分册，凤凰出版社，2016年，第352页。
② 董玥：《民国北京城：历史与怀旧》，生活•读书•新知三联书店，2014年，第360页。
③ 无锡市政协编著：《亲历无锡城变迁》第一分册，凤凰出版社，2016年，第16页。

苏州从80年代开始即采取保护古城建新城的城市发展战略，城内不盖高楼，保护文化遗存；无锡老城比苏州小得多，不到2平方公里，是在螺蛳壳里做道场，破坏老街区还是跳出老城做文章，谋事者曾有过不错的规划——在太湖大道以南新运河东西建设新城，运河以东布置市委、市政府、报社、图书中心、新闻机构和信息中心等，形成行政管理中心；运河以西兴建高层贸易大楼和供销贸易物资等服务中心大楼，金融服务大楼，保险公司等，与运河以东行政管理中心的建筑有机结合，形成现代化的具有时代特征的建筑群体，以全新的姿态展示现代化中心城市的风貌。①

这一正确的规划为何被废弃，笔者尚未找到答案。90年代不少城市流行建现代化的中心商务区CBD，无锡CBD建在何处出现两种不同的声音，一种建在老城，一种建在新运河边。“清华大学建筑学院著名教授吴良镛先生建议，保护旧城，沿水边在新运河边搞CBD，做新的点睛之笔。1994年4月28日原新加坡城建局局长，无锡市规划顾问刘太格与无锡市赴新加坡规划培训人员谈话时，也建议无锡的CBD在五里湖边上，濒水临山的景色给新的CBD增色。”②

作为国内建筑领域的大咖，吴良镛院士受邀来到无锡指导规划，他乘船观察了环城河，发现无锡有许多值得保护的文化古迹。年过古稀的他语重心长地说：“无锡可以做绝妙的文章，画最好的图画，关键是如何下笔，现在需要大手笔写大块文章。所以，关于历史旧城和CBD也有两种可能性，一种是将旧城毁了，新的也盖得非常零乱；另一种是将旧城保护好，使其特色发挥出来，沿水边在新运河边搞CBD。”③

可最终吴良镛的预言正确了，不过选择的却是他最不愿看到的方案，CBD还是在旧城进行，老城区进行大拆大建，“20余年来(1978～2001年)，无锡城区近300万平方米的各类旧建筑被‘无情’地拆除，其中不乏有价值的老房子及具有无锡地域特征的历史风貌街区”。④而“中心城区承载了城市长期积淀的历史文化资源，是城市功能和城市生活最丰富的区域，割断历史延续性的改造显然是城市的损失”。⑤

2. 雁过无痕

1982年，国务院开始评审公布国家历史文化名城，先后于1982年、1986年、1994年公布3批共99个国家历史文化名城，无锡都榜上无名，而无锡周边众多城市早早拥有了这顶桂冠，苏州、南京、扬州为第一批；常熟、镇江、淮安、徐州为第二批。当1980年代刚启动国家历史文化名城评选工作时，评审专家就认为无锡是有条件申报首批名城的，同济大学阮仪三教授特地从上海赶到无锡向当时的市领导说明了这个意思，被领导婉言拒绝。“对于历史文化名城的评选，当时眼中只有经济建设的无锡，不仅没有看到评上历史文化名城所带来的多方面效益，反而片面认为历史文化保护与发展的这对矛盾，会给无锡带来经济发展上的障碍，会影响全新城市建设规划的实施。所以，无锡主动放弃和拒绝了最初几轮国家级历史文化名城的申报。”(马汉：《无锡为何迟到“名城”》)

当苏州等城市因历史文化名城的头衔不能在老城厢大兴土木时，无锡部分主事者为没有这个“紧箍咒”而暗喜，他们在旧城区大拆大建，视老房子如敝屣。那些历经百年风雨，带有一个城市印记与温暖记忆的建筑就这样从地球上消失，它们如生命一样，死而无法复生。

2015年出版的《无锡市志》列举了部分被拆的名人故居录，读之思之，哀之悲之。[⑥]

国学大师、无锡国学专修馆创办人唐文治故居“行素堂”，民国初年建于前西溪，1980年代被拆。

薛明剑故居“明瑞堂”位于城内序城桥7号(今复兴巷)，也是闻名遐迩的无锡杂志社所在地。1980年代建电信大厦、市机械局大楼时被拆，复兴巷亦不存。

秦氏“宝彝堂”位于新生路216号，市文物保护单位，建于明末清初。1986年，市公安局建房时被拆，仅存“对照厅”移建至文渊坊文保小区。公安局新大楼1994年竣工，23层，2024年被拆除，公安局迁高浪西路58号。

清代名臣薛福辰故居位于前西溪15号。1988年被拆。

秦氏“世恩堂”位于南市桥上塘街167号，系清乾隆年间建造。1990年2月，秦氏后裔、天津市政协委员秦养之等致信无锡市领导，吁请保护，但仍被市新型建材房屋建设公司拆除。

---

① 1987年6月《拓骨架打基础治环境建中心，把我市建设成为现代化的多功能的中心城市》//沈青松编著：《无锡城市规划史话》，世界知识出版社，2007年，第47页。

② 沈青松编著：《无锡城市规划史话》，世界知识出版社，2007年，第4页。

③ 吴良镛：《无锡市规划建设面临的重大决策》(1994年)//沈青松编著：《无锡城市规划史话》，世界知识出版社，2007年，第32-33页。

④ 过伟敏等：《关于无锡城区旧建筑及历史风貌街区的调查研究》，江南大学学报(自然科学版)，2002年第1期。

⑤ 沙永杰：《变化之中看未来——当代中国城市建设中的问题和解决思路》//《城乡规划——当代中国城市变迁》，中国建筑工业出版社，2012年，第6页。

⑥ 无锡市地方志编纂委员会：《无锡市志》(1986~2005)，方志出版社，2015年，第2104页。

少宰第(1959)

侯氏“馀庆堂”位于崇宁路49号、51-53号（含镇巷10号之一），建于清光绪十六年(1890)。1993年城市改建商用楼宇时被拆，所属转盘楼移建至堰桥吴文化公园内。

教育家杨荫杭杨荫榆兄妹、金融家杨荫溥、音乐家杨荫浏、文学家杨绛的祖居“诒清堂”位于留芳声巷41号，系明末清初建筑，1993年建东河花园时被拆。

明万历二年状元孙继皋的“少宰第”位于崇宁路16号，1994年建市中级人民法院新大楼时被拆。这座豪宅故事多，如1946年9月1日，旅居南京、上海、北京、天津、四川、云南等地的孙氏后裔会聚少宰第，举行全族会员大会，当众开票选举房族管理人员，讨论修葺被日机炸轰的惠山族祠等事项，商议庆祝1950年孙继皋诞辰四百年的准备工作。①

清代名臣、礼学家秦蕙田“宫保尚书第”（嘉会堂）位于崇宁路63号（含镇巷14号），1994年建造无锡市花鸟商城时被拆。

秦氏“宝仁堂”位于崇宁路126号，其东院为明代万历二年(1574)秦梁自署堂名“文献之家”的故址，1994年建造三凤酒家时被拆。

章氏“章庆堂”位于崇宁路48~50号，市文物保护单位，建于清雍正四年(1726)。1996年市中级人民法院建办公楼时被拆，所属建筑“景福楼”、秦古柳故居“旧方书屋”被迁建至文渊坊文保小区。

秦氏“承志堂”位于崇宁路92号、94号，系寄畅园秦氏后裔秦瑞熙、秦兆雷父子故居，始建于清乾隆二十一年(1756)。1994年前后被拆。

清末外交家、驻意大利大臣许珏祖居“既翕堂”位于崇宁路7号(含东河头巷27号)，系其先祖许松洁建于清乾隆二十二年(1757)，太平天国时为潮王府，1996年市检察院建造新大楼时被拆。2021年检察院迁至凤宾路58号。

市级文物保护单位“秦氏对照厅”建于明末清初，厅前是园，山石点缀的小型假山居园南面，衬配曲池小桥。2000年因市公安局要在附近兴建大型地下车库，被迁走。

王昆仑故居位于西河头姚宝巷17号，为晚清建筑。1990年代末，在建县前西路时被拆。

国民党元老吴稚晖旧居位于江尖。1990年代末建江尖公园时被拆。吴稚晖6岁丧母，由居住在江尖的外祖母家抚育成人，因而自称无锡人。

教育家侯鸿鉴故居“沧一堂”位于北禅寺巷16号，民国初年建造，中西式清水红砖楼房。2001年东林中学扩建校园时被拆。

民族工商实业家华绎之故居“爱日堂”位于中山路88号(原无锡人民广播电台占用)，2002年建造商楼时被拆。

杨宗濂、杨宗瀚兄弟祖居“鸿博第”位于旗杆下(中山路北段)，原系其五世祖以博学鸿词入翰林而

华绎之的洋房

①《孙少宰四百年诞辰》，《锡报》，1946年8月31日。

得名，1860年毁于太平军之手。同治年间，杨宗濂奉母侯氏之命，复建旗杆下老宅。1980年代，拓宽中山路时拆除部分建筑。2003年，又被全部拆除，原址建248米高的红豆国际广场。

杨宗濂、杨宗瀚兄弟旧居“保滋堂”位于大成巷，建于清同治年间，为杨母侯氏（侯桐之女）所建。2004年，建大成巷步行街时被拆，仅存百年白皮松1棵。

赵菊泉故居“张謇读书处”位于大成巷20号。宅内留有张謇书写的对联：“几百年成家无非积善，第一等好事还是读书。”2004年，建大成巷步行街时被拆。

实业家吴日永故居“乔寿庐”位于大成巷9号，建于1915年，为花园式洋房，由吴日永就读的上海圣约翰大学建筑学博士沃克教授设计。2004年，建大成巷步行街时被拆。

实业家龚瑞翔故居位于中山路原无锡日报社旧址，为花园式洋房，建于民国年间。2005年，建地下停车场及绿化带时被拆。

2000年，《中国文化报》对全国十大文物破坏事件作曝光，无锡涉及3起。是年12月，中共无锡市委九届十三次全会作出《关于加强文物保护，争创国家历史文化名城的决议》。

其后，无锡尚存的部分名人故居得以修复，如薛福成故居、阿炳故居、钱锺书故居、顾毓琇故居等。1995年开始修复前，薛福成故居被分割成八个区域，分别被一百多家居民、三所学校、一家工厂所占用，原建筑尚存130余间。2001年，市政府投资6 500万元对故居主体建筑进行修复，2008年斥资9 000万元修复的二期西花园工程竣工，至此，故居基本恢复了当年的全貌。

在大量老街区老房子已化为灰烬，无锡凭借不多的遗存还是在2005年跻身于江苏历史文化名城队列，这也落后于周边城市（高邮1995年；江阴2001年；常州2001年）。2007年，无锡戴上了全国历史文化名城的徽章。

3. 建设中的破坏

中国共产党人在1949年建立了一个崭新的政权，由此中国社会的组织形态、国家治理都发生了翻天覆地的变化。

被组织起来的民众干劲十足，无锡城市风貌不断刷新：千年城墙被拆除、城内河流被填成马路、运河主航线从城市东边移到了城市西边、围湖造田带来湖泊大大缩水、新体育场、新大会堂、工人新村等建筑拔地而起……

填河还有迹可考，移山则难以述说。以前因机械设备缺乏与不能“大兵团作战”，想移山也困难。共产党执政后，先是通过组织力量，向高山要田地。1968 年 9 月，河埒公社的河埒、龙山等大队组织千余劳动力首先在青山开垦梯田 60 余亩，开挖土石方 5 万方左右，办了青山林果场。梅园公社在桃花山开挖梯田 80 亩，种植桃花。[①] 1990 年代，借助挖掘机，更有大量山林被开发成住宅区。

1958 年雪浪山开办了“国营无锡县雪浪采矿厂”，开始采用火药爆破的现代化采石方式，在横山东坡常年采石。随后许舍、雪浪、葛埭各村相继开办采矿厂，从东山坡到北山坡以次开出宕口，采石以增收入。每日炮声隆隆，烟尘蒙蒙，碎石机旁，污水横流，码头繁忙，货船塞浜，黄石成为一时俏货。几十年工夫，半壁青山伤筋动骨，满目苍夷。直至 2002 年方停止开采，转入复绿。

进入 21 世纪，整个城市发展步入了快车道，实现了三年一小变，五年一大变。都市更新之快在城市高度上就略见一斑，市区地标高度从 20 米（市中心老图书馆钟楼，1915 年建）至 40 米，花了 60 多年；从 40 米突破到 100 米，仅用了 20 年时间；100 米至 300 米仅仅用了 10 年时间。无锡第一高楼，1976 年是四院 7 层病房大楼（河埒口）；1989 年是 22 层的无锡大饭店，高 69.2 米（中日合资，梁溪大桥旁）；2012 年是九龙仓国金中心，达 339 米。[②]

一幢幢拔地而起直入云霄的高楼，一条条新修的宽阔笔直马路，一座座新建的宽敞明亮的校园，让人们处处都能感受到无锡的“新”。但无锡旧貌换新颜的同时，是成千上万间老房子从地球上彻底消失，是一片片老街区无影无踪，是无以计数的行道树在道路扩建时连根拔除，是数以百座的古桥荡然无存……无锡在建设中破坏，在发展中留下了许多败笔。

“在无锡十七年中 (1949 ~ 1966)，城市建设缺乏长远目光，许多建设往往是急就章，小打小闹，常常是建建拆拆、拆拆建建，缺乏总体合理布局。经济好转想搞些建设，又限于财力而没能有所为，本想把南长街改建成江南特色的风情文化街，有戏院、书场、画室、印社、书店，有无锡风味小吃，结果没办成；槐古新村那块半岛之地想建成功能全、综合性强的新体育场馆，也没实现。要是没有十年浩劫，市委、市府大院也许搬到中桥。当时

---

①《荣巷街道志》，凤凰出版社，2011年，第694页。
② 位于上海南京西路170号的国际饭店建于1930年代，高83.8米。

想把无锡建成东方威尼斯，保持无锡湖光山色之美，增加无锡在全国的影响力，市区恢复小桥流水，并以五里湖为中心，进行全面湖景规划，当时还请了同济大学陈从周教授作技术指导。”[①] 这是长期担任市长的江坚晚年的总结与自责。

“上世纪 50 年代无锡城中之河还有鱼有虾，城与自然和谐共存。半个世纪过去了，我们取得了伟大的经济成果，却失去了城市的根本——自然。过去，我们曾在乡村里梦想城市；现在，我们在城市里梦想乡村。”[②] 2007 年，长期担任无锡市建设局长的沈青松发出了这样的喟叹。

文物保护不力跟制度设计有一定关系。“不可否认的是，我们现在有不少部门的运作方式存在屁股指挥脑袋的现象，民主决策程度比较低。在现实生活中，往往是哪个部门牌子硬，分管领导级别高，哪项工作就占优势。到目前为止，有权对古城改造和拆迁操生杀大权的部门有建委、规划局和各区政府、区规划和城建等部门，而有权对古城保护鼎力相助的部门却一个都无，只有一个科级单位的市文管会办公室出来做一些维持工作。有一个古城建设委员会，还应该有一个古城保护委员会，相互制约，再相互协调，这样工作才不会出现偏差。”[③]

写这段文字时，恰巧在《人民日报》上读到一篇介绍巴西城市欧鲁普雷图的文字，这让笔者内心久久不能平静。

“时至今日，整个城市的样貌被细心保留，与 300 年前相差无几。蜿蜒起伏的青石砖路已被时间打磨光滑，巴洛克风格建筑历久而精致……城市发展和古迹保护间的平衡，使欧鲁普雷图拥有了这份厚重而生动的气质。城市的每座教堂、每条小巷，都能带领人们走进旧时光中的故事，感受历史的欢乐和叹息。”[④]

巴西小城欧鲁普雷图作为一面镜子让我们汗颜，也让我们警醒。发展与保护既存在着冲突，也存在着统一。如果当政者对城市的复杂性多一点理解，对自然对传统多一些尊重与呵护，城市的文化底蕴就能得到更多保存。

---

① 许继琮：《梁溪夕拾》，自印本，1996，第230页。无锡市图书馆文史阅览室藏。
② 沈青松编著：《无锡城市规划史话》，世界知识出版社，2007年，第6页。
③ 徐刚毅：《再读苏州》，广陵书社，2003年，第347页。
④ 索泓依：《黑金城的厚重与生动》，《人民日报》，2016年5月15日第7版。

第二编 私人提供的公共产品

无锡山清水秀，濒临太湖，旅游资源非常丰富。过去，由于各方面条件的限制，这些资源大都处于“冬眠”状态。

进入 20 世纪，随着中国工业化步伐的加快，沪宁铁路 1908 年全线贯通，尤其是无锡成为中国民族工商业的发源地，一批有眼光的实业家们开始在无锡的山水上“做文章”。

敢为人先的荣氏昆仲创建的梅园，建于 1912 年。在两位“带头大哥”的榜样下，当年无锡一批先富起来的人们，投资开发了无锡旅游资源，兴建了一批私家园林，除蠡园、渔庄收取 5 分钱门票外，其余皆向游人免费开放。

从图书馆保存的发黄报纸里，从当年记者所写的报道中，我们不仅看到公园里名人的游踪，看到权贵们出行时的前呼后拥，看到官商的互动，而且还看到旅游业今昔的异同，山川地理的变与不变。

东林书院：一张半明半暗的名片

书院是中国古代的地方教育组织，各地都有，无锡历史上存在过多少家书院已无考，唯有东林书院仍小放光芒，成为无锡一张半明半暗的名片。

东林书院诞生于1111年，由福建人杨时创办，跟一些“老大哥”相比，出生要晚几百年，估计20岁左右时它便夭折。旧址后变成佛教用地，香火绵延几世纪。明中叶，有人想在原址重建东林书院，但遭僧人反对而未成。

奇葩皇帝

明万历三十二年(1604)，以顾宪成、高攀龙等人为首的一批官员，因政见原因告别官场回到故里，以文会友，探索理学，上呈地方官府，请求在杨时讲学原址修复东林书院。

修复工程由顾宪成仲兄顾自成组织督理，共费银1200余两。书院共占地约16亩，其中基田6亩，院田10亩，均为进士顾宪成捐资所购。布局“左庙右学”，左边建有祭祀杨时建筑——道南祠等，右边为讲学建筑。另外还有藏书及生活用房等。整座书院，傍靠无锡东门城墙与内护城河，粉墙碧瓦，石坊高耸，松柏苍翠，四季群芳吐艳，环境幽寂。

顾宪成、高攀龙参照朱熹《白鹿洞书院教条》拟定的《东林会约》规定，每年一次大会，除正月、六月、七月、十二月盛夏和隆冬季节外，每月再召集一次小会，会期都是3天。每次讲会，都由主讲者先说“四书”中的一章，讲完后，采取答辩方式提问、讨论，“有问则问，有商量则商量”，参与讲会的学人，思想活跃，各抒已见，“辩难蜂起”，气氛活跃，休息时则唱诗数首，舒缓精神。

应天巡抚周孔教、钦差督学御史杨廷筠、按察蔡献臣、扬州知府刘铎、常州知府欧阳东风、无锡知县林宰等一批现职官员都亲临讲会。时任常熟知县的杨涟更每会必到，地方著名人士和宦绅，诸如东阳张国维，钱塘陈潜夫、黄梅、石有恒等人，也都慕名坐船而来，桐城方学渐、武林吴子德、胡嘉胤等著名学者均应邀参加过东林讲会。

初时书院讲坛只讲学术，不涉现实，没多久，“政治味”就越来越浓。当时坐在龙廷上的是奇葩皇帝万历。他在位 48 年，因继承人立长还是立爱，与大臣们死磕“罢工”三十载，这让一直强调忠君报国的儒家意识形态陷入困境，“致君尧舜上”彻底没了市场。

万历虽不愿与大臣相见，但对意大利传教士利玛窦还较热情，利氏得以入京，传播西洋文明，徐光启等极少数文人始知地球是圆的，中国并不位于世界中心，加入天主教的徐光启很感激利氏带来的新知识，利氏下葬时他铲土致哀。

忙于君子小人之辨的东林书院师生们，对钟表、世界地图、几何等洋玩艺没有任何兴趣，他们的兴奋点始终在意识形态与政治站队。

1620 年，57 岁的万历帝带着深深的遗憾辞世，其立爱终未得逞，可 38 岁的长子朱常洛继位不到 30 天就纵欲而亡，这让与皇帝斗争了几十年的大臣们全功尽弃。

魏忠贤大权在握

万历孙子——15 岁的朱由校不得不仓促上位，在位初年，重用东林党人，一度出现“东林势盛，众正盈朝”的局面。可很快魏忠贤与客氏专权，制造冤狱，残酷迫害东林党人。他们编造各种黑名册，如《东林籍贯》《东林点将录》《东林朋党录》《东林同志录》等。

1625 年，东林书院主要建筑依庸堂先被拆毁。1626 年三月，阉党头目魏忠贤指派缇骑窜到江南，办逮吴县周顺昌，吴江周宗建，江阴李应升、缪昌期，福建海澄周起元，浙江余姚黄尊素及无锡高攀龙七人，他们都是东林讲学的积极参与者。

高攀龙获悉信息，先一日从南门自己居处出发步行至东林书院道南祠谒拜先师及杨时神像，整肃衣冠，写就《遗表》及《别友柬》两纸，回家从容投宅后园池水中自沉，终年 65 岁。其余六人先后被逮至京师并被迫害，惨死诏狱。

四月，魏忠贤又责令将“苏、常等处私造书院尽行拆毁，刻期回奏”，并以“邸报”形式发布，传檄严令执行。五月初旬，经过 22 年讲学的东林书院全部拆毁。书院院田 200 亩、书院所占16亩土地等，也变卖，共折得白银600余两。书院左侧道南祠，因系官资建造专祠，用以表彰纪念书院创始人杨时及其在无锡门人弟子，故未被拆除。

东林书院被毁、东林党人被抓被杀，却让无锡因祸得福，这个历史上默默无闻的县份得以出圈，知名度迅速爆表，其红利延续至今。

不谈国事

东林书院被毁次年，22岁天启帝因纵欲而亡。崇祯帝继位后，立即惩处阉党，为东林蒙冤诸人平反昭雪。1628年二月，下诏将各地书院宜表彰者尽行修复。吴桂森独自捐资，在旧址上恢复修建了丽泽堂三间，修复了院前门墙，题书院门额曰“东林精舍”。同时，于丽泽堂左侧建来复斋三间，作为自己燕息起居之地。一度中断的东林讲学诸事又得以恢复。吃一堑长一智，讲学者开始“勿谈时事”，远离政治。

1644年，明政府、建州女真、农民起义军的十多年混战终于分出结果，清取代明。清廷擅统战，东林书院得以继续并且其文献得以整理，其中最著名的当推清初大儒黄宗羲所撰《明儒学案·东林学案》，在《东林学案序》中，黄指出东林讲学，实质上是清议，而清议的本质是对统治者监督的一种形式，士人所带动起来的民间舆论，对有权者肆无忌惮为非作歹有些防止作用。正是以东林为代表的清议，激扬了正气，促进文人士大夫独立精神的觉醒。明代亡国原因很多，不能归罪到东林头上；而且在扶危救亡中许多东林人士前赴后继，为国赴难比比皆是。[①]

康熙十二年(1673)春季，进士、高攀龙之子高世泰捐资修建了燕居庙及三公祠、祭器室、典籍室、再得草庐，同时修葺道南祠与丽泽堂等。除依庸堂这一主体重要建筑尚未修复外，书院其余大部分明末被毁建筑均得到恢复。高世泰主院，又重新申订了《东林讲会规则》，要求：

一、每年春秋之际，于每月上旬至中旬约十天时间开讲会友。二、会友初到，先谒孔子，后谒三公祠，次谒道南祠。讲毕再谒孔子。俱行二揖一躬礼。三、然后入座，东西两班，客东主西。两班中各以年龄为序，不必东西走易。并供书案，举行班揖。四、要严肃威仪，勿私笑语，勿谈时事，质疑问难俱于讲毕后自便提举进行。五、有远客相访，即于会所答辩。不必至

① 王学泰：《清代有经学无儒学说》，《随笔》，2011年第5期。

客舟客寓。通姓名只用单帖。六、每期会友必登姓氏，以谕后日操履。七、会讲当日午饭后，齐集座上，只设一点充饥。八、为远客设馔，止用四簋，两荤两素。不杀生，酒只数行。

清雍正十三年 (1735) 前，东林书院讲学属民间学术人士集体联合举办，其后向地方官办教学形式转化。就读学生能得到资助，但名额不多。

清季，东林书院经费主要来源于无锡、金匮两县义田收入。无锡县义田 650 亩，每年得征米 489 余石，麦 88 余石；金匮县义田 646 亩，得征米 483 余石，麦 85 石。康熙年间，东林书院膏火原定正额内课童生 18 人，每名助学全年 12 两银子；外课童生 38 人，每年每名助学 3 两。乾隆末年又增加内课童生 15 名，每年每名助学 12 千文，后又增加外课童生 25 名，每年每名助学 3 千文。后来，学生不断增加，助学年金大不如前。

清代东林书院是无锡唯一官办书院，地方最高官员常来此祭典与主持考试。李超琼在无锡任知县一年，来东林书院 5 次。

(1902) 八月二十日：巳正，邑士夫又来，请诣东林书院祭祀，先祀尼圣，礼如仲丁。既而，

1928年东林小学教师送别沈显芝校长

东至道南祠祭杨文靖公（时），亦（金匮县令张）玉泉主祭，余分献东庑，则神位如林，其中为张清恪（伯行）云。既退，由校官入祭三公祠，则高忠宪、顾忠文、景文也，余辈遂散。

十月二十七日：辰起，至东林书院，考试生童八、十两月月课。

(1903) 二月十二日：诣东林书院，以是日邑人士循顾、高诸贤遗规，祀所谓孔子燕居所也。祭仪略仿上丁释菜之式，而省之其祝版，即用"祖述尧舜"章八句，洵不泛也。礼成，复祀杨龟山先生于东院，则所谓道南祠也。两庑即以顾、高诸先生配云。

二月十九日：午后，过玉泉处一谈。遂约同至东林书院，察视学童功课。教习李叟雨岩以所课专以经史为重，俾学者知根本之当务，而惕以时局之危，期于各务实学求有济时用云云。余与玉泉亦进学子谕勉之，周视一过乃别。

三月初四日，至东林书院考试。甄别点名，以校官久不至，遂迟迟乃毕事也。[①]

康熙年间，江阴士人陈鼎因钦佩东林高风亮节，编纂《东林列传》。乾隆将其收入四库全书并专门写序消毒，驳斥陈鼎为该书所写之序，指出文人士大夫要做萧何、曹参、房玄龄、杜如晦、富弼、范仲淹那样起建设作用的大臣，不要学东林。他着重指斥东林因讲学而拉帮结派。"有讲学必有标榜，有标榜必有门户，尾大不掉，必至国破家亡"。"国家将亡，必有妖孽"，而东林就是这样的妖孽。

咸丰十年 (1860)，太平军攻占无锡，东林书院被烧毁，同治、光绪年间逐步恢复。

清光绪二十八年 (1902)，东林书院在兴办新学浪潮中改成东林学堂，第一届仅招学生 25 名，1905 年有学生 85 人。民国后更名无锡县立第二高等小学校，学制三年，入学年龄 10 ~ 13 岁，部分寄宿部分走读。1914 年全校学生 220 人。1921 年学校始招女生。1927 年增办初级班，成为一所完全小学。此间毕业生中涌现了秦邦宪、薛暮桥、薛明剑、陈翰笙、钱钟书、钱钟韩、钱海岳、赵深、杨荫溥、杨荫浏、邹文海等著名人士。

日本占领无锡后，书院又因战乱而破败。1946 年，吴稚晖、唐文治、钱基博等人发起，地方各界人士捐款修葺。计有荣鸿元 400 万（元，下同），李启跃 100 万，朱瑞祥 100 万，丁裕泉 100 万，徐来丞 100 万，荣德生杨少棠合 70 万，顾鸿治周仲庆 100 万，孙家良 50 万，钱保稚张锡纶 50 万，顾新华 40 万，顾绍求 50 万，程敬堂 30 万，陈贵生 30 万，陶心华 10 万，丁绵华 30 万，沈芹华蒋贵庆合 20 万，唐星海 50 万，杨荫溥 15 万，孙伯亮 15 万，过养默

① 2017年苏州工业园区档案管理中心编：《李超琼日记》，古吴轩出版社，2017年，第270~302页。

1925届东林小学毕业生摄影

10万，张竞选200万，华绎之20万，王禹卿100万，丁熊照50万，华洪涛50万，蔡虎臣1万，顾氏义庄20万，杨氏各方捐款59万，合计1870万元，只是国共对决，恶性通货膨胀，1870万元购买力有限，不久政权鼎革，部分捐款者润到海外。

这次重修由顾宪成十四世孙、东林小学校长顾希炯主持，他自幼熟知惠山古镇顾祠中对联“风声雨声读书声，声声入耳；家事国事天下事，事事在心”，将其复制悬挂依庸堂内，并改“事事在心”为“事事关心”。1948年全校15个班，学生900余人，教师25人。

殃及池鱼

1957年，东林书院旧址定为省级文物保护单位。1960年5月18日下午，《人民日报》前社长、总编，北京市委书记处书记邓拓在地方党政领导陪同下来到东林小学，看了东林书院旧址，还到鼋头渚和市七中看了高攀龙遗迹。

回京后，邓拓在《光明日报》上发表《过东林书院》《访高子止水》，写下了“东林讲学继龟山，事事关心天地间；莫谓书生空议论，头颅掷处血斑斑”这样掷地有声的诗句。其后，他又写了《事事关心》一文，发表在1961年10月5日的《北京晚报》上，并收录在《燕山夜话》第二集里，由是“风声、雨声、读书声，声声入耳；家事、国事、天下事，事事关心”这副对联广为人知。

1966年春夏之交，邓拓、吴晗、廖沫沙被打为“三家村”，被最高层抛出，几十天中，在各级组织统一领导下，全国各大媒体、各单位、各阶层万箭齐发，口诛笔伐。5月18日，54岁的邓拓自杀，成为浩劫年代几十万冤死者第一人，但其自杀消息当时被严密封锁。

因邓拓赞美了东林党人，于是东林书院受到牵连。声声入耳的对联连同东林书院内所有匾额、对联集中于市中心广场付诸一炬。邓拓虽亡，但对其批判还在如火如荼进行。

新华社江苏分社在无锡市召开了部分中、小学教师座谈会。到会同志怒斥邓拓抬出东林党封建僵尸反党反社会主义勾当的罪行。

无锡市第五中学政治教师高君慧：邓拓大肆吹捧东林党，以东林党人为表率，好像顾宪成、高攀龙等东林党人是明朝的人民英雄似的，这是歪曲历史。请看，东林党究竟是个什么货色：东林党是明末在野官僚士大夫组成的地主阶级内部反对派。他们原先也是封建统治集团中的当权人物，如东林党头子顾宪成，曾任吏部郎中，后因在立太子和推举内阁大臣等问题上，触犯了当时的神宗皇帝，罢官回乡。顾宪成回无锡后，和在他之前被罢官的高攀龙等人讲学于东林书院。在讲学同时，经常讽议朝政，裁量人物，与当权以宦官魏忠贤为首的阉党作斗争，想取当时的中央政权而代之，自己重新上台执掌政权。由此可见，东林党和阉党的矛盾，只是拥立哪个主子，由哪一派组阁掌权的矛盾，这完全是统治阶级内部争权夺利的斗争。邓拓所以要歪曲历史，完全是为他反动的政治目的服务。

无锡市第八中学政治教师陈国桢：邓拓为东林党人高唱颂歌，一是要人们同情东林党人遭遇，实质上是兔死狐悲，物伤其类，要人们同情邓拓和所有被罢官的右倾机会主义分子。二是宣扬东林党人“力抗权奸志不移”“攀龙风节扬千古”的叛逆性格，实质上是为一小撮被“罢”“官”的右倾机会主义分子打气，要他们坚持反党反社会主义的立场，不要为失败所吓倒，要失败了再干，“掷头颅”，拼死命，顽抗到底，复辟资本主义。

……①

城门失火殃及池鱼。在那个非常年代，东林书院、东林党在“破四旧”尚未开始时便先行一步，成为万民所指的洵屎堆。东林书院建筑随之被大量破坏。

① 徐伯荣等：《不准邓拓抬出东林党僵尸干反党反社会主义的罪恶勾当》，《无锡日报》，1966年6月12日。

门票从有到无

“文革”结束，曾主持编辑出版第一部《毛泽东选集》的邓拓平反，东林党形象也由负面变成正面。1981 年 10 月，无锡市政府拨款整修东林书院，这是 1949 年后对东林书院的第一次整修。重建仪门、丽泽堂、依庸堂、康熙碑亭、圣域门，修复前庭的庑廊、半亭、石牌坊、东林报功祠，以及道南祠大门、敞厅、享堂等，1982 年 10 月完工开放。“声声入耳”联得以重新悬挂在东林书院，只是原联已毁，新联由“三家村”唯一幸存者廖沫沙题写。

1994 年，东林书院再度整修，开启 1949 年后第二次修复工程，此时恰逢顾宪成复建东林书院 390 周年。10 月 26 日，在焕然一新的东林书院内，举行修缮竣工典礼暨东林学术研讨会开幕式。时门票价格每人次 10 元。

2000 年无锡一把手更换，文物保护工作长期不受重视的局面得以改变。次年，东林小学搬离东林书院旧址，19 个教学班 700 多名学生易地上学，持续 300 多载的琅琅书声就此消失。

2002 年 6 月，东林书院又开启全面整修，至 2004 年竣工。修复后的书院占地面积 13000 平方米，建筑面积 2800 平方米，院内粉墙黛瓦，碧水盈盈，基本恢复明清时期布局形制，但由于城墙消失、高楼林立、水系破坏，东林书院周遭环境大改。门票每人次 16 元。

2006 年焕然一新的东林书院成为全国第六批文保单位，而岳麓书院、白鹿洞书院早在 1988 年就成为全国第三批文保单位。

2009 年，门票调整为每人次 20 元。2018 年元旦起，东林书院免费开放。

在政治只能肉食者谋之的时代，东林党人人生坎坷完全可以理解，但东林书院却也因政治影响，时兴时毁，却是本土特色。

东林书院 400 多年历史中，只有十多年异常夺目，它让无锡这座普通的江南水城一举成名，成为全国舆论中心，代价是一批士人献出了宝贵生命。

了解东林书院几百年间的遭遇，了解对东林党人评价的忽正忽反、忽高忽低，再游东林书院，你会感叹中国历史的沉重，感到政治清明的不易。

国学大师柳诒徵《江苏书院志初稿》载：“合宋元明清四代江苏书院衡之，盖无有过于东林书院者矣。”遗憾的是，来东林书院参观的并不多。

锡惠景区——千年的文化沉淀

锡惠景区是无锡的露天博物馆，在这里，一千多年前的文化履痕、几百年的历史延承、几十年前乡贤的人生游屐都有迹可寻。如果时光可以穿越，你在这里能见到几乎所有曾在无锡生活过的人，当然还包括中国历史上两位知名度很高的皇帝——康熙与乾隆。

私家园林门槛高

1962 年元宵节，一个阳光明媚惠风和畅的日子，76 岁的钱孙卿拄着拐杖，从七尺巷家中踽踽独行，来到 3 公里外的惠山寄畅园。1949 年前，钱孙卿担任市公所一把手与县商会会长，雄踞地方三十年，好评如潮；1949 年后他担任了全国人大代表、江苏省工商联主席、江苏省政协副主席等职。1957 年一场席卷神州的反右运动，彻底改变了他的命运，他成了一名臭不可闻的大右派，被撤销一切职务。

疾风知劲草，患难见真情，处在人生谷底的钱孙卿与多年的老朋友相聚在这所名园，并摄影留念。照片中颔下有须，长袍中坐，一手扶膝，一手倚杖者为李君柏森，80 高龄，年最长；朱景岳短装，倚其右而立，年最小，57 岁；左侧黄孟修，大衣短装，两手插袋，年 64；再左侧为龙耀孙，短装，也是 64 岁；又左侧为郑德良，大衣短装，一手插袋，年 77；最左是孙尧侯，长袍有须，年 69 岁；朱景岳右边是吴邦周，大衣短装，两手插袋，虽 66 岁，但长身鹤立，不减少壮；钱孙卿在最右边，倚石而坐，他小帽长袍，长须垂胸，戴着眼镜，左手扶膝，持一风帽，右手握杖。

风烛残年的钱孙卿知道这样的白首重聚很难再复制，便将照片装裱，并写了一篇《旧雨

欢叙图记》留为纪念，文中还附有廉谏钟的一首题诗："好景上元节，联欢惠埠边，凭栏看远岫，倚石听流泉。吾辈多春气，相知尽硕贤，耆英图一幅，快意乐余年。"遗憾的是，当年的照片已不知下落，惟有钱孙卿对照片中 8 人的描述文字留存下来。

在照相还需要胶片、旅游还未大众化的时代，无锡人都喜欢像钱孙卿这样来寄畅园游玩留影存念。

清代著名史学家，官至贵西兵备道的赵翼 (1727 ～ 1814) 曾参观过寄畅园，在《秦园》(寄畅园又名秦园) 一诗中赞美道："人行山翠里，秋在水声中。秋壑因天巧，松杉有古风。"

道光进士，官至高邮知州，编有《海国图志》的清代启蒙思想家魏源 (1794 ～ 1857) 对寄畅园的造园艺术很是欣赏："屋借惠山屏，径随惠泉转。谁道园中湖，却涵园外巘。"(《惠山秦氏园》)

遗憾的是，在魏源造访寄畅园后不久，这所名园在太平天国战火中遭受重创，所存者唯双孝祠、凌虚阁，其余败瓦颓垣，榛芜满目，名园胜景沦于荒园蔓草之中。直至光绪九年 (1883)，秦氏子孙复集资重建，其泉亭、山石、池沼等布局，基本保持原面貌，而厅室等建筑，拙于资财，未全部修复。1925 年，受齐卢战争影响，寄畅园部分建筑毁于兵灾；1937 年日军飞机扔下的两颗炸弹落于园南，寄畅园再度蒙尘，一次次兵荒马乱让寄畅园衰落不堪。

1952 年上半年，日占时期担任过无锡县长的秦亮工将园献于国家后，政府拨款进行修葺。1954 年拓宽横街时，将临街园墙缩进 7 米，将砖雕大门北移至横街今址。西南角贞节祠等一组建筑，划入园内。另设南园门于祠前，与惠山寺甬道相接。现在所见到的寄畅园，作为国有财产，屋宇已修复得很光鲜，但因面积缩水与古物的破坏、老树死亡，同其鼎盛时

寄畅园

期风貌相比，还有相当大的差距。

创业容易守成难，几千年来，在中国土地上曾建造过数以万计的私家园林，可留存下来的却寥寥无几，未更换门庭的更为罕见。战乱、天灾、析产、破败等都让园林夷为废墟，或易手他姓。现存的苏州、扬州园林都多次更换门庭。

明代官宦士绅崇尚奢华，喜大兴宫苑、广置田园，“正德、嘉靖以后，南京园亭有一百多所，苏州有几十所，盖花园筑假山一时成为风气”。在这种大气候下，无锡城乡有钱的官绅们也大兴土木。其中盛颙于白水荡建后乐园（又名方塘书院，即今城中公园东部）。安国于邑东胶山筑园名“西林”，置32景，名传江东，擅一时之胜。西林之东，吏部安希尧筑东林、南林两园（与西林相距百步，为安希范读书处），内有岁寒堂，溪流环绕，冈陇层叠，小桥茅屋，池广数十亩，池周古木郁然。内阁学士华察（鸿山），于荡口建“嘉遁园”，广40亩，在东亭购地，营造府第，置20景，其壮丽赛皇室，使人不敢仰视。华云于耕读桥建耕读园，地广20多亩。整个明朝，无锡所建园林，难以尽述，然而现在其要么无迹可考，要么荡然无存，留存至今的唯寄畅园。

为何众多园林都成过眼云烟难觅踪迹？原因在于摆脱不了富不过三代的周期率。这里以寄畅园一墙之隔的愚公谷为例。愚公谷建于明万历十五年(1587)，比寄畅园兴建晚一个甲子。园主为考中进士当了高官的邹迪光。愚公谷占地面积50亩，比寄畅园大30亩，它依山布局，岗阜起伏，掇石有致，池沼澄碧。又以黄公涧为源头活水，涧溪沼池，构成山光水色，相映成趣。当时被誉为全国四大私家名园之一，声誉远在寄畅园之上。一代名士安绍芳、屠隆、汤显祖、华淑、王永积等，均有题咏、记略。可邹迪光死后，愚公谷由次子邹德基继承，殁后家败园废，前后仅 50 余年。清初即沦为荒丘。至 1949 年，仅存池沼、银杏和玉兰各一。

幸运的是，寄畅园跳出了“眼看他起高楼，眼看他宴宾客，眼看他楼塌了”，“其兴也勃焉，其亡也忽焉”的魔咒，凭着科考上的“秦家代有人才出”，使这所名园 400 多年间，如同一艘航船，驶过风平浪静的大海，也能战胜途中的惊涛骇浪。

自隋开创，延绵到 1905 年废除的科举考试，作为一种选官制度，因指标极少，竞争非常残酷。功名最低一级的秀才分到每个县年度指标只有 20 人左右，众多读书人穷其一生也未能考中秀才。至于能当官的举人与进士更是少而又少。

明代 276 年全国共录取进士 24866 人，平均到每一年不足三位数；清代 268 年间全国共录取进士为 26815 人，平均到每一年也才 100 人，明清两朝，无一人考中进士的县并不少。而人杰地灵的无锡，在科考中交出了漂亮的成绩单。

科举考试持续 1300 来年，无锡共考中进士 530 人：唐 1 人；北宋 31 人；南宋 38 人；元 2 人；明 228 人；清 230 人。唐至宋几百年间，无锡在科考上还不显山露水，可到明代，无锡的表现就让人刮目相看。

在明代，进士数量前十名的县依次是华亭 (259 人)、武进 (249 人)、无锡 (228 人)、吴县 (226 人)、长洲 (202 人)、常熟 (185 人)、仁和 (181 人)、昆山 (178 人)、钱塘 (164 人) 和上海 (144 人)、吴江 (144 人)，无锡居第三。

在清代，前十名的县依此是仁和 (379 人)、钱塘 (339 人)、武进 (含阳湖，276 人)、吴县 (259 人)、长洲 (含元和，240 人)、无锡 (含金匮，230 人)、归安 (153 人)、常熟 (含昭文，144 人)、丹徒 (118 人)、海宁州 (117 人)，无锡居第六。

清代无锡巍科人物位居全国前列。巍科人物指一甲三名 (状元、榜眼、探花)、二甲第一名 (传胪) 和会试第一名 (会元)。从地理分布看，清代全国出巍科人物 5 个及以上的州县是：仁和 21 人，长洲 (含元和)、武进 (含阳湖) 各 20 人，吴县 19 人，钱塘 18 人，无锡 (含金匮)14 人，常熟 (含昭文)13 人，大兴 11 人；归安、会稽、桐城各 9 人，丹徒、德清各 7 人，仪征、嘉善、余姚、歙县、临桂、休宁、华亭 (含娄县) 各 6 人，溧阳、上元、嘉定、江宁、通州 (苏)、太仓 (含镇洋)、金坛、秀水、萧山、番禺各 5 人。①

明清之际，为无锡科考加分最多的是几大科举家族。据对无锡 530 名进士统计，进士数量在 10 人以上的姓氏依次是：华家 36 人，秦家 34 人，王家 32 人，顾家 26 人，邹家 20 人，陈家16人，杨家15人，张家14人，吴家13人，周家13人，孙家12人，侯家10人。进士数量在10人以上的这12个姓氏均为无锡望族。

无锡秦氏家族被称为“江南名族之冠”，秦氏始祖是北宋著名词人秦观11世孙秦维桢。第一个进士是明天顺四年(1460)的秦夔，到清末秦赓彤共计出了3个探花，34名进士，76位举人，秦氏在清代有10个翰林，秦松龄、秦道然、秦蕙田祖孙三人分别是第一、第二和第五人，真可谓累世大族，科甲不绝。

在科考废除之后，秦家为官者仍源源不断，其中有担任无锡县长的秦毓鎏、秦亮工，有曾担任中国共产党总书记的秦邦宪，华润集团的开创者秦邦礼等。

因官运不绝，寄畅园才能不断得以完善，并后来居上，超越其他名园。寄畅园创建者为秦金，他从官场抽身而退后，购僧舍改为别墅，名凤谷行窝。后园归族侄秦瀚及族孙秦梁所有。嘉靖末年，秦梁进行修治，自叙园景：“百仞之山，数亩之园；有泉有池，有竹千竿；有繁古木，青荫盘旋……有堂有室，有桥有船；有阁焕若，有亭翼然；菜畦花径，曲涧平川……”并一度改名凤谷山庄。

该园传至秦梁之侄秦燿时，进行重大改筑，成园景20处并改名为寄畅园。1604年，秦燿将园一分为二，分给其子。明末清初园又分二为四。康熙初年，秦燿曾孙光禄大夫秦德藻重又合并，并请当时著名叠石巨师张轼改建寄畅园，使园景更为丰富。寄畅园因这次改建而誉满海内。当时的寄畅园达到其巅峰状态，流光溢彩，琴声悠扬。时秦家蓄有昆伶家班，经常在园内举行实景演出，1670年余怀在《寄畅园闻歌记》一文中描述他所见到的唯美画面：

庚戌年九月……太史留仙（秦松龄）则挟歌者六七人，乘画舫、抱乐器，凌波而至，会于寄畅之园。于时天际秋冬，木叶微脱。循长廊而观止水，倚峭壁以听响泉。而六七人者，衣青衣，躧五丝履，恂恂如书生，绰约若处子，列坐文石，或弹或吹，须臾歌喉乍啭，累累如贯珠，行云不流，万籁俱寂。②

秦家何时在寄畅园开设家庭戏班，估计应在康熙八年(1669)后。园主秦蕙田主攻《礼经》，好治律吕音韵，因经历政治风波折腾，他总结教训，将寄畅园改作祠园，成为祭祀列祖

① 杭建伟：《无锡科举与科举家族》，《常州工学院学报(社科版)》，2005年第4期。
② 沙无垢：《惠山寄畅园：四时清景多钟灵》，古吴轩出版社，2007年，第81页。

列宗的所在，不得游宿无忌，这样在寄畅园就不能再听曲演戏。[①]

期间曾有众多名流在此欣赏昆曲表演，如明代散文名家王世贞、清代的曹寅（曹雪芹祖父）、剧作家尤侗、著名诗人吴伟业等。吴作《寄畅园三咏》，第三首诗就记在园中虹桥夜中听曲之景："斜月挂银河，虹桥乐事多。花欹当曲槛，石碍折层波。客子沉吟去，佳人窈窕过。玉箫知此意，宛转采莲歌。"

高山大鼓有名在外的寄畅园吸引了文人雅士，也引来了最高执政者来观光度假。从30岁到53岁间，康熙6次南巡，7次驻跸寄畅园。其中第四次南巡时，秦德藻长子道然被康熙选送至京，担任皇帝第九子允禟的老师。后雍正称帝，允禟被贬，时为允禟"办公厅主任"的道然在这场权力博弈中受牵连，革职监禁，没收财产，寄畅园被充公。

充公后的寄畅园因主体责任者缺位，管理不善，迅速破败不堪，其东部出售给钱氏，在此建立了钱王祠；其西部售出后建立了贞节祠（1952年政府将贞节祠与寄畅园合并，并将园门从南边移至此处）。已缩水的寄畅园会不会也同愚公谷一样，由盛到衰由有到无，对秦家来说，这是一次大考。

当寄畅园岌岌可危时，秦氏家族出现了一个值得大书特书的人物秦蕙田。

秦蕙田生于钟鸣鼎食之家，爷爷与父亲都考中进士，入选翰林。从小他就在风景绮丽的寄畅园长大，所见多是颜值爆表的美女，他的生活环境不逊于《红楼梦》里的贾宝玉。25岁时，他也遭遇宝玉相同的命运，父亲突遭横祸，身系狱中，其家族被诬为秦桧后代，遭遇抄家，顿时树倒猢狲散，秦蕙田从衣食无忧的公子哥儿变成刻着红字的边缘人群。面对人生的如此重击，一般人都会自暴自弃，甘于沉沦。可秦蕙田却不同，他要与命运做抗争，刻苦攻读，去博取功名。

1735年，雍正皇帝去世，继位的是他20岁的儿子乾隆。在次年的大考中，34岁的秦蕙田脱颖而出，名列探花（仅次于状元与榜眼）。这使他有机会直接向新晋皇帝为老父求情：

臣父秦道然身犯重罪，感荷天恩，得蒙宽宥，只因催追银两力不能完，以致仍行圈禁，迄今九载，年已八十，衰朽不堪。本年五六月间，因侵染暑湿，痁疠时作，寒热交攻，奄奄一息，几至瘐毙羁所。情关骨肉，痛楚难忍。……臣愿革去职衔，矢竭血诚，以赎父罪。[②]

这封字字带血的陈情表打动了这位年轻的皇帝，道然获释，园子发还，寄畅园总算度过了其历史上最大的一次危机，可以说在寄畅园400年历史进程中，秦蕙田居功至伟。

秦蕙田不仅有孝心，能做官，而且学问也了得。千古完人曾国藩对秦蕙田的学问非常推崇，他认为浩如烟海的著述中，只有32位圣贤——周文王、周公、孔子、孟子、庄子、左丘明、司马迁、班固、诸葛亮、许慎、郑玄、杜佑、陆贽、韩愈、柳宗元、李白、杜甫、欧阳修、曾巩、苏轼、黄庭坚、范仲淹、司马光、周敦颐、程颐、张载、朱熹、马端临、顾炎武、秦蕙田、姚鼐、王念孙的著作，值得自己的后人认真细读。秦蕙田的学问能与这些一流大家比肩，能得到曾国藩的膜拜，足以说明此人非同寻常。

1751年春，正值皇太后六十大寿，为让母亲度过一次难忘的生日，41岁的乾隆决定带母亲去看看江南的旖旎风光——母子从小都会背"江南好，风景旧曾谙。日出江花红胜火，春来江水绿如蓝。能不忆江南"，可她们还从未到过江南。

当年的交通极其落后，后勤保障成本很高。南巡全程往返达3200公里左右，平均需150天。南巡的扈从人员为3250人，南巡途中所需的马、驴、骆驼、羊和牛这些牲畜总数接近一万。[③]

南巡前，乾隆指定驻跸秦园。此时距爷爷康熙最后一次光临寄畅园已过去44年。这44年，寄畅园与秦家，如同过山车一样大起大落。为感激乾隆帝，九位年长者在寄畅园门外伏地迎驾，这九人的年龄：秦孝然90岁、秦实然87岁、秦敬然85岁、秦荣然70岁、秦寿然66岁、秦瑞熙60岁、秦莘田60岁、秦东田62岁。

这一"创意"给乾隆留下了较深印象，他在游园后赠诗道：

轻棹沿寻曲水湾，秦园寄畅暂偷闲。无多台榭乔柯古，不尽烟霞飞瀑潺。

近族九人年六百，耆英高会胜香山。松风水月垂宸藻，昔日卷阿想象间。

乾隆最敬仰的便是自己的爷爷康熙，爷爷生前也最疼爱这个聪明伶俐的小孙子。在这所名园，乾隆寻找爷爷的印迹，为爷爷的不凡而骄傲。时寄畅园已有200多岁，乾隆不由得赞叹道："江南诸名胜，唯惠山秦园最古。"

1765年，乾隆第四次下江南，他来到寄畅园，此时距秦蕙田去世还不到周年，物是人非，乾隆写下了"养疴旋里人何在，抚景怀然是此间"的诗句，以表达对这位能干高官的怀念之情。

正是由于康熙乾隆两位知名度很高的皇帝19次惠临，才使寄畅园有了更多亮点，才使

---

① 于芷：《名园与雅曲同辉》，《无锡文博》，2000年第1期。
② 秦国璋、秦毓钧编辑：《锡山秦氏文钞》，民国十九年(1930)咏烈堂印行，无锡图书馆藏。
③ 欧立德：《乾隆帝》，社会科学文献出版社，2014年，第117页。

游人们对寄畅园有了更多的向往。

1784 年，73 岁的乾隆最后一次南巡，他的第十五个皇子颙琰随行，到过寄畅园并作诗一首："名园正对九龙岗，鹤步滩头引径长。树有百年多古黛，花开千朵发清香。"十多年后，颙琰继承大统，这就是清朝第七个皇帝嘉庆。

自 1784 起至今已有 200 多年间，担任过国家最高领导的人有几十个，除下野的末代皇帝溥仪外，都没有到过寄畅园，鼎盛一时的寄畅园虽然再也达不到过去的荣光，但它在平民化中为更多人提供了美景与愉悦。

值得一提的是，后人能重修寄畅园，也得益于诸多文人墨客用他们的笔保留的文化记忆，其中有宋懋晋在明万历年间所绘的《寄畅园五十景图》、1916 年秦国璋编制的《寄畅园志》、1931 年秦毓钧作《寄畅园考》。

泉水不再叮咚响

我们这个星球上，泉眼数不胜数，哪里泉水水质最佳，搞个有公信力的排行榜并非易事，其涉及取样多少、评选标准、参选范围等。虽然评选有难度，但号称天下第一泉的就有七处：济南趵突泉、镇江中泠泉、北京玉泉、庐山谷帘泉、峨眉山玉液泉、安宁碧玉泉、衡山水帘洞泉。如此多的第一，既说明众泉都有极强的老大意识，也说明这是一本谁也不服输的糊涂账。

无锡的惠山泉号称天下第二泉，其虽没有抢夺老大的交椅，但要让许多有实力的"弟兄们"接受其江湖地位，也很困难。

二泉何时为人所发现，史无记载。它原名叫慧山泉，开凿于唐大历年间 (766 ~ 777)，经过陆羽推荐后，名气渐响。茶圣陆羽，品天下泉水 20 种，以庐山康王谷洞帘水为第一，无锡惠山新泉为第二，蕲州兰溪石下水为第三……其后刑部侍郎刘伯刍也推出自己的泉水排行榜——水之宜茶者七：扬子江中泠泉第一，惠泉第二，虎丘第三……由是慧山泉的本名为人们所淡忘，"天下第二泉"的大名越传越广。

天下第二泉经过松根蓄存和砂岩过滤含多种矿物质，水质明净，甘洌可口，是煮茗精品。历朝历代，不管春夏秋冬，每天都有附近的民众来此排队接水，回家饮用。还被当成贡品与礼品，送到唐代的京城西安、北宋的都城开封与清代的都城北京，供皇亲国戚与达官贵人享用；更有不计其数的民众来到现场，品尝用二泉水泡的茶水。

天下第二泉(无锡城建档案馆提供)

一些文人雅士，品了二泉之后，诗兴大发。唐代诗人皇甫冉在《无锡惠山寺流泉歌》云：“寺有泉兮泉在山，锵金鸣玉兮长潺潺，作潭镜兮澄寺内，泛岩花兮到人间……我来结绶未经秋，已厌微官忘旧游，且复迟回犹未去，此心只为灵泉留。”

歌咏二泉的名篇首推大文豪苏东坡。

东坡虽生性倔强、絮聒多言，但是富有捷才，不过也有时口不择言；他好奇深思，又不免于轻浮，一生一直卷在漩涡之中，但是他却能光风霁月。在诗文书画艺术上的卓绝之美和其超然浪漫、进退自如的生活态度，为后世所景仰和传颂。（林语堂语）

1073 年冬，贬任杭州通判的苏东坡，路过无锡，带着御赐贡茶“龙凤团”特意到惠山来试二泉，试过后，对泉水称赞有加，兴奋之余，登临惠山之巅，眺望太湖，作《惠山谒钱道人烹小龙团登绝顶望太湖》诗：“踏遍江南南岸山，逢山未免更留连。独携天上小团月，来试人间第二泉。石路萦回九龙脊，水光翻动五湖天。孙登无语空归去，半岭松风万壑传。”

39 岁时，东坡由徐州调任湖州，上任时，诗僧参寥与门生秦观随行，路过无锡同游惠山，各赋《游惠山》3 首，东坡诗引：“余昔为钱塘倅，往来无锡，未尝不至惠山。梦里五

惠山图

年过，觉来双鬓苍。还时尘土足，一步漪澜堂。”

在中国文学长河里，苏东坡无疑是璀璨的一颗星星，近千载间，无以计数的读者为其文字魅力所倾倒。爱屋及乌间，二泉也因这位大诗人的推荐，身价倍增，吸引着一代代文人雅士来此赏景品泉。明邵宝在《惠山杂歌（六首）》中就如实描述：“漪澜堂下水长流，暮暮朝朝客未休。”清康乾两帝也来惠山二泉一睹其芳容，一尝其甘洌。明清时聚居惠山的蒋姓人家，以二泉水酿酒，行销全国。惠泉酒被大作家冯梦龙写入小说中，作为名酒。

乾隆年间，清高宗尝制一银斗，以品评全国的泉水及井水，结果京师海淀镇西之玉泉为第一，济南珍珠泉第二，镇江之中泠泉次之，无锡之惠山泉、杭州之虎跑泉等又次之。这次评比，距唐陆羽的排名已过千年，由吃货皇帝亲自主持，权威性较高。惠山泉虽没有拿到亚军，但在全国位列第四，也足以证明其长盛不衰的强大实力。当然让其名扬全球的还是本土民间艺人阿炳创作的那首二胡曲《二泉映月》。伴着这首世界名曲，当今地球人都知道无锡有一个天下第二泉。

惠山的地质构造是一种致密的石英乌桐砂岩。这种岩石，不能渗水、储水。二泉的泉水从哪里来的呢？原来，在头茅峰与锡山之间，有一个斜向的正断层，断层中岩石破碎，形成了渗水渠道，常年积水。这就是从忍草庵、黄公涧到惠山北麓一带泉水多的根本原因。这一带除二泉等“九龙十三泉”外，还有无名泉几十处。头茅峰的黄公涧是山水集中之处。几千年间，涧水长流，雨后急流飞瀑。1949 年 7 月 17 日，惠山山洪暴发，山水从半山腰冲破数十处地表喷涌而出，历来罕见。

1958 年为修建映山湖，需要石头砌围，便就地取材，在惠山开山取石，对二泉水源造成了损害；1959 年春，为了蓄水，在黄公涧爆炸扩大山塘，辟 160 平方米蓄水池，结果适得其反，[①]使若冰洞、九曲清流完全断水。以后工程增多，破坏了原来的裂隙走向，水流改道，罗汉泉、龙眼泉相继干涸，二泉水量开始大大减少。[②]

“文革”期间，受“深挖洞、广积粮”影响，部队在惠山开山断脉，造成二泉水源大大减少。过去将二泉泉水全部抽干，两小时后仍可注满。20 世纪 80 年代初将泉水抽干，要四五小时才能注满一半。[③]

面对流淌一千多年的天下第二泉水源危机，1980 年 6 月，《无锡日报》在头版头条发表文章呼吁大家献计献策，赶快拯救二泉。虽采取了一些措施，可不见成效。

90 年代，二泉冬季枯水水位时，实测流量为每分钟 5.25 升，每昼夜出水量为 7.6 吨左右(1992 年 2 月 16 日)。丰水期所测流量为每分钟 16.3 升，每昼夜出水量为 23.5 吨左右(1992 年 3 月 26 日)。这一水量与历史上二泉之水北下运河，西入梁溪，灌溉数十顷良田相比，确实有所减少。[④]

1995 年，锡惠顾公园开发新项目，利用动物优势，选址惠山黄公涧峡谷建一座大型进入式观赏鸟园——凤鸣谷鸟园。占地 2 万多平方米，大网盖顶，放养大小鸟类 20 余种 2000 余只，总投资 300 多万元，门票价 10 元。运营后暴露出诸多问题：一是由 30 根高大钢柱支撑起来的 2 万平方米的巨大网罩，由于与山林绿色不协调，影响自然景观效果；二是网罩经不起风雪摧残，容易破坏，造成网破鸟飞，维修费用、经济损失很大；三是数千只飞鸟走禽不断在林间啄凿翻抓，破坏山林植被，造成泥土冲刷，山岩裸露；四是鸟禽排泄物在黄公涧顺流而下，污染水质，挥发的异味影响空气；五是由于黄公涧等景点围网入园，影响游客登山，反响较大。[⑤] 百鸟园运营的第二年 1 月 17 日，深夜大雪造成凤鸣谷鸟园笼网塌破，部分飞禽逃逸，估算损失 15 万元左右。[⑥] 虽动员全园职工上山捉鸟但所获甚少。[⑦] 1998 年鸟园被拆除，其匆匆而来匆匆而去，大量国有资产被糟蹋。

此年除在惠山建鸟园外，还在锡山西北边山林中伐木建了一条大型山林落差式滑道，全长 560 米，从锡山半山 40 多米处，像一条翠绿色巨龙，在山林中折盘旋而下，飞向映山湖畔。

---

① 公园管理处：《锡惠公园纪事》，《无锡史志》，2002年，第3期。
② 黄茂如：《整治二泉的一些设想》，1980-08-26，第481号。
③ 沈虹太：《略论惠山泉的整治》，《无锡城市科学研究》，1987年第1期，第57页。
④ 夏泉生：《天下第二泉的现状与未来》，《无锡史志》，2002年，第3期。
⑤ 无锡市城市建设档案馆编：《无锡市城市建设年鉴(1999年)》，南京大学出版社，2000年，第97页。
⑥ 公园管理处：《锡惠公园纪事》，《无锡史志》，2002年，第3期。
⑦ 无锡市政协编著：《亲历无锡城变迁》第四分册，凤凰出版社，2016年，第188页

滑道充分利用锡山地形，设置了缓行段、加速段、高度弯道段、大坡降段，使滑车从每秒 2 米加速到 8 米，游客可以坐在舒适安全而又潇洒的滑车里，手握刹车操纵杆，在滑道中呼啸而下。[①] 这条滑道耗资 180 万元建成，有没有收回投资，效益如何，何年消停，无人问责。

1995 年 12 月 31 日，二泉上池水涸见底，为百年未遇，若冰洞、遂初泉、松泉、龙缝泉南北一线的泉均干涸见底，下部鼋池之双龙泉流水同时消失。

二泉何以断流，园林专家夏泉生 (1942~2019) 是这样解释的："上部山中防空工程建设，又拦截了二泉部分水源，加上黄公涧上百鸟园基础工程的爆破作业，严重震损了二泉的命脉——表层岩体中的导水构造，导致泉脉方位走向急剧改变，降低和加深了泉流的竖向标高，使有限的泉源不再流入二泉。鸟园建成 2 个月后的 1996 年 12 月 31 日，二泉上池干涸见底，为百年未遇。现仅以人工补水维持二泉景观。"[②] 除鸟园建设外，笔者认为耗资 1025 万元，1994 年 9 月 28 日落成营运的旅游索道也对二泉造成了损伤。[③]

锡惠公园锡惠旅游索道、百鸟园和锡山滑道三大项目上马前，无锡市园林局副总工程师夏泉生认为这必将"对锡惠山林泉水生态会造成难以估量的损害"。时间证明，夏的意见完全正确，"但是他也因此得罪了一些人……"(金石声)

当代人可以享受现代通信、快速交通，可以登天揽月、移动互联，却喝不到曾经滋润过无数代人的天下第二泉。大自然留给我们的无价之宝，流淌了一千多年的泉水在这个快速发展的时代，就这样一去不复返，留给我们的是失落，是感伤，是无奈。二泉还能重焕生机吗？还能死而复生吗？这只能是天问。

惠山之麓读书声

如今走在熙熙攘攘的惠山之麓，可以听到鸟鸣声、琴声、歌声、钟声、叫卖的吆喝声，却听不到琅琅的读书声。而 500 年前，这里曾集聚了一群读书人。那是 1516 年，邵宝厌倦了近三十载的官场生涯，回到故乡，在青山秀水的惠山之麓建立二泉书院。

无锡人邵宝 (1460 ~ 1527) 有着漂亮的人生履历。他幼时聪慧好学，9 岁已能诗文。塾师指着一垛墙壁，出一联试他："低低粉壁，画出万里江山。"邵宝略一思索，对道："小小池塘，浸入一天星斗。"邵宝 16 岁中秀才，21 岁中举人。22 岁就读于城南保安寺僧房并在此年攀上科举考试的顶峰，成为一名进士。27 岁赴河南许昌，担任知州。

在许州七年，邵宝理冤狱，惩豪绅，除盗贼，反迷信，治妖巫，兴水利，立社仓，许州大治。其后邵宝在四川、江西、广西、江苏、浙江等地担任了一系列官职，他跨界从事过教育、水利、财政、监察等部门的领导工作，都是上级满意，民众点赞。刚正不阿的邵宝后来因得罪了权倾朝野的大宦官刘瑾受到排挤。这让他对官场产生了排斥，于是年过五旬的邵宝决定提前退职，回到故里，因钟情于惠山的钟灵毓秀，他决定在这里课徒授课。

当年能拜邵宝为师的学生人数并不多，那时教育门槛很高，民众识字率有限。几十名学生同他们的邵老师，在这里研读经典，切磋学问。1527 年，67 岁的邵宝辞世，他就葬在书院附近的惠山上，其墓现仍存。邵宝死后，门生以书院为祠。该建筑几废几建，现在所看到的二泉书院是 2001 年复建的。

1911 年秋天的武昌枪声，不仅结束了清王朝 268 年的统治，也给中国两千多年的帝制画上休止符。改朝换代之际，一批复旦学子从黄浦江畔来到惠山之麓。为之牵线的是胡敦复，他通过父亲胡壹修与叔叔胡雨人的关系，借到无锡惠山之麓的祠堂。

《民立报》1911 年 12 月 5 日前后，连续刊发校长马相伯与教务长胡敦复同启的《复旦学院广告》：

复旦学院前因讲舍、操场为吴淞民军借用辍课，业经匝月。但分阴宜惜，来日方长，国民负担正多，实学尤应研究。兹幸锡金乡达慨借惠山李公祠及昭忠祠。昭忠祠为课宿之所，地带太湖，距无锡车站六七里许，一苇可航，风景清幽，飞尘不到。同人等拟仿鹿洞（书院）、白鹅（书院）之遗轨，推而广之，为哲理、文学、政法、象数、理化各科大学，旁及制造、驾驶等门，惟兹事体大，端赖先达扶翊，同志应求。凡海内高材，愿来讲学者，与之探讨，窃欣慕焉。爰定十月二十四日（此为农历，公历为 1911 年 12 月 15 日）开课。旧生于二十二、二十三两日莅院。新生于二十日后来无锡惠山本院，或上海沪宁车站对门庆祥里本院事务所报考。随带报名费五圆，新生学膳宿费年内共收十六圆，于入院时一律交清。[④]

1911 年冬天，马相伯、胡敦复与一百多名复旦学子从上海与江浙一带汇聚无锡锡惠山麓的李公祠（以纪念打败无锡太平军的李鸿章之弟李鹤章）。可此"处接近花市（即红灯区），

① 常荣初主编：《无锡园林志》下，凤凰出版社，2013年，第499页。
② 夏泉生：《天下第二泉的现状与未来》，《无锡史志》，2002年，第3期。
③ 公园管理处：《锡惠公园纪事》，《无锡史志》，2002年，第3期。
④ 复旦大学校史编写组编：《复旦大学志》，第一卷，复旦大学出版社，1985年，第85页。

匡村小学生在惠山春游(1920)

箫鼓画船，不宜建设学校”。一个月后，学校从无锡再迁上海。此时，中华民国临时政府在南京成立，马相伯这位革命元老通过关系，拿到了徐家汇李公祠的“使用权”。

五四运动时，锡城周边的上海、南京、苏州都办起了大学，得不到政府与教会支持的无锡，幸运的是拥有一批热心公益的企业家。在施肇曾的赞助下，无锡本土第一所大学——无锡国学专修学校1920年诞生了。校舍临时租借惠山古镇上的锡金山货公所两幢两层楼房。当年10月，国专由惠山之麓移到城内学前街文庙旁，这所学校是无锡教育史上一张靓丽的名片，为今人所追念。

1949年春，大军南渡，政权交替，共产党取代国民党执政。无锡由县升格为市，并成为苏南行署所在地。惠山之麓再次迎来读书声。7月，苏南新闻专科学校开办，昭忠祠、李公祠、云起楼还有以后因建映山湖而消失的一些祠堂都成了校舍。[1] 校长、副校长分别由中共苏南区党委宣传部长汪海粟（后任南京工学院第一任院长）、副部长徐进兼任，教育长为罗

华中新专、苏南新专同学重访惠泉母校留念(1984.5.20)

列(后任北京大学新闻学教授)。

苏南新专有学员220人，设三个班、一个队(电讯队)。每个班60多人，分为七八个小组。他们大多为进步青年大学生，部分为高中毕业生，从1300名报名者中脱颖而出，这批学员中有后来成为作家的高晓声，有1954年以江苏第一名考上北京大学中文系的才女林昭。

当时在惠山之麓是歌声嘹亮，一批热血青年带着对新社会新生活的无限向往在此求知。因条件简陋，他们听课得自带板凳，老师挥着芭蕉扇，泡一大瓷缸茶水，边喝边讲，黑板也没有，但大家的学习热情极高。次年3月，遵照新闻总署的通知精神，学校停办。1989年、1991年，新专部分校友都曾来到昔日校园，寻访旧迹，共话当年。

现在锡惠公园惠山寺与二泉映月间的一段隔墙上刻华中苏南新闻专科学校旧址几个字，川流不息的游人注意到这几个字的万分之一也不到，在这几个字前驻足片刻的都是那

① 易乾：《散记四题》//吴镕主编：《五十年情缘》，第313页，内刊，1998年印，江南大学图书馆藏。

些对林昭对苏南新专的历史有所耳闻的，知在前还是行在前，并不好回答。

“文革”结束后，停摆了11年的高考恢复。1978年3月，江苏省化工局创办南京化工学院无锡分院，设化工机械、化工工艺两个专业，校址在离二泉一箭之遥的忍草庵。全院在校学生240名，教师13人。次年迁马山古竹镇，因当时地方决策者对大学有成见，该校于1981年西迁常州，更名为江苏化工学院。

除了这几所高校外，还有几所中小学也曾在此扎营，碧山吟社1912年至1958年是惠山小学所在地，李公祠曾是惠山初中与无锡旅游职业学校的校园。2008年李公祠在原址恢复原貌时，不得不除新布旧，重建早已不存的亭台楼阁与小桥流水，几十年的折腾又回到原点。

20世纪曾有几所学校与惠山结缘，它们在此或来去匆匆或度过了几十寒暑，它们的存在曾让惠山多了一份文气与记忆。现在不管是大学还是小学，都要求规模经营，惠山之麓因土地有限，不可能再有学子们的琅琅书声。此时去缅怀惠山之麓的书声，便添了几分失落和感伤。

祠堂群里故事多

传统中国，祠堂遍布城乡，多呈分散状态，像惠山古镇这样集中的很罕见。惠山祠堂群由神祠、庙祠、先贤祠、宗祠、会所祠、专祠等不同形态构成，几乎囊括了除皇家祠堂外的所有祠堂形制。据1949年时测绘的资料统计，“当时祠堂用地达到12.5万平方米，占惠山古镇总用地的56.8%”。[①] 成为国内外绝无仅有的独特的“祠堂群”景观。

土地改革后，惠山祠堂主的产权、地权都收归国有，春秋两祭从此中断，依此生存的祠丁没有了“三石六”的收入（其收入为每天一斤半大米），他们不得不走出祠堂另谋职业。1954年，泥人生产合作社成立，人数竟高达800人，这些人主要是惠山祠堂的祠丁们。[②]

祠堂因新政权的排斥关门，祠田被没收，祠址为部队、工厂、机关、学校等单位所占用。1964年调查，惠山祠堂群共有祠堂810间，22 042.2平方米。其中由房管部门接管的73间，2 049.9平方米；由部队占用的331间，8 858.9平方米（包括上河塘的留耕草堂、紫阳书院和下河塘的杨藕芳祠、顾可久祠等16座祠堂）；由机关、学校、企事业单位占用的55间，1 574.7平方米；由祠丁使用的138间，3 008.9平方米；此外住户租用213间，6 549.8平方米。[③]

进入21世纪，人们的思维发生变化，惠山祠堂群的旅游与文化价值被重新发现，政府投入重金恢复祠堂旧貌。虽然不少祠堂在20世纪下半叶被毁坏，但仍有部分祠堂得以幸存。

现在观光客们穿梭于惠山祠堂群，惊叹此处祠堂之多之密集；惊叹这里祠堂建筑风格之多样，传统的、西化的争奇斗艳；惊叹一些祠堂还有养眼的小桥流水、亭台楼阁。可很快游人们就陷入了审美疲劳，觉得祠堂除了几间老房子没啥看头。

文化的断层，使当代人从小就没有机会体验祠堂的运作，要他们理解在传统社会占有重要地位的祠堂文化，需要进行知识补课。

祠堂，也称"祠庙""家庙"，是后世祭拜神灵、先贤，族人祭祀祖先的处所，是先民精神和英灵栖息的殿堂，祠堂在传统文化中有着祖先崇拜、宗法伦理、修谱议事、礼法教育等方面的普泛性意义和功能。祠堂文化是中华宗族文化、纲常文化的集中体现，也是中华传统文化的重要组成部分。

1940 年代抗生素发明之前，人类的平均寿命只有 40 来岁，能活过花甲之年的是少数。北宋皇帝 9 人，无一人活过六十。清末杰出的外交家薛福成 (1838 ~ 1894) 只活了 56 岁，其亲人只有母亲一人 68 岁寿终，其他多英年早逝。父薛湘，道光二十五年进士，官至广西浔州知府，赏头品顶戴，终年 53 岁。福成兄弟六人：长兄福辰，官至都察院左副都御史，赏头品顶戴，这位官员"八小时"外还喜欢钻研医术，成为一代名医，自身因治愈慈禧的痼疾而受表彰，可他却因病在 58 岁离开人间。次兄福同，官至布政使衔浙江宁绍台道，终年 36 岁。弟福保，官至四川候补知府，终年 42 岁。弟福祁，恩贡生，官至赏戴花翎候补道，终年 55 岁。弟福庚，光绪元年举人，官至二品顶戴候选道，终年 43 岁。福成原配陈氏，诰封夫人、晋封一品夫人，终年 44 岁。继室盛氏，终年 39 岁。

在早逝概率极大与社会养老缺乏的传统社会，强调家族团结，提倡宗族关怀，推广祠堂文化，这样的制度设计合情合理。祠堂，依靠血缘关系的纽带，形成维系宗族制度心理上和精神上的支持，维护和巩固族权和地位，象征着宗族的团结，祈求先祖庇护子孙，万代昌盛。祠堂也是身份与地位的象征，只有那些非富即贵且团结互助的家族，才能维持祠堂的良好运转。

每逢清明、冬至那段日子，全族聚集祠堂和祖先墓林，进行年复一年的祭祀大典。仪式极其隆重，订有一套严格的顺序与规矩。分设主祭、襄祭与司仪，洗手上香，恭读祭文，行

① 彭一刚：《传统村镇聚落景观分析》，中国建筑工业出版社，1992年，第28页。
② 严克勤编：《发现无锡》，上海三联出版社，2010年，第70页。
③ 无锡市政协编著：《亲历无锡城变迁》第一分册，凤凰出版社，2016年，第104页。

惠山祠(无锡城建档案馆提供)

三跪九叩首大礼。祠堂的另一个重要功能是纂修宗谱。祠堂是修谱中心，珍藏重地。每次修谱，都建有一套班子、规章制度。印刷完毕，要举行隆重的颁谱典礼，全宗族摆筵庆贺，附近宗族乃至官府也要送礼相庆。为了保证“血脉”纯正，还建有严格的验谱、祭谱、背谱以及各家收藏的规章。此外，祠堂还是维护家法族规和进行助学、讲法等活动的场所。

惠山祠堂多建筑于明清，幸存下来的每个祠堂都有着不平凡的故事。位于惠山横直街交汇处的钱王祠，南邻寄畅园，北傍惠山寺。原是吴越王钱镠 (852 ~ 932) 迁锡裔孙为祭祀先祖钱武肃王所建宗祠。乾隆三年 (1738) 春，举人钱兆凤、钱基等利用寄畅园一隅择地动工兴建，并于翌年竣工，其规模曾列惠山百余祠堂之首。建筑 9 处 27 楹，收有铁券图、金涂塔等石刻文物及乾隆御赐碑、匾及祭祀礼器。

1925 年，直奉战争波及无锡，驻扎祠堂的奉军士兵不耐江南的湿冷天气，烤火取暖时很粗心，钱王祠在 1 月 27 日晚毁于一旦，这把火还烧毁了附近 270 间房屋。钱锺书的祖父钱福炯因宗祠毁灭情绪低落，不久辞世。

1928年，钱氏后裔集钱基博、钱孙卿、钱伯圭等，组成锡山钱王祠复建筹备委员会，募资154118元，修复了主要建筑共8处。

1949年后，钱氏祠堂被分割，改作民居、仓库和饮食店。1999年5月，在寄畅园东南部修复工程中，为保护古迹，园林部门在市政府支持下，迁移了祠内原单位，并斥资进行了抢救性修复。

2008年清明，无锡市钱镠研究会首次组织钱氏祭祖，从而使中断了六十年的传统祭祀活动得以恢复。2016年4月3日，无锡钱氏汇集惠山钱王祠，举行一年一度的清明祭祀钱王大典。上午10时，祭祀大典在钱王祠隆重开始。祠堂内响起了钟鼓声，各鸣14声，象征古吴越国拥有过的“一军十四州”。接着，《无锡钱氏家族之歌》响起，钱氏后裔的自豪感在人们心头油然而生。来自无锡、北京、上海、南京、常州等地的300余名宗亲，佩戴祭巾、祭牌、族徽，整齐有序地排列在五王殿前。特邀嘉宾站立前排，其有无锡钱镠研究会名誉会长、中国人民解放军原副总参谋长钱树根上将和夫人郑金珠女士，以及无锡钱镠研究会名誉会长、原江苏省发改委主任、南京大学钱志新教授。

战乱时期，祠堂常首当其冲成为被破坏的对象。1937年淞沪战争爆发，上海前线大量伤员转移到无锡，在惠山祠堂救治疗养，日军的飞机轰炸无锡最早的地方就是此地。

惠山祠堂群除供奉和祭祀祖先的宗祠外，还有一些祠堂则是“廉洁教育基地”与“道德教育基地”，其祭奉祀的是忠臣、良将、清官、廉吏以及先贤、名士、英雄等类人物，他们或为“法施于民”者，或为“以死勤事”者，或为“以劳安国”者，或为“能捍大患”者……仅宰相就有李绅、范仲淹、司马光等，各界文化名人有理学大家周敦颐、朱熹、吕祖谦等。这些人物并非固定，有增有减。1510年在外做官的邵宝回到无锡，在惠山建尊贤堂，祀十贤：湛挺、李绅、陆羽、秦观、钱顗、焦千之、尤袤、倪瓒、张翼、王绂。据清光绪《无锡金匮县志》记载，“名宦祠”祀宋以来官员37人；“乡贤祠”祀汉以来先贤155人；“忠孝祠”祀宋以来孝子忠臣66人，总计258人。此外还有多处贞节祠祀贞孝节烈女2280人。

什么人才有资格作为先进模范进入祠堂呢？这里仅举吴子敬为例。吴是一个生于安徽、在上海打工发了财、来无锡经商的企业家，一次在黄埠墩北运河边，他目睹了渡船沉没多人丧生的惨剧，便决定捐款在此建一座大桥。此桥长79.248米，宽7.32米，它是无锡最早的钢铁桁架结构的公路大桥，也是无锡当时最长的桥，这一纪录保持到 1934 年荣德生建成宝界桥前。吴桥耗资折合银洋 32 324 元（当时白米每石 150 斤，为 5 元左右）。

大桥合龙尚未通车，42 岁的吴子敬就遽归道山，邑人感念他的急公好义，1917 年 2 月 24 日，地方自治组织在茧业公所为吴子敬开追悼会，市董事薛南溟主持，钱孙卿、蒋遇春等名流发表演讲，县知事朱化致悼词，吴子寅代表家属致谢词。礼毕，仪仗队浩浩荡荡，将吴氏的木主牌位送到惠山尊贤祠和至德祠。吴子敬入祠，具有极大的示范与教育意义，它传播了正能量，有助于社会核心价值观的传播。

惠山祠堂分有官祠、私祠两大类。近代社会的大变动，让官祠祭祀对象紊乱失调。

1860 年太平军东进，占领无锡，对无锡造成巨大破坏，惠山寺化为灰烬。1863 年李鸿章带领的淮军从上海打到苏州，并经激战，付出不小伤亡后夺回无锡。为祭奠在无锡之战中死去的淮军将士，李在翌年建立了昭忠祠，它利用惠山寺大雄宝殿旧址，倚山而筑，有殿，有庭，对称均匀，层次丰富。祠堂梁枋、柱头、门楼木雕砖刻，制作精美。祠的头门为砖雕门楼，檐下斗拱，正面竖匾。门前的抱鼓石雕双狮戏珠图案。进门为碑亭，木石结构，歇山顶，平面正方形。台基石筑须弥座，亭中立碑，高 2.2 米，宽 1.13 米。正面刻同治三年内阁奉上谕李鸿章奏建昭忠祠文。背镌五龙戏珠图案。再上，中部正门，面阔 3 间，进深 2 架。中间过道门，置高门臼门枕抱鼓石，两旁为耳室。庭中有龙眼泉，梁大同年间凿，故名大同井，井方形，花岗石筑。前殿面阔 3 间，进深 7 架，硬山顶。中间置屏门，后朝西为砖雕门楼，置高门臼刻花门枕鼓石。起居殿，面阔 3 间，进深 7 架。北殿院中点缀湖石假山。西殿院中有戏台 1 座。后部寝殿，面阔 5 间，进深 8 架，殿前两庑，南北相对。

清王朝统治时期，地方当局每年清明节都要在此举行纪念活动。辛亥革命后，同盟会会员执掌无锡权柄，淮军昭忠祠更名为先烈祠，崇祀为推翻清朝捐躯被难诸烈士，以前供奉淮军将士神位统统被清除。1913 年，袁世凯镇压二次革命后，又来了一个反复，先烈祠复更名为昭忠祠，反清烈士的牌位全扔进惠山寺前的金莲池中。

1927 年 3 月，北伐成功，老同盟会会员们终于以胜利者的身份回到无锡。他们建立政权后，立即决定议决：发封惠山淮军昭忠祠、李公祠。27 日，由秦县长委托建设局长孙子远会同县党部代表高大成，带同员役，携县政府封条，前往惠山，唤同警察派出所巡士，先至淮军昭忠祠，由孙局长传知惠山地保，将昭忠祠、李公祠管理员完祖卿拿住，着令交出两祠祠产、款项、器具、杂物账目清册，逐一点交。嗣因该管理员有无隐匿、舞弊情事，尚待详细核对，未便即予卸责，遂由孙局长将该完祖卿发交地保看管，听候发落。然后先将昭忠祠飨堂所供大小神位，一律取出，将祠门发封。次日县政府又续派员役前往惠山验收两祠器具、什物，复将两祠配飨神位一千六百余个，分三处，置于不二法门、山门外，用火焚毁。昭忠祠再次更名为忠烈祠，祭祀国民党的烈士（同盟会是国民党前身）。

1936年7月9日，当局在忠烈祠公祭国民革命军阵亡将士，祭文除了朗朗上口外，还有很强的政治课色彩："谨以时花鲜果、清酌庶馐之奠，致祭于国民革命军历次阵亡将士之灵前曰，呜呼哀哉，济济将士，为国干城，披坚持锐，为民前锋，舍生取义，杀身成仁，英灵虽杳，浩气长存，邦家多故，外侮横逼，敌忾同仇，赖以抵御，革命程序，共分三期，扫除障碍，陈师燕冀，赤匪猖獗，肆无忌惮，歼彼丑类，前仆后继，历次战役，靡不酷烈，陷阵冲锋，饮弹流血，壮哉烈士，不有牺牲，焉有伟绩，国事底定，烈士之力，既树楷模，更堪杨励，缅想前勋，悲痛曷极，呜呼尚飨。"[①]

1946年，国民党在抗战胜利后，从重庆返都南京，规定本年七七全国扩大举行抗战死难军民追悼大会，是日下半旗，停止娱乐，宴会，九时举行追悼大会，各地忠烈祠或抗战殉难烈士公墓举行公祭，由当地最高长官主祭，午十二时有警报器者，放警报一长声，有教堂者鸣钟，全国人民就原地立正静默三分钟志哀。

无锡第一绥靖区司令部，按上级的要求，于7月7日上午九时在惠山忠烈祠举行抗战死难军民追悼大会，司令部各级官佐及要邑党政军机关，学校团体均派员参加。大会仪式如下：大会开始；主席团就位；主席就位；全体肃立；奏哀乐；唱国歌；向党国旗暨国父遗像行三鞠躬礼；向全国抗战殉难残烈士灵位行一鞠躬礼；俯首默哀三分钟；献花圈；恭读祭文；主席复位；主席致辞；演讲；奏乐；散会。[②]

1948年3月29日，为当时的先烈节。当天革命先烈纪念大会结束以后，继之举行致祭革命先烈暨抗战殉难烈士入祠典礼，18位烈士（或是无锡籍人士，或是在江苏战场上成仁的，他们是陆军第79军军长王本甲，38师副师长齐学启，64师参谋长王宇震，165师参谋长姚中英，苏鲁区总司令部政治工作任周复，205旅旅长徐积璋，262旅旅长黄梅兴，259旅

①《公祭革命阵亡将士》，《锡报》，1936年7月10日。
②《忠烈祠内祭忠烈》，《锡报》，1946年7月7日。

旅长易安华，202 旅旅长蔡炳炎，466 旅旅长李绍嘉，台州守备区区指挥官蒋志英，701 团团工陈学武，忠义救国军京沪行动总队长兼江阴县长包炎民，京沪线行动总队大队长陆志澄，军事委员会上尉华贻来，无锡县第六区区长苏渭滨，苏常行动总队大队长第一组组长上尉罗定国，无锡县建设局科员孙复培）神位分乘三顶小轿，由皇后大戏院（即今胜利门的和平电影院）门口出发，以军乐队前导，各机关团体学校首长，有各单位代表百余人，随后步行护送，11 时许神位抵达惠山忠烈祠，在鞭炮与哀乐交响声中，神位入祠受祀，祭礼由县长主持，上香献花后，由虞循真恭读祭文。[①]

新中国成立后，忠烈祠里所供奉的神位当然不能再存在，忠烈祠也更名为大同殿，无锡历史博物馆一度在此办公，现在大同殿中供奉的是无锡历史上的一些名流，每年来此参观的游客寥寥无几。红火千年的祠堂因与新政权不能兼容，终湮没于历史。

惠山祠堂群一大特色是其“商品品种”不单一，除了常见的家祠、与意识形态密切的忠烈祠，还有有趣的“虫祠”——刘猛将庙。刘猛将庙祀主刘琦原是南宋抗金名将，曾大破金兀术的“拐子马”，后来遭秦桧构陷，贬谪地方。在任期间治理水患，尤其驱蝗有功，被后世尊为“虫神”。走进刘猛将庙，只见他右手执笏板，左手捏腰带，背后木匾上写着东、西、南、北、中的驱蝗咒语：

一洒东方甲乙木，东方蝗虫不入屋；　二洒西方庚辛金，西方蝗虫都死尽；
三洒南方丙丁火，南方蝗虫不敢过；　四洒北方壬癸水，北方蝗虫不张嘴；
五洒中央戊己土，中央蝗虫快飞走。　急急如律令赦。

时蝗灾较频繁，每逢蝗虫成害，刘猛将庙就会上演一幕“大戏”。1902 年夏天，晴热少雨。北方蝗虫即将南移，过境无锡。蝗灾甚于旱灾，居三大凶灾之首。大灾即临，无锡县令李超琼与金匮县令张玉泉根据“套路”到虫祠祈祷（清时无锡以运河为界分为无锡与金匮两县）。

7 月 16 日黎明，刘猛将庙前，彩旗飘飘，供案上摆着牲馔醴酒、蔬果祭品，供案两侧放置烛台香炉。两县官员士绅及工作人员百余人，列队肃立，静穆净心。众多民众前来围观。

祭祀由张玉泉主持，57 岁的李超琼手捧祭文，高声诵读，祈求上苍降雨除灾。

第三天中午，大雨滂沱。蝗虫习性喜旱怕雨，翅膀受雨沾湿，便会因身体沉重而不能飞翔觅食，最终饿死。

久旱逢甘雨，县官与民众都兴奋异常。一些民众又是演戏又是游行。8 月初，李超琼登舟出视，沿骂蠡河走北桥、中桥、南桥，至周新镇，一路察视蝗孽。[2]

现在惠山古镇祠堂重新得到政府与民间重视，想从旅游上做点文章，但时过境迁，社会生态的巨变，使游人们只能看到祠堂的外表，理解不了在传统社会祠堂的重要性以及祠堂与人们生存联系的紧密性。

依托修复的祠堂群，惠山古镇得以重放光彩，成为无锡旅游的一块高地。这其中，原无锡市园林局副总工、无锡祠堂文化研究会灵魂人物夏泉生值得铭记，他最早提出惠山古镇祠堂群的概念，积极呼吁保护这一重要文化遗产，推动祠堂文化研究，广泛联系各路专家，对惠山古镇祠堂群品牌形成起了重要作用，某种意义上甚至可以说，没有他就没有今天的惠山祠堂群。他曾在锡惠公园工作多年，身后又长眠惠山，与魂牵梦绕的寄畅园、二泉、惠山祠堂群朝夕相伴……

政权鼎革后，祠堂被视为糟粕，由小共同体财产变为无人负责的公产，人为破坏严重。不少建筑消失或面目全非。2000 年左右，正值全国旧城改造、农村拆旧建新高潮，古镇保护修缮启动后，古镇办借此机会，连续几年派人在江浙皖等周边地区拆迁工地，收购了大量旧石板、古牌坊、古井圈、古桥、旧门窗等旧材料。

锡惠景区的变与不变

"前不见古人，后不见来者。念天地之悠悠，独怆然而泪下。"陈子昂这首诗表达了一种孤独与悲愤。在时光的长河中，100 年前的古人我们从未见过，100 后的新人我们也不能相遇。惟有一些景物是我们共同的记忆，那就是名山大川，那就是得以保存至今的古迹。

具体到锡惠景区，古人与今人都喜欢到锡山与惠山来白相，看看这里的山景、寺庙、流泉、人流……映入古人与今人视线的一些是相同的，一些却发生了变化。

端详这张 100 年前江苏省第三师范（即无锡高等师范学校）同仁在惠山寺前的留影，我们看到听松亭里那块石床还在原地原汁原味存在；看到那棵三人合抱的大树如今还枝繁叶茂；那棵屹立于慧山寺 600 年古树经历了多少风雨雷电，历朝历代又有多少人对它行过注目礼，有明代大文豪汤显祖、张岱、袁宏道，有清代纳兰公子与康熙乾隆大帝，有太平天国战士，有

①《先烈正气永垂不朽壮严肃穆祭忠灵》，《锡报》，1948年3月30日。
② 山水长阔：《晚清县令李超琼》，江苏人民出版社，2014年，第219页。

江苏省立第三师范学校部分教师在惠山寺前留影(1917)(无锡城建档案馆提供)

李鸿章的淮军官佐，有现代作家郭沫若、郁达夫、丰子恺，还有无以计数的普通游人。面对盘根错节、虬枝屈曲、筋骨抖擞、老而弥健的古树，想到人生的短促，不免让人慨叹。

这张照片里的老师们早已作古，他们姓甚名谁亦无从查考，即使是他们的后人估计也不认识这些与他们有血缘关系的先辈。念此我们不得不感叹时光的无情，不得不感叹与那棵古树相比，人生是如何短暂和渺小。

山不转水转。在时代变迁中，锡山与惠山的山体没有发生多少变化，只是它的外貌有改变。如以前黄公涧一年四季水流不停，现在只有雨后才能看到山水奔腾；以前天下第二泉水源丰沛，现在已有名无实；以前锡山与惠山都光秃秃的，现在则一片绿海。1921 年夏，还未成名的郭沫若来到无锡，在惠山下一个颓败的节孝祠里住了两周，原准备在此翻译一两本著作，可“蚊虫之多，居处的不适，惠山的童裸，更加之以天气的炎热，使我们实在大失所望”，郭沫若如此吐槽。

古木荫翳是寄畅园的一个重要特色。康熙初年，园内就有几百株百年大树，1846 年调查编辑的《寄畅园树册》记载，直径 50 厘米以上大树有 73 株，有榉树、柏树、香樟、朴树、枫杨等 12 种，最粗的一株枫杨直径达 1.68 米。① 太平天国期间，寄畅园因战争破坏，古树损失殆尽。其后经几十载时光，寄畅园内外又呈葱茏。后因管理不善，环境污染，至 1970 年代，大树衰亡过半。锦汇漪周围枫杨（胸径 1 米左右）、榉树死 20 余棵，使园之大树大减。

以前锡山与惠山，山麓坟茔成片，古木众多，松柏参天，可惜日本军队来了以后，社会混乱，这些大树被守坟人或社会莠民砍伐一空。现在锡山惠山一片绿的海洋，这得益于 1982 年无锡官民的苦干实干。以前政府也动员民众不停地上山栽树，可结果春天栽树秋天黄，冬天进炉膛。为了解决成活率这个难题，市领导采用了挖大圹、种大树、运土运水上山的办法，并推广火葬，严禁坟前烧纸，终于让锡山惠山绿意盎然。

民国时期惠山北麓严家棚一带，停放着成千上万的棺材。"询诸庄中人，皆谓柩主系寄厝，一面选佳壤，择吉日，方始安葬。逮子孙乏资，无力营葬，或远游者亦有之。兹得调查，始知锡园山庄为最多，停厝 1300 余具；锡麓山庄次之，700 多具；听松山庄 600 多具；惠麓、挹翠、庆云各 30 多具；此外如山北石门下，严家棚及山南庙巷、青山湾等处之丙舍，如以 300 间之数，每间停 20 具计之。合计山庄丙舍之棺木，已在一万具以外。"②

寄厝的棺材也分为甲乙丙丁四个档次："甲乙等须有钱人家方可，最多的百五十元以上，最少的三十四十元，至于丙等，是普通人家能力所够得上的，但是放置棺材的屋，内中不止一具，同轮船中的通仓差不多，顶首方面，也少一点，每具棺材，总须三十元，他们收租金的时候，不像收房钱一般，是每逢阴历节上如端阳年节前收取，同时还外加仆役打扫费一成。殡舍的屋宇最多有八九十间，最少的也有三四十间，它们的设备，与马路上的各大旅社相似，有大厅，备进棺时登堂厅用，有账房休息室。"③

1929 年 11 月 3 号，56 岁的丁福保送梅初表哥之柩，至惠山听松山庄。"一到此间，不无感触。彭殇一致，修短何常，并尘世者孰为知交，在泉台者偏多亲故。效顽石之点头，悟皱面于观河，世界本为客尘，人生原如旅宿。"④

1937 年，在无锡国专任教的冯振教授中年丧子，他将爱子灵柩寄放在惠山丙舍。不久抗战爆发，冯振流亡内地，直到抗战胜利后的 1946 年他才得以再访亡儿寄柩之处，但所见

① 黄茂如：《无锡寄畅园》，人民日报出版社，1994年，第64页。
② 鹏亚：《山庄丙舍之调查》，《新锡日报》，1939年2月14日。
③《惠麓话山庄》，《人报》，1932年11月5日。
④ 丁福保：《丁福保自述》，《良友画报》，1930年，第48期。

惠山风景(锡山塔)

只有孤坟与短碑。50 岁的冯振目睹此景，悲痛万分，写下了一首七律《惠山访楠儿墓》：[①]

九年重到亡儿地，忍泪先寻寄柩场。抔土剩看埋骨了，短碑空对夕阳荒。

身更丧乱渐衰老，汝在泉台可健康。楮帛手焚收到否，飞灰意绪共茫茫。

新中国成立后全面进行社会改造，1950 年在锡惠二山间征地 50 余公顷，迁移坟墓万余座，迁走停柩山庄 6 处[②]，1958 年又在两山间开挖了一个映山湖。

大量坟墓迁移之后，此地禁止再葬坟，唯有阿炳例外。1983 年当局在锡惠景区里特辟一亩多地为阿炳新修了一座坟茔。这位从未登过舞台的民间艺人去世时贫病交加，无儿无女的他死后被草草安葬在西郊铲山的道士墓地；"文革"结束后，成为世界名人的阿炳得到重视，1983 年、1993 年、2003 年、2013 年有关部门组织在其墓前举行广场音乐会，以纪念这位为无锡赢得巨大声誉的音乐家。

在以舟为车的慢时代，人们来惠山或乘船或步行或坐轿或骑马，惠山离城五里，不远也不近。现在有了公路，惠山直街与横街都拓宽了，很多老房子在修路中拆，如今看到的临街祠堂都出现了"缩水"。从前园林、古镇、祠堂穿插在一块，政府对此不管不问，一切悉听其

“自然生长”。1949年后，一切都纳入政府管理，统一规划，于是有了门票有了公园的围墙有了古迹区的围挡，街区和公园的整体性被切割得七零八落。

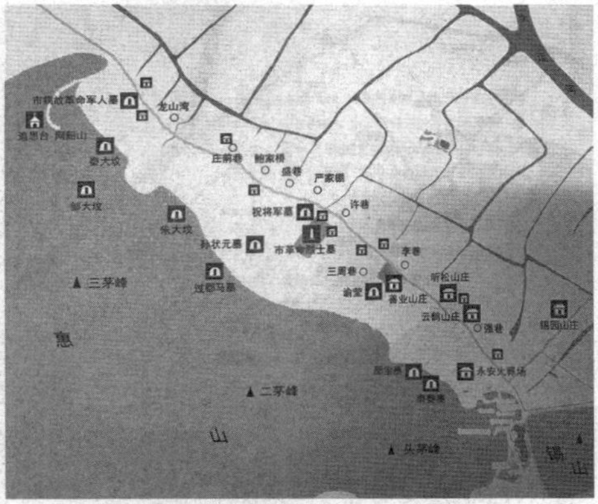

惠山北坡墓地、山庄发布(《惠山北坡影像考》)

景区一些珍贵文物，在“文革”期间难逃劫数。“最痛心的是，华孝子祠中著名的明代称为第一的《真赏斋法帖》碑刻，硬是用钢钎凿毁，惠山寺御碑亭中高大的乾隆御碑，硬是把它拉倒、敲毁，寄畅园内的乾隆介如峰御碑亦毁于一旦。园林亭台楼堂的匾额楹联全部撤除，有的将落款铲除，有的则不见了踪影。园林的一些有识之士，在这种非常的情况下，采取了一些保护措施，如将天下第二泉碑刻及方池内的石螭首等用纸筋石灰涂盖封闭；把明代文徵明的《待诏纺绩督课图》碑刻及时送入博物馆，得以保存。园林内部的少数职工，在‘左’的思想影响下，缺乏应有的历史文化知识，甚至把毁坏古迹、古物当作‘革命行动’，‘文革’中还捣毁了绣嶂门的五老峰湖石，使数百年文物毁于一旦，铸成大错。‘五老峰’为太湖石极品，世所罕见。无任何人工雕琢和拼接，两个成人高，约四吨重，高大挺拔；它雄伟中又透出灵秀万分，中段有一长圆形孔足以容纳一个小孩，周围又生出若干分支，顶部略向前倾，恰似仙女俯首。它原是宋高宗赐予老师谈信阁老的‘花石纲’遗物，明万历年间，此宅转售王氏，延续到1949年，此地为小娄巷17号。”(程国平、程国光：《我与五老峰》)1965年政府将其移至锡惠公园，没料到经历了多次改朝换代、900多岁高龄的这块奇石未能躲过“文革”浩劫，其生命消失于1968年5月。此时大学生与中学生已从街头回到学校，砸毁奇石的是锡惠公园工作人员，至于为何要砸毁、如何砸毁，知情者都守口如瓶。

1982年1月18日，惠山寺乾隆御碑完成安装。乾隆御碑恢复的难度较大，碑座、碑身、碑帽、碑文均找不到现成资料，先是由市政协的老先生热心提供了御碑背面的碑文拓片，后又挖掘出三分之二的残碑，根据残碑字迹，参照竹炉山房雨秋堂藏碑中的乾隆笔迹，经书法

① 党玉敏等主编：《冯振纪念集》，广西师范大学出版社，2000年，第503页。
② 无锡史志办公室编：《无锡惠山志》，方志出版社，2010年，第565页。

晚清惠山浜

家王能父摹书成功御碑正侧面御书笔迹。御碑石料由园林处袁明霞、朱泉媛两人专程赴南京找主管领导包厚昌特批同意，由吴县金山石料厂许根火等完成选石、石碑复制。[①]

王朝时代强调叶落归根，提倡丁忧——朝廷官员在位期间，如若父母去世，则无论此人任何官何职，从得知丧讯的那一天起，必须辞官回到祖籍，为父母守制 27 个月，期间要吃、住、睡在父母坟前。由于锡山惠山之麓集中了成片墓地，由于这一带还有大量园林式别墅，于是一些按时退休、提前退休与丁忧在家的官员们常出没于此，他们中间既有“县市级”干部，也有一些“省部级”官员。1527 年在南京担任尚书（部级干部）的秦金告老还乡，修建了寄畅园，四年后，他重出江湖，这时已 64 岁；1745 年，正在北京担任礼部侍郎的秦蕙田得知父亲去世，回到寄畅园，为父丁忧三载后官复原职。邹迪光 24 岁考中进士后，便进入官场，39 岁时他在湖广提学副使位置上便挂冠而去，在惠山下筑豪华的私家园林愚公谷，多与文士觞咏其间，极园亭歌舞之胜。明代“部级干部”邵宝 62 岁时，坚辞官职，回到惠山之麓养老直至过世。考中状元的孙继皋48岁便因政见不合，从吏部高官请辞，返乡讲学东林书院……这样的例子举不胜举。传统社会叶落归根的思想与丁忧的制度安排使官员同故乡保持着紧密关系，这为地方建设注入了活水。现代社会在外做官者极少返乡养老，也不需要为先人丁忧，他们同故乡的关系要淡漠得多。

惠山自古多寺庙

建于南北朝的惠山寺，一千多年间受到无数善男信女追捧，一千多年间它五次遭劫五次重建。第一次磨难是公元845年的会昌年间，崇信道教的年轻皇帝唐武宗，下令在全国拆毁佛寺，并派御史分道督察。数月中，全国拆毁寺院、招提、兰若共4.46万余所，还俗僧尼26.1万人，奴婢15万人，没收大量寺院土地。

在中国历史上，发生的“三武一宗”灭佛事件，影响惠山寺的只有武宗这一起。“三武”指北魏太武帝拓跋焘，北周武帝宇文邕、唐武宗李炎，一宗指周世宗柴荣，因北魏、北周、后周都是割据政权，执政者的灭佛都没有波及无锡，惟有唐武宗灭佛对惠山寺破坏极大。

武宗在灭佛的第二年就因服食仙丹妙药而驾崩，年仅32岁。新皇帝上台后拨乱反正，惠山寺得以重建。惠山寺兴盛时期，寺院范围包括现在的愚公谷和寄畅园，僧舍就有1048间之多，远超现在的规模。

王朝时代，寺院不仅承担宗教职能，而且还承担酒店职能，那时没有宾馆招待所，旅客们多投宿寺院。万历二十五年(1597)，大文豪袁中郎在两次“乞归”后，30岁时终于辞去吴县县令，他来到惠山，在惠山寺住了两晚后，写下了一篇流传千古的散文《游惠山记》。

余性疏脱，不耐羁锁，不幸犯东坡、半山之癖，每杜门一日，举身如坐热炉。以故虽霜天黑月，纷庞冗杂，意未尝一刻不在宾客山水。余既病痊，居锡城，门绝履迹，尽日惟以读书为事。然书浅易者，既不足观，艰深者观之复不快人。其他如《史记》、杜诗、《水浒传》、元人杂剧畅心之书，又皆素所属厌，且病余之人，精神眼力几何，焉能兀兀长手一编？邻有朱叟者，善说书，与俗说绝异，听之令人脾健。每看书之暇，则令朱叟登堂，娓二万言不绝，然久听亦易厌。

余语方子公，此时天气稍暖，登临最佳，而此地去惠山最近。因呼小舟，载儿子开与俱

① 常荣初主编：《无锡园林志》(下)，凤凰出版社，2013年，第432页。

行。茶铛未热，已至山下。山中僧房极精邃，周回曲折，窈若深洞，秋声阁远眺尤佳。眼目之昏聩，心脾之困结，一时遣尽，流连阁中，信宿始去。始知真愈病者，无逾山水，西湖之兴，至是益勃勃矣。

有清一代，惠山寺还是一如既往香火旺盛。1750年，为迎驾，惠山寺旧貌换新颜。为吸取爷爷下江南时，地方大兴土木劳民伤财的教训，乾隆下江南前特发出“红头文件”，要求各地只要扫除洁净，不得搞任何建设。可官员们不知皇上所言是真是假，还是一不做二不休，在皇帝南巡经过处大搞形象工程。无锡地方当局花了2000多两银子，动员几百名工匠用了一年时间对惠山寺重新包装，使其面目一新。

惠山寺第一劫源于错误的“最高指示”，第二、第三、第四劫皆为管理不善，遭祝融之灾。第五次则是中国近代史上那场波澜壮阔的农民起义。

太平天国领袖洪秀全推崇西方的上帝，对寺院实施毁灭性破坏，太平军所到之处，寺院都毁于一旦。如江南第一名刹大报恩寺，就在太平军1853年占领南京后毁灭。

历经七年厮杀，太平军终于突破江南大营，于1860年兵临无锡，惠山寺也化为一片废墟。

太平天国灭亡后，李鸿章在惠山寺大雄宝殿处建昭忠祠。2002年起，惠山寺在原址重修，并于2004年4月26日恢复了宗教活动，此时距其毁灭已有140多年。

惠山之麓除了惠山寺、青山寺等寺院外，还有东岳庙、张中丞庙等庙宇。寺是和尚修行和居住的处所，供奉的是佛；而庙则是历代炎黄子孙为纪念国殇、忠孝而供奉优秀人士的。寺里的佛，是超然世外的；而庙中的神，则是人的偶像化。人们在寺里祈求，是精神的追求；在庙中祭祀，则往往是对功臣的缅怀。

每个庙都有自己的庙会，农历三月二十八日的东岳庙会，在历史上是苏南一带沪宁之间规模最大的庙会，届时不但无锡城内万人空巷，百姓争相观看，而且周围江阴、宜兴、武进及常州、苏州、上海等地香客、百姓也专程赶来。“旅馆里的房间，平日售四五角者，均须售价三四元之间。各种小贩，添办货物，赶做节场及盖搭临时看台者，迄至上午11时许，即告座满。午后及晚间各菜馆无插足地。马路上自工运桥通运路直至公园路及新生路复兴路，出西门过五里街，一路行人无不摩肩接踵，拥挤异常，真有万人空巷之概。”[①] 一年一度

①《七庙盛会——数十万人成为疯魔》，《锡报》，1937年5月9日。

的东岳庙会是无锡的嘉年华，是锡城的狂欢节。

无锡共有十大神庙，即东岳庙（圣帝殿，供黄飞虎）、祠山庙（张元庵，供张大帝）、延圣殿（洞渊宫，供张骞）、张中丞庙（大老爷殿，供张巡）、延寿司殿（供宋代抗金名将韩世忠）、西水仙庙（供奉清官无锡知县刘五纬）、南水仙庙（供奉明代筑城抗倭的王其勤）、府殿（府城隍，供汉代纪信将军）、无锡县老城隍庙、金匮县新城隍庙。这些神庙中地位最高当推锡山东麓的东岳庙，占地面积最大，有七造进深，端坐在神龛中的泥塑全身，体积庞大，重达一两千斤，不像其他庙中塑有与常人差不多的二老爷、三老爷神像可以动弹。

东岳大帝黄飞虎总管天地人间吉凶祸福，三月二十八是的诞辰日，各路尊神都要登门朝贺。

朝贺时都有约定俗成的路线与规矩。各庙的仪仗队，除规定的标牌、旗幡、随员差役、皂隶外，还有大刀、马叉、轮车、抬阁、高跷、洋八弹、肉身灯等民俗活动及丰富多彩的民间戏文，神像则排在最后。各庙在节目上都精心策划，不断翻新，在赛会中争奇斗胜，不甘落后。当年的媒体报道了其情状：

计各庙仪仗，以西汉王最为精彩，尤以“航空救国”“金碧争辉”“精诚团结”“金刚”等，装置精美，扮演灵活，沿途博得观众彩声不少。又张元庵之“兄弟行”“姊妹花”特以孪生兄弟姊妹扮演，亦颇别致。延圣殿之“二十四孝”。延寿司之“到前线去”“狄仁杰宿店”“薛刚闹花灯”画面甚佳。老城隍庙戏文轮车亦甚精彩，有永生书店之“岳母刺字”，南洋药房之“曹逼宫”，兄弟照相馆之滑稽“大补缸”，新华照相馆之“投军别窑”，九纶绸庄之时装轮车，宴会访友等四辆，颇为特色。此外府庙之大肚儿童扮刽子手，为独得之秘。又正源昌米行之“回到家庭”有活动标语，放弃浪漫生活，组织健全家庭，抛弃脂粉，从事实做，教导子女走入正轨，奢华摩登迹近自杀等，装置甚灵巧，见者喝彩。又大丰永米行，特由艺术家华炽麟，绘有五月九日之大日历竹布一幅，并书有触目惊心之“不要忘了明天国耻”等字样，颇具爱国思想。各会转会有府庙，延圣殿、延寿司、老庙等，均特备夜色仪仗，中用于电，分装五彩小电灯及纱旗纱伞等，盛极一时。

午后，各庙仪仗排道出动，在城区主要街道绕行，绵延若干里路，最后都要经东西两大街，出城门经棉花巷和五里街，下午四时许才到惠山，朝圣礼仪至七时结束，稍事休息后，晚上八时打道回府，称为夜色转会，灯光照耀如白昼，节目更精彩。

朝贺对，各位老爷们（指神像）——张渤除外——都先换上朝冠、朝服、朝珠、朝板、朝

锡山公园大门(1959)

鞋，由轿夫抬着站在东岳殿前相距两丈多路的地方，在一片呵殿声中，迅速举行三进三退的礼仪。朝毕，大家到朝房中休息。各庙回宫，必须张元庵吩咐打道，堂锣响了，英济王才得代帝送客，否则不能先自端茶送客的。

东岳庙会是无锡的一道独特风景，它从敬神开始，演变为民众与企业家共同参与的自娱自乐，每年农历三月二十八日成为锡城百姓最向往的日子。可惜日本占领无锡后，庙会活动江河日下。1950年，东岳庙被拆除，三间大殿的构件用于锡惠公园大门(位于锡山东麓)建设，1972年10月2日该大门因漏电被焚毁。[①]东岳庙遗存彻底“尸骨无存”。

锡惠景区人造景观与自然风景共一炉，这里不仅吃喝玩乐一应俱全，而且物质文明与精神追求相交织，加之靠近城区，交通方便，千余年间都是锡城民众休闲的好去处，这块热土上，留下了一代又一代人的欢声与笑语。锡惠景区过去是，现在是，将来还会是——无锡城最有历史的区域。

① 常荣初主编:《无锡园林志》(下)，凤凰出版社，2013年，第432页。

繁华不再的城中公园

民国时代，城中公园（又称公花园）曾是无锡的城市客厅、政治中心，是无锡人气最旺之处，是地方报纸的“高频词”；上世纪50年代初期，随着人民大会堂（现复兴路锦绣花园小区）与环城河边体育场的建立，它就丧失了城市政治空间功能；2011年在其西部矗立起252米高的云蝠大厦，导致公园面积缩水；加上周边几座高楼的拔地而起，这块曾光彩照人的城市公共园林更是黯然失色。

百年前的“公益众筹”

中国很早就有私家园林、皇家园林、祠堂园林，它们都是私人领地，不对公众开放。公园这个舶来品，也是西学东渐的产物。正是洋人在上海租界开办公园的影响下，无锡有几位士绅利用寺院废弃的土地建立起一个小公园，取名锡金公花园，那是1905年。虽然现在公园不稀奇，但那个时代中国有公园的城市还真不多。

公园虽建，但里面却无亭台楼阁。清代县政府权力小责任也小，没有经费为公园添设施。多亏几位有钱的士绅有公益心，为公园建起了第一座楼房。1909年，华子随、华海初、吴俊夫三人年近古稀，约同移寿资倡建多寿楼于公园，共费洋2 460元。

面积不大设施有限的公花园，因是城中唯一的公共空间，有了较高的利用率。如清末一些商店职员抱团习武，组成商余体操会，毕业典礼在公花园进行，两县令（时无锡城以中直河分为无锡、金匮两县）来到现场给优胜者颁奖。地方名流也来捧场。[①]

① 常荣初主编：《无锡园林志》(下)，凤凰出版社，2013年，第432页。

1910年11月23日，天气晴和，第二次城乡各校联合运动会在城中公园举行。其时无锡新学虽走在全国前列，但学校与学生数也还有限。参加竞技的有竢实、东林高等小学，城南、城西、城东、勉强、侯氏、溪西、秦氏、致毅、养基各初等小学，圣公会学堂共13校。为示亲民，无锡与金匮两县令也在中午12时来看望参赛师生。因观看者达万人，小小的公花园被挤得水泄不通，影响了比赛的正常进行。[①]

1911年武昌起义爆发，随之南方连锁响应。11月6日，31岁的秦效鲁带领革命者在公园多寿楼阳台举行誓师礼，驱逐鞑虏，恢复中华，清朝两县令弃职而逃，革命者成立军政府，取而代之。于是公花园被革命者塑造成革命策源地，受到重视。军政府把没收盛氏（即盛宣怀）在无锡典款9 000元，拨给公园，并使公园向北向西扩张，到1929年公园面积达35亩。

为解决公园日常费用，1915年春无锡市董事薛南溟、钱镜生，邀集地方各绅士，募款4 000多元，建筑楼房四幢，租给逍遥堂营业，每月收房租40余元。[②]

1916年，画家丁宝书、医生丁福保昆仲，为母亲80大寿举行庆典，收到亲朋好友赠送的礼金。丁氏昆仲将寿仪600元捐给公园。[③]

1918年士绅华艺三捐款，在多寿楼旁叠石为山，使城市中有山林之胜；华绎之捐款，在多寿楼后面开一方池，让公园新添一景。[④]

为方便游人，公园里安装电灯，其经费源于士绅们的“公益众筹”，当时的媒体公布了参与众筹的名单：“吴观岱捐洋三十元，无名氏捐二十元，胡澍棠十五元；捐助拾元的有高季莲、秦琢如、薛遂安、秦效鲁、吴乐天、杨六笙、天韵社诸君、王梅修；捐助八元杨组云；捐助五元的陈协恭、徐子绍、王鉴如、杨仞千、许彝庭、杨拱辰、孙子远、朱崧生。”[⑤] 1918年，27岁的毛泽东正在北京大学阅览室打短工，每月薪金仅8元，一般劳动者月薪也就在15元左右，那时的5元与今天的5元，购买力要相差百倍以上。

池上草堂1920年收归公园，其建筑费用源于菊花展的门票收入400元。池上草堂所刻唐怀素草书《四十二章经》法帖，共16方，每方长79厘米，宽39厘米，花银42元，由裘葆梁、华艺三、杨荫北、俞仲还等42位士绅出资。清风茶墅也来自绅士的捐款，捐款最多者为薛遂安、高季莲，独助桌椅者为吴锦如。[⑥]

公园兰簃，面阔三间。坐东朝西，四面绕以曲廊，南依方塘。1920年，夏子坪拟独资建屋数间，不幸遽归道山。1922年，夏伯周兄弟承父之遗命建屋三楹。

公园西社，水阁方形似矮亭，前襟曲沼，旁带后池，隔水斜对同庚厅。清末侯鸿鉴在西门设模范师范，造就不少人才。该校停办后，同学会一年一度持续不断。校友会同人集资在公园空地建西社一所，1921 年 2 月 17 日举行了落成典礼。

民间音乐爱好者组成的“天韵社”，由老曲艺师吴畹卿、乐述先、华雁臣等发起，在兰簃北建屋二间，交流音乐技艺。其中以范鸣琴的鼓板、沈养卿与华雁臣的笛子、吴畹卿的三弦、杨清如的琵琶、乐述先的唱口最为擅名。

曾任无锡县长的俞复（仲还）和邑绅唐保谦、秦琢如、陶仞千、林虎侯等，组成“丙寅同庚会”。1926 年春节，他们假公园清风茶墅补行六旬公寿时，提议建筑公寿纪念厅，适丁卯同庚、戊辰同庚亦接踵举行，乃洽商丁卯同庚赵先生子新等、戊辰同庚蔡先生兼三等，以三会同人合力建筑一大厅，以备地方有盛大集会之所。由丙寅会认银 2590 元、丁卯会认银 1510 元、戊辰会认银 3549 元，己巳同庚会龚范我出银 133 元，统计费银 7782 元。

同庚厅面积 290 平方米，东西 8 丈 4 尺，深度 5 丈 4 尺，式样系四面环厅，厅外有廊，飞檐翘角，四周花格大玻璃窗，外绕围廊，廊下朱栏坐槛，它的西面有条小溪环绕，名“曲沼”，上面建小桥三座。1928 年 1 月 30 日同庚厅奠基，公推秦琢如、薛遂安主持，并函请市政局秦效鲁批准。至 1930 年 9 月落成。因时局不靖，未举行仪式，仅将悬在新城隍庙的一块匾额“嘉会堂”移至同庚厅，以此三字作为堂名。

1934 年，无锡地方上九位耆老杨筱荔、杨荫北、杨味云、杨幼梅、杨心裁、杨遹声、江焕卿、蒋遇春、丁鉴如合资 2500 元建造“九老阁”，屋顶琉璃瓦则为邹同一资助。阁方形，二层重檐，琉璃顶，四面开窗，下设回廊靠座。

至此，经过近三十年建设，公花园建筑基本完成，这些基建费用大部分都是来自绅商的“公益众筹”。“园中除兰簃为夏氏昆仲，西社为侯君葆三独立捐建外（著者注：此语不确），其余各房屋，多寿楼费洋 2 460 元，嘉会堂费洋 8 000 元，九老阁费洋 2 500 元，侧门走廊费洋 1339 元，逍遥堂费洋 4600 余元，皆由私人出资建筑。其他桥梁、茅亭、石栏、铁凳、电

①《锡金各校联事运动会记盛》，《申报》，1910年11月28日。
②《筹捐公园常年费》，《新无锡》，1915年12月 26日。
③《寿仪捐助公园》，《新无锡》，1916年2月12日。
④《纪公园内之新建筑》，《新无锡》，1918年9月12日。
⑤《捐款报告——公园装置电灯》，《新无锡》，1918年10月3日。
⑥ 凌光甫：《解放前公园建造简况》，《无锡史志》，2005年第5期，第13页。

杆、花木等一切用款，均是临时热心诸君捐助。”①

1946 年 11 月，公园篮球场改造，一切费用俱由公园茶捐而来。工业界巨子陈子宽将庙港桥工艺机器厂 10 棵法国梧桐，赠公园植于篮球场前。1947 年 12 月 15 日，公园主任许广圻向虞循真移交，有公园树木 2294 株，其中梧桐 36 株，白杨大小 120 余株，洋槐 66 株，榉树 18 株，垂杨 10 株，九曲杨 5 株，法梧 10 株，紫薇 15 株，樱花 8 株，紫藤 2 株，枫杨 3 株，小黄杨 2000 余株。10 棵法梧是陈子宽所捐，报纸有记载，还有许多树木也是捐植，惜无记录。

早期的城中公园是一个充满爱心的地方，不仅其自身建设来自社会“众筹”，主持者未拿一分钱报酬却尽心尽力，且在此常举办献爱心活动。

1921 年北方五省大旱，受灾严重。10 月 13 日秦毓鎏在城中公园举行筹赈义演。演剧筹赈会，共分五部——纠察、剧务、售券、验票、庶务。剧务主任推定薛光涛，售券主任王晋禄，验票主任张孟修，庶务主任周季湄，纠察主任秦效鲁。第一晚看客甚为拥挤，统计售得戏资洋 1200 余角，到者均慷慨解囊购票入场，无一看白戏者。第四晚演出了新戏“筹赈声中之假善人”，并插入名人演说，以致看客陡增。有某君等当场捐助赈款洋 2 元，小洋 27 角，钱 3970 文，并由顾鸿声捐助新居乔迁筵资洋 25 元。第五天白天戏为《红颜薄命》，晚上节目为《灾民惨史》，系周寄湄君所编，并由周君及新闻家周郎父子等登台客串……此次活动每天成本要 30 元，募捐目标是 600 元。

民国时代，无锡涌现出了一批艺兰名家，如杨干卿、蒋东孚、张揆伯、沈养卿、陆心栽、张勉之、沈渊如、华炳田、卫伯瑗、荣文卿、施霭人、沈用舟、祝友三、吴燧荣，他们在江浙沪一带享有盛名，在中国兰史上也能记上一笔。由于他们的精心培育，兰蕙新品不断涌现。

城中公园

1933年3月26日，在公园同庚厅举办兰花展览会，征集新种、老种、奇种、新老种等四种名花118盆，配以雕刻精磨工细之红木架、檀香几，尤觉古色古香，引人入胜。陈列处共四部，中央前后两部，以素心居中，左为新种，右为老种，后为新老种。

兰花展券资每张五分，为吸引游人，特在兰簃设有书场，聘请说书能手，每天说书内容都不一样，第三天为沈世丰、张文祥《刺马》，朱永春《倭袍》，吕秋田《三笑》，林小舫、赵梅芳《玉蜻蜓》，许筱华《描金凤》。第四天是樊钰庭《落金扇》，朱咏芳、朱美英《双金锭》，何沁口、何小香、何美香《双珠球》，赵秉章、赵少章《珍珠塔》。

兰花展览四天，"共售出门票3 100余张，计洋150余元，当由县党部核结后完全捐助赈济东北难民。所有会内一切开支，则由发起人杨干卿、蒋东孚诸君分担"。[②]

1934年12月7日，江南名儒钱名山从武进来到城中公园兰簃当众挥毫，鬻书助赈，以帮助遭受旱灾的宜兴溧阳的民众。"爱好先生书法者，真是大好机会，既得名书，又襄善举，一举两得，何乐不为。"四日书件，售得300元左右。[③]

吃喝玩乐一条龙

民国时代城中公园之所以有较高人气，除了它是城区唯一的公共绿地、位于市中心、交通方便外，还有一个重要原因是其中吃喝玩乐应有尽有。

---

① 常荣初主编：《无锡园林志》(下)，凤凰出版社，2013年，第432页。
②《公园兰花展结束》，《新无锡》，1933年3月30日。
③《钱名山昨晚离锡》，《新无锡》，1934年12月12日。

第二届丙寅同庚会摄影

翻阅地方文献，常见在城中公园宴请的记述。如1926年重阳节后第三天，担任北洋政府财政部次长同时也是实业家的杨味云衣锦还乡，与当年“同学”华文川、蒋遇春等10人在公园池上草堂举杯话旧——1883年锡金两县共有36人考上秀才，得以进入学前街文庙同窗苦读。43年后，仅存12人。“白袷高谈，人皆绮皓；绿衣末座，我亦华颠。述乡社之遗闻，话名场之故事；写照而丹青亦韵，题联而烟墨常馨。”酒足饭饱后，当年的老秀才们吟诗作画，成《松崖雅集图》一册。[①]

1930年同庚厅建成后共举行过4次公寿集庆，第一次在1934年2月20日，是孙希侠、周寄湄、曹梦渔、王峻崖、江静山五位寿翁的六旬集庆，共有74人参加；第二次在1935年2月13日，是丁云轩、方仲容、章观芳、俞复、鲍和斋、陶仞千、徐锦文、徐锦堂、顾沅芍、唐保谦、邓士良、蒋文俊、蔡荫陛、于义庭14位寿翁的七旬集庆，共有126人参加；第三次在1936年2月2日，是裘保良、周雷禾的八旬，尤干丞、赵子新、杨映潭、曹衡之、过接三、周连甫的七旬，杨翰西、王心如、张镜人的六旬合庆，共有163人参加；第四次在1937年2

月 18 日，是蔡缄三、许文柏、苏养斋 3 人的七旬和曹仁化的六旬合庆，这次仅有 40 余人参加。随着日军的占领，这种公寿集庆也就成为历史。

抗战结束后，公园又变得热闹起来。1946 年 6 月 26 日晚七时，在多寿楼前紫藤棚下，摆了 12 桌，刚刚从大后方来到无锡的第一绥靖区司令汤恩伯设宴招待地方政要与媒介领导。伴奏助兴的是当时尚未遣返回国的日俘乐队。

有多少人曾在公园大快朵颐已无从知晓，但 1933 年在公园所举行的杨筱荔先生重宴鹿鸣绝对是公园饭局史上浓墨重彩的一笔。“鹿鸣宴”为古代科举制度中规定的一种宴会，于乡试放榜次日，宴请新科举人和内外帘官等，“重宴鹿鸣”则为中举后六十年再次参加“鹿鸣宴”，获此殊荣者可谓寥寥无几。

1933 年，科举虽废多年，但适逢 82 岁杨筱荔先生正科 60 周年，地方名流 200 多人依采旧制，汇集城中公园，为老先生举行庆祝宴会。其中钱基博、陶仞千、孙颂陀、蔡子平、丁云轩、冯云初、钱名山、王荫之等，特从外地赶来，党国元老吴稚晖亦派代表来锡，参与盛典。赴会的还有干事周寄湄、薛遂安、顾蘅泉、王峻崖、陶冠伦、曹彦正、华雁臣、朱梦花、陈翰翔(知宾)、杨幼梅、王鉴如、蔡荫阶、秦琢如、曹衡之、赵子新、蔡兼三、侯伯文、苏养斋、陶伯方、秦卓桴、黄蔚如、顾介生、张潮象、邹同一、胡汀鹭、陶仞千、杨心栽、杨映潭、杨高伯、杨蔚章等社会名流。

这一天，公园东部嘉会堂、兰簃、池上草堂、清风茶墅等处，挂灯结彩，布置一新，各界赠送诗文联对，为数颇多，均悬嘉会堂上。其中杨珍甫联为：“桂树喜重开，洛社衣冠，复添佳话；蘋筵看集燕，公园花木，亦有余荣。”荣宗敬德生昆仲联云：“文采早扬，春秋八二；宾筵再举，弟子三千。”张潮象诗：“鹿鸣宾宴重开日，红杏花浓正满林。白首尚余忧国泪，青山不改故臣心。樽前鹤发衣冠旧，梦里蟾宫岁月深。”……

老寿翁身穿蓝缎皮袍，玄缎马褂，头戴方顶玄缎红结小帽，足登白袜红履，手扶红色藜杖，皓发银须，须垂及腹，神采奕奕，步履康健。上午 10 时，来宾齐集嘉会堂，老人居中立，宾众三面环立。由周寄湄司仪，来宾先向老人行一鞠躬礼致贺，次由老人向来宾行一鞠躬礼答谢，即告礼成。略仿古人乡饮礼之微意。

老人答谢后，并致谢辞，由老人从弟、76 岁的杨幼梅先生代读。其文洋洋洒洒，用了大

① 杨味云：《松崖雅集图序》，《新无锡》，1926年11月10日。

城中公园一景

量典故："乙藜照夜，渐未窥中秘之书，亥算纪年，倏已届耄勤之岁，视榆晖而待尽，赓蘋野以何求。乃荷梓乡耆彦，茶墅故人，示我周行，俾侪乡饮，癸春佳日，先兰亭修禊之辰，西穴名山，邻芸馆藏书之地。嘉会以合礼，堂比聚星；耆社集群英，人如游洛。雅奏鹿鸣之什，酒行爵算之三。饱仁义而味甘，受宠荣而颜恧。重以文豪诗伯，珠玉不吝挥毫。张之东壁西园，琳琅顿令耀目。念科名两字，久已刍狗之齐观；得华衮单辞，遂觉饩羊之可爱。愿书万本，诵万遍，珍若球图，谨首九顿，伤九回，感深刻缕，敢掬诚悃。答谢隆情，并扬觯为阖座诸公寿。"礼毕摄影留存。

12 时许宴会开始、在嘉会堂、兰簃、池上草堂、清风茶墅四处共开圆桌 20 席，老人居嘉会堂正席，由邑中 70 以上元老者 8 人相陪，共计 670 岁。

与喝相比，公园的吃要逊色一些。抗战前，一记者曾如此描述他所看到的公园情景：

夏天公园的晨，在西部全是打拳的和遛鸟的，东部却是淘米、洗菜的，洗衣、刷马桶的。

同庚厅前，几碟菜，数壶酒，一锅面，两笼馒头，谈笑风生，自得其乐，他们都是有地位的缙绅。傍晚五时以后，公园热闹起来，男女毕至，少长咸集，茶座座无虚席。上层人集中在清风茶墅，中层集中在同庚厅，九老阁左右则是普通的。[①]

抗战后，公园仍多喝茶者。“无锡公园有一特点，即到处设有茶座，自清晨至薄暮，茶客分批来去，源源不绝，诸色人等，应有尽有。士绅智识阶级，为数尤众。盖于公园吃茶，为若辈唯一消遣。予随吴铮兄入园时，为清晨八时左右，既非假日，而所有茶座，均见客满。把盏品茗，披阅当时报章，状殊悠闲。……(傍晚)归来复与铮兄入公园，设座品茗。环顾四座，茶客仍盛，强半披阅当日由上海送到之大小各报及方型周报，高谈阔论，畅言无忌，与清晨披阅当地日报之严肃茶客，情调迥异，更形热闹。”[②]

城中公园茶馆不仅生意特好，且产品区分度明晰。“茶座之生意特盛，茶座之区分凡七，茶客于无意中，往往物以类聚，报界、学界、书画界等，胥集于东部嘉会堂、兰簃一带。商界及某种社会中人，则多数集于多寿楼左近暨归云坞等处，男女幽谈及爱好清静者，则皆藏身于树林深处，而一般缙绅先生之流，则均集于清风茶墅。”[③]

当年的茶馆是消闲之地，也承担着社交中心、交易所、民间法庭等功能。不论是缙绅名流、文人雅士，还是行商坐贾、掮客经纪，甚至还有说书艺人、卖药郎中、拉纤媒婆、土木工匠……三教九流、各色人等经常混迹其中。

1933年7月初，无锡一米行与一米厂的伙计发生纠纷，双方调解未成。5日下午4时，双方当事人、粮食公会常务许荣卿与各米号店主等十余人，聚集公园同庚厅品茗讲理。调解人竭力向双方解释误会，直至下午7时许始和解成立，伤人由德丰韩培大贴出双倍医疗费，并备全副香烛鞭炮赔罪，被打者王根生即日撤销诉讼。[④]

政权交替后跑路台湾的老人，想起家乡的茶馆，心中既有美好的回忆，也有不尽的惆怅。

夏天晚上，坐黄包车到城中公园纳凉也是享受。公园里有茶座，入座时先脱长衫，由茶房接手挂起，然后来一把热毛巾擦汗。不久即有人拿了长管水烟筒，隔得很远就可送到客人嘴边吸烟。面对荷花池，清风徐来，荷香扑鼻，凉意自生。如要吃夜宵，茶馆里也备有各

① 鸿翼：《公园的晨昏》，《锡报》，1936年7月26日。
② 横云阁主：《公园吃茶》，1946年7月25日。
③《昏虫窠之来历》，《新无锡》，1932年7月2日。
④《同庚厅上评理》，《锡报》，1933年7月6日。

式点心，由客人选点。直到深夜转凉时，再坐黄包车回家。[①]

凡事有利必有弊。茶馆繁华的同时，则是公园之大，难以放下一张平静的小桌。“吾人试于夏日午后，步入公园，除泡茶看戏吃馆子而外，可谓极难觅一小坐之地。”[②]一些市民对公园茶馆的扩张与泛滥极有意见，可茶捐收入是公园开支的一部分，“公园茶价，每壶铜元十枚，后加收四枚……年可千余元，公园修路购地，胥赖于此”。[③]这种利益关联让公园管理者对茶馆的扩张处理起来很棘手。

无锡第一家电影院 1928 年建于崇安寺万松院，但最早放电影的地方却是城中公园同庚厅，1925 年起，每年的夏天夜晚便有人在此架了一方白布，一架放映机，放映一些旧西片，门票只卖铜元数枚，由于无锡人的好奇心比别地重，所以生意好透。[④]1931 年 2 月 14 日，吴观蠡等合资在公园内杏庄饭店旧址创建的“无锡大戏院”(1949 年后改名人民剧场) 落成开业，有座位七百余。明星公司女星胡蝶亲临主持开幕式，并播映了她主演的电影《一个红蛋》。胡蝶的到来，让无锡沸腾，“竟把一蓬风的无锡，在寒冷冰雪的天气里吸引的如痴如狂”。[⑤]在锡城几家电影院中，无锡大剧院实力较强，与明星、联美电影公司签订合同，播放最新影片，所播映的《红莲寺》《荒江女侠》轰动一时。除了国产片外，无锡大剧院还放映外国电影，如范朋克的《荡寇》、卓别林的《马戏》等，票价一律两角。

公园既给影迷们提供观影空间，也给体育爱好者提供场所。位于西北角的公园篮球场，建成于 1946 年底，花费 5000 多万元，有七级水泥看台，可容纳观众 3000 余人[⑥]，其水准在沪宁线城市中名列榜首，是无锡球迷的活动中心。人们经常在这里锻炼身体，并观摩比赛。

1947 年 10 月 6 日下午 4 时，公园球场四周挤满了球迷，威震全国的西南之熊征轮篮球队与无锡梁溪球队在此对抗。5 时正，县长徐渊若开球，双方经激烈较量，征轮队以 36 比 29 力克梁溪。次日双方再战，梁溪队创造出历史的光荣纪录，以 33 比 31 力克劲旅，赢得本土球迷如疯如狂的喝彩。输球的球员把气撒在裁判杨寅龄身上，对其大打出手，血流满面的裁判，被送往普仁医院医治。[⑦]

1947 年 12 月 27 日下午 3 时，闻名全国的辎汽十六团篮球队来到无锡与铁队交锋，球迷们提前一小时就把球场东西看台挤得水泄不通。

除球赛外，公园还举行过多种比赛，如 1947 年 4 月 2 日，111 名萌娃在公园同庚厅参加儿童健康比赛，争夺无锡的小形象大使。

1949年后，公园还建立了动物园，这是无锡历史上第一个动物园。1951年，宜兴山区农民捕获一头金钱豹送无锡，园林处决定在城中公园建小动物园，面积50平方米。展出金钱豹、熊、鹿、骆驼及小兽小鸟近20种。门票2分。每周开放五天半。1953年参观游人13万人次。也许是动物园气味太重，也许是没有发展场地，四年后动物园就搬至锡山南麓。

民国时代，占地面积仅几十亩的城中公园"麻雀虽小五脏俱全"，它有锡城上等的电影院，有球场，有各种档次的茶馆，有饭所，有围棋社，有奇花异草，有古木，有奇树，还有穿戴不同的三教九流……

2000年后，城中地价大涨，政府打起了市中心C位城中公园的主意，在某些领导授意下，2003年城中公园主管部门由市园林局转给所在地崇安区政府，随后公园部分土地开发房地产。2014年，高264米、51层云蝠大厦投入使用，城中公园日益"盆景化"，"颜值"严重缩水，这块公共空间虽然还有不少游人，可它的"盛花期"早已成为过去式。

丰富多彩的展览

城中公园既是城市的娱乐场所，也是无锡的文化展台。民国时代，这里经常举办书画展、照片展、名花展、刺绣展。如1924年6月13日，锡山书画社各会员陈列作品在公园池上草堂展出，不收门票，任人观览。这次展览由俞仲还、吴观岱、王云轩、胡汀鹭、曹衡之、诸健秋、贺天健等20多位无锡书画名家发起。1949年4月15日，周怀民画展在同庚厅举行，展出精心杰作60余幅，出生在无锡的周怀民执教北平艺专，蜚声北方艺坛。画展揭幕当天，年已古稀的荣德生亲临欣赏，此时离百万大军渡过长江，江南解放仅几天时间。周怀民画展也成为民国时代城中公园千百次画展的"压轴戏"。[⑧]

1945年11月4日，著名摄影家焦超抗战胜利摄影展在同庚厅举行。1946年3月中旬，

---

① 无锡历史文献馆编:《梁溪忆旧》，苏州大学出版社，2015年，第119页。
②《昏虫窠之来历》，《新无锡》，1932年7月2日。
③《公园琐记》，《新无锡》，1931年2月21日。
④ 阿方:《无锡最早的电影院》，《晓报》，1950年10月13日。
⑤《无锡电影事业日败》，《影舞新闻》，1936(11)。
⑥《胜利后唯一大建筑，公园篮球场将竣工》，《锡报》，1946年11月29日。
⑦《梁溪一球败征轮》，《锡报》，1947年10月8日。
⑧ 西溪:《周怀民先生画展》，《新锡报》，1949年4月16日。

公园同庚厅举行蒋介石照片展，200 多幅彩照，吸引了众多观光客。

1947 年 4 月 20 日左右，同庚厅举行名贵兰花展——它们都是私人精心培育，在此公开展览三天。

城中公园一些展览，属“综艺类”，老少皆宜，变成了城市嘉年华。这里以 1918 年的菊花会与 1929 年的国货展览会为例。

1918 年的城中公园，仍属初创时期，同庚厅、西社、兰簃、九老阁都还没有“影子”。为开辟财源，公园联合商会与市公所共同组织菊花展览，入场券每纸售铜元 7 枚。

这次活动组织阵容很豪华，会长是薛南溟、孙鹤卿、蔡兼三、钱镜生四位地方大佬；审查是地方著名绅商：荣瑞馨、祝友三、高季莲、杨干卿、华艺三、荣德生、詹衡泉、何子贞、周弼臣；会计：薛遂安、杨竹亭；理事：高映川、王鉴如、过接三、曹衡之、周海屏、周莲甫、顾子贞、华叔琴、杨蔼士、胡仲铭、沈锡君、王峻崖、孙北萱、高崇山、沈敏卿、孙荷生、顾衡泉、曹彦正、周季梅、顾荷生、范子礼。担任会计与理事也是地方名流。

展览会准备工作做得很扎实。会前在无锡与周边几城市发放广告，征集名花。无锡县征集名花处有荣瑞馨花园、撷芬书屋、乐小花园、耀明公司、梅园、熊万余号本园、适园、堰桥咸德当崧园、翼中女学、第三师范、商会。外县征集名花处也有四个点：江阴寄园冯宅、峭岐王少行家、常州张家花园、扬州平山小筑。

展览会期间收到各处送来的珍贵花草，有金麒麟（商会）、云间矫风（明远堂）、大乔（梅园）、金荷花（瑞莲室）、白荷花（恒孚银楼）、殊盘托挂（商会）、映日芙蓉（明远堂）、凸心绿毛（梅园）、金带（恒孚银楼）、松阴夕照（明远堂）。神花一种，有一干产菊二朵，一红一黄，色艳而秀，命名大乔。又奇花一种，形如宝塔，色碧而姣，命名塔心绿毛，均由梅园取来。

菊花展期间，同时展出一批画家名作与收藏家的珍品。多寿楼廊，挂王云轩大油画二帧，正中北向有叶志诜书“光景常新”小横幅。供桌正中设色菊花桌围，顾衡泉、胡汀鹭二君合绘，左沈敏卿绘、右浦永清绘；楼下正中北向，有李纶斋花卉折枝长横幅一，周君寄湄珍藏品，张远山水大中堂；曹君衡之藏朱与山渔家乐合景四幅。阎世求墨笔秋景短屏四幅，郭兰石联一，杨能格联二，朱如白隶书短屏四幅，潘世恩联一，何子贞联一，许遂安联一，张之万联一，为周君莲甫所有精品。赵退庵联二，吴平斋联一，浦君永青藏。杨见山联一，陆君心栽藏。楼上陈列之金石瓷器甚多。

此外，还有天韵社昆曲、咏歌，年已七旬的昆曲音乐大家吴畹卿先生操琴，弹奏三弦，清音曼妙。余子多先生高足，所歌清朗合拍，听者如堵。从外地请来魔术家金鑫山表演魔术“剑尖挑巾”“碎盆飞去”，神妙不可思议，观者拍案叫绝。改良苏滩（锡剧）也让戏迷们沉醉其中。焰火第一座万福来朝，第二座孔雀开屏，空中飞艇，自动电车，燃放时火花四射，金光万道，令人目迷五色，意夺神飞。

秋雨绵绵，影响了一些游客前来参观，但这场集高雅与通俗，诗画、赏花、娱乐于一体的展览，仍取得不凡的成绩。当年的媒体详细公布了《公园菊会收支细数》，取信于民。

自（农历）本月初一至十八日闭幕，售券35 300余张、计收洋1 800余元，各项支出计700余元，约盈1 100余元，惟电灯费尚未结清。收入项，派出票价110余元尚无收到。收支细数如下：

收入项：券资：商会送出16 010张券，每元20张，合收洋800.55元。本园零售长期券9张（计9元）、普通券19383张，实收洋254.5元，又小洋4 800.27角(0.87折)，又铜元442千420文(1310)，计洋757.66元，总共计洋1 812.719元，贴堂收洋9.312元，水警补助费收洋20元，小贩领照费收洋10元，以上共收入洋1 851.931元。

付出项：锡城印刷公司付45元；军乐队（连伙食住宿等)22元；南词戏法付洋172.5元；焰火68.92元；弹词8.85元；听差附各园花匠；本园雇用更夫（人员数另有细账）付129.72元；江北小工（每工2角5分）付洋23.875元；竹匠付洋54元；扎作付洋16元；杂用（另有细账)138.021元；电灯引擎用洋油，付洋21.30元；临时新闻纸等折洋9.26元；电灯公司临时灯费（账未结）。①

民国时期博览会、国货展览会的举办为城市娱乐、大众文化表演提供了新舞台、新空间。国货展览会的目的确是为了提倡国货，抵制外国侵略，但是除了展览陈列、国货营销外，游艺也是国货展览会的重要内容。②

1929年8月14日，无锡国货展览宣传委员会召集第一次常会，重要议题是“游艺场所案”。如何设置游艺场所呢？经过讨论决定设立京剧、电影、新剧、杂耍，有人还主张要添加魔术、国技、双簧、歌舞、拉戏、弹词6项。为唤起游客兴趣，该委员会议决京剧设在同

①《公园菊会收支细数》，《新无锡》，1918年11月27日。
② 付海晏：《展陈·营销·娱乐：1929年无锡国货展览会研究》，《华中师范大学学报》，2009年第4期。

庚厅，新剧设在篮球场，电影设在网球场。而杂耍则不专设场所，而是添在各部场所之内，如京剧在未开锣前可以先演一套杂耍，每日一种或两种。另外还规定了京剧、新剧另行售票，惟定价须较平时为廉。依照戏院成例，四六拆账。1929 年 9 月 13 日，宣传委员会开会组织游艺委员会，专门负责游艺事务。无锡国货展览会游艺之筹划略有如下数端：

一曰设计游艺会址。为壮观瞻，筹委会一方面将无锡公园篮球场各部辟为杂耍场，另外在会场门首新建了一个醒目的牌楼，用电灯制成无锡国货展会字样。

二曰发行游艺券。9 月 30 日，筹备委员会特开第八次会议，议定展期至 9 日开幕，10 日开始游览及营业。同时规定各机关职员来会游览游艺均须备票，概不赠送；组织票务处，设正副主任各 1 人，下设卖票员 9 人，检票员 9 人。为改变无锡本地以无券入场为阔气的恶习，展览会筹备者还呈请县政府并函各机关出示布告，严禁无券入场。

三曰接洽游艺单位。截至 9 月 29 日，苏沪新剧界共有 10 余团体与游艺股接洽，价目以一月计算，其标价差距有 600 元至 1200 元之多。经过讨论，筹备会选定在苏州小世界开演颇受观众欢迎的葛剑胆、陈梦渔二人，让他们包定表演。天韵社为无锡本地知名音乐社团，以研究乐曲及国乐为宗旨，而于昆腔尤多擅长。经过展览会的接洽，该社同意在展览会开幕后在每日下午规定时间，约同社员自由奏演国乐，以引起游览人士之爱国思想。

无锡国货展览会开幕后，游艺内容更加丰富，城市娱乐的特点亦更加突出。不仅有原来计划中的新剧、电影、杂耍，在展览会开幕后，还增加了国术、京剧等项目。此外，展览会还组织了提灯会、菊花会，更将展览会的娱乐推向高潮。

新剧。新剧自开演以来，受到游众欢迎。除了葛剑胆、陈梦渔二剧班表演《窦娥冤》《赵五娘》等剧目外，无锡展览会还邀请了上海著名艺术团亦社来无锡表演爱国新剧。上海歌舞名媛陶丽芬为无锡人，时年夏季曾从歌舞明星小妹妹黎明晖赴南洋群岛表演，所到之处受人欢迎。因此国展会宣传委员秦侠农亲往上海邀请亦社及陶丽芬赴无锡登台表演。10 月 30 日，新剧场表演根据上海著名的黄慧如、陆根荣私奔案改编的《黄陆之爱》，报道称该剧对于爱情、法律、家庭、社会、婚姻均有深切之关系，不可不看。据统计，新剧场先后表演的剧目有《花好月圆》《珍珠塔》《燕子笺》《孟姜女》《访友操琴》《彩球招宝》《改良南阳关》《投军别窑》《贵妃醉酒》《大战牛头山》《小梅香》《习南楼》等，节目繁多，美不胜述。

国术。10月9日，国货展览会开幕后，适逢双十国庆，到会游艺者摩肩接踵，势如潮涌。

为增加游众兴趣起见，游艺部的娱乐活动，除继续开展影戏、双簧、戏法、南词、杂耍外，还聘请本地著名拳师表演武术，亦为观众所赞许。据10月21日报道，武术表演内容较丰富：坐落在无锡社桥的省民教院教师王龙章九龙枪、少林单刀、九龙摆尾拳；南翔商团教师高海波滚龙挡、春秋刀、醉八仙拳；申新三厂武术会冯进章飞龙钩、八卦双刀、飞龙剑、六合短打拳；阎少兰太极拳、青龙剑；夏正名六合拳。

京剧。游艺部见京剧颇能引起游众兴趣，故决定聘请上海名票社票友到锡表演，以饱民众眼福。10月26日，上海兰社名角张克勤演《四郎探母》、马义芳演《罗成叫关》、徐隐飞与鸿雪芳合演《梅龙镇》、魏松年演《古城会》。所演各剧，精彩入微。此外，本地京剧演员也积极参与。28日，京剧场又演有《太史慈》等十余本，并闻京剧场日戏零售门票小洋1角，夜戏小洋2角。在国货展览会上京剧场收到无锡民众高度关注，10月31日，虽然天公不作美下雨，日、夜场观众仍有1300余人。

菊花大会。菊花被视为国花，无锡公园历年常有菊花大会之盛举。国货展览会为扩大宣传，决定与无锡公园共同筹备菊花大会，预备在多寿楼前陈列菊花山及菊花屏，游艺场及清风茶墅各置菊山一座，到10月21日，已接洽到6000余盆，其中有名菊10种。11月1日，菊花会正式开始陈列，此时工商陈列部、商会亦已集得各种名菊700余盆。菊花会连展三日，吸引了大批民众参观。

提灯会。为宣扬国货，唤起民众注意起见，国货展览会特决定于27日晚举行盛大提灯会，在公园内及公园附近游行。经讨论决定，提灯会共分五组，展览会全体职员、委员为第一组；工商出品人为第二组；教育出品人为第三组；艺术及特种出品人为第四组；营业场各商号为第五组。为参加提灯会，各组尤其是各商号积极筹备灯笼。中华袜厂曾租定八士桥纱灯30余座，老裕仁扎制大徽章灯、奚垂露、谢奇峰等笔灯、墨灯。营业场其他各商号亦均聘请名匠，赶制各种像生纱灯。是日晚7时，在展览会的组织下，提灯会正式开始，在公园多寿楼前草地上绕场三周后，出大门，往东走公园路、圆通路出光复门，走汉昌路，过外黄泥桥，进笆斗弄，弯北吊桥，进老北门，一直至寺后门返会。提灯会上，组织者散发传单，高呼口号，所用灯彩，式样新奇，灿烂夺目。11月3日为菊花会第二日，是日晚6点钟，展览会组织第二次提灯会，展览会各职员均再次参加，由党国旗灯、总理遗像灯及军乐队等引道，观者人山人海，热闹异常。

除上述娱乐活动外，被赞为在历来革命斗争中占有重要地位的学校也积极参加游艺。国货展览会开幕后，无锡公私立各校均定期参加游艺。10月15、16两日，三皇街小学、通汇桥小学、侯氏小学表演歌舞，备受观众欢迎。县初中表演《恶家庭》《鹤阳钟声》两新剧，此外，县女中、县一、县二、中西、振秀、唐氏亦定期加入表演。礼舍镇群智学校，对于歌舞素有研究，受国货展览会之要求，该校女学生11人在26日表演歌舞《乳娘曲》《卖花词》《自然界的使者》；27日，又在杂耍场表演歌舞《春朝曲》《长记得》等。

从无锡国货展览会的游艺来看，娱乐已经成了展览会的三大重要内容之一，民众参加、游览展览会会场是城市文化娱乐新空间、新形式；同时展览会将传统的、社会流行的文化娱乐方式如京剧、杂耍、电影、新剧、舞蹈等纳入其中，无疑更增加了娱乐性。

无锡国货展览会不仅是无锡破天荒的第一次，在江苏全省也前所未有。无锡为何能在江苏省第一次召开国货展览会？浙江省省政府代表王若禧在开幕式上曾提到了两个因素：一是无锡民众的爱国程度比较各地为高；二是无锡的地位与工商业最有关系。笔者认为，根本原因在于近代无锡经过长期发展已经跃为东南工商中心。在1915年巴拿马世界博览会上，无锡参展商品多达900余件，除了传统的菊花等物品外，还展出无锡丝厂的新丝等新式机器制造产品。9户获得二等奖、24户获得三等奖、15户获得四等奖的结果充分昭示了近代无锡的崛起。①

广场政治的中心区

王朝时代，民众认为政治是“肉食者谋之”，莫谈国事。可新文化运动以后，民智渐开，越来越多的民众被动员起来，关心国家大事，投身于救亡图存的浪潮。游行、示威、集会等街头政治与广场政治开始在无锡频繁出现。集会场所多选择在城中公园、西门体育场（现自来水公司）与火车站南广场。

1923年春暖花开之际，除广东之外全国众多城市都发生了学生游行，要求废除《二十一条》，收回旅顺、大连。3月25日下午2时，无锡工职女学、志成女学、幼幼学院、勉强学校、培新学校、昌盛学校、辅仁中学、侯氏公学、市立五校、私立陈氏学校、市立第一秦氏公学、绩成学校、无锡协会救国五七团、无锡协会义务两夜校、广勤学校、市立十一校等20余团体，总计人数600余人先后到城中公园齐集。由辅仁中学学生会会长朱乃骅召集各代表在多寿楼下会议，报告先期函致县署，请求于今日游行时全城增派警力，沿途维持秩序。县政府同意各校酌设纠察员。当场推定无锡市立一校校长陶达三为前导总纠察员；周含茹、石清麟为后导总纠察员，推举毕即排队出发。女学生在前，国民学校学生在中，高小学生在后。走寺巷至县前大街，过打铁桥，出北门。走北大街至北塘三里桥，走沿河大街折至西北城脚，走西门大街进西门，至南门上塘，走大街至东门外大街，进东门走熙春街至观前大街，至公园散队时已近6时。当年学生游行城中公园是出发地也是结束地，他们从北门出西门进，再从南门出东门进。

这次游行，秩序甚佳，大街各商家均表同意，尤以米业为最。各学生手中均持“否认《二十一条》”及“还我旅大”“同胞快醒”“提倡国货”等白纸小旗，沿途分发传单。省立第三师范、无锡协会救国五七团等演讲员在全城举行大演讲，听者动容。

1925年的“五卅血案”，激发了全民族的抗议热潮。6月7日下午，省立三师、辅仁中学、锡社、泰隆面粉厂等17个单位团体的代表共1 500余人，臂套黑纱，手执三角小旗，在城中公园集合后举行示威游行，沿途散发传单，宣传五卅真相。25日，“英日外人惨杀我同胞无锡后援会”再次在城中公园召开市民大会，到会者有5 000多人。

1927年随着国民革命军北伐成功，中国进入党治时代。4月22日，春光明媚，下午2时在火车站广场，举行庆祝国民政府迁宁恢复党权大会，到场3万余人，各界均有演说。7时举行提灯会，由城中公园出发，到场8万余人，10时始散。

国民党政权喜欢政治宣传，城中公园隔三差五成为各种政治活动的舞台。如1928年春为开展识字运动，搞了一次游行动员。4月17日下午2时，各学校各团体、各机关新闻记者联合会、工商报馆等均已先后到城中公园集合，总计参加之人数在5 000余人以上。当即整队出发，游行参加者均手持颜色纸旗，上书有“无锡民众一致起来赞助识字运动”“要做健全的国民以先从识字入手”等种种标语，并一路齐声高呼“大家快快要识字”“解除不识字人的痛苦”“劝人识字功德无量”“救国先要识字”等口号。

1928年蒋介石进行第二次北伐，遭日本干涉，造成“济南惨案”。全国许多城市爆发反日大游行。5月11日，无锡各界民众万余人在城中公园集会，抗议日军在济南杀害中国数千军民，哀悼死难同胞。2时起出发游行。

① 付海晏：《展陈·营销·娱乐：1929年无锡国货展览会研究》，《华中师范大学学报》，2009年第4期。

1930年五一劳动节，政府在城中公园同庚厅举行纪念会，参加之团体以工整会暨丝纱等各级工会男女工人为最多，达万余人。

1936年12月13日，县禁烟委员会在公园多寿楼前举行宣传大会，会上有官员讲话，有各中小学学生及市乡歌咏团等千人，合唱禁毒运动歌等，还有88师军乐队演奏，教育学院的节目表演等。

日本占领无锡8年间，没有了大规模的政治活动，城中公园也冷清了不少。

1945年，迎来日本投降后的第一个国庆节，10月10日上午，各党政军机关，各同业工会，各业工会，各中小学校，各壮丁队都集中于公园，举行国庆大会，会后万人列队大游行。其从寺后门出胜利门、江阴巷、北栅口、惠农桥、工运桥、汉昌路，入光复门，经圆通路回公园。

刚刚承载民众喜悦之情的城中公园，4天后再次被兴奋的人群所占据。8年间没有看到过国军的无锡民众，得知孙元良将军率部重回无锡，兴奋莫名。当年的媒体报道：

10月14日上午，第三方面军副总司令孙元良将军（其子为影星秦汉）来到无锡，从火车站到市中心，欢迎群众如癫如狂情绪热烈，下午4时，在公园举行欢迎会。孙元良，范惕生县长等在多寿楼上向群众致辞。孙说："各位同胞，在光荣胜利的今天，兄弟到离开八年的无锡来，与各位父老兄弟姐妹见面，真是说不出的高兴，但是听说，就是在胜利以后、青天白日之下，我们无锡同胞，还受了不少不应该受的苦，兄弟觉得非常难过，觉得对不起各位同胞，没有尽到我的责任。"

1945年11月12日上午，当局在公园多寿楼广场举行仪式纪念孙中山八十周年诞辰。参加机关团体民众数万人。

1946年1月1日，公园举行盛大游艺大会。

1946年10月30日，适逢蒋介石60大寿，无锡各界于上午9时在公花园内无锡大戏院举行庆祝大会，会后又到同庚厅祝寿。厅前搭彩棚，悬花灯，门前高置寿堂霓虹灯，室内遍挂松鹤名画，室中央高悬主席画像，前排方形供桌，上置各种鲜果，有寿烛寿香。一些组织与一些官员还送来对联。也正是在这一天下午，来到太湖之滨避寿的蒋介石从西门进，从光复门出，在市中心被成千上万的无锡民众围观。

除集会游行外，城中公园常有小范围的会议，只是这些会议不具有较强的新闻性，媒体所记甚少。孙中山先生1925年在北京病逝后，无锡各界自知噩耗后莫不悲痛，邑绅秦毓鎏发起，3 月 18 日下午假城中公园池上草堂，讨论筹备追悼事宜。

无锡新闻记者联合会自选定执行委员后，1927 年双十节在城中公园多寿楼开成立大会，下午 3 时开会，与会的有中央独立第一师师长熊式辉代表童元亮、县长俞复代表黄蔚如、公安局长宋静廷、水警第二区长邹效文及各界代表 200 余人。袁鹤皋主持，童参谋长、县长代表黄蔚如、宋公安局长等均有演说。

1947 年 4 月 8 日，鼋头渚管理委员会在多寿楼举行第七次委员会议，决定在四宜酒家对面开山填湖，开辟码头停车场。

此外，公园还常常被当局作为平台，举办各种政治活动。如国代职业团体推荐候选人，1936 年 9 月 12 日在城中公园进行，此日上午 8 时到下午 5 时，公园停止游览，工会方面推选候选人者 122 人，投票地点在同庚厅；商会方面，有各同业公会代表 570 人，投票地点在多寿楼。

为准备即将到来的中日对决，政府要民众了解防空知识。1936 年 10 月 10 日，防空展览会公园陈列室，每天有大量人来此参观，展览中有一伤人陈列室，为一蜡制之人体，穿着衣履，被炸弹炸伤，满身鲜血淋漓，令人触目惊心。

1949 年前，绅商在地方社会中有着较高地位，他们对地方政治有较大发言权。涉及地方事务，官员们决策时多要征询绅商意见。1925 年至 1949 年，无锡绅商团结在钱孙卿周围，以钱为核心，形成压力集团，介入地方政治。钱孙卿长期担任无锡市总董与县商会主席，他足智多谋，德高望重。绅商们活动中心在公园里的清风茶墅，他们每天聚集在此喝茶聊天，交流信息，达成共识。1931 年地方媒体就形象地称他们集会地点为“公园虫窠”：

公园内有两个茶会，一个在清风茶墅，一个在兰簃，前者都是大亨，后者都是些小亨。这两个茶会，虽然在大落雪天，也是“座上客常满，杯中茶不空”的热闹非凡。小亨茶会，姑且不谈。现在把大亨茶会来谈谈：大亨茶会，他们自命为昏虫窠，人家尊重他们的，叫作老人堂；人家恶毒他们的，叫作孤老院。这孤老院三字，未免太恶毒了。老伯伯听见了恐怕要气断胡须吧。至说他们自称昏虫窠的原因，是因为他们的会友，有好些人的脾气行为，都有些虫的性质，因此各人加上一个虫的诨号，好像钱孙卿唧蛉虫，邹同一硬壳虫，周寄湄跳驳虫，王鉴如放屁虫，赵子新乌夹虫，过接三蝗虫，胡汀鹭花爬虫，高映川萤火虫，程颂嘉地鳖虫，其余曹衡之、高集安、顾蕲泉、高崇山、薛遂安、华艺三、朱梦华、陶伯方、陈品三等，均有一个虫号，不过一时不易探得各人的虫号，想到各人的脾气行为；题得的确很对，而王鉴如的放屁虫最为有趣。在下恐怕王先生见气，所以也不宣布了，有人问他为什么都情愿题个虫号，某先生说，我们的人，谁不是虫所造成的呢，那么题个虫的诨名玩玩，也并无关系哪。

无锡商绅中，钱孙卿不仅威望最高，其嗓门也最大。“公园虫窠中，钱孙卿喉音最响，谈话时声震屋宇，故钱一到，高谈阔论，有如教员上课。”当时涉及地方利益、地方发展的决策都在清风茶墅酝酿定夺。如1947年内战爆发后，粮食投机盛行，作为全国四大米市之一的无锡受到影响，一些米商也卷入其中，参与投机。“钱孙卿氏于昨日下午五时，在公园清风茶墅，与粮管会委员赵章吉、张景炜晤谈，对此事交换意见。”制定对策，维护粮食市场秩序，求得无锡米市的长远发展。

1929年，年仅26岁的无锡县长孙祖基，意气风发，想搞点政绩工程。时到梅园万顷堂等西郊的汽车路只有两条，一从迎龙桥走开原路出发，一走吴桥通惠路。如坐汽车从城中公园到梅园，需绕道光复门、火车站与通惠路。为方便交通，孙县长提出修建一条公园大道，由城中公园起，出西城门，由五里街通至惠山公园；另一路线从西城门经棚下过迎龙桥、开原路通至梅园。此利民工程面临最大的困难是拆迁，沿线利益受损的民众一片反对。

此时，党国大佬、视无锡为故乡的吴稚晖从外地来到城中公园。“与邑中耆宿及孙县长等谈整理太湖等风景在公园啜茗，与孙县长等谈话……开辟城中公园路，接通城外开原干路，须拆除民房不知若干，亦不甚赞成。设欲改造新无锡，可从北门外之广勤政着手建设，至通惠路吴桥等处而达惠山，即可成为商业区与风景区等语。”在绅商与吴稚晖的反对声中，代表国家的孙县长不得不放弃这项政绩工程。

1931年，无锡县教育局老局长陆仁寿主动提出辞职，面对这要缺，许多人“跑官要官”，公园茶馆里一班教育界的先生们聚在一块参政议政，当年的记者写道：

继任的人物，本有人要保举江阴人吴伯昂，但是省锡中校长陈谷岑亦是江阴人，无锡教育界的领袖，都是江阴人，恐怕要变成了江阴帮，故此有人主张不要保举他。省锡中实小主任（注：即现在的锡师附小校长）朱某，下学期要走路了。陈校长本来荐举吴伯昂与靖江人张正三二人，请省厅择一委任，后来陆局长知道了，去和陈校长商量，意欲下台后，就充任实小主任，所任局长，愿让张正三，因此陈校长又开上了一个陆仁寿，这是关于陆仁寿下台和张正三继任局长一说的原因。还有侯保三意欲荐举程恩九，曾去征求程之同意，程则表示不干，薛溱舲和南乡一带的人，则大抬莫仲夔，但是侯保三表示反对，成功与否，要看双方的手面而定，这是关于程恩九和莫仲夔二人继长教局之说的原因……

城中公园里，既有绅士们谈笑间，影响着地方政治的走向；也还有一股地火在奔腾，将绅士政治画上句号。

1924年1月24日，离除夕只有一周时间，在公园池上草堂里，14名血气方刚的大学生：缪斌、王启周、许广圻、许庆圻、孙祖基、孙祖宏、赵谷音、杨荫浏、顾谷同、顾谷宜、杨树仁、高祖武、陆定一、杨文熵集聚在这里，决定成立一个组织，取名锡社。他们全都来自非富即贵的家庭，在大学生还屈指可数的时代，这批天之骄子就读的都是上海名校，王启周、孙祖基、孙祖宏求学于东吴大学法学院，陆定一就读于南洋大学（上海交大前身）电机系，荣宗敬外甥女婿缪斌是南洋大学学生会主席，也就读于电机系，25岁的杨荫浏则在圣约翰大学文学系学习。

他们选举22岁的缪斌为领导，决定把“坚毅、合作”定为组织信条，“提高邑民常识，促进无锡社会生活”作为组织宗旨，他们认为无锡邑民“缺乏国家及世界的观念！缺乏自由的思想！缺乏各种学识的研究！缺乏科学的知识！缺乏民治精神！缺乏公共道德！缺乏组织能力”！他们认为无锡社会的病源是“贫苦的人无受教育的机会！知识阶级见不到适应潮流的书报！普通民众听不见合乎潮流的公共演讲！教育机构不容纳活泼新鲜的思想！当权的人不肯放弃他狡猾的自杀政策！有势的人不肯换去他灰色的近视眼镜”！他们呼吁：“无锡还是人的世界吗？无锡社会过的还是人的生活吗？恶风怒涛排空的打来，纸老虎的模范县已经拆穿了。我们青年一致努力，共拿出——真的情，热的血，大无畏的精神，来修理弥补此已穿的纸老虎——故乡无锡！”他们一致决定要“永远勇猛的做去。锡社不怕危险，不怕劳苦，不怕威权，不怕任何困难。锡社不被威胁，不为利诱，不尚权利，不讲情面，不染私心，不因称誉而自满，不因攻击而自馁。凡是良心上觉得是的，都应当大刀阔斧的狠狠干去”。[①]

这批愤青们虽然是有产家庭出身，住豪宅，上名校，但他们受国民革命思想影响，怀抱改造社会之志。造化弄人，14人很快就在时代大潮中分道扬镳，人生结局天壤之别。缪斌在国民党内得力于吴稚晖的赏识，青云直上，26岁就任江苏省政府委员兼民政厅长，敛财有道，所修别墅今仍在（现新生路7号缪公馆），只是他当了汉奸，1946年5月21日在苏州狮子口第三监狱被枪决，终年44岁。王启周与孙祖基未到而立之年，都被缪斌提拔为无

①《锡社宣言》，《锡社一览》，1925年7月。

锡县长，29 岁的王启周未到任就突发疾病而早逝；26 岁的孙祖基接替县长，最终也因缪斌下台而丢官，其后也因投靠日本下场不佳。14 人中只有陆定一官位最高，在国共分裂之际，他背叛家庭投身革命，39 岁时出任中共中央宣传部长，中央委员，50 岁起就任政治局候补委员、中央书记处书记、副总理，享受党和国家领导人待遇。“文革”伊始，他被关押，身陷囹圄 12 年，饱受摧残。杨荫浏很早就与政治疏远，致力于民族音乐遗产的搜集整理和中国音乐史、乐律、音韵、古谱的研究，其最大贡献是及时抢救了瞎子阿炳的传世之作《二泉映月》。他活了 84 岁，没有大富大贵，也没有大起大落。

锡社成立一年后，1925 年 1 月，董亦湘主持，在城中公园多寿楼西侧空地——离锡社成立的池上草堂仅一箭之遥，召开无锡市第一次中共党员会议，建立中共无锡支部，会上公推薛萼果（孙冶方）为书记。以后孙冶方成为中国共产党的著名经济学家，他最早发现了计划经济的弊端，并为坚持真理而在秦城监狱坐了 7 年大牢。担纲无锡党第一任书记时的孙冶方刚刚考上无锡工商中学，还是一名中学生，未足 17 周岁。这位年轻的无锡党的书记不仅是共产党员，也是国民党员。当时国共两党“结婚”没多久。

第一次国共合作三年间，双方三日一小吵，五日一大吵，最终合作破裂，拥有军队的国民党向曾在一个锅里吃饭的共产党人下手，1927 年上海四一二事变消息传来的第二天，无锡总工会在公园草坪举行万名市民大会，委员长秦起发表演说，要求十四军军部释放被捕三代表王志昌、邹廷梁、石天民。会后他带领与会群众冒雨游行示威。4 月 14 日深夜，与公园一墙之隔的大雄宝殿总工会办公地遭袭击，秦起率工人纠察队员英勇抵抗。因寡不敌众，10 余名纠察队员牺牲，秦起等数十人被捕。他大义凛然，怒斥敌顽。15 日凌晨遭秘密枪杀，沉尸于河中。牺牲时年 20 岁。

秦家本是无锡第一大家，只是秦起这支因衰落而脱离上流社会。秦起生前绝对没有想到，他去世的 61 年后——1988 年 1 月 10 日，他的铜像在城中公园落成，几十年间，常有人在其铜像前献花祭奠。

早年的无锡国民党与共产党都在城中公园这块小小的方地留下了深深烙印。1911 年 11

① 江峰：《新建公园大门今天正式开放》，《晓报》，1949年10月1日。
②《代表高呼枪毙李资等六个恶匪》，《晓报》，1951年6月1日。
③ 无锡轻院626：《轻院文化大革命大事记》，1967年(内部发行)。

月6日无锡的同盟会会员在这里誓师，结束了清朝在无锡的200多年统治；1924年在此诞生的锡社，其成员分化成国共两个不共戴天的阵营；1925年中国共产党无锡支部在此诞生，党员人数寥寥无几，但他们浴血奋战，终结了国民党在大陆的统治。1949年10月2日晨，城中公园多寿楼前人声鼎沸，无锡的第一面五星红旗在此升起，标志着无锡进入了一个新时代，也标志着城中公园作为无锡广场政治中心的历史到此画上了休止符。

秦起在城中公园留影

为迎接中华人民共和国第一个国庆，新建的公园大门于10月1日正式开放，花架式的大门共有三道进出口，长三丈余，大门顶悬五颗红星，它历经两个月完成，“共费五千余万元，可以说是目前市区的一大新建设”。[1]

1951年5月31日，城中公园举行控诉大会。“控诉进行到高潮的时候，主席团宣布接受群众要求，将已处理的一批反革命分子中六个罪大恶极的李资、徐渊若、徐赤子、钱重庆、刘万通、孙仲侃押来会场。会场响起了‘撒开天罗地网’的歌声，这六个罪犯押进会场在人民面前跪下的时候，千百双手，指着他们高喊‘杀，杀，杀！’曾经压在人民头上杀人不眨眼的六个罪大恶极的反革命分子个个吓得战栗作抖，面无人色，当六个罪犯押赴第二、三、四会场的时候，高呼‘枪毙他’的声音立刻震撼了整个公园。”[2]随后这六名在国民党任职的官员在锡惠公园黄公涧被公开枪毙。

“文革”期间，天下大乱，城中公园又热闹异常。

1966年11月2日，无锡轻工学院（现江南大学）学生造反派“‘六二六’的战士接管了城中公园广播站，市内装上了几只大喇叭。‘六二六’的革命声音开始在无锡市内回荡。同时又在公园内举办了杨增（无锡轻院前院长，时任无锡市委宣传部长）罪行展览馆，每天有几千人踊跃前往参观。这一切对整个无锡市震动很大”。[3]

名流游屐地

比起梅园、鼋头渚、蠡园等风景区，城中公园因其无天然胜景，来此观光的“大牛”较少，但因它是市中心唯一的公共绿地，仍有一些名流在此留下印记。

1921 年 2 月 17 日，农历正月初十，著名实业家，声望如日中天的张謇从苏州来到锡城，受到无锡各界热烈欢迎。“吾邑赴站欢迎者县知事赵雪岑、三科主任钱孙卿等，实业界为广勤纱厂总理杨翰西代表杨拱辰，茂新面厂申新第三厂总理荣德生、福成纱厂代表杨仞千、九丰代表蔡兼三。商学界为三师校长顾述之、王楚先、赵子新、冯云初及赵菊泉先生曾孙赵介承等数十人。花车抵月台，是时军乐齐作，第一分所巡士水巡队队士县警察队巡士咸举枪致敬，啬老同来者有驻通混成旅旅长王凤楼、政客方唯一……下车后由赵介承为之介绍，一一握手，相见毕，赵知事即以四人肩舆抬啬老，张不受，卒乘蔡兼三包车，由赵介承、荣德生向导，陪啬老驱车至（惠山北麓）严家棚赵菊泉先生墓前祭扫，瞻墓既毕，即由荣德生招待至河塘王巧仙画舫洗尘，旋至李公祠前一观，即行坐船，驶至亮坝上岸，复乘车进城，至公园游览，先在池上草堂小憩，继乃遍游园中，登多寿楼远瞻一周，随即出园乘车赴站，时已三点半。送行者有荣德生蔡兼三等。”①

68 岁的张謇在无锡停留仅只有短短五个小时，除给恩师赵菊泉扫墓外，他只到了两个景点，一是惠山古镇的李鹤章祠，另一个则是城中公园。

1934 年 10 月 20 日，影视界一批大腕来到城中公园，被锡城的追星族们疯狂围观。当时的媒体对此有详细记载：

苏南各界人民代表会议第一届全体会议留影(1949.10.25, 三民摄)

上海联华影业公司导演孙瑜，昨上午十点三十九分京沪特快抵埠，带领着摄影师黄绍芬(陈燕燕的未婚夫)孟君谋和名书家裘逸群。男女明星金焰、罗朋、郑君里、张翼、韩兰根、章志直、刘琼、王人美、陈燕燕、黎莉莉、白璐、露露等二十余人，当由中南大戏院招待员杨祖梁、丁肇洪等招待至工运桥下画舫中休息，驶抵聚丰园用餐毕，又分乘街车至光复门至公园游览，时已一点半钟，预在公园西部无锡大戏院门首守候，欲一看野猫王人美，美丽的小鸟陈燕燕、电影皇帝金焰、甜姐儿黎莉莉及罗朋、韩兰根等庐山真面之红男绿女，白叟黄童，已不知有若干人。当导演孙瑜领导一群灿烂明星步入公园时，前后左右，围绕而观者，势如潮涌。各明星先在园内游览一周，继至同庚厅品茗。而一般观众又拥至该厅，将众女星包围得水泄不通，陈燕燕、郑君里二星即折入兰簃，观众亦围绕不散。孙瑜、金焰等则至球场察看，乃球场四周早挤得如人潮一般，同时我声震无锡的梁溪球队各球员早已在同庚厅旁品茗守候。谁知球场上早无插足之地，预约之篮球比赛，只得临时作罢，球员分头赋归。联华明星亦同至西码头下船，直至蠡园游览……[②]

1946年6月9日，田汉重游城中公园，“见墙上标语并写‘一个领袖，一个主义，一个政府’与‘实行民主政治’，似毫不觉有不调和处”。[③] 当年的田汉以这种春秋笔法启迪民智，表达对独裁者的不满。

① 《张季直莅锡志盛》，《新无锡》，1921年2月18日。
② 《星光灿烂照梁溪》，《新无锡》，1934年10月21日。
③ 田汉：《无锡之游》，《锡报》，1946年7月7日。

除作家田汉、明星秦怡、实业领袖张謇等曾在公园留痕外，还有不少无锡诞生的大人物与公园发生交集。

公园东南角曾有一汪碧水，面积达五六亩，名白水荡。15 岁的钱基博曾在此处徘徊凭吊。每当晨光微熹，夕阳在上，锦霞半天，倒映水上，随水波动，漫光耀金，深不见荡底。荡北古木四五章，间以灌树，参差倾斜，杂植水畔，高者摩苍天，卑者齐余肩。余顾而乐之，小步姗姗，问之父老，曰：此故明盛氏后乐园遗址也。当明天顺间，盛氏有副都御史讳颙者，冰壑其字，文章气节，负天下重望，宾朋相过，宴从者，日数百人。池馆台榭，占地三十亩许，一时称盛，而今何有哉！仅此半泓荡水，悠悠亘古耳。[①]

公园西南角归云坞的千孙大树，茎皮黝黑如铁，树干三人合抱不交，原为崇安寺旧物，树龄有几百年。“高干参云，枝叶茂盛，垂荫可数亩，亭亭如华盖覆阜巅。每当炎炎夏日，骄阳可灼，予尝携书息影其下，清风徐来，不知夏日之可畏也。呜呼美哉，此尤公园之殊胜也！”1917 年，钱基博年方而立之年，担任无锡县立图书馆馆长，市中心的图书馆与城中公园近在咫尺，钱常来到这棵高大的古树下避暑读书，思接千载。[②] 这棵古树何年离开人世，已无考。失去了古树，城中公园失分不少。

童年时代的钱锺书常到城中公园看连环画，那时带他的并不是父亲钱基博，而是大伯钱基成。钱基成没有儿子，钱锺书自小便被父亲过继给了钱基成。这样，大伯便成了钱锺书人生中的第一个老师，对他的教育倾注了很多心血。秀才出身的钱基成信奉“教之有方，顺天致性”的自然主义教育方法，每天下午授课，上午则带着钱锺书来到城中公园，上茶馆、听书、品民间小吃，城中公园给这位未来的大学问家留下了一段甜蜜的记忆。

1923 年至 1927 年，年轻的钱穆在无锡师范任教，他经常与朋友来到城中公园喝茶交谈，这情景耄耋之年的钱穆记忆犹新，在其所写的《师友杂忆》中多次提及。

无锡出生的世界级人物并不多，瞎子阿炳是其中一个，这位生前穷困潦倒、籍籍无名、饱受世人白眼的民间艺术家，就业地与居住地雷尊殿与公园相距只有短短的 100 米，他常来公园白相与卖艺讨生活。

小小的城中公园，既是平民百姓的休闲地，也留下了诸多大师级人物的履痕。

---

① 钱基博：《记无锡公园之景》，《新无锡》，1917年5月2日。
② 无锡市史志办编：《梁溪屐痕》，方志出版社，2006年，第130页。

梅园：百年间的盛与衰

历史上曾有许多私家园林，红火一段时间后，就因财产分割、家族衰落、时代变迁等因素，要么更换门庭（如苏州名园拙政园等），要么湮灭无闻（如无锡的东大池等）。但1912年建立的梅园，已经百年风雨，仍与创建者荣氏家族有着很深的联系。园中有园主荣宗敬、荣德生及其子荣毅仁的铜像，有大量图片介绍这个家族发家致富的历程与他们报效故乡的事迹。而蠡园与鼋头渚等公园的创建者，则享受不到这样的待遇。为何荣氏家族独享此殊荣？荣氏又有哪些成功密码？

两兄弟的财富传奇

园主荣宗敬与荣德生昆仲生于距梅园一公里远的荣巷，年轻时他们与家乡的同龄人一样，坐着小木船，经过几天几夜奔波，来到大上海。

在这个洋人成群的大都市，从学徒、实习生到一线操作员，他们经历着一个普通打工者所经历的一切。

1896年，是他们人生中最重要的一年。兄弟俩决定创业。那年一个24岁，一个22岁。

他们从父亲那里拿到一笔不多不算少的启动资金——1 500元，开设广生钱庄。

钱庄刚开始，业绩平平，经过几年经营，有了知名度有了客户群，1900年获利丰厚。

1901年兄弟俩又作出了一个重大决策，从金融界跨入一个全新的领域——实业，创办面粉厂。

20世纪伊始的中国，还是一个农业社会，工厂还是一个新鲜事物，当时的无锡只有一家工厂——杨家兴办的业勤纺织厂。

荣宗敬

荣德生

对于办面粉厂，荣氏兄弟完全是门外汉，时全国只有三家面粉厂，分布在上海与芜湖、天津。

面粉厂资金大，他们先是招股，以后扩股，实现控股。

1905年，尝到办厂甜头的荣氏兄弟又通过集资进入另一片新天地——办纱厂。

至1910年，敢于创业擅于经营的荣氏兄弟积累了丰厚的财富，在实业界站稳了脚跟。

财源滚滚的荣氏兄弟除了在老家添建新居外，1912年还购得东山山麓清初徐殿一进士的小桃园旧址，决定在此建造梅园。

早在1906年，荣德生与友人一起游览苏州刘园（留园），就萌生了要仿园西之一角，在家乡自建园林的想法。1907年，他坐船去玄墓（苏州邓尉山）赏梅，开始酝酿以梅造园的蓝图。

平生最薄封侯愿，愿与梅花过一生。梅花高洁、清幽的品性，孤标脱俗、傲立霜雪的形象，让中国许多文人对梅花情有独钟。自古至今，一代又一代人们之所以要咏梅、赏梅、画梅、颂梅，是因为梅花代表了一种清洁的精神、一种高雅的气质。荣德生虽是一位实业家，但他一直有文人的情怀。正是对梅花这种品质的挚爱，荣德生以梅为主题，出资兴建梅园。

1913年，荣德生请朱梅春设计，贾茂青督造，造园工程正式启动。这一年，植梅1300株，以后陆续增至3000株。1914年，建香海轩，凿研泉。1915年，建天心台、荷轩、招鹤亭；楠木厅上梁，两侧建东、西轩，翌年竣工，荣德生取《诗经·豳风》重稼穑之意，拟名曰“诵豳堂”。1916年，建留月村、揖蠡亭，筑园路，疏沟溪，架野桥，凿洗心泉于园门东侧。自金坛购得“米襄阳拜石”“嘘云”等太湖奇石，立于天心台前；自山东购得“快雪堂”残碑三百余方，砌于留月村壁间。种植大红枫一棵，来自苏州，因树大移植时要百人同时参与；得骨里红、重台等梅种上品及日本红、绿、紫双瓣樱花，植于园内。至此，梅园初具规模，荣德生亲书园名，镌于园门内一块高二米多的紫褐色巨石上。1917年，筑小罗浮景点。1919年，乐农别墅建成。

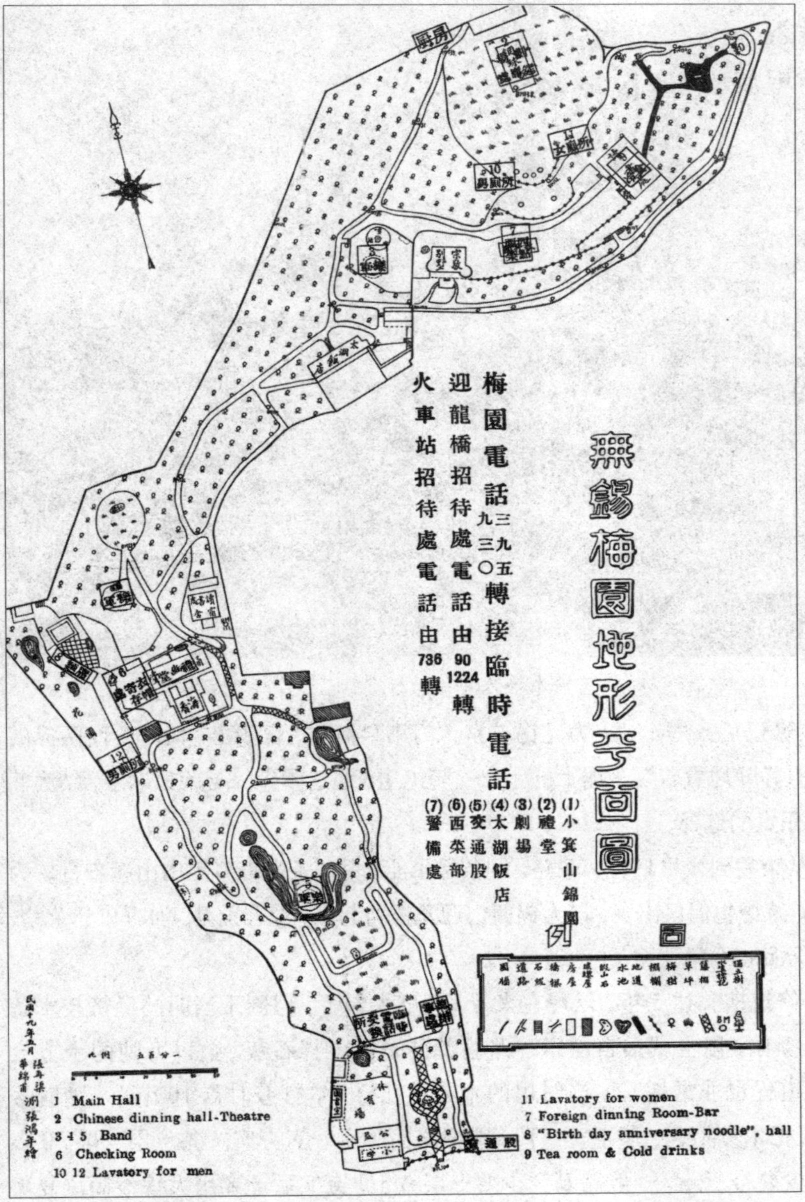
無錫梅園地形平面圖
梅園電話
迎龍橋招待處電話由90 1224轉
火車站招待處電話由736轉
(1)小箕山錦園
(2)禮堂
(3)劇場
(4)太湖飯店
(5)交通股
(6)西菜部
(7)警備處
圖例
1 Main Hall
2 Chinese dinning hall-Theatre
3 4 5 Band
6 Checking Room
10 12 Lavatory for men
11 Lavatory for women
7 Foreign dinning Room-Bar
8 "Birth day anniversary noodle", hall
9 Tea room & Cold drinks

无锡梅园地形平面图

无锡梅园

到 1920 年，荣家已后来居上，成为无锡首富。门第显赫、高官频出、横跨政商两界的无锡杨家、薛家都眼睁睁地看着后来居上的荣家一骑绝尘、遥遥领先。与荣家攀亲，结为儿女亲家成为他们最乐意的选择。

民国成立前，从荣巷到城里只有两条路，一条是坐船，另一条是沿着惠山山麓步行。为发展交通，1914 年，荣德生倡议出资，以无锡西门迎龙桥为起点，经大王基、河埒口到荣巷，新修一条马路名开原路 (今梁溪路)。

开原路 9 公里修筑期长达 5 年，以现在来看，速度太慢了，但囿于当时的经济技术条件，施工全靠手工操作，慢也就很自然了。路基部分是黏土拌石灰，数以万吨的土方全靠肩挑人抬，夯实道程也非常耗时。当时用的木夯重几百斤，打夯时需 10 个人，随着号子 10 人一起发力，把木夯抬起、落下，一下一下把路面一点一点夯实。黏土层一般 20 多厘米一层，每层至少要夯三遍，一般路基至少要三层夯土，夯实后还要用大铁滚筒反复碾压，直至达到质量标准。

每台压路滚筒重达两三吨，用四根绳索牵引，至少 12 人用绳索套在肩上，像纤夫那样一步步向前走，随着号子声一同发力，牵引滚筒进行碾压，最后铺上煤渣。

铺弹石路面也是非常耗时的手工活，从碎石、运输到铺设非常繁重耗时，那时的弹石并非像现在机切的那样整齐，全是石匠手工开凿出的形状不规则的金山石，铺设十分困难，因而施工进度非常缓慢。[①] 且开原路要跨越 8 条山涧，当时架桥也费时费事。“因要避开房屋，避开坟墓，避开有权势者的田亩，开原路变成了世界上唯一弯曲最多最大的公路。”[②]

开原路先是通到荣巷，后接着修至梅园（其路线与现在的梁溪路部分相同，张巷到荣巷路线向北移了 100 多米，以前从荣巷老街区穿过，那时还没有新开的京杭运河）。

1920 年，外地到无锡还只能坐火车坐船，不能坐汽车，因为无锡与外县没有公路相连(1929 年无锡与江阴公路通车，以后与宜兴南京上海公路联网）。作为无锡郊区的第一条公路，作为江苏公路的元老，开原路在当时确实非同凡响，它的竣工得力于荣氏兄弟、陆培之等土豪服务乡梓的爱心。

路通了，树大了，园子也成型了，于是一批中上层人闻香而来。

梅园的“童年时光”

北洋时代，梅园还处在成长期，虽有达官贵人光临梅园，但他们中手握重权的并不多。从文献上看，最早来梅园的名人是曾任浙江一把手的汤寿潜。1915 年，59 岁的他来梅园一游，“时规模粗成，树小石黄，不堪邀客”，园主荣德生写道。但翌年春，园主荣德生就邀请无锡前任知事丁石怀前往梅园[③]，这或许是本地报纸最早关于梅园活动的公开报道。其后，此类报道越来越多。

昨日为星期日，荣君特备西餐，折柬邀宾，开一游园会，列席者为县知事杨畦韭君、税务所长蒋簋先君，邑中则薛南溟君、杨翰西君、华艺珊君、高映川君、孙北萱君、钱孙卿君、蒋仲怀君、蒋哲卿君、荣吉人君、荣鄂生君及本社记者楚孙氏，主宾凡十四人，于上午

---

① 无锡市滨湖区政协编：《滨湖乡土》，南京大学出版社，2015年，第167页。
② 夏莲慧：《忆荣宗敬老先生》，《锡报》，1946年5月27日。
③《锡闻》，《新无锡》，1916年3月10日。

十一时分乘汽油船及人力车而往，由荣君导引，遍游一周，然后进膳，下午二时二十分钟始各尽欢而散。[①]

1920 年，荣氏兄弟已成为全国知名的实业家，他们交往的圈子更大，结交的闻人更多。3 月 21 日，他们包了一辆头等车厢，邀请上海名流赴无锡梅园赏梅。聂云台、黄任之、宋汉章、闻兰亭、周金箴、劳敬修、徐静仁、朱成章、张知笙、黄守华、孙直斋、黄伯平、关仁山、赵灼臣、罗叔羲、尹任先、张则民、姚家祺、石运干、西人海格等百余人，浩浩荡荡奔赴无锡，抵火车站后，步行约半里至北门塘河之新安会馆码头，再乘燎船，男宾分乘两艘，女宾一艘，由茂新号汽船拖行。河中货船纵横，岸上棉纱麦豆等行相接不断。船中午餐后，因梁溪河浅，茂新汽船不能拖行，换小汽油船逐只拖往梅园，每次约十五分钟即到。至下午一时许，主宾陆续上岸入园，由偕往之兆芳照相馆主摄影以为纪念。梅园在太湖及五里湖之北，至最高处约行半里，四方围以石墙，广百亩，植梅花二千余株。有亭二及荷花池小溪等，并有茶厅餐室住舍。该园由荣氏弟兄经营四载而成，任众游览，各处来游者甚众。荣氏弟兄曾办中小学校农事试验场等并筑自梅园至惠山之马路，甚乐为地方公益事也。后由荣君引至学校等处参观，再行登船回站即上原车回沪。[②]

实业家荣德生除与政府官员、工商界有较多互动外，他还喜欢与地方耆宿、画家记者交往。“梅园主人荣德生君，为联络感情、交流意旨起见，特于昨日午刻在该园设备午餐，宴请本邑政、绅、工、商、学、农、法、报各界及金石书画家等，茂新面粉厂前泊有汽船三艘，供遣送之役。来宾先后列席者有师兰亭、杨翰西、薛学潜、华艺珊、秦效鲁、唐保谦、蔡兼三、蒋遇春、侯保三、杨干卿、蒋仲怀、华叔琴、秦岐臣、吴观岱、孙荫午、蒋哲卿、尤雪臣、周含茹等三十余人。苏州名书家潘省庵先生挈其七岁之四公子一同来锡赴宴。午后一时，主人率来宾入座，依据议会式席次，各签来宾姓名，认明入座，一洗从前相互逊座，把盏举箸之恶习。越一小时半，席终，遂由主人荣君提议本月十日苏社诸公来锡之招待事宜，一致主张竭诚款待，俾尽地主之谊。至三点钟后，乃相率兴辞而散。”[③]

1922 年，鼋头渚还稚气未脱，知者寥寥，而此时的梅园已小有名气，一批贵客捷足先登。中国近代著名政治人物岑春煊，在国会议员吴景濂、章士剑，暨上海哈同花园女主人罗迦陵夫人等 30 余人陪同下，3 月初来到梅园，由园主人荣德生君设筵款待，岑春煊还在梅园小住十余日。[④]当年 11 月 3 日，青年军官蒋介石从上海坐火车，第一次来到无锡，在万顷堂观赏太湖后，前往锡惠风景区，途中他顺访梅园。[5]次年春，著名教育家马相伯也来梅园小住一段时日，4 月 26 日，荣德生假座梅园诵豳堂举行公宴，陪同的有省立育蚕试验所所长顾蔼人、无锡市学务委员蔡荫阶、县立第二高小校长辛伯森、私立翼中贫民校主杨干卿、私立学艺名誉校长钱镜生、无锡市立第一校长陶达三、省立三师教务主任钱子潜、教育家蔡松如、水利研究会会员胡雨人、开原乡董蒋遇春、震华电气厂职员顾冰生等诸君。[6]

梅园的"童年时光"，还较青涩，园主在这里接待的贵宾还多为地方名流与下野高官。但随着南京成为民国首都，梅园越来越火，一时间冠盖云集。

梅园的"花样年华"

1927 年至 1937 年，"天时地利人和"造就了梅园的黄金十年。地处政治中心南京与经济中心上海中间的无锡，得地利之便，成为众多名流大贾度假观光胜地；因工业发达，工厂林立，经济总量居全国第五位的无锡，作为一名"暴发户"，被社会关注，成为学习榜样；荣家百业兴旺，成为全国首富，政商界高端人物以到梅园、与园主共同举杯为荣，园主也敞开大门，笑迎各路豪杰。

为接待这些贵宾，园主不仅聘请大厨做大餐，而且还在园里建了宗敬别墅、乐农别墅与太湖饭店，提供住宿。

现在看起来极其普通的太湖饭店，1926年建成时却引起了媒体关注，因其设施先进，是锡城最高档的宾馆。"房间布置，一律照上海三马路新惠中特等房间式样。另开会议室、阅报室、运动场、弹子间、浴室、餐室等以备旅客之需。并备汽车四辆，往来于迎龙桥及梅园之间，规定每辆载客五人，单程收费半元，来回八角。此后往梅园游览者，益形便利矣。"[7]

太湖饭店为两栋两层楼，中建悬桥相连，房屋七上七下，资本三千元，荣氏兄弟与新世界经理张德卿合资经营，各占半数。开业典礼上，邀请了花界一批美女来助兴，她们中间

---

①《梅园宴集小志》，《新无锡》，1916年9月11日。
②《沪人赴锡游梅园纪事》，《申报》，1920年3月22日。
③《梅园春宴记》，《新无锡》，1921年3月5日。
④《梅园游屐 不尽名流到梁溪》，《新无锡》，1922年3月26日。
⑤ 中国第二历史档案馆编：《蒋介石年谱》，九州出版社，2012年，第89页。
⑥《马相伯游锡五志》，《新无锡》，1923年4月27日。
⑦《太湖饭店将迎客》，《新无锡》，1926年11月10日。

陈植(前蹲者)、杨廷宝(右1)、童寯(右2)、童诗白(右5)、赵深(右7)、童寯夫人关蔚然(右10)等在梅园留影(约1932)

“有王巧仙及韵芳新如意素贞春兰阿囡等多人，或为自往消寒，或为应征侑觞，莺嗔燕叱，谑浪终宵，电炬通明，城开不夜，寂寞之园庭，一时顿改旧观焉”。[①]

太湖饭店开张才一年，32岁的名作家郁达夫下榻至此，他用优美而流畅的文笔赞美梅园：

我在此地要感谢荣氏的竟能把我的空想去实现而造成这一个梅园，我更要感谢他们造成之后而能把它开放，并且非但把它开放，而又能在梅园里割出一席地来租给人家，去开设一个接待来游者的公共膳宿之场。因为这一晚我是决定在梅园里的太湖饭店内借宿的。

在梅园的高处，如招鹤坪前，太湖饭店的二楼之上，或再高处那荣氏的别墅楼头，南窗开了，眼下就见得到太湖的一角，波光容与，时时与独山、管社山的山色相掩映。至于园里的瘦梅千树，小榭数间，和曲折的路径，不过尽了一点点缀的余功，并不足以语园林营造的匠心之所在的。所以梅园之胜，在它的位置，在它的与太湖的接而又离，离而又接的妙处。我的不远数十里的奔波，定要上此地来借它一宿的原因，也只想利用这一点特点而已。(郁达夫《感伤的行旅》，一九二八年十一月)

与郁达夫一样，也有留日经历的学者钱歌川，而立之年时也曾夜宿梅园里的太湖饭店：

我们走进饭店，拾级登上悬桥，以往太湖万顷波光，全在眼底，湖中近渚远山，重重相衬。我呆呆地望着湖光山色，仿佛自身已登上了范蠡的一叶扁舟，而在湖中荡漾去了。等到他们把我唤回来，转身望了一下悬桥的另一方面，则见山下的麦田，金黄一片，登时使我联想到去春游平（北京），第一次登景山俯瞰故宫时所得的印象。

出太湖饭店沿路而上有招鹤亭，再上有石危峙，隙地一方，奥竖一绝大之太湖石，上镌“小罗浮”三字，背面刻有老梅一枝，从此地望太湖，更有如近在眉睫了。我们到太湖饭店不多时竟下起大雨来，初来时遥望太湖，那些眉黛一般的远山，清秀如画，谁知一雨之来，竟都隐匿到若有若无之中去了。古人所谓“山色有无中”，也许就是指这种烟雨濛濛的境界。（钱歌川：《初夏游梅园》）

荣德生撰写的对联

郁达夫、钱歌川用他们的文字给后人留下有关梅园的行踪，而达官贵人们则借助媒体留下了他们在梅园的印记。

1928年重阳节，时党国要人李济深、何应钦、缪斌、王伯群、张定璠、劳敬修、李煜堂、邓孟硕、王漱芳等及李夫人、何夫人、王太夫人、王夫人、缪夫人等，并南洋兄弟烟草公司主人简氏兄弟等一行三十余人，来无锡旅游，他们住在梅园的宗敬别墅与太湖饭店，10月21日上午九时，他们“自宗敬别墅及太湖饭店联袂出发，诸女宾分乘荣氏预备之汽车至码头，男宾则尽步行至船埠，相继登舟。秦县长、包公安局长、丁分局长、史常务均随船招待，由三汽船拖带，迳赴鼋头渚，由荣氏昆仲杨君翰西薛君明剑等，陪游广福寺、灯塔、一勺泉、飞云阁、未央馆、函谷诸名胜，摄影多帧，嗣即下船午餐”。[②]

1929年元月初，国民革命军第三集团军总司令兼天津卫戍总司令、国民政府委员、国民政府行政院蒙藏委员会委员长、太原政治分会主席、山西省政府主席阎锡山，乘新年休假，来无锡参观游览。事先工商部长电告无锡县政府、商民协会，转告荣德生、唐星海诸君妥为接待。

3日中午，阎总司令一行抵达无锡，即由荣德生等陪同，乘轮船至茂新第二面粉厂参观

① 《太湖饭店开幕志(沙翁)》，《锡报》，1926年12月25日。
② 《重阳佳节党国要人联袂莅锡详记》，《锡报》，1928年10月22日。

(遗址现为蓉运壹号文创园)。现时厂内正停机，不事生产，阎锡山问荣德生："这厂的停机，想必也是受了时局的影响吗？"荣德生回答："并非，皆因中国所产之小麦，不敷国内工厂之需要，现因原料缺乏，不得已而停机。"至是，阎锡山谓："那么，增加生产当然是刻不容缓的了。"荣德生称"是"。参观毕，上船进午餐。下午，参观源康丝厂、丽新染织厂、豫康纱厂、庆丰纱厂和广勤纱厂。在船中用晚餐后，至申新三厂参观，对男女工人询问甚详。直至晚上八点，才乘船去太湖饭店下榻。下榻楼上第五号房间。

4日清晨7时半，阎锡山由荣德生、荣鄂生、薛明剑、唐星海等陪同，至诵豳堂品茗赏画，游览梅园各处景点，并在天心台前合影留念。旋即乘船去鼋头渚，游毕返城，参观永泰丝厂、太平洋肥皂厂。中午，由县商会、商民协会、商团公会、纺织厂联合会、丝厂联合会、染织公会等六团体，在城中公园联合宴请，下午3点半，乘火车离锡返回南京。①

1929年4月14日上午，国民政府行政院院长谭延闿，偕其子侄，轻车简从，由首都悄然莅锡，谭院长等乘汽车抵梅园门首，下车后，遂换乘梅湖汽油渡船，开赴鼋头渚，游览广福寺、一勺泉、未央馆、灯塔诸处，历两小时，仍乘原汽艇返梅园，遍览诵豳堂、小罗浮、揖蠡亭，观赏诸胜，旋返太湖饭店，开第二号房间小憩，并进面点。②

国府卫生部部长刘瑞恒等一行四人，由南京乘特快列车，于1930年3月2日上午11时27分抵锡，县长孙祖基及荣德生、蔡兼三等在车站欢迎。出站后，即乘荣德生君预备的汽车，同赴梅园。

刘部长等既抵梅园，即由园主荣德生君导往各处游览。刘部长对于湖山风景极为称赞，并与欢迎诸君在诵豳堂后面摄一影，以留纪念。午刻由梅园主人为东道主，即就园内湖光山色之堂欢宴刘部长等。宴毕，即至太湖饭店略事休息。4时许，始同至申新三厂参观，约历半小时，5时许离厂。当晚9点15分乘特快车赴沪，欢迎诸君同赴车站欢送。③

1931年3月8日，内政部长刘尚清、外交次长王家桢等，均携内眷及随从等，登杨氏画舫，由邑人华艺珊君作东道主，陪同前往。实业部常务次长郑洪年及交通部航政司长蔡子平等，则乘蒋氏画舫，分赴蠡园鼋头渚及梅园一带游览，迨抵梅园时，见海军部司长许运华及省政府职员多人，暨前国务院总理顾维钧、前交通总长高恩洪等一行十数人亦来游览，刘部长等一行，抵梅园时，已在下午4时，由园主荣德生君殷殷招待，旋在太湖饭店第2号房间，稍事休憩，略进茶点。④

1933年10月30日，南京市长石瑛在无锡遨游湖山，住太湖饭店。1935年6月，时任国民党交通部常务次长（后任国民党宣传部长）的张道藩在无锡梅园休养三周。⑤

1934年，冯振先生在无锡国专已任教七载，每年他都要来梅园观赏梅花，在《梅园探梅》诗中他写道⑥：

梅花可感我知音，我为梅花岁几临。　七载于今无间断，万方多难苦沉吟。

折来每恨何由寄，爱极翻愁不可簪。　好把一枝相伴醉，坐看绿叶又成阴。

在荣氏昆仲邀请下，中央监察委员张静江、吴稚晖在1936年12月15日莅锡，荣德生等招待游览名胜，当晚寓太湖饭店。⑦ 同年12月29日教育部长王世杰、中央大学校长罗家伦，下榻太湖饭店。王部长寓五号，罗校长寓六号。⑧

1936年4月4日，财政部长孔祥熙，偕夫人宋霭龄女士及随从等，从南京乘火车来无锡，再乘小汽车数辆，赴梅园小箕山游览，至正午十二时在太湖饭店午餐，下午孔氏继续游览鼋头渚、宝界长桥等处名胜，至五时许返城。⑨ 这次孔祥熙是故地重游，六年前他就带儿子孔大卫游梅园。"孔部长乘荣德生君汽车，驶赴梅园。孔部长于舟次进午餐，分设两席，由唐星海、荣德生、蔡兼三、蒋哲卿诸君作陪。席次，孔谓生平酷爱山水，慕梁溪名胜已久，今与诸君作此快游，偿余夙愿，幸何如之。次畅谈山西商业，神采焕发，议论风生。孔部长至鼋头渚，意欲游山，由山僧为备藤舆一乘、短衣乘之，至陶朱阁等处游览。"当年的记者还详细描述了其形象："孔部长方面小髭，顶发已秃，目短视，架晶镜，服香云纱长袍，白洋纱短衫，白纺绸裤、丝袜革履，上下整洁，体肥白皙，和蔼可亲，与亚丹《访琴续记》中之彭城公子，仿佛似之。"⑩

除了高级干部外，太湖饭店还接待过会议代表、电影明星、学界先进。

1932年，中国纺织学会第二届年会在梅园召开，出席者一百四十人。会场设于梅园念劬

---

①《阎锡山总司令来锡考察实业》，《锡报》，1929年1月4日。
②《谭延闿院长来锡游览》，《锡报》，1929年4月15日。
③《模范工业卫生区可望实现》，《新无锡》，1930年3月3日。
④《党国要人联袂莅锡》，《锡报》，1931年3月9日。
⑤ 王由青编著：《张道藩的文宦生涯》，团结出版社，2008年。
⑥ 党玉敏等主编：《冯振纪念集》，广西师范大学出版社，2000年，第441页。
⑦《张静江吴稚晖昨莅锡》，《锡报》，1934年12月16日。
⑧《王世杰罗家伦昨莅锡》，《锡报》，1934年12月31日。
⑨《财政部长孔祥熙伉俪昨莅锡游览名胜》，《锡报》，1936年4月5日。
⑩《孔部长游锡鸿爪》，《锡报》，1928年9月10日。

塔下船厅，会议于下午六时开始，至深夜十二时散会。议题主要有：主席致开幕词，报告筹备经过，报告会务及经费收支情况，改选委员，宣读论文，通过议案。筹备主任汪孚礼报告，略谓：自从推定了筹备委员以后，到今天才得开会，大家由远道而来，冒着大雨，很可钦佩。因火车脱班，所以开会时间迟了几个钟头。但是无论如何，要将今天的会议程式做完，明天专门参观游览。如果天晴最好，若不好，只能大家风雨同舟，尽个兴了。我昨天同荣德生先生说，会场似乎太小。荣先生笑着答道：唯其会场小，大家才能团结在一块。(众鼓掌)这话说得很有意思，望大家都勉励着。但是今天下了雨，更将窗户都闭了，我们坐在里面，愈加团结得紧了(众又鼓掌)。会议休息时，梅园主人荣德生氏设宴招待。会毕，代表们宿于太湖饭店。①

1933 年 6 月 30 日夜，电影皇后胡蝶一行抵达无锡火车站，即雇汽车驶至开原乡，寓梅园太湖饭店。1 日上午游览小箕山等处。②

著名职业教育家黄炎培(任之)、杨卫玉等，于 1935 年 1 月 8 日下午四时由沪来锡，荣德生、薛明剑等在车站迎迓，雇车导黄炎培等至申新厂，参观各项设备，颇多询问。参观一过，仍由荣、薛两君备汽车同往梅园游览，并招待下榻于太湖饭店。③

1936 年 4 月 3 日，前国务总理熊希龄，莅锡游览湖山风景，寓太湖饭店五号。④

因太湖饭店吃饭最上档次，这里常成为宴请贵客、好友相聚的首选。1934 年 3 月 25 日上午十时，邓青城、严肖兰、周梅坡、汪静山、张补园、顾康伯、许仲威、王荫之等文人雅士，从茂新厂坐荣氏汽艇，驶往梅园，此时的梅园万花齐放，春意盎然。他们在太湖饭店开筵觞

梅 园

咏,“酒酣,钱名山乃行一令,须唱前人有梅字之名句,以次点座中客,到梅字者而饮,便须赓续,不宜有同。一时凝思欢笑,各有咏梅佳什,得五六十句。宴毕,起而散入花丛”。[⑤]

抗战爆发后,太湖饭店经营便画上句号,1947 ~ 1952 年间,曾用作江南大学教授宿舍,后来又曾作为申新三厂职工休养所,1960 年改为梅园招待所。2001 年起,公园管理处办公室移设于此。得益于媒介的记载与作家的文字,后人方知这小小的两层楼与那么多名人有关联。

还有更多的名人到过梅园但没有住过太湖饭店。如京剧大师梅兰芳 1933 年 3 月 19 日来梅园赏梅,引来众多追星族围观。“梅氏头戴折边丝绒帽,身御西装,手携摄影机一具,同来者有摩登少女二人,男子二人,一年五十许,一约三十左右。载言载笑,为状至乐。一般游众见梅氏,尾随不舍,大有欲献殷勤,思与梅氏一谈为荣者,为状殊为可哂。”[⑥]

1937 年春,国民党中央委员、驻美大使王正廷及中央委员、青岛市长沈鸿烈等,于 2 月 24 日晨由南京分乘自备汽车,于中午抵锡。午后一时许,由邑绅杨翰西、荣德生等陪同,分乘汽车,赴梅园探梅。复至小箕山、鼋头渚等处游览,并雇画舫遨游太湖。[⑦]

---

①《中国纺织学会第二届年会在锡举行》,《新无锡》,1932年6月20日。
②《电影皇后胡蝶女士来锡游览》,《锡报》,1933年7月2日。
③《黄炎培等莅锡》,《新无锡》,1935年1月9日。
④《财政部长孔祥熙伉俪昨莅锡游览名胜》,《锡报》,1936年4月5日。
⑤ 邓青城:《梅园观梅记》,《新无锡》,1934年3月26日。
⑥《梅兰芳梅园探梅》,《新无锡》,1933年3月20日。
⑦《王正廷沈鸿烈等昨联袂来锡探梅》,《新无锡》,1937年2月25日。

中新三厂

1937年3月14日，上海日报公会会员各报馆，申报、新闻报、时报、时事新报、民报、中华日报、大公报、立报等代表马荫良、赵叔雍、许灿庭、汪伯奇、王维桢、吴之屏、王季鲁、崔唯吾、潘公弼、郑希涛、袁叶裕、吴中一、叶雪松、梁秀予、李子宽、徐铸成、严谔声、萨空了、许心一等三十余人，由沪乘八时卅五分特快车来锡，在大有栈码头上船，在船中举行年会，会后聚餐，游览鼋头渚、小箕山，至梅园观梅。[①]

4月10日，中常会主席汪兆铭（精卫）偕其夫人中委陈璧君暨公子等，又中委曾仲鸣夫妇及随员等七八人，由沪分乘汽车二辆抵锡，迳驶梅园。汪氏衣灰色西装、黑皮鞋，态度潇洒，精神健旺。汪氏一行，在园内细观樱花，旋即出园，赴小箕山，乘渡轮至鼋头渚，移时仍乘渡轮返小箕山登原汽车，直抵吾邑车站，乘下午六点十九分锡开沪京特快车晋京。[②]

巅峰时刻

创始于1912年的梅园，历经二十年不断建设，已日臻完美。小树苗长大成林，诵豳堂、乐农别墅、太湖饭店、高尔夫球场、念劬塔次第竣工，这座占地81亩的私家园林，已成为无锡著名的风景名胜区，名闻遐迩，吸引着八方宾客。

就在梅园各项基建收官之际，在荣家各企业财源滚滚蒸蒸日上之时，荣宗敬六十华诞来临了。

于是，刚刚成熟的梅园为这场规模盛大的庆典提供了绝佳平台。

为使这场庆典办出档次，荣氏对梅园进行了精心“包装”，使其披上了节日盛装。

大门前，工人们搭起了一座五彩牌楼，其高约3米，四面均可出入，正中扎长脚“寿”

字两个成一大圆图案，几百盏电灯，挂在上方，光耀夺目，如入不夜之城。

由大门入内，向左行约五十步，突见一台，矗立于旁，中扎著名灯彩一座，再由假山石洞匍匐而行，直达用黄石筑成、高 2.5 米的天心台。六角形的台上，陈列着纱制八仙寿桃一盆，其上有绿色兵船一艘，两旁写有英文，译作茂新公司字样，这是荣氏茂新面粉兵船的"Logo"（即商标），设计者匠心独运，颇具巧思，中缀小电灯无数，光彩夺目，玲珑剔透，在全园夜色中，独擅胜景。

园内行人道上，悬挂华灯，插着寿旗，五色缤纷，美丽可观，其中最具特色的，当属特制的三角寿旗，用道林纸五彩精印，中绘三星，大小不一，旁有六旬双庆及双钩"寿"字样。

寿庆礼堂设在诵豳堂，这座古色古香的楠木大厅中间，摆放着一个极大的寿桃，四壁遍悬王晓籁、孔祥熙、马相伯、张寿镛、宋子良、黄炎培、蔡培、顾祝同、何玉书、李济深、虞洽卿等政商要人送来的寿幢对联。

各界赠送的银盾金鼎、金银爵、玉如意各种古玩等，也一一陈列在礼堂中，加起来不下二百余件。

这次大典上，行政院代理院长兼财政部长宋子文给荣宗敬发来贺电。

前来给荣氏祝寿的除了亲朋好友、生意相关者外，还有不少是有头有脸的商界名人。大典前一天乘火车赴无锡祝寿的来宾多达 4 000 人，无锡各宾馆皆爆棚。

由是接待工作变得颇为繁重。时无锡汽车数量有限，不得不从上海利利汽车租赁公司租借了 20 辆黄色皮篷大车，因锡沪之间公路尚未贯通，这些汽车都是通过火车托运来无锡。

铁路方面为应付到荣家祝寿的客流，不得不加挂车厢。9 月 1 日上午七点增加 1 节车厢，专售来锡贺客；九点加挂 2 节车厢，下午三点三十五分还特开一趟贺客专列，有 2 节一等车厢 3 节三等车厢；2 日上午七点、九点各加挂 2 节车厢，晚上九点又加开了一趟由锡回沪的火车专列，以利贺客返程。

荣家在火车站特设招待处，招待来自南京、上海的宾客。虽然无锡所有的汽车与从上海租借的汽车共 50 来辆都投入了接客，但还是满足不了需要。荣家还再租借了 29 艘汽船，运送客人到梅园。这些汽船都上插荣宅红旗，一字排列在火车站前的城河上，引来了络绎不绝

---

①《报界巨头在锡集会》，《锡报》，1937年3月15日。
②《中常会主席汪兆铭伉俪莅锡游览》，《锡报》，1937年4月11日。

的看热闹民众。在大有机码头，荣家雇了杨、谢、冯三家公司的画舫，供客人们游湖。

为利交通，荣家派人对火车站到梅园的道路进行了加工，铺上黄沙，但庆典前天公不作美，连日大雨，致泥土翻起，交通不便。为此，荣氏又雇人对被毁地段予以修补。

9月1日晚7时，由上海开往无锡的贺客专列，经过三个半小时的行驶，抵达无锡火车站。无锡的地方大佬如县商会的杨翰西、蔡兼三、陈湛如、杨蔚章以及前县长孙祖基、国民党中央委员缪斌等都早已在站台迎候。火车入站时，军乐团奏乐。

乘坐这趟专列的有全国商联会主席林康候、海军司令杨树庄，上海市商会主席王晓籁、巨商火柴大王刘鸿生、实业部司长穆藕初、永安公司纺织厂主郭乐、上海中国银行经理张公权暨上海黑道大佬杜月笙、张啸林、季云卿、荣纳根等，其中杜月笙与张啸林的规格最高，他们的花车挂在最后一节车厢，下车后即由军警护卫，乘车来到太湖边的小箕山荣氏锦园别墅，参加欢迎晚宴。

2日早晨，江苏省主席顾祝同、国民政府实业厅厅长何玉书也专程来到无锡，给荣宗敬祝寿。

在达官贵人云集无锡时，无锡的公安干警与商团全体出动，维持秩序，并在太湖鼋头渚、万顷堂等处，停泊三艘军舰，担当保卫工作。

荣氏梅园虽是私家园林，其建设与管理费用都是荣家承担，但自建园以来，一直对公众免费开放。因举办生日庆典，荣家在报纸上提前发公告，9月1日至3日这三天，不对游人开放。

9月2日，庆典当日，看热闹的民众挤满了从西门到梅园的开原路。老百姓景仰荣氏兄弟的大名，传闻荣寿的热闹场面，所以争先恐后，奔赴荣巷与梅园。

梅园门口虽有工作人员看守，但宾客太多，一些看热闹的民众也混入园内。

午餐时，梅园里摆放了300来桌酒席，不一会儿，每一桌都是人头攒动，后到者无位可坐。事后统计，共有五六千人在梅园用餐，真正的贺客不及十分之四，其余的都是到园看热闹，乘便大吃寿酒。来的都是客，荣氏一律热情接待，一时传为佳话。

这顿饭规格很高，它由无锡最著名的酒店——迎宾楼的厨师承包，标准是中菜部分每桌12元，菜是四盆八大碗，西餐部分的外宾每客2元的标准。当时汽水还很稀奇，普通民众难得享受，这次寿宴上，用当时最好的两个品牌汽水：正广和与屈臣氏。

因传言荣氏寿宴一些食材是“日货”，无锡血魂除奸团给陈品三与迎宾楼，连发两函，内附子弹，时上海“一·二八”事件刚结束后不久，全民反日情绪非常高昂，为避嫌疑，鱼翅等物就摒弃未用。

小学生们也加入了庆典行列。自1905年科举废，学校兴，荣氏兄弟就捐资在家乡荣巷办起了公益第一小学，其后如同开连锁店一样，他们在家乡开设了四所公益初小，四所竞化女校。受益于荣氏捐资助学的学生以千计，值此荣氏称觞之期，9月1日晚7时，300多名学生在老师带领下，联合举行提灯游行，他们手持各色灯笼，从荣巷出发，直达梅园念劬塔下，一路高唱祝寿歌。那美妙而动听的童声合唱，引发附近的民众驻足观看。

庆典前夜，园内园外都搭台唱戏。园外戏台设在荣巷荣宅后面，演员来自本地庆升班。他们连唱了三晚，戏曲内容没有任何雷同，方圆十里八里的老百姓，扶老携幼，前来免费观看。戏场周边有104个小摊小贩，设点营销，更添拥挤与热闹。听着这喧天的锣鼓，品尝着本地的小吃，观众们分享着荣氏庆典的快乐。

园内戏台设在山巅高尔夫球场临时大剧场，为各票友表演之所，不少上海名角前来助威。9月2日晚的演出中，三位闻人皆粉墨登台客串，44岁的杜月笙演《刀劈三关》，全国商会联合会理事长王晓籁演《全本沙陀国》，上海滩“三大亨”之一的张啸林演《硭砀山》，这三人都是戏迷，这次在梅园，他们出手不凡，引得众多观众大声叫好。

本次庆典还特邀上海联华影业公司电影明星阮玲玉、王人美、林楚楚来捧场。时阮玲玉才22岁，但已主演了18部电影，以其清丽脱俗的容貌与卓越非凡的演技，在全国拥有大量“粉丝”；王人美当年芳龄十八，以其青春活泼的银幕形象一举成名；28岁的林楚楚也为观众所熟悉热爱。这三位明星的到来，更让梅园庆典锦上添花。原计划邀请京剧大腕梅兰芳、马连良参与庆典，一展身姿，后因其分身乏术，未能来锡演堂会戏。

荣氏兄弟接受教育不多，但他们一生非常重视文化教育，同一些文化名流也有频繁互动。

庆典期间，本邑大画家如华艺三、胡汀鹭、王云轩、钱松嵒等挥毫泼墨；由举世闻名的国学大师唐文治作序，九三老人马相伯题签，荣氏集团多才多艺的经理人薛明剑编辑的寿庆专刊《杖乡导游录画册》，在庆典前已印刷装帧好，庆典期间分赠嘉宾，里面收录寿文来自全国纱厂联合会全国各纱厂代表敬祝、湘潭秦炳直拜撰；上海同乡袁可桴丁仲祜等108人敬祝、华文川拜撰；上海华商纱布交易所理事长暨全体理事监察评议及经纪人公会会长等敬祝、赵宗抃拜撰；福新各面粉厂同人敬祝、沈寿桐拜撰；申新各纺织厂代表敬祝、唐文治拜撰；申新各纺织厂职员敬祝、严懋功拜撰；申新各纺织厂工人代表敬祝、孙肇圻拜撰；徐祖善顿首拜撰；世愚弟顾倬率子复拜撰祝；太仓浮桥申新办花处同人鞠躬敬祝。

这些出自名家的寿文辞藻华丽，情感丰沛，字里行间充满对荣宗敬夫妇的溢美之词，仅摘录一段华文川撰写的祝寿文以供赏析：

先生当就傅之年，已获非常之誉，岂读书然后为学，即小试亦见所长，方其辞梁溪，游歇浦，晏婴近市，虽无意于锥力，范蠡能谋，聊运心于泉币，参消息盈虚之理，自可通神。有权衡子母之才，已无余子。先生以为非兴实业，无以策一国之富强；非足衣食，无以及跻斯民于康乐。有白傅大裘之愿，忍见载道之饥寒，表杜陵广夏之情，遑计前程之利钝。于是结束钱肆，兼营纺织面粉业焉。

教育乃国本所关，应有树人之计划，慈善在地方尤要，宜为仗义之先声。先生则乐育英才，里乡犹闻弦诵，平治单路，崎岖悉化康庄。他如水旱之偏灾，捐输之义举，第见其解囊恐后，何曾以嘉奖为荣？此则先生之热心公益也。

声色狗马，大都世俗所酣嬉，风月烟霞，均足消磨其志气。先生持躬克俭，治事能勤，杜绝浮华，屏除俗好。惟分阴之是惜，无半日之偷闲。此则先生之严以律己也。

……

除这些华美的祝寿骈文外，荣家还收到了大量寿庆诗词，诗词作者都是当时的名士名流。国学大家钱基博题诗：

商战两荣说两雄，长公六十已成翁。名园索笑梅千发，难弟侑觞酒一盅。

骥志不休船上濑，鹏图无敌草以风。更能有妇如康子，比德齐眉事事同。

知名金融家张公权也诗兴大发，礼赞荣氏：

天上双星灿极婗，新凉时节敞华筵。最难手创惊人业，民食关怀独占先。

万树梅花忆故乡，名园胜景乐徜徉。甘回蔗境人争羡，艰苦何曾不备尝。

灵荣不羡薄簪缨，秀挹湖山得气清。岂独齐眉媲梁孟，后贤继起尽知名。

金融策划幸同舟，矍铄精神孰与俦。试问老人经岁月，要从海屋纪添筹。

三次出任无锡县长的秦毓鎏曾赋诗祝愿：“俟君七十开双庆，扶杖婆娑睹太平。”

1932 年的寿庆是梅园历史上的“尖峰时刻”，为筹办大庆，荣家花了 5 万多元（时普通工人月薪 12 元），用于大典会场布置、人员接待，仅堂会剧场，搭一个临时建筑——极大凉棚一座，就需时半月，代价计 1 000 元。凉棚内能摆酒席七八十桌。

这次荣宗敬与德配陈夫人六十双寿，在荣巷家宅、梅园与太湖边的锦园设立寿堂，招待宾客，梅园是整个寿庆活动的主会场。

为保证整个庆典工作有条不紊，特设了荣寿处，荣德生担当“总提调”，下设10股，各司其职，各股主任如下：总务股，荣尔仁，丁梓仁，薛明剑；布置股，施之铨，孙齐衔；电气股，陈祖光，李秀香；饮食股，陈品三，沈赞南；招待股，郑翔德，尤文渭；庶务股，华学仁，徐觉粹；消防附交通股，陈子宽，张樵生；卫生股，唐元春；警卫股，高崇山，吴正荣，刘春兰；会计股，窦慕仪，张仁山，张振千，荣靖庵。

上述人选，皆是荣氏集团老臣、骨干，他们有着超强的组织能力与团队精神，从而为寿典的成功举办提供了强有力保障。

庆典上，还请上海派拉蒙公司特派技师全程录像，其后由上海明星公司剪辑成纪录片《黄金之路》与《道德宝鉴》。两年后，荣德生花甲庆典上，在荣巷大公图书馆里给宾客放映了这两部短片。遗憾的是，这些极其珍贵的影像资料已无觅踪迹。

原本荣宗敬的庆典安排在2月20日，周六，农历元宵节——梅花盛开的季节。可这美好的愿望在日本的铁蹄声中化为泡影。1月28日，日军在上海与中国军队发生激战，持续了一个多月，直到3月3日才停战。

“起死回生”

荣德生亲手打造了梅园，看见了梅园的花样年华，见证了梅园的巅峰时刻，但也看到了梅园的萧条与衰落。

1937年8月13日，中日军队在上海展开激烈对抗；10月6日，日机轰炸无锡车站，弹片飞入车站新仁堆栈，荣家仓库里的货物化为灰烬，损失巨大；10月中旬，在日本飞机轰炸下，工人弃厂回乡下，各厂不得不停产。一直忙得不可开交的荣德生此际清闲起来，每日从荣巷老宅出发，赴梅园与朱梦华先生品茶清谈，至傍晚始归，如是者接连两星期，直到11月15日他才乘车离开无锡，向武汉撤退。人可以走，但园子搬不走，梅园如何在大乱中不被破坏？如何才能在浩劫中大难不死？荣德生曾有思考，但苦无良策，他只能祈求上苍，保佑家人与园子能平平安安。

但是难躲不过。荣氏企业在战争中遭受巨大损失，远走香港的荣宗敬心气不顺，于1938年2月病逝异乡，年仅66岁。

日本侵华时被毁的茂新第一面粉厂

被毁的无锡申新纺织厂

逃难后方前，荣德生请贾茂青的女婿蒋叔方照看梅园，但乱世中，梅园曾一度被土匪霸占，园林建筑毁损严重。屋宇门窗无存，联额全失；亭台湖石倾圮，花木被砍。闻此信息，荣德生心绪难平。

1943 年农历正月二十日，荣德生从上海回到无锡，这是他抗战中第一次回到故里。在以后整理的乐农纪事中，他写道："梅园门口大梓树一对已不见，其余花木尚存。大厅及两轩，门窗俱无，匾对皆空。惟老梅花发，分外精神，暗香疏影，含笑迎人，不见六载，重逢格外可爱。且较以前长大不少，苍老多姿，殊胜昔日矣。园内四周无恙，直至山巅，环顾湖光山色，依旧美好。时适微雨，凝望徘徊，不觉衣之湿也。"此时，战争已进行了六年，何时结束仍是未知数，年近七旬的荣德生，看着这熟悉的园子，看着这变粗的梅树，在雨中思索，何年何月才能让梅园重焕生机？

1943 年 9 月 13 日，经过海上漂泊、汽车颠簸与多年厝置，荣宗敬灵柩终于回到了他熟悉的荣巷老宅与梅园，在诵豳堂公祭后，14 日在太湖边的杨湾安葬。这块墓地由荣德生选定，据他说，墓地"乾山巽向，后枕全山面临太湖，气概雄浑，为不可多遇之地，与吾兄身份、事业亦相称"。虽然兄弟手足情深，但荣德生没有回无锡为哥哥送最后一程。

1945 年 8 月，日本投降。荣德生委托申新三厂厂长郑翔德派员前往管理，进行整修，次年正月十三日，荣德生来到梅园，此时"梅园草草修理，已用去法币六十余万元。梅花正含苞待放。二十四日再度观梅，花已开齐，树亦比昔苍老不少。九年不见梅开，倍觉心神怡畅，各地来游者甚多。"[①] 古稀之年的荣德生，雄心不减，他请申新三厂工程师戴念慈作园景规划，绘制“渲染图”十幅，期望让梅园重焕生机。可不久，荣德生在上海遭匪徒绑架，经济、身心均受重创，加以时局动荡，恶性通货膨胀等原因，梅园未能恢复旧观。

1946 年 4 月 11 日，国民政府陆军总司令兼总参谋长何应钦上将偕同第一绥靖区司令官汤恩伯等，重游梅园。“何总长拾级而上，顾左右景物不胜感慨，梅园后部植有日本种之樱花甚多，因春雨阑珊，已在落花时节，红粉飘零，满地狼藉，亦足象征樱花国家之败亡，寓意深长。何总长与汤司令官等即在樱花丛中，摄取一影，旋即率同全体赴念劬塔休息，并上塔顶远眺。”②

1947 年春，国民政府副主席、孙中山长子孙科来到无锡，荣德生与其畅谈，并陪同他参观梅园。

1948 年 9 月 13 日，中华民国副总统李宗仁一行来到无锡，下午五时许，游览梅园，园主荣德生，闻知李氏莅园消息，早在园中迎候，李氏伉俪，曾在园内景色佳丽之处，留影多帧，并在梅园管理处，小坐品茗，与荣德生畅谈无锡工业情形，至六时始离梅园。

抗战后，国民党高官也不时光临梅园，但与战前相比，其人数其规格都有小巫见大巫之别。梅园如同人生一样，有高潮有低谷。曾经光芒四射的梅园，永远成为过去，这让风烛残年的荣德生唏嘘不已。

1948 年底，走还是留成为众多资本家必须面对的难题。荣德生的不少老友与亲属纷纷移居海外，可荣德生意志坚决，他要留在故乡，迎接共产党到来。1949 年初，无锡地下党派人与他在梅园见面，向他通报信息。

共产党执政后，首都由南京移至北京，干部们对自己要求较严格，梅园里很少看到干部的身影，荣德生也不能像以往那样，与官员们把盏言欢。1950 年代初，梅园里人气大不如从前。

1952 年 7 月，荣德生逝世，享年 77 岁，他的灵柩暂厝梅园诵豳堂西厢房近半载，翌年 1 月归葬孔山里。从 1912 年打造梅园，到 1952 年灵柩暂厝梅园，梅园与荣德生相伴了整整四十载。梅园曾给他无穷欢乐，也曾让他牵肠挂肚。虽然他的生命结束了，但他打造的梅园却延存下来，成为无锡的一张亮丽名片，成为民众赏梅休闲的好去处。

---

①《何总长游锡名胜》《锡报》，1946年4月12日。

②《乐农自订行年纪事》，上海古籍出版社，2001年，第182页。

李宗仁(右二)和夫人郭德洁(右一)与荣德生(右三)在梅园合影(1948.9.13)

园中曾有读书声

除了赏景接待外，梅园内部还附设一所小学——公益二校，其位于梅园门内西侧。荣氏成为实业巨子后，非常重视捐款兴学，“园主人以经营实业起家，现办中学一所，小学五所，女学四所，图书馆一所，共有男、女学生千余人，年需经费三四万元”。如果按赞助教育经费多少搞一个排行榜，在无锡荣氏兄弟绝对是遥遥领先，在全国他们也能名列前茅。

1905 年科举废，学校兴，荣氏兄弟就捐资在家乡荣巷办起了公益第一小学，1913 年又新增了公益二校，此校起初利用梅园附近的徐巷上关帝殿旧址，后因徐氏族人反对，荣德生便在梅园内特建校舍十间作新校园，1916 年 2 月 23 日举行了开学典礼。荣德生与开原乡学董蒋仲怀都到场演说，鼓励学生勤奋问学。

时公益二校为初小，从一年级到四年级，学生总计在一百人左右，只招男生，学校管理松紧有度，严肃活泼，颇受好评，常有外校师生参观取经。1917 年 3 月 16 日，苏州省立第一女子师范学校学生 20 余人，在校长带领下来校学习[①]；22 日无锡市北门外贝巷上私立振秀女校校长吴王镜带学生 30 余人来此参观。[②]

公益二校注重学生的全面发展，成绩喜人。1921 年 6 月 18 日该校邀请十多所学校的师生与相关教育界人士等千人来校参观展览，校董荣德生，经理荣鄂生、荣少章亲自接待。展览分文艺馆、美术馆、表册馆、理想教育室四处。文艺馆陈列缀、算、书法、尺牍等平时成绩，以书法及白话文法练习为特色。美术馆陈列手工、图画成绩；其中梅园模型、成绩塔沙盘，让人叹为观止；表册馆有关于社会、学校方面的调查表。理想教育室之布置，极合个性教育、自然教育。[③]

1927 年春，时局的变化，公益工商中学停办，部分学生要求继续求学，荣氏子弟也要上中学，是年秋荣德生在梅园留月村设读书处，分初级、高级二组，学制各为两年，教授中学课程，主要课程设有国文、英文、数学、国术、修身和专题讲座等。第一年招收学生二十余人，吃住都在园中。后来学生逐渐增加，校舍不敷使用，乃于 1929 年在豁然洞旁建造经畲堂新校舍，并把读书处正式命名为“豁然洞读书处”。经畲堂有正厅三间，东、西厢房各一间，以廊轩相连接。正厅为讲堂，东厢为墨苑，西厢为书苑。“经畲”之含义，是勉励学生要像农民那样辛勤耕耘，认真学习，熟读经书，懂得有关社会和人生的大道理。

对于豁然洞读书处应该采用一种怎样的办学方式，荣德生曾和原公益工商中学校长钱基厚进行过讨论。他们对继科举与书院停办后而兴起的学校教育都不满意，认为其“皆人才教育，而非公民教育”，过分注重专业知识、专门技能，忽视了教育除了传授知识外，还承担培养学生和谐人性与个性，帮助受教育者形成正确的人生观、道德观、价值观等方面的功能，在新旧对比中，他们感觉中国传统的书院教育、家塾教育有诸多可取之处。

为此，他们决定豁然洞读书处采取以家塾组织、学校教科，而参书院精神的办学方式，这是荣德生等人想要将中国古代书院的某些传统精神重新融入现代学校教育中的一种尝试。在“参书院精神”的办学理念下，所形成的具体的办学特色，一是在办学宗旨上，注重人格训练；二是在课程设置上，以国文为主，强调学生学习原典；三是在教学方法上，于课

---

①《市乡琐闻》《新无锡》，1917年3月17日。
②《参观学校志闻》《新无锡》，1917年3月25日。
③《公益二校教育成绩实验会志盛》《新无锡》，1921年6月20日。

堂讲授之外，注重培养学生个人读书、自我学习的习惯与能力；四是在师生关系上，小班教学、因材施教、朝夕相处，密切接触。[①]

读书处强调精，其规模甚小，其办了将近十年，只培养了近百名学生，荣德生的三儿荣伊仁（一心）、荣毅仁、五儿研仁和外孙蒋元基（新一）、丁宜生等，都是在此完成中学课程后升入大学或出国留学的。国文教员朱梦华先生收集历届学生作文373篇，诗词229首，对联77副，汇编成《梅园豁然洞读书处文存》四集，共计四十余万字，由荣德生、朱梦华、钱孙卿等人作序，于1929年、1931年、1934年和1935年先后刊印，为近代中国教育史的研究，留下了一份非常珍贵的第一手资料，也使后人读之不得不对当年学生的文字表达能力、问题分析能力敬佩不已。

时间证明，读书处的办学成绩要优于纯粹的学校教育。荣德生本人对此有过总结："人才为先，一切得人则兴。……事业之成，必以人才为始基也。然人才之兴……皆教育之得法与不得其法耳！余历年所办学校，以工商中学得人为盛，次则梅园读书专修班造就亦多。工商毕业生都能学得实用技术，今日各工厂、各企业任技术员、工程师、厂长者不少，尤以纺织界为最多。豁然洞人才大多精研学理，品德优良，从事社会事业或自创企业，颇不乏崭然露头角者，虽非纯粹技术，亦能有裨实用。"

1906年刚过而立之年的荣德生就开始了捐资助学，其后他赞助办了十多所小学与中学，总计花费几十万元，捐款兴学数量之多，其在无锡首屈一指。1947年，年过七旬的荣德生决定在家乡办一所大学，他花巨资购地、建房、添置设备、聘请名师。

因江南大学新校舍尚未完工，第一年师生们分散住在公益中学、荣巷荣家老宅与梅园里面。如乐农别墅就曾是刚从中央大学农学院引进的知名教授金善宝的临时住所。江南大学的科学图书出版社等机构也设在梅园内。小学、中学、大学都曾在梅园存在过，一个私家园林同教育的所有阶段都有关联，这也是梅园非凡之处。书声琅琅，曾是梅园的一大风景，这一风景曾持续几十载。

其实，早在江南大学兴办之前，荣德生就想引进复旦大学到无锡，从而为家乡培养更多高级人才。

1936年冬至1937年春，钮永建、吴稚晖等人提议，将上海的复旦大学迁锡扩建，得到蒋介石"欣赞"。经吴稚晖联络，荣德生捐资购得太湖边大力嘴（又称大力渚、大雷渚、大雷嘴)山田 1014 亩，通过江苏省教育款产处转赠给复旦大学作为迁锡建校基地。

3 月 13 日，考试院副院长钮永建，前日由京乘自备汽车来锡，与吴稚晖、叶楚伧、吴忠信、钱新之、李登辉诸氏，往大力嘴察勘山田，筹备兴建民众大学，并商讨复旦大学迁校事宜。28 日，吴稚晖与钮永建、钱新之和复旦副校长吴南轩、前校长李登辉、教务长章益、总务长殷以文、理学院金问洙院长等，再次到大力嘴察勘，分别由京、沪乘车抵锡，于梅园会集。荣德生亲往迎接，并在梅园设宴招待。

1937 年 7 月抗日战争爆发，复旦迁锡遂告中断。抗战胜利后，从 1945 年 11 月至 1946 年 3 月，荣德生又曾多次在梅园接待来自重庆、南京、上海的政府官员和复旦领导，为复旦迁锡多方奔走，支持“复旦大学复员委员会驻锡办事处”的工作，协助勘察、修缮临时校舍，迎接先期来锡的学生上课之用，并积极筹备建设新校。不久内战爆发，复旦迁锡终告无果。当年，荣德生先生在梅园为复旦迁锡曾做了大量工作，只是谋事在人成事在天，两场战争的爆发使他的梦想难以实现。

从私产变公产

1955 年 9 月，荣毅仁根据父亲生前遗愿，将梅园及横山土地一百五十余亩，除乐农别墅留作纪念其父外，全部献赠国家。无锡市人民委员会(即市人民政府)委托建设局派员接收，与原来申新三厂派来的八名工人一起管理梅园，并陆续对园内各处景点进行修缮。

1960 年起，梅园开始向东发展，建设新景区“松鹤园”，种植梅、桂、黑松等大批花木，并把园墙延伸到衡山。1963 年 1 月 16 日，周恩来总理来锡考察时，曾同邓颖超及随员一起，自行购票入园游览。只是当时的媒体没有对此进行任何报道，周在梅园的信息，所知甚少。

“文革”期间，梅园改名“大寨公园”，园内刻石、联额及许多珍贵文物，大都被毁。1974 年 5 月，柬埔寨西哈努克亲王在叶剑英元帅陪同下来园游览，梅园才得以恢复原名。

1985 年 2 月 21 日，春节期间，得知全国人大常委会副委员长荣毅仁在捐献梅园三十周年后将重返梅园，地方政府投巨资对梅园抓紧翻修。6 月 21 日荣氏亲属一行 238 人参加荣德生铜像揭幕盛典。荣德生次子荣尔仁与荣宗敬长子荣鸿仁从海外来到先辈们精心打造的

---

① 刘桂秋：《以家塾组织，参书院精神》//《纪念荣德生诞辰一百三十周年国际学术研讨会论文集》，上海古籍出版社，2005年，第605页。

“文革”期间的梅园合影

梅园，此时距他们离开祖国已 36 个春秋。

2000 年，在乐农别墅和经畬堂设“梅园史料展馆”，分别陈列荣德生先生生平事业及豁然洞读书处有关史料及图片。2005 年，为纪念荣德生 130 周年诞辰，在诵豳堂东厢房陈列荣德生创建梅园的史料图片。2006 年冬，在宗敬别墅前立荣宗敬铜像。2007 在经畬堂前立荣毅仁铜像。2019 年、2022 年荣德生之孙荣智健分别捐款 350 万、500 万元，助力梅园景区品质提升。

春天从梅园开始，这是梅园的广告语。每当梅花盛开之际，梅园里人潮汹涌，闻着那沁人心脾的梅香，看着那冰清玉洁的花朵，摸着那百年高龄的树干，我们在慨叹自然界轮回的同时，也在慨叹人生易老天难老，岁岁花开。

鼋头渚景区的前三十年

“太湖佳绝处，毕竟在鼋头。”三万六千顷的太湖，周长几百公里，沿湖城镇众多，唯有无锡鼋头渚才是欣赏太湖最佳之处。近百年来无以计数的人来到鼋头渚，目睹了太湖的辽阔、山川的秀美。

养在深闺有人识

距无锡城区 20 公里的鼋头渚，因交通不便，没有码头与道路，在漫长的历史长河中，它一直处在“自然状态”，踏足此地的游人屈指可数。有文字可查的只有这几起：

明代，乡贤高攀龙曾坐船来到此处玩水，并留下一首诗篇：“马鞍岭上振衣，鼋头渚边濯足。一任独来独往，笑杀世人局促。”

1891 年，无锡县令廖纶乘舟来此观景，写下“包孕吴越”“横云”几个大字，镌刻在石壁上。

让鼋头渚这匹“千里马”登上舞台的伯乐叫杨翰西。

官 N 代的杨翰西，其履历让人咋舌。

他 16 岁结婚，18 岁当父亲，36 岁有孙女，37 岁有孙子。他有妻有妾，41 岁时，他的第五个女儿春华出生，42 岁时，他的第六个儿子景霖出生。

人正中年的杨翰西，已是儿孙满堂。

作为一家之主，杨翰西取得骄人的业绩；作为男人，他在事业上也是捷报频传。

他 25 岁考上举人，28 岁时，延绵了一千多年的科举考试被终结，杨翰西虽无进士头衔，但在同龄人中，有举人功名者寥若晨星，如丁福保与杨荫杭都只考中秀才。

出任山西河东道的杨宗濂(怀抱孙子杨蔚章)、杨翰西(左起, 1898)(《民间影像》第八辑)

31 岁时杨受政府委派到日本法政大学速成知治科学习宪法三个月，结业后又考察日本陆军军制。在帝制时代，走出国门接受培训的官员屈指可数。与一般人相比，杨翰西有着更开放的眼光。

32 岁时，杨翰西在帝都任陆军部一等检查官。34 岁时他又改任度支部币制局委员，外放广州任造币厂总办。如果不是 268 年的清王朝突然“安乐死”，杨翰西会在官场上混得更久、爬得更高。

继爱新觉罗氏掌权的是北洋系统——其高级将领冯国璋、曹锟、段祺瑞等都毕业于天津武备学堂，他们在校就读时，校长是杨艺芳——杨翰西的父亲。

拥有如此强大的人脉资源，杨翰西理应在官场继续攀登，可他却抽身而去。原因何在，不好妄加推测。也许与他家的产业有关联。

1895 年，杨艺芳与杨藕芳兄弟俩集巨资 25 万两银子创建业勤纺纱厂，这是无锡第一家用机器生产的近代企业，也是中国第四家民办纺织厂。

1906 年与 1907 年，大房杨艺芳与三房杨藕芳先后驾鹤而去，1910 年起，业勤由两房轮值各三年。1915 年杨翰西轮值期满，发现此种制度设计弊端丛生，决定业勤归三房，自己另起炉灶，在火车站北黄泥头购地 50 多亩，创建广勤纺织厂。

当时的中国，机器生产的企业还是凤毛麟角，成功的企业家为数不多，杨翰西身列其中，有着耀眼的光芒。

在锡城，他家企业规模最大雇工最多 (创建时有雇工 1 070 人)；他办的企业经营范围很广：有电话公司，有肥皂厂，有榨油厂等。他家房屋的面积也名列前茅，1884 年其父在北门附近道长巷建了豪宅，坐西朝东，有四进，第一进门厅和第二进大厅均为面阔五间硬山顶平房；第二、第四进为转盘楼，高二层，面阔也为五间，四进建筑的左侧有备弄一条，贯通前后。[①] 可惜这豪宅在 21 世纪初被拆除，建成了居民小区。

杨翰西所办企业一览表

行业	厂名	年份	地点	资金来源	说明
纺织业	业勤纱厂	1895	东门外兴隆桥	集资	1915年退出
	广勤纱厂	1915	北门外长源桥	集资盈利	周学熙认股一部分
通讯业	锡金电话公司	1911	北内城兴隆桥堍	独资	杨氏家族内集资
	电话两合公司	1937	太仓、溧阳	集资	与当地士绅联合创办
榨油业	润丰机器榨油厂	1914	南尖	集资	1915年转让给唐蔡集团
制皂业	广勤肥皂有限公司	1921	长丰镇	集资	1923年左右关闭
酿酒业	啤酒厂	1921	惠山	独资	1923年该厂机器被收购
采木业	机器锯木厂	1922	惠山堍	独资	1923年该厂机器被转让
缫丝业	广勤丝厂	1928	长丰镇	集资	1935年关闭
面粉业	广丰面粉厂	1935	长丰镇	集资	杨氏股份22%

在惠山古镇，杨家的祠堂有 5 处（座），一处是祖上留下的杨四褒祠，另有占地面积 3 亩多的园林式祠堂潜庐，另一处是 1912 年新建的杨藕芳祠，中西合璧，美轮美奂。这两处祠堂仍“健在”。

1915 年杨翰西在北犊山建了杨紫渊祠（杨祠），修了万顷堂，此际，无锡两大豪门一是薛家（薛福成后代），另一个则是杨家，杨家的代表便是杨翰西。薛家豪宅多集中在学前街，而杨家除了城里大成巷与道长巷，还在城外惠山之麓与万顷堂建有园林式祠堂。

万顷堂与鼋头渚隔湖相望，相距一公里，站在万顷堂，40 岁的杨翰西把目光投向了前方这片未开发的荒地。1916 年他以 2 000 元从朱姓地主手中收购鼋头渚沿湖山地 60 亩，地价亩均 33 元。时无锡良田价位在 100 到 180 元，鼋头渚作为交通不便的荒山野岭，种不了粮食，派不上大用场，也就卖不了好价钱。

再看看当年的工资，更能理解鼋头渚的地价。1916 年 8 月 28 日，20 岁的茅盾从北京大学预科毕业，这个预科相当于今日之大专，在亲戚的帮忙下，茅盾进上海商务印书馆工作，月薪 24 元；1919 年北京大学教授的工资情况是——胡适 280 元，周作人 240 元，刘文典 200 元，马寅初 280 元。

① 夏刚草：《无锡名人故居考录》，黑龙江人民出版社，2005年，第18页。

对于月薪只有 15 元左右的普罗大众来讲，2000 元还是一个大数目，但对于高收入者来讲，2 000 元并非天文数字。

能拿得出 2 000 元的无锡富人，当时还有不少，唯有杨翰西慧眼识宝；1949 年前，中国一直实行土地私有制，历史上鼋头渚也是频繁易主，这一块土地的每一任主人都没有“超前意识”——把这块土地打造成风景区。

刚开始，杨翰西也是把鼋头渚定位为一个果树试验场，他向日本购置桃杏梨樱等树六百余株，其中以水蜜桃为主。在购买鼋头渚的同时，他还在北门外购买平田 30 余亩辟作第一、第二、第三植棉试验场，从美国及通州等处购买棉种分别种植以资实验，借为改良植棉之初步。

因定位于果树试验场（杨氏私立植果试验场），杨翰西在鼋头渚只建了几间护林的小房

鼋头渚建设初期旧景(无锡城建档案馆提供)

鼋头渚万浪桥(无锡城建档案馆提供)

屋，当时游人们也多集中在梅园与万顷堂。

1922年，蒋介石还是一名普通军官，慕太湖之名，乘火车从上海到无锡穷游，他“坐万顷堂，见波屿苍茫，顺道访梅园，结构天成，涉惠泉山，揽起云楼之风景，辄为旷怡”。这一天是11月3日(农历九月十五)，正逢蒋介石36岁生日。无锡的青山秀水给其留下了快乐而又难忘的记忆，当时的鼋头渚还没有成为风景区，蒋介石也就未踏足。

到了1925年，鼋头渚作为一个风光旖旎的旅游景点，开始吸引八方游客，并后来居上，超越梅园等老景区。

毫无疑问，对鼋头渚贡献最大的当推杨翰西，是他让养在深闺人未识的鼋头渚掀开了盖头。

罗马不是一天建成的

杨翰西虽是一个成功企业家，但并非富可敌国。他对鼋头渚的开发步步为营，每年都小兴土木，积小步为大步。1924 年，杨氏拨给量如和尚山地一亩多，由其募建广福寺。右侧，有普善和尚募建小南海。1926 年在鼋头渚建设史上是一个小高潮，这一年，竣工的建筑物有灯塔，有松下清斋（其系客馆性质，内部共有客房五六间，每天连饭食在内每间需洋二元四角），有飞云阁，有陶朱阁。陶朱阁的建设费用多系募捐所得。据传范蠡在辅佐越王勾践打败吴国后，便功成身退，泛舟无锡五里湖变姓名为陶朱，从事货殖三致千金三散千金。

横云山庄主要建筑建造时间表

序号	名称	建造时间	位置	用途	备注
1	横云小筑	1918年	南犊山西坡	馆舍	后改为洋式馆舍“涧阿小筑”，现为办公用房
2	涵虚亭	1918年	石渚上	景亭	1998年维修
3	花神庙	1926年前	山坞西坡	祭祀花神	后翻修
4	小函谷	1926年前	山坞西坡	城关，旧入口	上有奇秀阁，已毁
5	在山亭	不详	山坞西坡	景亭	保存
6	仁寿塔	不详	山坞西坡	记练团捍里之功	已毁
7	广福寺	1924年	山坞南坡	捐地所建寺庙	保存
8	陶朱阁	1926年	山坞南坡	商界筹建祭祀范蠡	保存
9	松下清斋	1926年	山坞北坡	客馆	已毁
10	灯塔	1926年	石渚上	引导夜航船只	1982年翻修
11	飞云阁	1926年	石渚上	园主居所	底层长生未央馆，1996年重修
12	具区胜境牌坊	不详	浅滩	码头	保存
13	憩亭	不详	山坞南坡	景亭	—
14	秋叶涧	不详	山坞南坡	缅怀园主早逝长女	—
15	澄澜堂	1933年	山坞南坡	主厅	1971年翻修，1998年维修
16	霞绮亭	1931年	石渚上	景亭	1998年维修
17	闻风亭		山坞南坡		1982年翻修
18	云逗楼	1931年	浅滩	藏书阁纪念杨度汪	保存
19	藕花深处亭	1931年	浅滩	湖心亭	—
20	净香水榭	1931年	浅滩	水榭	1999年翻修
21	光禄祠	1933年	浅滩	祠堂	今诵芬堂，保存
22	旨有居	1931年	浅滩	菜馆	1931年新建绛雪轩

续表

序号	名称	建造时间	位置	用途	备注
23	翠微驿	1934年	山坞北侧沿路	休憩停留	—
24	山辉川媚门楼	1934年	浅滩	横云山庄北入口	保存
25	戊辰亭	1935年	山坞南坡	戊辰亭会馆	1972年改为三层楼阁式建筑，现辟为茶室

锡地为实业都会，范蠡之人格既足为后世从事实业者之模楷，且其事迹与我锡邑尤多历史之关系，无锡县商会会长王克循与纺织厂联合会会长杨翰西认为于锡人殊有纪念之价值，特会同发起募集捐款于鼋头渚建一陶朱阁以资纪念。募得银洋2400余元，其中王克循与杨翰西作为发起者，各捐400余元，余如纺织、丝茧、面粉、银钱、典当、杂粮、豆油行、纱绸布厂各业亦捐，未捐者有碾米厂、南货、纸烛等业。

1926年重阳节，举行落成典礼并向范公神位致祭以志景仰。那时到鼋头渚只能坐船，王、杨安排飞艇拖画舫，在通运桥下大有栈码头始发。

一百多人冒雨前往，有县知事张修府，警察所一等警佐侯惕丞，有平时很少在公共聚会露面的无锡大佬薛南溟、孙鹤卿，还有丝茧面粉公会董事高映川，米业董事等。

由鼋头渚原备之山轿二乘分次迎诸绅耆直至广福寺外，余均步行登山，虽山路泞滑，各来宾意兴仍不因此稍减。登山后先由杨王二君分别招待至新落成之退庐、长生未央馆松下、清斋等各处游览一周。二时许即至陶朱阁致祭。

阁在充山之北部，紧靠广福寺西面，屋仅数椽，壁上均涂黄色，中设神龛，供范公之神位，前设祭桌，满列戏文及酒肴，颇为丰盛。

先行燃爆竹，继即行礼。由王杨两君主祭，冯云初赞礼。行礼之次序，先王君次杨君，次各官长绅耆各业领袖各界来宾，每八人一排，均三鞠躬，礼毕，由两君招待至退庐及广福寺供以素斋。

冯云初代表致辞，建筑此阁原定工程经费1 700余元，竣工后结算费用竟达二千数百元，所募捐款业已用罄，以后春秋两祭及维护费需要继续募捐。①

经过十年的打造，鼋头渚已成为无锡最著名之胜地，十年前它还是湖中一荒壤，默默无

①《陶朱阁落成典礼与鼋头渚之未来观》，《新无锡》，1926年10月16日。

闻，可十年后亭院台阁点缀，游人众多。来锡游览者几无一不至其地，至其地者更无一不赞其景色之美。

1930年代前期，鼋头渚开发步伐加快，光禄祠、澄澜堂等建筑陆续建成。

1935年竣工的戊辰亭也是集体的结晶。当时一批上海与无锡的企业家结成戊辰会，经常聚餐，加深感情，交流信息。2月17日，中央委员缪斌与无锡县商会主席杨翰西欢宴戊辰会会员，到者有张一鹏、林康侯、王晓籁、虞洽卿、刘鸿生、赵晋卿、杨天骥、庞甸材等，由邑中会员钱孙卿、蔡兼三、顾忠琛、江禅山与缪、杨两氏以及孙祖基、冯云初担任招待，辟无锡饭店为招待所。后即雇定云飞等各汽车行小汽车十辆，载各会员游梅园、箕山，探梅寻胜，旋在鼋头渚飞云阁欢宴，并在澄澜堂摄影，后赴蠡园游览，下午四时返城，复由缪君等作陪，盛极一时，宾主尽欢而散。[①]

餐聚百余次后，有人倡议："宜于湖山佳处，建筑亭馆，才斫贞珉。书同人之姓氏年籍，春秋胜日，呼朋引类，为遨游偃息之所。额曰戊辰。数十年、数百年后，同人虽不获轩轾于升平太平之世，或足使同人之子若孙、若玄曾，缅怀往迹，知先代革命之际，有若某某者，尝为集社，文宴流连，咏歌啸傲，姓氏斑斑。其流风余韵，传播大江南北，而互叙其世交情谊者，则岂独同人与此亭同寿，即戊辰纪念，亦将与兰亭之癸丑长存于天壤间乎，未可知也。众曰善。乃选胜于无锡太湖之滨，峭岩山广福寺之隙地，商之住持量如，拓地数弓，适当横云石壁之上方。俯临千顷，大矶小矶，管社南独诸山，环列如相拱揖。而三山宛在，尤若亲几席。因诿会友杨君翰西，规划图式，且董其工。以乙亥三月始事，八月亭成，属天骥为之记。凡同人授资于斯亭者，书名于后。"[②]

戊辰亭位于沿湖东首，在飞云阁、广福寺之间，式如宫殿，朝山开门，高二层，下开地

鼋头渚

窨，旁建水门汀平台一座，可以饱览湖山全景，一览无遗。亭之四周，均髹以白漆。亭前悬有藏园居士傅增湘之对联。

1935年10月6日，举行戊辰亭落成典礼，几十位名流从上海前来赴会。参与接待的都是地方名角，他们是杨翰西、蔡兼三、顾荩忱、许修直、蔡子平、缪斌、孙祖基、孙揆西、王尧臣、王禹卿、祝伊才、祝伊孚、陈觉先、刘春圃、江祖岱、冯云初、李静涵、于寿椿十八人。除戊辰会60来名会员外，还有宋子文、宋子安、王一亭、荣宗敬、胡筠安及上海工部局外国人汤专伦等20多位大老板前来祝贺。上海滩闻人杜月笙原本要来参加，只因要在沪欢送赴日经济考察团，不克分身，遂派施云亭代表来锡致谢。

下午在澄澜堂举行的茶话会上，主席杨翰西报告建筑戊辰亭始末。此亭位置于太湖之滨，风雨甚大，倘不注意，则危险在在堪虞。经费预拟四千元……因山地高处，费用人工颇多，低处前又须挖土见石。方得坚固，所用黄石脚，竟挖至三十寸深，砖头均用清水色角砖，木料均拣选上等材料。迨工程完竣时，觉得屋檐甚低，仿佛夏推子（帽名）戴过眉毛，甚觉难看。故复饬工匠重行拆做，将屋檐提高。……式样完全仿照北平禁城三角楼及奉天隆恩殿云云。本邑方面收到会员款项4 800余元。建筑所费共5 105元。亏结324元。屋中几椅等物，尚未置办齐全，望出席诸君共同玉成之，后之修理及保管两问题，亦请诸君讨论。至于该亭之基地，系广福寺所有，完纳粮赋，虽属有限……最好归戊辰会名义，划出粮根，以垂永久。……当即推定杨翰西、冯云初、施云亭、于寿椿、蔡兼三等五人为保管委员会。……最后由蔡子平发表意见……（聚餐会）筹集基金办法，不妨请出席诸君首先自认，首由蔡君自

① 《京沪名流游锡盛况》，《申报》，1935年2月19日。
② 杨天骥，《戊辰亭记》，《新无锡》，1935年10月5日。

认捐30元，其余各会员即依次认10元20元不等，估计认定基金约有数百元之谱……[①]

众人拾柴火焰高。鼋头渚的发展既有园主杨翰西的贡献，也得益于多方捐建。

步杨翰西之后的是无锡众多的有钱人，他们也在此购地筑屋。1927年，无锡厘卡局长王心如，在鼋头渚东南山坡上建方寸桃园、松庐、七十二峰山馆、天倪阁等，称为太湖别墅。后其子王昆仑建造了可通上述各处的齐眉路。附近还有何辑伍的别墅、蔡缄三的退庐、郑明山的郑园、陈仲言的若圃，形成杨氏以外的太湖风景建筑群。

纷至沓来观光客

1919年10月，杨翰西长子——24岁的杨蔚章将自己的部分摄影作品汇编成《无锡风景》一书，他在弁言中用优美的文笔讴歌尚未开发的鼋头渚风光：

当夫夕阳西下，独立涵虚亭间，见天半云飞，变幻苍狗，野凫闲鸥，出没水面，忽焉风发，波涛破空而来，激荡石穴罅，远远与万木怒号声相应答，则一改向者幽秀之观，别具雄奇之势，诚内地所不经见者，又岂独俯视三山若几席，足以豁胸襟、遣素抱耶！

在树苗长大，道路成形，亭台楼阁不断增多之际，鼋头渚美名传天下，开始成为无锡的名片，吸引八方来客。

1927年国民政府北伐成功，南京成为中国政治中心，上海是中国经济中心，两地相距三百公里，介于两地中间的无锡，因区位与湖光山色，定位自己为风景中心。加之此时的无锡经济总量在全国排名第五，仅次于上海天津武汉广州，更让人们刮目相看。天时、地利、风景、经济这四大因素叠加，把众多观光者吸引到了太湖之滨的鼋头渚。这里山外有山，湖中有湖，风景层次重叠，开合收放自如，景色变幻无穷。登临一览，山峦起伏，烟波浩渺，鸥鸟横飞，帆影点点，让人心旷神怡。

1928年1月31日，胡适带领妻子与两个年幼的儿子从上海来到无锡讲学观光，此年他才37岁，任中国公学校长，作为新文化运动领袖，他早已名满天下，铁粉众多。自鼋头渚遨游归来后，他“痛赞鼋头渚风景之阔大壮丽。谓将买地一弓，终老此乡，惜此愿不易偿耳。迟至来年夏季，必买舟重游，领略湖光山色”。[②]

---

① 《要人名流莅锡参加戊辰亭落成礼》，《新无锡》，1935年10月7日。
② 德先、观蠡：《胡博士一席谈》，《锡报·副刊》，1928年2月3日。

1928年10月，执政南京的蒋介石携妻来无锡观光，27日上午10时30分，乘船离开万顷堂，渡湖赴鼋头渚游览，经飞云阁登山到广福寺，由寺僧招待。在陶朱阁前高地上，遥观太湖，汪洋万顷，胸襟旷然，蒋随带当时极少见的小摄影机一具，即在该处遥对湖中，择风景佳处，一一摄影，并亲为宋美龄摄小影数帧。约历一小时，才下山。

除最高领袖外，党国名流与大小“公仆”，纷纷联袂来锡，游览风景。1929年3月8日，国民政府前外交部长黄郛、同交通总行常驻管理员许修直等一行8人由沪来锡，抵梅园寓太湖饭店，旋在鼋头渚等处游览；同一天，江苏高等法院院长张君度暨推检各官一行12人，赴梅园鼋头渚游览。

当年党国大佬们基本上都来过鼋头渚，只是有先有后，有和朋友一起来的；有全家一起出动的。如1937年4月10日下午，国民党中常会主席汪精卫夫妇和公子及秘书随从，来鼋头渚登山眺湖。1946年5月11日，国民党政治协商会议秘书长雷震，偕夫人暨女公子及国民参政员唐国桢，在第一绥靖区司令官汤恩伯陪同下，由南京来锡，赴鼋头渚一带，畅游湖山胜景。1947年4月27日，上海市长吴国桢夫妇及男女两公子也来到鼋头渚。

蒋介石、宋美龄夫妇在鼋头渚留影(1928)

政界之外，来锡观光的商界大佬也很多。上海银行界大腕陈光甫、杨敦甫、钱新之等，因慕无锡山水之胜，又为苏省实业中心，久有来锡游览之议。1930 年 6 月 15 日为上海银行无锡分行前行长华艺三七秩寿辰，银行团全体一百余人联袂由沪来锡祝嘏，借以一探梅园鼋头渚之胜。

一些外国人也慕名来鼋头渚游览，如日本佛教青年会旅行团、男女老幼约有 50 余人，1930 年 10 月 18 日上午由沪来锡，当赴梅园太湖鼋头渚等处游览风景，并绘测地图，至傍晚 6 时，始乘车返沪。

围棋大师吴清源（五段）当时才 20 岁，应无锡围棋社社长薛汇东邀请，与日本名棋手木谷实（六段）、安永一（四段）、男刚敬（初段）等四人来锡，由薛汇东雇就杨氏画舫，驶往太湖鼋头渚等处游览，在舟中开始对弈。一局系吴清源对薛汇东，受三子，以吴妙着如珠，结果吴胜，但局势非常紧张；另一局系木谷实对薛寿萱，受三子，结果和局；此外为刘棣怀对钱漱六，受四子，钱胜一目；雷溥华对钱漱六，受四子，钱胜十一目。翌日无锡围棋社全体社员，在公园池上草堂开欢迎会，并举行中日大联棋，双方各出席四人，均用高路战法，争扭颇剧，未及终局，而四周观众甚为拥挤，最后吴等在西溪下薛宅继续对弈，一、安永一对刘棣怀，刘胜；二、顾水如对吴清源，顾应付为难；三、木谷实对薛田，薛受四子，木谷实苦斗不止，均未终局。吴等遂于当晚 8 时离锡返沪。[①]

1935 年 4 月 3 日，28 岁的中央大学经济学教授朱偰游览鼋头渚后，撰写《具区访胜记》一文，细致入微地描述了其游玩路线：

由小箕山渡湖，波涛澒洞，诣鼋头渚，十分钟可达。无锡太湖之胜，尽在鼋头一渚。盖雪浪山脉，自东南来，耸为宝界，落为鹿顶，其未尽之势，则一石横空。迥出里许，深入湖中，俯瞰洪流，形如鼋头，此渚之所以得名也。渚脉渡水，为中独山，亦称犊山；山脉蜿蜒，断而复续，则为万顷堂之管社山，与小箕山脉络相连，而总归宗于惠山。鼋头渚当太湖之口，每值南风，巨涛澎湃，怒峰壁立。水石相激，惊心荡目。壁上有巴江廖纶摩崖书“横云”及“包孕吴越”，字径及丈。倚壁而望，三山隐现，千帆出没，如对沧海溟溟，不复知在湖滨矣。由渡头而上，为牌坊一，额书“横云山庄”，背题“具区胜境”。台馆池榭，点缀颇佳。循路东北，至小函谷，一关兀峙，倚岩临湖，上为奇秀阁，登此而望，五里湖风光，历历如

①《围棋国手游锡》，《申报》，1934年6月6日。

朱偰在鼋头渚包孕吴越处(朱元春提供)

画。由关旁登山，满山尽松柏，遥望犊山、小箕山，楼台缥缈，隐现木末。登鹿顶山，西顾具区，东望五里湖，寰宇澄清，水天一色。忽云起自西南，长风怒号，浊浪排空，日星隐曜，山岳潜形，不指顾间，已湖山变色。因下山避雨，至澄澜堂。须臾雨止，风犹未已。乃至阆风亭，下临鼋头巨石，怒涛澎湃，怪石如戟，因披襟当风，危立石上，临万顷澒洞，极雄浑之致。因临风高歌七律一首……由阆风亭而上，过长生未央馆，至太湖别墅，曲径通幽，至万方楼，登天倪阁，其中陈设雅洁，几净窗明，湖光山色，荡漾枕席，得于此小住十日，已足大慰平生。由太湖别墅而上，至广福寺，高踞山巅，后临蠡湖（即五里湖），前望具区，飞阁流丹，下临无地……归途又至横云山庄，至澄澜堂前，登涵虚亭，直下灯塔，至半岛尽处。望千帆烟雨，一气苍茫，风涛汹涌，与雨声相激。暝色已合，游人绝迹，遂买舟而归。

1952年后担任江苏省文化局副局长，非常重视文物保护工作的朱偰1956年8月曾重临鼋头渚。1968 年，他被迫害致死，留给后人无尽的怀念。

1935 年 5 月 5 日，美国驻华大使约翰逊暨秘书沙利博，偕北京大学校长蒋梦麟及其夫人陶会谷女士，无锡籍立法委员王征、杨公达及其法籍夫人与中央工业实验所所长无锡人顾毓瑔，由南京抵锡，现任立法委员邑人王昆仑到车站迎候，并雇汽艇径驶太湖，畅游小箕山鼋头渚诸名胜。王昆仑父亲王心如在太湖别墅设宴招待，当晚就住在鼋头渚别墅。①

因无锡老板多、实力雄厚且肯买单，加之风景旖旎，一些全国级与省级会议也纷纷在无锡举行。那时开会，喜欢带家属，并把旅游作为必要环节。如 1933 年 10 月 10 日，江苏全省典业联合会执监联席会议在无锡召开，到各县代表 30 余人，上午 10 时半，由无锡典业公会钱孙卿徐汉臣等在火车站欢迎至工运桥下船、驶鼋头渚停泊，下午 1 时欢宴，宴毕即在舟中开会，钱孙卿主席议决缩短满期呈请省厅核示等四要案，旋即开往小箕山、锦园等处游览，由园主荣德生招待参观各名胜，直至薄暮始驶回城中。

1937 年 7 月 5 日，上海市大学生暑期农村服务团共计 100 人，由沪社会局长潘公展率领，乘车来锡。无锡县政府，已派定田赋主任方国定赴站欢迎，并商借县初中为宿舍。6 日上午游览风景区，下午在鼋头渚澄澜堂开欢迎大会。7 日至 10 日在县初中开讲习会，宣讲教育、卫生、保甲、禁烟、劳动服务等各项进行程序，11 日发往仙蠡乡实习一星期，然后分发各乡镇工作，盖因仙蠡乡为无锡模范乡镇。只是卢沟桥的枪声让这批大学生的实习突然停摆，日本的侵略给无锡与中国带来了巨大伤害，也让杨翰西的人生彻底改写——被日本拉下水的他，战后受处置。

私家园林的公共性质

民国时代，无锡一批实业家购地建私家园林，如荣氏兄弟的梅园、锦园，王禹卿的蠡园，陈梅芳的渔庄。荣氏兄弟的梅园距老宅荣巷 1 公里，交通方便；蠡园也在王禹卿老宅附近。唯有鼋头渚离杨翰西城中居所较远，相距 20 公里，且当时无陆路可达。为解决交通问题，他自行打样督造“长风号”小汽轮。杨翰西平日经营实业，公务繁忙。闲暇之余，便乘长风号小轮，巡查太湖周山。

鼋头渚建设初期，杨翰西因地制宜，于低洼地凿池栽种莲花，于平地围圃种植果树，保留原有山松野栎。不过数年，花木长势甚佳，呈现一派欣欣向荣之景。杨翰西于园中修剪花木，尽山水园林之乐，他撰写《鼋渚艺植录》，记录其花木种植实验心得，并称“树艺虽小道，实饶至乐”。杨翰西早年学过测绘，他又精研营造与园林布置，鼋头渚建筑之参差高下均于度势择景，并深得北方风格。而园景林木，又融以南方精粹，尤以一草一木一石一泉，无不精心培植、修剪，剔凿成景，煞费苦心，致鼋头渚景色至今仍为行家所称誉，无一改动。

鼋头渚的开发成功也让杨翰西增添了许多与官员、闻人、名流接触的机会。20 世纪 30 年代前，无锡与南京、上海公路未通，只有铁路与水路。此际无锡市内也缺少发达的公共交通，杨翰西尽地主之谊，为这些要人承担了迎来送往任务。也许没有利益输送关系，当时媒体报道时并不避讳这种官商互动。

重阳佳节　党国要人联袂莅锡详记

党国要人谭延闿、戴季陶、孙科、李济深、何应钦、缪斌、王伯群、张定璠、劳敬修、李煜堂、邓孟硕、王溆芳等及李夫人、何夫人、王太夫人、王夫人、缪夫人等，并南洋兄弟烟草公司主人简氏兄弟等一行三十余人，因昨日适届重阳佳节，又值星期停止办公，特相约于前日分批由京沪莅锡，游览湖滨诸名胜，并参观锡邑各工厂。

昨日上午七时荣氏昆仲，及杨君翰西特邀请各要人游览太湖及鼋头渚各名胜，预雇谢蒋二氏画舫，金星、茂新、长风汽船三艘，停泊镇山湾码头。鼋头渚方面，由杨翰西君预为布置，并任招待。上午九时许，李济深、何应钦、王伯群、缪斌、张定璠等，暨李何王缪诸氏眷属，以及其他男女来宾随员副官随从兵等一行三十余人，自宗敬别墅及太湖饭店联袂出发，诸女宾分乘荣氏预备之汽车至码头，男宾则尽步行至船埠，相继登舟。秦县长、包公安局长、丁分局长、史常务均随船招待，由三汽船拖带，迳赴鼋头渚，由荣氏昆仲杨君翰西薛君明剑等，陪游广福寺、灯塔、一勺泉、飞云阁、未央馆、函谷诸名胜，摄影多帧，嗣即下船午餐。[②]

杨翰西经营太湖景点和对鼋头渚的开发前 20 余年，历年耗资共达 20 多万银元。[③] 这所私家园林，既对公众免费开放，不收一分钱门票，又建有家祠与居所。

1933 年完成的光禄祠是杨翰西为自己父亲杨艺芳暨德配孙、龚、沈三太君所建家祠。重阳节那天，举办入龛仪式，上午 11 时左右，由杨翰西偕同子侄等在澄澜堂将四神主恭请

①《美大使偕蒋梦麟游锡》，《申报》，1935年5月7日。
②《重阳佳节　党国要人联袂莅锡详记》，《锡报》，1928年10月22日。
③ 杨世奎编撰：《慎终追远》，内部印刷品，第250页。

匡村小学生在鼋头渚(1933)

入祠。前导以细车两乐，次为四提炉，炉内檀棒并燃，香雾氤氲，次为杨君自奉艺芳先生神主，再次为杨君胞侄缉庭奉孙夫人神主。再次为润甫奉龚太淑人神主，再次为公子蔚章奉沈太夫人神主。后随族人筱荔、友梅、博甫、心栽、映潭、仞千、高百、少云、伯庚、组云、显渔、莲士、敬威，暨亲友江焕卿、荣德生、蔡兼三、顾沅芍、孙希侠、汪静仙、周寄湄等约二百数十人，步行至藕花深处迤东杨公祠，将四神主恭送入龛。

入祠后，即由杨翰西君主祭，同族子侄、侄孙辈与祭。先行开祭，次由艺芳先生之徒弟筱荔、友梅诸先生致祭，再次由江焕卿、荣德生二君次第主祭，偕各亲友致祭。再次为独山湾民众致祭，约历半小时。祭毕，即至澄澜堂进午宴。宴罢，分乘原舟返城。鼋头渚周城小学及城内杨氏小学之童子军与学生全体参加。邻近红男绿女之来观盛典者，更肩背相接。[①] 周城小学与杨氏小学都是杨翰西捐助的学校。

1936 年 10 月 2 日，时值杨翰西六十花甲，前来杨家祝贺的来宾，车水马龙，前教育部

横云山庄码头(卢施福摄)

长傅增湘、前上海道台刘襄荪、上海商会主席王晓籁等二千余人，无锡县局长及各科长，广勤、艺芳、周成三学校学生数百人，均前往祝贺，由地方名流杨筱荔、江焕卿、杨遇春、华艺三、蒋哲卿、杨少云、吴观蠡、冯云初等数十人担任招待，杜月笙、林康侯、黄金荣、张啸林等闻人发来贺电，国民政府主席林森与江苏省政府主席陈果夫送来寿匾。

寿庆时，杨家宅外照墙内设大灯棚，全宅挂放彩灯，轿厅为总账房及迎宾礼仪处，大厅前庭两侧设棚为茶水班和乐班。宅内正厅三大间及左右厢房三间，布置寿堂及招待宾客休息，厅间六角玻璃宫灯照耀如昼。与大厅平行之义庄大厅三大间及庭院棚下布置宾客面宴及堂会演出。演出堂会有上海同业公会所送之厉家小京班及地方戏、魔术、杂耍等。

鼋头渚横云山庄以澄澜堂为中心，架小发电机，堂前树木间及沿湖，悬有灯笼照明，五

①《鼋渚胜事杨公艺芳入祠记》，《新无锡》，1933年11月7日。

中新三厂部分员工在鼋头渚留影(1948.6.10)

彩缤纷。以自有“长源”号蒸汽轮拖大灯船，前、中、后三舱可容席三四桌，以“长风”号舰形汽轮拖新画舫载客至“横云山庄”水码头，接待各方政要及银商各界贵宾，极尽豪华，盛极一时。[①] 这次寿庆是杨家事业的巅峰。

日本侵华期间，荣德生、王禹卿等逃难外地，梅园、蠡园因无人打理破坏严重；鼋头渚却因杨翰西被迫上贼船而因祸得福。以后成为美国著名导演的杨翰西之孙杨世彭曾回忆道：

在长春桥码头上岸之后，祖父往往带领我们先经九曲桥到达池塘中间的“光禄寺”家祠拜祭，去“诵芬水榭”“霞倚亭”“藕香深处”游散，去“广福寺”烧香，再去主厅“澄澜堂”休息，吃碗无锡著名的“脆鳝面”，然后再去附近的庭院剪树，最后到他最喜欢的“飞云阁”临窗远眺太湖七十二峰及渔舟帆影，有时更在他的“长生未央馆”别居过夜，尽览面前万顷的湖光山色。游兴已尽之后，我们陪他原船回家，但往往由他的“长风号”小轮拖住木船在太湖中先行驶一阵，那时船速较快，更令我这六岁幼童欣喜若狂。

早在抗战爆发前，杨翰西就向无锡县政府呈文将鼋头渚无偿捐公，只保留光禄祠、松下清斋及长生未央馆三处馆舍的所有权，成立公园管理委员会，他这一请求尚未兑现，抗战爆发。日本投降后，鼋头渚全部为政府所接管，改为“横云公园”。

1949 年政权交替，鼋头渚的管理得以加强，需买票游玩。鼋头渚 1950 年卖门票，票价 5 分。这一价格一直维持到 1984 年，变为 1 角。1991 年为 1.5 元，1994 年为 8 元，2001 年上升到 50 元，2006 年则为 105 元。2018 年 9 月 10 日起降为 90 元。当然经过 1949 年后几次调整与扩张，鼋头渚景区面积比杨氏时期要增加几十倍。

因国家政治中心由南京移到北京，到鼋头渚观光的领导为数甚少，但毛泽东、华国锋都来过鼋头渚，当时媒体对毛在无锡未有一字报道；对华国锋虽有视察无锡工厂、农村的报道，但只字未提他 1980 年 6 月 2 日鼋头渚观光之事。很多年之后此事才见诸文字记载。

鼋头渚景区前 30 年，尚属私家园林，但对社会免费开放，成为一公共物品——使旅游资源得到良好开发，促进了太湖观光事业的发展，提升了无锡形象。

为开发鼋头渚资源，杨翰西做了不少事情：因借用横云山庄澄澜堂行结婚礼者甚多，园主为此特就堂后添建清燕斋一所，平屋三楹，布置景致，备结婚者休憩化装之用，横云山庄内建有菜馆、照相馆、浴室、商铺等，还有馆舍“涧阿小筑”“松下清斋”可供宾客留宿。

无锡民间原有在端午节进行龙舟比赛的传统，每当竞赛期，万人空巷，争往观看。可辛亥革命后，此传统中断，1934 年杨翰西在鼋头渚恢复龙舟竞赛，全城轰动。1935 年，龙舟竞赛改为三场，第一日在黄埠墩酱园浜，第二日改在鼋头渚。此次报名参赛的有北门三里桥之赤龙、江尖渚之青龙、南门外之绿龙、西门外之黄龙、城内之白龙，这五艘船无不踵事增华、争奇斗胜，并互聘各地游泳能手，表演各种戏水新术，以吸引眼球。

抗战结束后，鼋头渚前又进行横渡太湖比赛，起点是小箕山，终点是千米外的鼋头渚。1946 年 8 月 18 日下午比赛时，鼋头渚上，游人如潮，争看“浪里白条”，其中健儿过振东、陆和赓、胡荣增、许锦钊四人，各显身手，追逐不舍，时起时落，极尽竞争之能事，结果第一名胡荣增，成绩 14 分 45 秒。第二届横渡太湖游泳比赛，1947 年 7 月 20 日下午 3 时在鼋头渚举行，盛况空前，参加者共 25 人，结果徐冲游 1 000 米直往，以 11 分 44 秒得第一，陆和赓第二。

①《杨翰西花甲初庆，林主席致送匾额》，《新无锡》，1936年10月3日。

第三届横渡太湖游泳竞赛，1948 年 8 月 29 日下午 4 时半在小箕山举行，参加选手共 52 名，观众达 5 000 余，盛况空前，孙导良夺冠，以 14 分 48 秒到达千米之外的鼋头渚终点。

为提升鼋头渚的文化内涵，1947 年 9 月 1 日，公园管理委员会请常熟的朱松闇在鼋头渚湖滨刻凿“明高忠宪公濯足处”摩崖题句。高攀龙游览鼋头渚的原诗，为许国凤长子许广圻所书，亦刻在大字之下。“文革”恶浪波及，摩崖遭削。直至 80 年代，才重新镌刻而恢复了这一胜迹。

1973 年 7 月 5 日，鼋头渚三山建成的天然游泳池对外开放，可 90 年代起因湖水受污染，太湖丧失了亲水功能。水环境的恶化也使鼋头渚的景色大打折扣。

2007 年太湖水危机后，政府以壮士断腕的决心，关闭大量污染企业，加大治理力度。2024 年太湖水质良好，2025 年元旦起，苏州、无锡两市重启太湖跨市水上游。双休日，无锡管社山——苏州西山岛水上游线路开通，票价 288 元，成本约 600 元，一票难求。

品牌传播

鼋头渚景区从初次开发到声名远播仅几年时间，究其原因，除了本身得天独厚的自然风光、区位优势等因素外，还有就是强调品牌传播。

品牌传播中，新闻媒体对闻人在鼋头渚的观光报道发挥了相当大作用。当时不仅地方媒体乐于详细报道这些闻人在锡观光的过程，《申报》等全国性大报对闻人们游览名胜也有生动与全面的描写。如 1946 年 10 月 30 日，适逢蒋介石 60 大寿，他到鼋头渚避寿，并陪美国特使马歇尔来锡观光。

二时三十分，船抵鼋头渚，主席与马夫人为首，全体舍舟登岸，游客肃立道旁恭迎，主席温容颔首答礼，与各贵宾拾级登山，至七十二峰山馆，面对湖山，小坐品茗，俯视太湖，全景尽收眼底，主席笑问马特使：“此间风景如何？”“余随主席所到各地，风景无有不美者。”这是马歇尔的回答。在山上盘桓约历三十余分钟，即相率下山，主席十分高兴，对汤恩伯将军说：“鼋头渚的风景比西湖好！”是的，本报通讯中，也曾把西湖和太湖作过一个简明的比较：“一个是婉约的少女，一个就是俊拔的英雄。”一经主席品评，更是身价十倍了。至鼋头渚边，席地而坐，耳听湖水激石，尘意尽涤，主席复以太湖的民生、水产、运

① 高武弘：《蒋主席在无锡》，《申报》，1946年11月4日。
②《职业教育专家来锡开年会》，《申报》，1929年2月24日。

张闻天在鼋头渚(1976,《民间影像》第五辑)

邓小平在鼋头渚(1983.2.8)

输诸问题垂询。马歇尔夫人喜欢山间的枫叶，嘱侍从大量撷取后带回，以作纪念。

主席一行，于四时一刻与鼋头渚告别，时无锡小教联谊会同人适在鼋头渚聚餐，闻讯后率领小学生列队恭送，高呼“蒋主席万岁”，主席频频颔首，挥左手示意。[①]

媒体对一般名流的报道，虽不如对党国领袖那样浓墨重彩，但也为鼋头渚打了免费广告。“上海中华职业教育社规定每年新春，假山明水秀之地，开会讨论一年间之设施方针。本年开会地点，决定在无锡鼋头渚、梅园举行，先期推定在锡社员高践四、华印椿筹备一切。被邀各专家计有章伯寅、王志莘、朱经农(代蒋梦麟)、杨卫玉等于22日由沪来锡；此外如江问渔、陶知行、陈有丰、黄任之、刘湛恩、廖世承、沈伴元、过探先、陈鹤琴、张耀翔等20余人则均于23日上午分由宁沪来锡，业由高、华两筹备员雇定画舫两艘，候各员到齐后，于午后一时开船前往鼋头渚开会。晚间仍由原船回城，寓铁路饭店。24日再乘汽车前往梅园继续会议。”[②] 以后变得广为人知的陶行知，此际还是认为知在行前，仍叫陶知行。

现在鼋头渚主打樱花集聚人气，而20世纪30年代鼋头渚以桃花走红。为到鼋头渚看桃花，上海铁路局增开了“桃花专列”，其在《申报》上刊发广告；

本星期日请坐“桃花专车”，到无锡看桃花去！

一面是七十二峰的层峦叠障；一面是太湖的浩瀚无垠；中间点缀着万树桃花的灿烂缤纷；陪衬着丝丝柳的娇嫩妩媚。何等雄壮！何等艳丽！

久处上海喧嚣声中的朋友们哪！你们应当休养休养了！预备充足的精神精应付下星期

的工作！无锡的梅园、锦园和鼋头渚，是生长在天然画图里，不可不看，不可不快看，因为晚了恐惶桃花一落，只得待诸来年了！

京沪沪杭甬铁路局有鉴于此，特为游锡的中外士女开行“桃花专车”。本星期日（4月22日）上午七时二十五分由沪开，十时零三分抵锡；下午八时十分由锡开，十时五十分抵沪。

单程标价：头等五元五角五分；二等三元五角；三等一元七角五分；双程票价：头等八元九角五分；二等五元五角五分；三等三元一角。（《申报》1934年4月19日。）

民国时代，上海电影业很发达，影视公司喜欢到无锡取外景。1934年上海联华二厂，导演孙瑜率领金焰、王人美、陈燕燕、黎莉莉等男女明星，来到宝界山环湖路一带拍摄《大路》外景。1946年10月20日，两千游客挤满鼋头渚景区，观看赵丹秦怡等主演的抗战剧《遥远的爱》的拍摄，1946年12月28日，白杨、陶金来到鼋头渚拍摄《八千里路云和月》。随着这些影片的热映，鼋头渚与无锡的美名更得以广泛传播。

鼋头渚栽植樱花始于1930年代，园主杨翰西在充山西麓沿湖湾修筑桥堤，堤上种植日本名种樱花和柳树，形成“长春花漪”景观。1949年后，这批樱花得到了园林部门精心养护，春日去鼋头渚赏樱，逐渐成为无锡之旅的重要项目。1991年7月一场特大暴雨，“鼋头渚长春桥的水齐腰深，沿湖樱花及其他大树都被淹死，蠡园的桃花也都惨遭水淹，大片桃树被淹死。同时由于公园被淹，环境被破坏，好长一段时间没有游客，公园损失十分惨重。黄泥头被淹，政府要求园林局把游船借出来救灾，锡惠公园映山湖的舢板和鼋头渚的冲锋舟都被调去救灾。灾后，这些船只也没能归还。”①

1988年，中日樱花友谊林启动建设，在鼋头渚鹿顶山之麓植樱1500株。2008年底鼋头渚犊山村搬迁后，樱花林再次扩充。至2010年3月26日“樱花谷”建成开园时，鼋头渚樱花种植面积达65万平方米，品种68种，计3万余株，内核心赏樱区20万平方米（折合300亩）。其面积之广，数量之多，品种之富，园艺水准之高，独步江南，是国内最大的樱花观赏区之一。2014年起一年一度的无锡马拉松，在樱花盛开的季节举行，以“人在画中跑”为主题，鼋头渚美誉度更趋新高。2024年无锡马拉松报名265920人（全马＋半马＋迷你），位列国内马拉松报名人数第一，2024年全马中签率仅为3.45%。

---

① 李振铭：《在园林工作的那些年》，//无锡市政协编：《亲历无锡城市变迁》(一)，凤凰出版社，2016年，第259页。

蠡园：短暂的荣耀

与梅园与鼋头渚相比，蠡园建成要晚十多年，在无锡几大公园中，其有后发优势，那就是酒店设施最先进，成为国民党总裁蒋中正等达官贵人的下榻首选，但这种荣耀仅维持了几年，随着政权更替，蠡园又变得普通而平凡。

草根出身的园主

蠡园园主王禹卿 1879 年生，比荣德生小 4 岁，他追随荣德生，成为荣氏集团的元老级人物，拥有了巨额财富，在无锡中山路建起了豪宅(今梁溪饭店)，在五里湖边建私家园林蠡园。

起步时，王禹卿家庭条件很糟糕，13 岁时他与家乡同龄人一样，坐船到 120 公里外的上海当学徒，其行装只有一床补丁叠补丁的被褥与一床破垫席，每月 300 文零用钱，除剃头洗澡等必要开支外，王禹卿积至年终存 900 文，购了笋干、线粉、红白糖等，托人带回给父母。15 岁时他的俸钱增加到每月 1400 文。17 岁，升兼外账事。“受宠若惊，律身愈俭，服务愈勤。凡应接买卖，权衡货物，出纳账款，以及油麻之扛扎、钉铁之包装，内外巨细诸事无不为。最苦者莫如盘数铁钉，夏季面常黝黑，宛如铁作艺徒；冬季双手破裂，终日疼痛难熬。而扛堆桐油，亦甚费力。每桶计重百余斤，两人搬运堆装，手颡高举至 20 尺以上。力若不胜，往往败事伤身。人皆视为畏途，余独不畏艰辛，盖服役虽劳，而体则日强。每引古人‘吃尽苦中苦，方为人上人’之语以自励。”

1898 年，19 岁的王禹卿回到家乡，这是他当学徒 6 年来第一次回到故里，离家第二年，母亲就病逝，为了“学业”，父亲不许他奔丧。学成归来的他站在母亲墓前，看到母亲坟头的青草都已几经荣枯，不禁泪如雨下。

21 岁时，邻居家用火不慎，把王禹卿老家的房子全部烧毁。听到消息，王禹卿与兄王尧臣立即从上海坐船回家，只见“瓦砾遍地，片椽无存。唯有黔柱赭垣，烬余残剩，参差错峙而已。触目伤心，父子三人相抱而哭。当斯时也，居无容身之所，食无隔宿之粮。忍痛支木编茅，结庐栖息，箪食瓢饮，菽水养亲。余生平遭遇厄困，无有过于是者”。

23 岁时，王禹卿遇到了三个不同的老板。第一家是沈元来油麻肆。“主人初极足恭，诱余将崇沙各帮客尽为罗致。数月后即下逐客之令。奸侩狡狠，咄咄可畏。旋入绍帮恒来油麻行。王经理照贤视余以为能，派任烟台、天津、营口、乐亭诸帮客货交易事。余感激效力，不半载，推广营业，较增他人二倍以上。王君礼遇益隆，月俸加至 14 元。五月间，邻肆起火，店屋栈房俱毁。余适远出收账，留店之衣物，荡焉无余。店中虽获保险赔款，而主人始终游约，靳不分予。”

延及严冬，无棉衣过冬。“偶见同乡曹如秀兜售无锡茂新厂飞虎牌面粉与烟台帮，怦然为之心动。即向曹君详询底蕴，且因之而见茂新公司总董张麟魁，荣经理宗敬。倾谈之下，请将厂粉代向客帮推销，唯求先货后银，冀广招徕，得到荣宗敬的同意。即日起，除向各帮兜售桐油外，兼为茂新推销飞虎及帆船牌面粉。对客减少佣金，宽假银期，使之乐从。各帮客果相率来购粉。三数月间，计得佣金千余两。”[①] 这是王禹卿人生中的第一桶金，也展示了他非同凡响的销售才能。

1903 年，24 岁的王禹卿正式加入茂新公司，开始经营面粉业。此时荣家所办企业还刚刚起步，并不为商界所看好。但以后事实证明，这是一次强强联合，荣家正是有了王禹卿这员销售奇才，打开了市场；王禹卿也正是由于荣家这个平台，积累了巨额财富。

进入茂新，王禹卿收入主要靠提成，工资每月只有 20 元。32 岁的王禹卿再也按捺不住对财富的追求，“马齿徒增，蝇头莫致。茫茫后顾，老大堪嗟。既而幡然曰：‘大丈夫贵乎自立，岂可长此依人？’”这位销售经理决定与办麦主任浦文汀私下决定“单飞”，脱离荣家创办自己的面粉厂。

荣氏兄弟得到信息后，要求合资。股本额定 4 万元，原议四人平分。王禹卿财力有限，只认 8 000 元，浦认 12 000 元，荣宗敬、荣德生各认 1 万元。由王禹卿之兄王尧臣为厂经理。时王尧臣在祝兰舫所办的华兴面粉厂当会计，收入稳定，不愿跳槽，还是其父责之以大义，晓之以利害，才来任职。结果王尧臣想不发财都不可能，兄弟俩随着荣家面粉厂的不断扩张，财源滚滚，成为千万富翁。

1927 年，48 岁的王禹卿与兄王尧臣一起，决定仿荣氏昆仲，在家乡建一私家园林——蠡园。

花香引得众人来

蠡园的美丽，既有人为的作用，也有天然的资质。临湖四望，近水碧波粼粼，远山青峰缥缈；风帆渔舟，在十里长湖中荡漾；亭台楼阁，在绿水密林中隐现；南见石塘桥影，雪浪山峦，长广溪流，构成一幅大自然的美景。传说当年范蠡在帮越王勾践完成霸业后，挂冠而去，曾在此隐居。五里湖故又被称为蠡湖。王氏兄弟对这位商界鼻祖崇拜有加，将此园命名为蠡园。

蠡园与王禹卿的老宅青祁村相连，青祁村位于蠡湖中段北岸。面积达 10 平方公里的蠡湖，以湖光山色悦目爽神。明代无锡人华淑，把蠡湖和西湖相比，认为“西湖之胜：以艳、以秀、以嫩、以园、以堤、以桥、以亭、以祠墓、以雉堞、以桃柳、以歌舞，如美人；蠡湖之胜：以广、以老、以逸、以莽荡、以苍凉、侠乎、仙乎；而于雪、于月、于烟雨，于长风淡霭”。明代曾有高攀龙、王问在蠡湖边筑有私家园林，但因规模小与不对外开放，社会影响很有限。而王氏兄弟所建蠡园，虽是私家园林，却对社会开放，且第一期建成面积就达 30 来亩。

蠡园湖堤环水，桃柳相映，曲枕长廊，移步换景。蠡园建设得王尧臣亲家虞循真帮助，虞则请留日工程师郑庭真筹划，终历 3 年而建成。虞循真 (1886 ~ 1968)，1927 年任区长，以前任私立培本学校校长，后又负责修筑了青祁巷通往仙蠡墩渡口的扬西路，沿途广设简易路灯 (有铁框玻璃罩的煤油灯)，夜晚派专人添油点灯，方便行人，并协助王氏兄弟设施诊给药局，施米所等。

蠡园之南侧，另有一园“渔庄”(又名“赛蠡园”)，为王禹卿妻弟、实业家陈梅芳 (1880 ~ 1968) 所筑，占地近 4 公顷。建园时，陈雇船数十条，填芦滩，筑驳岸，从宜兴、浙江等地运来湖石、石笋，特请浙江叠假山名家蒋家元堆叠大小假山 20 余座，前后达六七年之久。假山建成不久，抗战爆发，渔庄只完成 1/3，便中途停顿。

蠡园的建成，使无锡继梅园、鼋头渚后又新增一景点，且三者共同构成了一个很经济方

① 《王禹卿自述》//曹可凡，宋路霞：《蠡园惊梦》，上海交通大学出版社，2015年，第362页。

便的环形旅游圈。当时一日游的线路多为：从无锡火车站附近坐船，经梁溪河抵梅园，再坐船到鼋头渚，又乘船经五里湖赴蠡园，再从蠡园经骂蠡河返城；或反之，先坐船游蠡园、鼋头渚，再游梅园，坐车或坐船回车站。

1930年，中国经济学社年会在无锡举办，马寅初、潘序伦、王云五等一批经济学家莅会，陪游的则是无锡县长局长与钱孙卿、荣德生、高阳等名流。当年的报纸详细介绍了他们的出游情形与路线：

昨日（9月21日）由商会丝纱面粉银钱染织等七团体，预雇蒋杨谢冯陈等家画舫五艘，备到锡全体中国经济学社社员及眷属等乘坐，游览名胜之用。另雇春舫蘋香飞艇画逸等游艇四艘，为筹备招待宣传三部委员及新闻记者乘坐，并雇定江鲸惠鲸金星翔羽新新利申新恒丰等汽油船七艘，拖带各画舫游艇开赴各地，船上均插有“中国经济学社”白布旗一方，各社员乘坐之船，先期由招待委员妥为支配。

谢舫中为邵元冲、邵太太、马寅初、马太太、叶小姐、许师慎、祝世康、朱彬元、朱太太、芮宝公、陈灿、詹显哲、赵文锐、陈其熊、陈震异、金侣琴、金太太、李干、戴亮吉、戴太太、任季良、李权时、陆梅僧、陆太太、潘县长、徐局长、钱孙卿。

杨舫中为徐兆荪、徐太太、王振汉、王太太、周仲千、唐庆增、吴伯华、杨诚、杨荫溥、吴宗寿、叶锦如、沈藻墀、赵棣华、任应钟、林襟予、吴世瑞、中央大学代表四人、龙起大、安绍芸、蔡正雅、诸青来、周振声、黄喜亭、孙拯。

冯舫中为马崇淦、马太太、祝仰宸、祝太太、寿勉成、史维焕、史太太、刘治乾、洪思伯、洪太太、潘序伦、潘太太、沈子豹、沈太太、王平陵、张厚絜、虞中望、史悠明、吴曾愈、王焕照、解炳文、魏颂唐、寿毅成、王云五、王太太、张恨天、胡念倩、高践四。

蒋舫中为陈霭士、汪叔梅、汪太太、江禅山、施济元、蔡承新、庄智焕、许继廉、许太太、戴蔼卢、韩祖德、王伯秋、王志莘、沈学钧、沈太太、李云良、李太太、蒋元莘、贺良、方祖馨、李达先、刘泗业、陈其鹿、荣德生、荣鄂生、邬志和、唐星海。

陈舫中为七团体主人如钱凤高、陈品三、程敬堂、江焕卿、江导山、吴侍梅、许受益、秦效鲁、周寄湄、曹衡之，及各报记者，清晨七时三十分，社员等陆续下船，八时十五分，各船由大有栈码头启椗，鱼贯向梁溪前进，大小船只十六艘，衔接如长蛇，白旗招展，碧波荡漾，汽笛相应，实为梁溪中空前未有之盛况。

蠡园(卢施福摄)

至上午十时，已开抵镇山湾，各社员登岸后，即步行至梅园，由该园主人荣德生引导各社员至诵豳堂啜茗，旋即登天心台小罗浮，折而至太湖饭店，再直上登新建筑之念劬塔，下而赴地屋及宗敬别墅等处游览一周，并在花园中合摄一影。十一时半，下船午餐，餐毕，由荣德生分赠各社员以《人道须知》，薛明剑亦分赠《无锡杂志》，旋于下午二时开抵小箕山，相将赴荷塘畔观赏四并蒂莲，各社员以荷花一茎二花，已为奇观，乃复有一茎三花一茎四花者，更属稀有，虽花瓣大半均已凋谢，但遗迹尚存，故莫不交口称奇。该处湖堤已建筑完成，汽车可以直达，以是游客甚多。

至二时半，各船进泊鼋头渚，各社员相将登岸，一部分社员在飞云阁啜茗，由该渚主人杨翰西长公子蔚章招待，一部分如邵（元冲）委员等，则直上陶朱阁，在光福寺中品茗，该寺住持量如特出而款待，其余分赴一勺泉、小函谷、花神庙及税务所长王心如建筑之太湖别墅等处游览，至三时许下舟，邵委员夫妇即于此时赴城，各画舫于三时半，复由各汽艇拖带至蠡园。

抵园已下午五时，夕阳西坠，凉风习习，各社员即在园中就藤椅中啜茗，为状至为闲适。社员中有携快镜者，即在园中摄取风景，并有出资乘园中特备之小划舟，在湖中行驶为乐。蠡园附近，有赛蠡园者，系旅沪邑人陈梅芳（亦在面粉公司之重要职员）筹资建筑，内有假山石堆成水漫金山及虎豹狮象等，别具风格，各社员有少数乘便前往参观者，游兴既阑，即鼓棹返城，开进大渲口，已夜色四合，至八时许始抵黄埠墩。[①]

为发展无锡旅游业，1930年荣德生与王禹卿等捐资建了蠡桥，由是从城区坐车可抵达蠡园；1934年荣德生捐资建成宝界桥，贯通蠡湖南北两岸；1934年10月10日，连接蠡园与鼋头渚的公路竣工通车，人们从城区可坐车经蠡园到达鼋头渚。以前风大浪高时，游船就停航，现在修建的公路，给游客提供了更多方便。

当时一批上海与无锡的企业家结成戊辰会，经常聚餐，加深感情，交流信息。1935年2月17日，国民党中央委员缪斌与无锡县商会主席杨翰西，欢宴戊辰会会员，到者有张一鹏、林康侯、王晓籁、虞洽卿、刘鸿生、赵晋卿、杨天骥、庞甸材等，由无锡会员钱孙卿、蔡兼三、顾忠琛、江禅山与缪、杨两氏以及孙祖基、冯云初担任招待，辟无锡饭店为招待所。后即雇定云飞等各汽车行小汽车十辆，载各会员游梅园、箕山，探梅寻胜、旋在鼋头渚飞云阁欢宴，并在澄澜堂摄影，后赴蠡园游览，下午四时返城、复由缪君等作陪，盛极一时，宾主尽欢而散。[②]

本来蠡园知名度不如梅园与鼋头渚，但其第二期工程的建设则让它后来居上。1936年，王禹卿独生子王亢元在蠡园原址旁，拓地10余亩，筑景宣楼、颐安别业、西班牙小楼，舞池、水榭（湖心亭）、游泳池、凝春塔等，这些建筑设施先进，装修豪华，在无锡以至全国都达到了领先水平。耗资更是巨大，仅一个游泳池工程费就达三万元，[③]该池依湖而筑，吸水便利且极清洁。

定位高端的蠡园酒店，一炮走红，引得众多达官贵人前来消费。

1936年7月8日，浙江省政府主席黄绍竑，偕其夫人及卫队四名，乘自备汽车二辆，由沪杭公路抵锡，径赴湖滨蠡园，寓颐安别业，旋因身体不适，故并未出游，在园休息一日，于昨日下午、乘原车循锡宜路转京杭道赴南京。[④]

内政部长蒋作宾，为明了各省市行政实况起见，视察省会各所局处，并邀地方士绅作

---

①《经济学家在无锡游园》，《锡报》，1930年9月22日。
②《京沪名流游锡盛况》，《申报》，1935年2月19日。
③《蠡园开辟游泳池》，《申报》，1937年2月3日。
④《浙主席过锡》，《申报》，1936年7月10日。
⑤《蒋作宾来锡视察》，《申报》，1936年11月21日。
⑥《实业部长吴鼎昌访问记》，《锡报》，1937年3月14日。
⑦《汪兆铭游锡》，《申报》，1937年3月31日。

王禹卿的洋房

蠡园游泳池(1953)

陪。席散后，臧专员即陪蒋氏径赴蠡园颐安别业休憩。[5]

1937年3月13日，实业部长吴鼎昌、立法委员吴开先、上海市社会局长潘公展、中央委员柳亚子、两路警察署署长马少屏等，都下榻于蠡园——颐安别业。吴部长此来纯系游览，同来者有太太陈心娱，公子元梨，女公子元俊，快婿刘廷蔚等。[6]

1937年3月30日，国民党中政会主席汪精卫，由宜循锡宜公路来锡，赴梅园小箕山蠡园等处游览，行踪甚秘。抵蠡园时，适江苏省主席陈果夫亦在园游览，会谈片刻，即行分别。[7]

1948——蠡园的名人广告

与梅园主人荣德生、鼋头渚主人杨翰西常驻无锡不同，蠡园主人王禹卿常驻上海，贵客光临蠡园时，他也难尽地主之谊，由是蠡园不能像梅园与鼋头渚那样，被园主当作沟通感情建立人脉的平台。翻阅当年的地方报纸，王禹卿的报道很少见到。地方名流到蠡园，多是虞循真接待。1932年3月28日，无锡画界精英与文人张补园偕王峻崖、胡汀鹭、诸健秋、张潮象、孙伯亮、沈伯涛、徐育柳买舟载酒至蠡园，约为饯春之会，招虞循真于涵碧亭小饮。时则绿暗红稀，春光将去，胡、诸二君，允合绘作图，遍征题咏，众人作《蠡园饯春图诗》以纪其事，其中张潮象诗曰：

春光容易老，已是晚春天。珍重前宵约，相邀看杜鹃。闻说蠡园杜鹃好，为因看花春起早。清溪一棹任容与，直向湖天深处去。蠡湖烟水渺无涯，傍水名园当作家。主人开门延客人，但见依山绕砌五色灿云霞。可怜春将尽，休再负名花。愁煞东风太狼藉，看花更自惜春华。开筵围坐饯春侣，酌酒问花花解语。杜鹃枝上唤声声，风雨催归莫延伫。归舟十里片帆轻，吹出梅花笛韵清。不问蜗蛮争斗事，且将胜负决棋枰。君不见，古人行乐须及时，有酒不醉真成痴。今朝看花并饯春，写入画图我作诗。①

1937年11月无锡沦陷，蠡园被日军占用后，一片萧条。抗战胜利后的1946年6月9日，名作家田汉重游蠡园，只见“池中白莲初放，而丰草败树充溢台榭，游泳池亦积满淤水”。应《锡报》《民报》记者请求，他题诗慨叹：“十载流离别太湖，重来池馆悉菰蒲。江南憔悴犹如此，把笔何当代吁呼。”②

随着抗战结束，国民政府还都南京，蠡园又开始冠盖云集：1947年4月10日，上海市长吴国桢偕家人亲友一行25人，来到蠡园、鼋头渚游览湖山。③吴国桢(1903～1984)乃一奇才，1914年考入天津南开中学就读，结识周恩来。再就读于清华学校，1921年毕业后前往美国留学，23岁获普林斯顿大学政治学博士。回国后官运亨通，29岁出任汉口市长。36岁出任国民党战时首都重庆市长。43岁又担任上海市一把手。

1947年4月20日，国府副主席兼立法院长孙科带家人乘凤凰游艇从西门轮埠出发，直驶蠡园，国民参政员薛明剑、粉纱大王荣德生氏及眷属，申新三厂谈家枨郑翔德等陪游，他们在蠡园勾留三十分钟，即赴鼋头渚。④

1948年5月20日，蒋介石在南京宣誓就任总统，蒋主席的称呼画上句号。名号换了，但其权力并没有任何缩水，可官方主导的意识形态还是把这次“换号”包装成一场划时代的政治变革。

就职大典前几天(5月16日)，蒋氏夫妇利用星期日之暇，由南京乘车赴宜兴祭祖后，来到无锡太湖边小箕山码头，坐船游太湖，晚上7点舍舟登岸，下榻于蠡园的湖滨行馆(又名颐安别业)，随行者有俞济时等一行10余人。

次日，蒋氏夫妇黎明起身，散步园林，欣赏自然景色，移时与夫人共进早点并披阅当日京沪各报，10时一刻偕夫人乘蘋香号画舫遨游太湖，画舫由祥生轮曳行，并以明湖号炮艇前导引路，侍从人员另乘萍踪汽轮随侍于后，四船排成一列，徐徐东行，当日天色晴朗，湖光宜人，抵雪浪山后，舍舟登山，步履甚健，直上山巅雪浪庵及蒋子阁。凭眺有顷，改坐藤轿下山返舟，复荡漾湖面，饱览湖山秀色，于中犊山湖而进午餐，下午2时40分返抵湖山别墅，附近民众闻主席游湖归来，云集隔河对岸，咸欲一睹主席夫妇丰采，主席闻报，命船停靠大门右侧码头，舍舟登陆，向对岸民众点首示意。蒋夫人领前，先主席进入湖山别墅大门休息，隔岸民众感于主席蔼然可亲之神情，守候至晚未散。

主席17日下午2时40分返抵蠡园后，在休息时间内，接见江苏省主席王懋功、无锡县县长徐渊若、县参议会议长李惕平、京沪卫戍司令部无锡指挥所彭参谋长及宪兵第一队团队长等。主席当即询以有关无锡治安及农工商业情形甚详，同时对于无锡物价较京、沪等地犹高之情甚为关切。下午又坐船游中犊山等地。晚再宿于蠡园。⑤

蒋介石来蠡园后四个月，副总统李宗仁偕夫人郭德洁女士，立法委员韦永成及秘书、副官等一行7人，于9月13日中午11时30分，乘钱塘号特别快车，由南京抵锡游览参观，也下榻蠡园湖山饭店。午后2时30分，李宗仁一行由县长周明馨等陪同，乘祥生画舫出游，先在湖心巡览一周，微风扑面，轻波荡漾，三五沙鸥，时掠空而过，隔岸云山苍茫，几如图画。李氏伉俪，端坐艇中，评赏新秋湖景，谈笑风生，状至欢愉。4时左右，舟泊鼋头渚，李氏扶搀夫人拾级登山，迳至七十二峰，徘徊峰巅，凭栏远眺，并在万方楼小憩，楼主王心如先生与李氏握手言欢，并向李氏索书，李副总统运笔挥毫，赠以"与民同乐"横匾一方，笔力雄伟，足为湖山增色，李氏等旋即下山，在小南海逗留片刻后，即重登游艇，再放小箕山，登岸后，换乘汽车，驶往后湾山江南大学参观，由校长顾惟精接待，并详述该校创立经过及将来计划，李氏对荣德生为国作育人材，备致赞扬。5时许，游览梅园，园主荣德生闻知李氏莅园消息，早在园中迎候。李氏伉俪，曾在园内景色佳丽之处，留影多帧，并在梅园管理处，小坐品茗，与荣德生畅谈无锡工业情形，至6时始离梅园，仍至小箕山登舟，遄返蠡园行馆，当李氏伉俪游罢归来，在蠡园登岸时，该地民众已获消息，相争而来，瞻仰副总统之丰采，伫立道旁，欢呼不已。李氏伉俪，频频挥手向群众答礼，当晚即下榻湖山别墅二楼七号房间，适园主王禹卿七秩大庆，晚膳以后，李氏特亲题匾额一方，赠与王氏，以示贺意。⑥

14日晨7时许，李副总统伉俪即起身盥洗，并于草地上迎秋阳散步。8时许，周县长、

---

① 张潮象：《蠡园饯春图》歌，《新无锡》，1932年6月6日。
② 田汉：《无锡之游》，《锡报》，1946年7月7日。
③《吴市长伉俪莅锡游湖》，《人报》，1947年4月11日。
④《畅游鼋头渚名胜后，孙副主席伉俪返京》，《人报》，1947年4月21日。
⑤《主席夫妇游太湖　欣赏山水秀色状至怡然　对无锡物价高涨尤关切》，《申报》，1948年5月18日。
⑥《李副总统伉俪莅锡 轻车简从遨游湖山》，《锡报》，1948年9月14日。

荣德生和申新谈厂长等前往晋谒。旋即陪同乘车赴申新第三纺织厂，由荣德生、谈家枨、郑翔德等招待进早点后，参观该厂清花、梳棉、粗纱、细纱及发电等部门，谈氏等详为解释。李副总统对无锡工业异常发达，表示无限欣慰。旋乘祥生轮至夹城里，参观天元实业公司，由厂长杨同德招待，参观该厂麻纺部分。10时许，李氏等复乘轮到茂新面粉厂参观。李副总统伉俪等于10时40分回到申新三厂休息，李氏对荣德生氏举办如许工业赞扬备至。11时，李副总统一行登上汽车，经西门、复兴路、中山路、胜利门，径赴火车站，于11时30分乘钱塘号特别快车去苏州游览。

正副总统在相隔不到半年都下榻蠡园颐安别业，无疑给蠡园做了一个超级免费广告，也使蠡园知名度空前提升。但这个知名度实质意义甚小。1948年底，国共几十年的对决已见分晓，战火虽尚未延及江南，但江南的有钱人忙着跑路与转移资产。1949年4月23日，无锡解放。在共产党渡江前，蠡园园主王禹卿与渔庄园主陈梅芳移民港台，他们走时，一个70岁，一个69岁。此后，他们终老异乡，故园成为他们梦中的记忆。

政权鼎革后，蠡园与渔庄被政府接收。1951年，上海市总工会将蠡园移交无锡市人民政府管理。1952年，无锡市人民政府对蠡园和渔庄进行全面整修，广植花木；蠡园百尺廊向西接出200米，与渔庄相连，统称蠡园。1954年，无锡市人民政府将湖上草堂、景宣楼、诵芬轩、寒香阁、颐安别业、露天舞池、游泳池、凝春塔等划归无锡市交际处使用，王氏所建蠡园被分割成两块，一块对公众开放，一块为官家使用。1960年，重建和改建景宣楼等3幢楼房。

1979年10月，新建一幢10层大楼，建筑面积9456平方米，有客房187间，床位374张，定名为湖滨饭店。连同原湖山别墅的3幢楼房，建筑总面积为21632平方米，客房208间，床位414个。湖滨饭店这幢10层大楼，让蠡湖与蠡园这两个美人“颜值”急剧下降，对此过失，退位后的马健市长曾作自我批评，希望以他为戒，不要在老城区建高楼，不要拆毁老街区，不要干这种破坏风景区的蠢事，但言者谆谆，听者藐藐。2009年，湖滨饭店又在蠡园旁建了一栋28层大楼，更是大煞风景。

1978年，无锡市城市建设局在蠡园东侧扩建新区，面积3公顷。先后筑有春秋阁、数鱼槛、映月桥、水旱廊、绿漪亭、柳荫亭、鱼矶、石桥等，1982年5月建成开放。如今蠡园仍是无锡一个知名景点，只是1949年来的多次分割、新建、合并，使后人品味蠡园以前的景观变得困难重重。

第三编 远去的乡贤

一方水土养一方人。钟灵毓秀的无锡，近现代群星璀璨。仅小小的无锡城区（现解放环路内），不足两平方公里，现保留完好的名人故居就有阿炳故居、钱锺书故居、顾毓琇故居、陆定一故居、荣德生旧居、秦邦宪故居、薛福成故居等。

这些留存的名人故居作为无锡的名片，昭示着这座城市深厚的文化底蕴。追寻乡贤人生的轨迹，发现许多我们熟悉的地名、路名，他们当年所看到的山水与今天我们所见到的景色，不少完全相同，只是这中间隔着几万个日出日落。

打捞乡贤远去的背影，从他们喜悦与失意、悲伤与落寞中，我们会发现变的是科技、生态、生活方式，不变的是人性、人生、人情世故。

连线清末无锡“劳模县长”李超琼[①]

本文在李县长日记基础上，进行一场虚拟对话，以还原清末无锡社会的历史场景。◎代表笔者，◆代表李县长，引用的李县长日记原文用楷体标出。

◎李县长好，读您当年在无锡任上的日记，看着东林书院、清名桥、寄畅园、西漳、堰桥、新安、洛社等熟悉的地名，极为亲切，您的文字为后人留下了大量历史信息，我是无锡地方历史研究者，穿越时空，同您连线，倍感兴奋。

◆请问阁下尊称，在哪高就？

◎ 鄙人汪淦，谋食于江南大学。

◆ 1902 年夏，我来无锡上任时，国家高校屈指可数，1895 年全国第一所大学——北洋大学堂（今天津大学）创建，1898 年京师大学堂（今北京大学前身）兴办，两校才办几年就被义和拳砸了，南京水师学堂有外国老师，所学又都是洋玩艺，师生们一段时间内也变得惶惶不可终日，据说 19 岁的周树人与其同学便停学护校。请问江南大学在锡城何处？

---

①李超琼(1847~1909)，字紫璈。四川合江人。19岁中秀才，24岁一边教书一边就读于锦江书院，多次在成都参加乡试未中。29岁买舟顺江而下，远走东北当幕僚。光绪五年(1879)中举。后两次冲击会试都未成功，光绪九年(1883)，以候补知县分发江苏。光绪十二年(1886)，任溧阳知县。光绪十五年(1889)，署元和知县，次年实任。光绪二十年(1894)，署知阳湖，两年后回任元和。赈灾请蠲免白银，以工代赈，修复葑门外官塘驿路，筑金鸡湖长堤，民称“李公堤”。又开浚章练塘、周庄、陈墓河，修复苏公祠，封护宋学朱衣冠墓等，称名宦。光绪二十四年(1898)署知江阴，后又历署无锡、吴县、南汇、上海知县。光绪三十四年(1908)，任长洲知县，未到任，病卒于上海知县任所。2017年苏州工业园区档案管理中心整理出版了《李超琼日记》。

②1902年五月二十四日起，李超琼担任无锡县长一年整，文中时间五月二十四日后至十二月为1902年，一月到五月二十四日之前为1903年。所用日期都是农历。

◎江南大学位于龙王山下长广溪畔，您曾路过此处，那时长广溪正如其名，有13公里长、1公里宽，一片汪洋，可惜您弃世后一个甲子，围溪造地，江南大学3200多亩，其中一半都是当年鱼虾的家园。

◆记起来了，那是我来无锡上任1个多月的六月二十九日，获悉开化乡客商滕姓所开木行于二十七夜被劫，一早便坐船前往案发现场，“出西门，东行于南水关外，折而南十余里，入五里湖，湖沿惠麓东，俯视则绿波澹荡，仰瞻则苍岩崒嵂。时西北风大作，飞帆如驶，顷刻遂过。既出湖口，复有小荡，约二里余，再循溪而西，至葛埭桥登岸，则事主木行即在焉。破屋数椽，家无长物，不知暴客何以扰之也。勘谕竟，并集乡民训以守望之方伦常日用之理，为之剖示，久之乃返。船窗四眺，新稻正舒茂之时，雨足郊原，三农皆欣欣喜色，为之一慰”。工作结束后，原路返回，沿长广溪进五里湖，再过南桥、中桥、北桥、梁溪河、环城河，因是逆风，用时大增，到家天已暗。

◎读您这段陶醉于湖光山色和丰收田野的文字，在下好生羡慕，因现在的长广溪水质浑浊不清，岸边农田都变成了高楼。生活条件比起您所处时代，天翻地覆，水环境却差了许多。您的工作中，审案破案要占多大比例？

◆与现在县长相比，我职权范围大得多。我不仅是全县一把手，且公安局长、检察院长、法院院长都由我兼任。虽然我可聘请刑名师爷协助，帮我谋划，但人命案、重大入室盗窃案我都要亲临案发现场，负责侦察；大小案子都要我审判；处决犯人要到刑场监斩。

日记改写：(1902)八月初十，午餐后登舟到江阴，奉太守令去验瘐毙人犯聂根初，直至深夜才到达江阴南门外停泊。次日下午，坐船回，直至晚上10点左右才到达西门。因天热与船中休息不好，回到家时，下轿都很困难。

十一月初一，为勘盗，坐船抵北七房桥，再乘肩舆到达案发现场。回程时碰上逆风，船老大拉纤而行，异常缓慢，船中无米，晚饭无着。

(1903)二月二十四日午后，坐船前往万安乡杨墅园盗案现场，晚十点到达洛社，停船休息。次日早起，船到杨墅园东，坐肩舆入市。当晚回到无锡。

◎您日记中除破案外，还隔三差五审案，您喜欢在午后与晚上提审嫌疑人，有时一天要审几起，您对审判工作很有兴趣，是不是？

◆是的，审判工作如同学生考试，有送分题，案情简单；也有拉分题，案情复杂，比较烧脑，需要我前期做大量准备工作，又需要临场发挥力、反应力与判断力，与嫌疑人斗智斗勇，我有时也搞点计谋，放点烟雾，出其不意，突破坏其防线。

◎您勤政爱民，忙于政务，但不关注发展工业与新质生产力，您未视察过无锡仅有的两家近代工厂——业勤纱厂与茂兴面粉厂，而无锡作为民族工商业发源地正得益于这两家厂。

◆您的批评有一定道理，1902 年七月十四日磨面公司朱仲甫（三品衔）拜访过我，我未见过茂兴面粉厂的荣宗敬荣德生昆仲，企业家在当时没有地位，见县官不容易，士农工商是当时的阶层排位，业勤老板杨宗濂时常与我聊天，他是士绅。何况当时我的职权范围只有统治职能，收缴粮税、破案审案。

◎您对举办工业不理不睬，但对新式学堂却很重视。您为无锡第一家新式学堂——竢实学堂（现连元街小学，1898 年）与创办者杨模有频繁的往来，千方百计解决其经费难题并经常视察竢实、东林等新式学堂。

(1903) 正月二十日：午刻，竢实学堂开学，往率教习暨学僮行谒先师礼。礼成，学僮钱泰基等八十四人循新章三揖以为礼，因进而训之以尊君亲上之义，而归本于识廉耻、饬行检为先务。堂董杨、高诸君治酒相留，詹司谕亦同坐。饭讫，再至崇安寺三等蒙学堂开塾，学僮曹文益等三十人亦以三揖见，遂归。

◆我对兴办新式教育很起劲，西学东渐中，不讲声光电学的传统教育落后于时代，教育必须面向未来面向世界面向现代化，幸运的是，无锡一批有眼光有才华的士绅，都重视新式教育，如杨模、胡雨人、华鸿模、周舜卿等，我与他们都有良性互动。但相比传统教育，新式学堂很烧钱，而当时政府行轻徭薄赋，无力支持。杨模便想打米业戏捐的主意，我虽然也讨厌演戏，但得知这种低级娱乐群众基础雄厚，便劝杨模不要轻举妄动，他还听我言，可1904 年我到苏州工作时，他利用各种关系，强改米业戏捐，引发锡城群体性事件，七月二日与三日，几千名群众走上街头，集聚政府门口，捣毁了杨宅与竢实、三等、东林三所新式学堂，无锡县长（我的继任者陈怡）与金匮县长都受到处分。

◎毁学事件发生后，地方都言，如李超琼仍在无锡当县长，此事不会发生。

◆这是无锡民众对我的谬赞。遇到冲突时，我还能一碗水端平，让双方能寻找到一平衡点，不致激化为街头运动。

◎您在无锡工作整整一年，为何喜欢到惠山游玩？

◆我在任时，惠山是锡城唯一旅游点，老百姓都喜欢来此白相，按惯例县长也要来这里的官祠举行祭奠，这里有高档酒楼，我也受邀参加一些宴请，重阳节我与家人也从众来爬惠山，登高望远，见水天一色，心旷神怡。

(1902) 八月十一日：辰起，诣城隍祠社稷坛行秋祭。既毕，乃至惠山祭忠义节烈祠、五中丞祠，并至李绅金镛新建之祠陪祭，典亦滥矣。

九月初九日：辰起，一饱麦饭。先携侃、谔两儿出，至惠山之竹垆山房，照影相者呼之来，就惠泉井上照一小影，两儿左右侍焉。既以，以竹舆历山椒而上，直至峰颠之一小祠小坐，半道即舍舆步行，攀跻颇苦，然重九登高，循古人故事，亦颇乐之，而忘甚疲。时昂儿、敬侄亦续至，于头茅峰徙倚久之，东望太湖半角，一白迷茫素绕脚底；俯眺独山门，形胜屏蔽。五里湖口，前有小岛三，如列幢之状，心窃赏之。峰后乱石嵯峨，如植笏，如蹲虎豹，就以坐卧，日昳乃下，数憩始还。原所题一律于玻璃间，则狂奴故态也，不禁自笑。比挈谔儿归，昂、侃辈则登舟，游至日暮乃返。

五月二十六日：午间，东林、竢实两学堂经董七人，招饮于惠山之李公祠园亭前，吉水令华海初（文汇）及其弟艺珊（文川）皆在，酒阑而归。

◎您两次光临寄畅园，未见园主接待，不知什么原因？

◆寄畅园在明清曾有一段辉煌，康乾两帝曾多次光临，后太平军同清军在此交战，其毁于战火。我上任时，虽战乱已过去近 40 载，但园主还是维修乏力，寄畅园里杂草从生，无人打理。

四月十三日：辰间，诣常雪坛祭祀，礼成而返。于西门登舟，赴惠山紫阳书院，以玉泉招饮也。至，则主人未到，遂步入秦氏寄畅园一眺。园中老树连蜷，如虬龙，如虎豹，至数十株之盛。又皆苍藤附之，密叶缪枝，奇形怪势，各极异观，为他处所未有，惜亭台倾圮殆尽，满目荒芜，而池水深黑黝然，亦成废沼，虽龟鳖之类拍浮水滨者尚多，异质而久未浚治，亦仅余秽黯之迹而已。南巡御题碑碣尚存五六，而介如峰石与图画亦岿然如鲁灵光，幸得剔藓读之要，不胜今昔之感焉。

◎您每天坐船，是不是相当于现今官员每天坐车？

◆是的，无锡河网密布，城墙内有 20 多条河流，河比路多，宽 20 米以上河流上基本没有桥；没有火车、汽车、马车、黄包车、自行车。我到乡下处理政务，要坐船，船速每小时

3 公里左右，遇到逆风更慢如蜗牛，到无锡远郊，便不得不在船上过夜，而那时船舱，夏天如火炉，冬天如冰窟。好在当时有了轮船，但班次极少，偶而我也开开洋荤，把小船挂在轮船后，如一次从无锡到上海就是如此，到上海办事时，晚上便宿在小船上。

日记改写：二月二十一日，早起坐船去梅村，两县长一起致祭泰伯祠。回遇大风，船行艰难，寒风刺骨，浑身不适，到家已晚上九点多。

◎除坐船，出门您还喜欢坐轿。

◆时私家船在江南水乡很普遍，有的船很简单，就是代步工具，但有的船则很讲究，同现在的豪车一样。轿子比较昂贵，普通民众消费不起，我经常乘坐，这既是工作需要，也是一种职务福利。轿子也有优劣之分，有 2 人抬的，有 4 人抬的，一次迎春大典，我按传统坐了 8 抬大轿。

(1903) 正月初六日：巳刻，迎春于东郊，礼也。州县向于是日仪服皆失之僭，余亦乘八舆排仗而出，舆上不张盖，不施幄，所谓显轿也。虎皮蒙几，两金狮承足，四面结红绿彩球，亦已侈矣。沿城河南行，折而北至崇安寺街西口。金匮令张玉泉之仗亦来，尾余后同出东门，先诣道院，中庭小坐，梨园子弟演出二折。复起舆至迎春桥下，向春牛行礼毕，始循城而上，由北门以入，则春牛先列大堂，率巡典官一揖，乃撤之。

◎您那时有周末吗？

◆周工作制也是洋货，那时没有实行，我每天都“打螺丝”，晚上常常加班，不过重阳节、中秋节放假，春节假期有十多天。

◎重大节日您如何度过？

◆中秋节，我要宴请工作班子，即刑名师爷、钱谷师爷与书启师爷等，晚上我登县衙一高台——阜民台赏月。正月初一要早起，会同所有官员去崇安寺皇亭，面朝帝都，向皇帝行礼。其后还要到文武祠、学前街文庙、城隍庙、锡山驿等处祭拜。十点钟，在前呼后拥下，我坐轿在城内（现解放环路）向大家拜年。

(1903) 正月初一日：五鼓起，肃衣冠，至寝堂行祀神祖礼。毕，命舆排仗出署，诣崇安寺皇亭，则守备金作鼎县丞汤毓楸、高桥巡检程晋、典史蒋台卿及金邑丞典先在，南、北塘汛弁亦俟焉。既而，署金匮令张玉泉（宝琮）至，遂偕服朝衣冠北望行庆贺礼，九叩首。礼成，退而更衣。沿往例，款寅僚以酒食，余与玉泉则皆未举盏也。既撤，乃先就文武祠行香，又南行诣学宫，拜棂星门内，始分道各诣邑庙行礼。余再出西门，祭马神于锡山驿。比归，而丞尉、巡检咸来贺岁。既接见，送之，再入内寝献岁，叩瞻吾母遗像，怆痛不忍言。昔迎养在官，岁朝之乐，何如今尚忍受贺耶？儿辈乃不知此，仆役辈何足论，咸次第入叩于庭，适增我心惨恻而已。巳刻，略进汤面，再排导而出，凡文武寅僚及乡居士大夫与所谓绅董者，一一投刺于门，俗所云拜年也。凡历城内四周，并北门乃返。城中自兵燹后，逾四十年街衢尚未复旧，颓垣废第，在在有之，居民亦朴素者多，鲜铺张华丽之习，惟爆竹满地，家家以松枝、柏叶杂皂荚悬门上，亦可异已。

◎现在当官面临最大问题是文山会海，您也如此吗？

◆那时有文山没有会海，每天我都要收到各种上传下达文件，批阅处理，但开会极少，毕竟交通不便，也没有大会堂。人数最多一次会议是全县 100 多名地保（相当于今村干部）参加的工作会议（八月二十六日晚），主题是征粮、禁赌与捕灭蝗虫，一次是几十名粮书参加的有关新垦土地征粮任务（八月二十七日晚）。

◎您手下“兵”多吗？有多少官员归您领导？

◆虽是一县之长，但我是最基层官员，是管民之官，不同于现在的县长是管官之官。那时也有乡董，但都由士绅义务任职。县衙六房属于吏，他们是铁饭碗，我无权任命。好在我可聘请几位幕僚，充当我的左右臂。

◎您在无锡任上，哪本书让您印象最深？

◆当然是陈根儒送我的薛福成《庸庵遗集》。1900 年前后，薛的著作一纸风行，而我在无锡交往最多的是薛的外甥陈根儒。1894 年，56 岁的薛福成去世后，文稿厘定与出版由薛莹中和张美翊、陈根儒合力完成。薛的著作有料有趣，实为一代大家，如果他不早逝，无锡要多一位“副国级”干部。

◎遇到天灾，如何处置？

◆遇天灾，官员们都有传统套路，旱了祈雨、涝了祈晴、冬天祈雪。我到无锡上任不久便遇天旱，从六月初五到初十，连续六天都到崇安寺设坛祈雨，十一日便雷雨大作。(1902) 十二月二十到二十六日，我连续七天在城隍庙（现恒隆广场南）、崇安寺祷雪，十八日夜大雪。

六月初八日：是日，于崇安寺设坛祈雨。同城两邑寅僚咸集，且禁止屠宰，聚僧道讽经，凡俗所有之礼无不备，靡神不举数语可以诵矣。而仰望长空毫无雨意，其奈何耶？咸召未能，自责何极！

◎传统社会，这种求神仪式很多见吗？

◆这是官员的规定动作，遇到日食，官员与僧人要一起向太阳三跪九叩。

十月初一日：申刻，出北门，偕张玉泉行祭历坛礼，礼成即返。酉初，循例救护日食。僚属毕至，初亏、食甚、复圆，俱三跽九叩，僧道鸣金、伐鼓以助，固中国相沿旧典也。

◎那时有元旦吗？

◆大清坚持传统，用农历，用干支纪年。不过来华洋人把元旦作为新年伊始。1903 年元旦，我与金匮县长张玉泉一起到三里桥天主堂，与老外共贺新年。

十二月初三日：西历元旦也。此间天主堂之法人、圣公会之美教士，皆事耶教者也，往贺之。偕玉泉至圣公会，入其室，则其妻、子皆出见，妻且为客鼓琴数曲，乃告别焉。

◎那时无锡老外多吗，你跟他们有互动吗？

◆时长住无锡的老外屈指可数，竢实学堂有一日本老师松本义成，27 岁，懂吴语，我聘他教我儿子日语，一周几小时。天主堂主教是法国人萧子云，是我在江阴工作时认识的老朋友，也懂吴语。当然，还有一些老外路过无锡，还有中外纠纷，老外来无锡讨债追款找到我。

◎那时有国庆节吗，国庆节放假吗？

◆国庆节是洋货，王朝时代没有。那时遇皇帝与皇太后生日，官员要早起到崇安寺行礼。

◎您见过皇帝与皇太后吗？

◆老朽很幸运，受到过皇帝与皇太后接见，那是 1902 年 2 月初二日凌晨三点，我搭公车入城，至正阳门，天尚暗，到东华门，天方亮。由此进宫，在上驷院官厅小坐，太监以各种借口索贿，不胜其烦。等到 8 点多，进入景运门。受到接见的 78 人分作 12 批，我等 5 人是第 10 批。皇帝与皇太后都在乾清宫，我们跪在宫门外，皇太后离得较远，看不清脸孔，光绪帝则在宫门口，面容憔悴，每人只报“某人某省出身，年若干岁”十一字而已。按理我是县长，不够接见级别，因工作出色，评为全国优秀县长而获殊荣。

◎为何一些典礼在深更半夜进行？那时也没有电灯照明，晚上行动更麻烦。

◆这是祖宗规矩，只能照单全收。大清皇帝也是早晨 4 点左右就上班了，值班大臣凌晨 2 点从家出发。有人说，大清重要决策都是这些睡眠不足的人在太阳尚未升起时完成的。

八月初十日：午夜即起，诣学宫，行仲丁释奠先师礼。此间两县同一学，主祭轮任之，秋祭为金匮之责，余陪祀而已。佾舞、钟磬、笙镛诸器咸备，执事衣冠亦尚整齐，而礼节未娴者多，殊鲜足观者。然迁延至既曙，久之乃卒事，犹治薄酒集饮，乃散也。归后，偃息数四，而终不怡，则仍以失眠之故。

十月二十四日：长至令节也。五鼓，诣崇安寺万寿亭，偕同寅行庆贺礼。礼成而归，甫犁旦也。

◎您在无锡一年，到学宫20多次，学宫如此重要吗？

◆学宫也叫文庙、孔庙，是每个县城标配，是一县的文化地标，门槛很高，普通人进不来，需要秀才文凭，而秀才指标，无锡县每年只有20个。秀才不时到学宫参加考试，以决定其津贴等级。完全可以讲，王朝时代，孔庙是一县的文化中心。

六月二十七日：是日，新生送学期也。来者二人，乃排导送至学宫，坐俟金匮，时公服俨然，暑气甚烈，汗溢如泻者屡矣。玉泉乃至，既带谒于大成殿庭中，复携入明伦堂，与两庙东、西向更位互拜。遂至詹铭仲同年斋中小坐。再出，则堂上设筵四，余居首，西为玉泉，又次则詹、王二君，亦分席。酒初行，优人演《魁星点斗》三出乃散，而已有病暮能兴之势，苦矣。归寓中食竞，责印入衙斋，是为到锡接篆受事之始日。盖虽来此一月，赁寓民房，呼应之不便，不能以到官言也，可愧已。

◎周新镇刚创办时，您就亲临视察，并予以好评。

◆扬名乡董周舜卿多次拜访我，他平时在魔都，我去周新镇视察时，他创建的缫丝厂还在土建阶段，学堂还在图纸上，我很敬佩他为家乡发展所做的贡献。

八月初三日，再至东港，则今所谓周新镇也。镇系新创，百余家屋宇，椽桷一新，为里人周舜卿（廷弼）所筑。其家亦即在此，典肆、茧行皆自业，余房则以资戚友无本钱者，概由其助给，故各色贸易皆备。且闻将增设机器丝厂及西式蒙学堂，已鸠工定材，待时而举也。余周视一过，就其典室小坐，管帐之徽人陈叟镜芙出而共话焉。洎出，再历观镇之前后，则水龙等具无乎不有，即卫生之方，亦颇胜于他处，宜乎！夏秋之独少时厉也。富而能惠乡里，又皆可久之图，洵不易得也。

◎ 2022年底，周新里在城市更新下成为无锡一个新的网红打卡地，如果把您这段日记放在展示馆，想必该地历史感会拉满。形式主义是当前官场一大痼疾，您如何对付它？

◆形式主义不讲实效，为完成任务而完成任务，可它又是上级的制度安排，下级不敢怒也不敢言。如县长每月初一与十五早上要到崇安寺万寿亭前宣讲朝廷政策，陈词滥调，听者寥寥，虽知无用，我还不得不完成。1902 年五月十五日，按惯例一大早，要到孔庙、崇安寺与城隍庙祭拜，可下起了瓢泼大雨，有人建议取消仪式，但我坚持冒雨进行。

◎现代人很难理解，一县之长把大量时间用在祠庙祭祀上。

◆我隔三差五要祭拜各路神仙，且祭祀都要严格按规矩进行，费时费财，这说明儒家的“礼”过度了，繁文缛节，可形势比人强，我不能脱离时代。

◎从日记中看到，您除了与朋友圈中官员有大量书信往来外，还费大量时间迎来送往。

◆抓紧一切机会，伺候好上级或同级官员，这是中国官场惯例，如果违例，不仅影响自己升迁，而且还影响地方发展。无锡处在水运要道，位居常州苏州之间，常州府管无锡等 8 县，苏州又是省会所在地，江苏学政又驻江阴，由是常有官员路过无锡，我迎来送往任务较重。那个年代没有电话等即时通信，没有钟表等精确计时，我在黄埠墩、高桥、清名桥常常要等好久，有时还空等。

日记改写：六月二十五日，早起，同金匮县长一道出北门登舟至高桥，恭迎常镇道长久山观察，等到中午久山方到，其船由汽船拖行，赴江阴炮台。两位县长上船拜见后便与其分向而行。次日，两位县长又坐船到高桥，等待久山返回，从傍晚一直等到晚 9 点多。

六月二十七日，门人来报，提学使路经无锡，李超琼立即坐船奔赴南门之南，上客船拜见。后又在西门锡山驿前，为提学使送行。“俟其舟过，乃返。”

七月初三，天未亮就起床，让工作人员列队出北门登舟，西过黄埠墩，迎接路过无锡的江宁藩宪李湘园。

九月二十五日午后，驿站报告，提学李公将至，李超琼便坐船往迎，先在黄埠墩眺望，后又到高桥等候。一直到天暗，方知李提学中午尚未从江阴出发，李超琼便回府。

一月十四日凌晨 3 点至 5 点，江苏布政政坐船过无锡到江阴，李超琼得知后，1 点多便起身出北门，坐船在高桥等候，未遇。回家时天尚未亮。

◎你家人口多吗？

◆我家人丁兴旺，我有一妻两妾，20 岁我在老家结婚，妻子王氏，生有 3 子 2 女，1903 年去世。39 岁我娶妾陈氏（17 岁），31 岁（1902）病逝，生有 1 儿 3 女，第二妾吴氏生有 1 女。我在无锡为官时，妻子在老家，两妾同我住在县衙。

◎ 50 岁后，您时常生病，多次眩晕，能住“高干病房”吗？

◆错错错，那时没有医院没有打针没有医生没有护士，没有高干病房，有的只是郎中。望闻问切，开点中药，效果时好时坏。我最喜欢的妾陈氏就被误诊，刚过而立之年就撇下年幼的 4 个孩子离我而去。给我治病最多的是名医邓星伯。

◎您在无锡仅工作一年，为何离开时，地方社会如此不舍？士绅从乡下赶到城里送匾、送伞、送彩旗、送金字珠牌，工作人员在码头下跪，这些场面完全是群众自发的。

日记改写：五月二十九日上午，李超琼乘轿离开任职 1 年的无锡，沿途民众焚香炳烛，恋恋不舍，“公去我民思，公来我民贺。可奈一年中，春风吹已过。”李出南门下轿时，工作人员在此夹道，下跪辞别。中午李超琼带着无锡绅民一片厚意前往下一站：吴县（任县令）。

◆老百姓如此厚待我，我受之有愧，作为官员，其实我只做了本分的事，那就是干活、干净，任劳任怨，不怕麻烦，不推诿不搪塞不拖拉，今天事今天毕；不怀利己之心，不损公肥私，不贪污不浪费，能帮忙则帮忙，能助人则助人。不以权力设置关卡，搞吃拿卡要。站在现代人角度，我的施政能打多少分？请直言。

◎恕我直言，您的施政只能打 70 分，够不上优秀与良好。您勤政爱民，是劳动模范，您一身正气，稳健中庸，有工作能力，重视新式教育，是全国优秀县长，这些都为您加分，但您把大量宝贵时间用于各种祠庙祭祀上，用于经济发展时间太少。您施政期间，无锡近代工厂数量没有增加，对无锡仅有的两家近代企业——业勤纱厂与茂兴面粉厂，您不管不问，两厂就在城墙边，您从未光临，而无锡最早的新式学堂——竢实学堂，您却频繁惠顾。

◆感谢历史学者对我的评判，不管人们对官僚体制有多少不满，但人类离不开政府，人类需要官员。而官员最重要的是两点——干净、干活。自以为第一点还不错，干活有问题，要干实事，没有实际社会价值的事，要少干不干。王朝社会，奉儒家为正统，过于重视“礼”这种意识形态，时常做一些无意义的事，劳民伤财，望后人不要重蹈覆辙。

◎感谢李县长同我连线，无锡历史上担任过一把手的地方官几百，唯有您留下了极其珍贵的工作日记，使今人还能了解 120 多年前的无锡社会风貌。您做了一件功德无量的好事。

阿炳：无法改变的模糊与争议

1950 年底的一日，距当时无锡市区最高建筑——图书馆钟楼不足百米处，一具薄木钉制的棺材正被抬起，移至中直河（现市中心三阳广场处）的一艘小船上。

小船穿过大洋桥、中市桥后，进入束带河，从有八百年历史的孔庙与苏南行署所在地的薛家花园门前经过，来到古老的城墙边。

正在拆城砖、挑城土的民工们目睹小船缓缓穿过西水关，从环城河进入梁溪河，没多时，小船转入河埒浜。

装着阿炳遗体的棺材从河埒口上岸，抬到不远处的铲山南麓道士墓地。

无儿无女的他，葬礼很是凄凉，没有送葬的队伍，没有哀乐没有哭声，只有寒风夹着雪花。

埋进土中的阿炳绝对没有料到，生前寂寂无名的他，死后却享誉中外。

"出名要趁早呀！来得晚的话，快乐也不那么痛快……"这是张爱玲的名言。可这个世界就是这么不公平，成名早的，春风得意，名利双收；成名晚的，也总算熬出了头。可死后才成名的阿炳，只能贫病交加中寂寞弃世，他生前没有得到名和利。一介草民的阿炳，处在社会的最底层，得不到官方与社会的关注，死后要为他立传时，有关他的资料踏破铁鞋无觅处。

距阿炳过世 70 多年了，他的学术传记一本也没有产生，但他的文学传记并不鲜见。那些"无米"的文人们，虽非"巧妇"，却生产出了多部以阿炳为主角的电影、舞剧、电视剧、传记，这些以假乱真的故事，以讹传讹，让阿炳的形象变得扑朔迷离面目全非。

道士父亲

阿炳生于何年，主要有四种观点：1887 年、1892 年、1893 年、1897 年。1887 年说有两大证据，一是他的墓碑——1952 年经音乐家费克倡议，由中国音乐研究所，无锡市文学艺术工作者联合会联名，在他墓前立了一块石碑，上面写着阿炳的生卒年份为 1887~1950；另是一篇本地媒体佚名发表的《瞎子阿炳素描》(《新锡日报》1938 年 7 月 10 日第 4 版)，这是他生前仅有的几篇小报道，文后一句为："讯其岁，光绪丁亥年生，今年五十有一矣。"1892 年的证据则是公安机关以后发现的一份阿炳户口簿，出生年月标注为 1892 年；1893 年说，依据则是杨荫浏生前对阿炳的讯问。1897 年的依据是黎松寿 1951 年在无锡《晓报》发表的《江南民间艺人小传——瞎子阿炳》，这是现存的第一篇阿炳小传。这四个时间哪种更靠谱，难下定论。现在有关阿炳的著作都采 1893 年说。

作为一名私生子的阿炳，从小就没有得到过母爱，其母在其 1 岁时就过世(还有 4 岁说)。其父华清和是一名道士，社会地位不高，维持温饱却还有余。阿炳八九岁时离开东亭乡下，来到无锡市中心的雷尊殿。

雷尊殿位于洞虚宫内，洞虚宫本来占地较广，房屋众多，1861 年太平军占领无锡，只相信上帝的"长毛"们，排斥一切异端，所有寺庙化为灰烬。其后虽在原址复建的洞虚宫，与以前相比只能是小巫见大巫。

1905 年，在洞虚宫部分废弃的旧址上，地方绅士集议建了一座公花园，免费向游客开放，这是内地第一个由中国人自己建立的城市公园。由于住所离公园近在咫尺，拖着辫子的阿炳，常在公园里闲逛。

1911 年 11 月 6 日，在武昌起义影响下，革命者来到公花园多寿楼前举行誓师仪式，地方官员保命跑路，清朝 268 年的统治画上句号，阿炳头上长长的辫子被剪掉。

大权在手的革命者意气风发，他们在无锡大兴土木，拆除了洞虚宫的主体建筑三清殿，在该地基上建起了图书馆，图书馆钟楼高 20 米，其后四十年间它都是无锡的最高建筑。

三清殿被强拆，对道教业务造成了冲击，阿炳与他的父亲很不开心，在革命者的威权面前，他们充满着无奈。

青少年时期的阿炳，把大量时间用于吹拉弹拨。其父华清和精于道教音乐，从小的耳濡目染让阿炳喜欢上了笛子、二胡、琵琶等乐器。成年后他常与父亲一起坐船出城，到乡下做斋事，登台请将作法，吹打画符，阿炳努力钻研着，去全面掌握一个成熟道士必备的技艺。

作为民族工商业的发源地，20世纪初的无锡建起了一批面粉厂、缫丝厂、纺织厂，聚集了成千上万的外地打工者，他们收入低工时长，与打工者相比，阿炳从事的道士职业要惬意得多。

导致阿炳人生滑铁卢的是嫖娼，感染的性病让他双目失明。阿炳何年进入盲人的行列，现在也是几种答案，有的说二十七八岁左右，有的说三十多岁。

所有的残疾人中，全盲是最不幸的。一失足成千古恨的阿炳，陷入了极度苦闷，精神上唯一的安慰只得寄托在朝夕陪伴过他多年的乐器上了。于是不分寒暑，他倾全力在琵琶、二胡等乐器上，本来是有天分、有基础的乐师，再加上无间歇的练习，他将两件民族乐器发挥得淋漓尽致。

父亲是在阿炳盲目后的第二年逝世的，遗留给他三间房子和一座雷尊殿的管理权。洞虚宫设有灵官、火神、雷尊、长生、祖师五所道院。每年农历六月是雷尊殿的香讯，善男信女前来烧香跪拜，祈求避免雷击，消灾避祸。照一般情形说，靠着房租和香火钱，阿炳个人生活应该还是有保障的，更何况他还收有不少跟他学习乐器的道士学徒。

卖艺求生

嫖娼失明的阿炳孤身一人，因内心苦闷，无人管束，又错上加错，染上了毒瘾。没多久，他就囊空如洗，房子抵押了出去，雷尊殿的法器也被他卖掉充当毒资。自毁长城的阿炳为众人所鄙夷，为同行所耻笑，被视为社会渣滓，反面典型。面对冷嘲热讽，阿炳也曾心如刀绞，可很快他也习以为常。

无米下炊的阿炳走投无路之际，不得不身背琵琶，手拿二胡，叫人扶着，走向街头，卖艺求生。那时他已35岁。

“对于作家、艺术家来说，毒品的魅力在于它的刺激性和它的致幻功能。它使人达到正常生理活动达不到的感觉境界，同时它又能使人摆脱各种生活的束缚、现实的重负，忘却不愉快和令人痛苦的生活经历。”“在作家、艺术家的吸毒行列中，有着不少一流的大家，如作家海明威、电影明星伊丽莎白泰勒、世界超级歌星‘猫王’、摇滚歌星麦当娜……”①当然还有阿炳。毒品对阿炳的创作“正能量”有多大，这是一个还难以下定论的问题。

①张月：《恶之花——走下圣坛的艺术家》，河南文艺出版社，2008年，第185~188页。

当时无锡城人气最旺的地方是北门外的北大街与三里桥一带，那里商铺鳞次栉比，路人摩肩接踵。阿炳几乎每天都到此“上班”，为吸引顾客，除演奏高雅的乐曲外，阿炳还将每天从街头巷尾、茶坊酒肆中听来的国家大事、地方轶闻、带浑的故事，编成有韵的唱词，用三片竹爿击着轻重不一的节奏，唱了起来。在那个文盲普遍、土豪家才有收音机的时代，阿炳的说新闻很受听众欢迎，有较高的市场占有率。因阿炳的节目时常刷新，他有不少老听众，街头卖艺收入足够他填饱肚子，生意好时，他还有余钱去购买鸦片，买点好菜下酒。“他最欢喜吃茶吃酒吃鸦片。有一块吃一块，有十块吃十块。反正有钱就吃光。茶都是吃红茶，其酒量很大，一斤白酒下去没有问题。”[①]

阿炳的收入同季节有关。夏天是他的旺季，那时没有空调与电风扇，酷热难耐时，民众在室外纳凉，卖艺的阿炳为大家带来了乐趣，也让他有好收成；冬天人们躲在家里，阿炳夜间就没有什么生意。卖艺时的阿炳衣着光鲜，与一些作品所言衣衫褴褛截然相反，他不是乞丐。

1937年10月6日，日本飞机在无锡火车站附近扔下几颗炸弹，顿时浓烟滚滚，血肉横飞。惊恐的民众纷纷弃城跑反，阿炳也从市中心步行到10公里的东亭乡下。1937年底，无锡城区人口从20万降为2万。几个月后，因生存原因，民众纷纷又从乡下回流。阿炳同多数百姓一样，没有财力迁徙到西南大后方，也没有能力流亡皖南，不得不重回他的雷尊殿讨生活。

日军占领无锡八年间，每到晚上七点就关城门，老百姓夜间不能进出，“阿炳却是例外，每当深夜他从马路区卖艺归来，只要站在光复桥上，演奏一曲，琴声一响，城门立即开放。他演奏的音乐动人之深，由此可见一斑”。[②]

从35岁开始[③]，阿炳便一直在无锡繁华区域卖艺，20多个寒暑的流动演出，让阿炳成为锡城的一道风景线，成千上万的锡城民众听过阿炳的琴声，见过阿炳——身着长衫，戴着墨镜，手拿二胡。阿炳的手艺深为当时的记者所称道：“弹得好琵琶，拉得好胡琴，风声雨声，山音水音，只需轻拢慢捻，既抹复挑，转轴拨弦，掩抑钩捺，便能曲曲传出，信手弹拉，哀乐立分，靡靡之音，使人心荡。凄切之韵，使人坠泪，神乎其技，妙造自然。”[④]

陪伴阿炳卖艺，帮其打理财务的是他中年结识的寡妇董彩娣，一方面阿炳工作很努力，五加二、白加黑是其常态，另一方面他无儿无女，没有什么家庭负担。今朝有酒今朝醉的阿炳，生活水平达不到上等，但并非很糟糕。

幸遇伯乐

阿炳是一个自由职业者，没有工作单位没有领导没有同事，上班很自在，无固定地点，无锡城哪里人气旺他就会出现在哪里，他的工作无法滥竽充数，要的是单枪匹马地发挥。阿炳不仅仅满足于卖艺糊口，而是要借助音乐表达他心中的喜怒哀乐，表达他对命运的抗争对人生的思考。

《二泉映月》是阿炳一生的写照。他双目失明以后，用了十几年时间构思、琢磨，他不会谱写乐曲，完全凭着惊人的音乐记忆力在琴弦上创作，演出了这首千古绝“奏”。

《二泉映月》的音乐意境似乎可以这样设想：乐曲由一声凄楚的叹息开始，接着作者沉痛地叙述了自己一生颠沛流离的不幸遭遇。全曲由引子和六个段落构成。以一个音乐主题为基础，在全曲中进行五次变化、发展。短小的引子后把忧伤和痛苦化作音乐奔泻而出，这就是深刻动人的音乐主题。“这真是断肠之曲……这样的音乐只能跪着听！”[⑤]

阿炳本人创作与演奏的这首曲子，每天都有成百上千人听过，大家都知道这支曲子很优美，如行云流水，如水银泻地。可当年阿炳也好，锡城听众也好，都不清楚，这支曲子将要成为世界名曲，将要让阿炳成为世界性人物——而有史以来诞生于无锡城的世界性人物也是屈指可数。

发现阿炳这匹千里马的伯乐是这样几个人：黎松寿、储师竹、杨荫浏。如果没有这样几个伯乐，阿炳与他的音乐必会湮没于时空深处。多亏这样几个伯乐，他们让阿炳的音乐走出无锡，走出中国，走向全球，走向未来。

1921年出生的黎松寿，住在阿炳家附近，他也是音乐爱好者，自小就与阿炳相识。1948年黎在南京下关铁路工作，业余跟古林寺国立音乐院国乐组储师竹主任学习二胡。一次闲聊中，储谈道：“南胡独奏曲太少——我国南湖独奏曲的作品，除已故国乐大师刘天华教授十支有名的曲子外，其他够得上水准的，寥寥无几，希望有机会能从民间音乐中找出些材料来，加以整理后发表。”[⑥] 黎便告诉储师竹，无锡有一个叫阿炳的，他的作品很受欢迎，可以把他的曲子记录下来发表。储师竹赞成黎的建议，他们找到了研究部主任杨荫浏。1899年

① 黑陶：《二泉映月》，新星出版社，2010年，第117页。
② 黎松寿：《江南民间艺人小传——瞎子阿炳》，《晓报》，1951年5月14日。
③ 阿炳何年卖艺，有33岁、35岁两种观点。其父何年去世，有1914年、1925年说。
④ 不律：《街头艺人瞎子阿炳》，《新锡日报》，1939年2月2日。
⑤ 王世康主编：《音乐欣赏》(中国部分)，西南师范大学出版社，2010年，第128页。
⑥ 黎松寿：《江南民间艺人小传——瞎子阿炳》，《晓报》，1951年6月25日。

出生的杨荫浏是无锡世家子弟，酷爱民族音乐，自小便拜师学艺，阿炳在他 12 岁时曾教他在琵琶、三弦上的按位。杨也赞成黎的建议。

27 岁的黎松寿便利用休假，坐了四五个小时火车，从南京回到无锡，找到阿炳，“告诉他预备拿他的作品，经过听写后，介绍入音乐院去”。阿炳认为自己拉的曲子都是小儿科，登不了大雅之堂。经过黎松寿一番劝说，他聚精会神奏起了最拿手的杰作《二泉映月》。

储师竹看到了听写后的曲子，出乎意外地惊异，他要黎松寿设法将阿炳所有其余的作品，全部记录下来。黎在南京工作忙，只好写信拜托无锡的几位音乐界朋友，请他们代劳。“朋友们的复信说阿炳突然下决心戒除了嗜好，反应极严重，每天要吐好多血，这一件工作要稍缓的了。”[①] 当时无锡的媒体报道了阿炳戒毒成功的方法——“改吸为吞，改吞为丸，改丸为药水，断了水竟会脱离苦海，跃登彼岸。”[②]

1948 年冬，阿炳已完全戒除毒品，肺结核让他的身体变得很虚弱，他不能上街卖艺，仅靠替当地居民医治火丹而勉强糊口。此际，国共两党的对决进入高潮，国民党败局已定，无锡的土豪们面临着留还是走的艰难选择。作为草民的阿炳不存在选择问题，他只能留下来，50 多年间他经历了太多改朝换代，从清末到民国，从孙中山到袁世凯，从直系到奉系，从国民党统治到日本占领。

1949 年 4 月 23 日，无锡历史翻开了崭新的一页，共产党执政后，无锡县市分立，城区升格为市，而且成为苏南行署所在地。一时间，小小的无锡城区布满了省、市、县三级政府部门，跑路土豪的豪宅进进出出的都是各机关的干部。

在无锡地位升级的同时，恰是南京地位的降低，它从全国的首善之区降为一个普通省会，国立音乐院也从南京移到天津，重组为中央音乐学院，大名鼎鼎的马思聪虽是院长，但并无实权，副院长吕骥掌控一切。

1950 年 8 月底，黎松寿和杨荫浏、曹安和等教授约好一同再次前往无锡见阿炳，这一次他们带来了音乐学院音乐研究所配发的一台不久前从外国进口的钢丝录音机——那时录音机还是稀罕物。

9 月 2 日晚上，穿戴一新的阿炳在公花园旁的三圣阁大殿上，演奏了三首曲子：《二泉映月》《寒春风曲》《听松》，这次他状态很好，发挥不错。当录音机播放他演奏的曲子时，阿炳既感到神奇，也感到兴奋。他隐隐约约感到，他的作品也能进入庙堂，开始受到社会关注。

第二天晚上，他又在曹安和家录制了《龙船》《昭君出塞》《大浪淘沙》三首琵琶曲。随后这些录音被带回天津中央音乐学院。

1950 年 12 月 4 日，阿炳病故，他还没有享受到新社会的温暖，这让杨荫浏很愧疚。1951 年他在《阿炳小传》中如是写道：“去年夏天，忽略了摄取阿炳的照片，后来没有争取时间，主动介绍阿炳，使他参加新曲艺的工作，获得适当的照顾，这是我们极大的错误！我们觉得非常的遗憾！”③

阿炳的音乐是在他死后才震惊世界的，死前并没有得到任何成功的信息，可喜欢编造一个光明的结尾是国人的通病：

不久在天津人民广播电台举办的“中国民间音乐欣赏会”上，阿炳的演奏录音，获得了音乐界的重视，希望校方让阿炳北上开演奏会。当黎松寿从南京回到无锡告知他这些喜讯时，沉疴缠身大限即临的阿炳，露出了一丝满意的笑容，他用极细微而嘶哑的声音断续地说：“我是不行的了，谢谢杨先生……我……我阿炳，永远记得你们待我的好处的……”④

57 个春秋中阿炳历经人生的沧桑，他是一个失败者，嫖娼失明，吸毒成瘾，败光庙产，流落街头；他是一个成功者，当年红红火火的地方官员、腰缠万贯的富商大贾都成了过眼云烟，而他却青史留名，为后人所熟知，为民众所敬仰。遗憾的是，阿炳成名却是在他离开人间后。

杨荫浏、储师竹主持完成的《瞎子阿炳曲集》，收录了阿炳的 6 首作品，1952 年由上海万叶书店、1954 年由音乐出版社分别出版，阿炳的音乐渐渐为人所知。但阿炳创作的更多曲子没有得到整理与记录，湮没无痕。

阿炳创作的《二泉映月》已进入世界名曲排行榜。此曲本无名，有人曾问过瞎子阿炳：“你这个曲子是啥名堂？”他的回答，或者说是“自来腔”，或者说是“依心曲”，总之是表达内心的情感，不是描写外在的景物。《二泉映月》的标题是杨荫浏先生为他录音时定名的。“杨先生为把一个民间艺人推上世界音乐舞台做出很大的贡献，没有他的采访、录音、记谱和介绍，一位音乐天才就此无声无息地湮没了。但《二泉映月》这一定名却是误导众生。许

① 黎松寿.《江南民间艺人小传——瞎子阿炳》，《晓报》，1951年5月18日。
② 徐叔豪.《瞎子阿炳巧断黑籍冤魂》，《人报》，1948年9月27日。
③ 杨荫浏.《阿炳小传》//杨荫浏、曹安和、储师竹合编：《瞎子阿炳曲集》。上海万叶书店，1952.
④ 黎松寿.《江南民间艺人小传——瞎子阿炳》//无锡市民族宗教事务局编：《民间音乐家华彦钧》，1996, 218.

多人根据这一标题去改造乐曲的主题，把它变成轻松优美的旋律。”[1]

入土不安

阿炳去世后不久，董彩娣也离开人间。清明来临时，阿炳坟头冷冷清清，他没有后代，他没有亲人，他在阴间收不到阳间的纸钱。但他的音乐爱好者不会忘记他。1952 年，经音乐家费克倡议，由中国音乐研究所、无锡市文学艺术工作者联合会联名，在他墓前立了一块石碑，上书“音乐家华彦钧阿炳之墓”。

1966 年“文革”暴发后，阿炳的墓碑被推倒，王巷的解放军把墓碑拿走，后因璨山生产队建猪舍缺少石料，派了几个人去扛回，砌进猪舍东侧门，当门槛用，碑文覆在下面。地方报纸对阿炳彻底否定，不仅关涉其人，而且涉及他的音乐——

在《民间艺术——瞎子阿炳》一文中，炮制者为了吹捧瞎子阿炳，竟又颠倒是非，歪曲真相，把本市众所周知的当家道士（大地主）的私生子，吃喝嫖赌五毒俱全的流氓、社会渣滓说成是旧社会的“受压迫者”“有正义感”的艺人，说他的胡琴“发音浓厚好听，又善于模拟鸡鸣犬吠，鸟语禽声，哭笑叹息，以及无锡土音等声腔，惟妙惟肖”，说他“对民间音乐有相当广泛深刻的修养……”够了，已经把瞎子阿炳吹得天花乱坠了。瞎子阿炳的二胡和琵琶到底弹的是什么调门呢？……从《二泉映月》《听松》《寒春风曲》《龙船》《昭君出塞》等等来看，都是描写风花雪月，帝王将相的破烂货。其中他的代表作《二泉映月》更是毒如砒霜，曲中充满了悲悲戚戚，凄凄惨惨，没落阶级消极颓废的情调，听了只能磨灭和腐蚀人们的革命意志，使人们在潜移默化的音乐声中，忘掉现实生活中尖锐复杂的阶级斗争。难怪资产阶级司令部对瞎子阿炳的“民间音乐”特别重视，大加赞赏，特派专人专程来锡为他们进行录音，制成唱片，流毒全国；难怪资产阶级异己分子、死不改悔的走资派杨增（“文革”前任无锡市委宣传部长）对《二泉映月》赞不绝口，一再推荐，并规定本市旧人民广播电台要将此曲作为终了曲。[2]

在全面否定声中，1974 年阿炳墓地被彻底铲平，以修工厂与道路。

“文革”结束后，被禁了十年的阿炳作品作为出土文物重回人间。这时人们对阿炳的作品有了更高评价——“文革”前大家只把阿炳当作一个优秀的民间音乐家；“文革”后则把阿炳视为中国历史上一位伟大的音乐家，《二泉映月》是中国音乐史上难以逾越的杰作。一时间，阿炳被一些文人拿来大肆“消费”。

广电领域拍摄、录制了以《二泉映月》为名的故事片、电视剧、广播剧，辽宁芭蕾舞团排演了同名芭蕾舞剧，无锡市歌舞团的民族舞剧《阿炳》则作为向国庆 50 周年献礼的重要剧目，此外，还有锡剧《瞎子阿炳》，等等。为了增加故事性与戏剧性，文人们以艺术创作之名，编造了大量跟阿炳无关的阿炳故事，去建构这样的主题——旧社会生活在底层的民间艺人如何受压受气，苦大仇深，他不畏强暴勇于抗争，但黑暗势力太大，只有红旗一来，穷人才能扬眉吐气。

“文革”间对阿炳是完全否定；“文革”后对阿炳也从一个极端走到了另一个极端，过于溢美。这两大极端倾向的影响下，阿炳的原型被彻底扭曲。

在阿炳热之下，砌在猪圈里的阿炳墓碑得以重见天日；重拣阿炳遗骨（是不是真正的阿炳遗骨，也一直有人存疑），并于 1983 年在锡惠公园天下第二泉旁为其择地重葬。在公园的墓地前，在市中心的故居旁，都辟有小广场，立有其躬身拉琴的塑像。

扬名身后

音乐是世界性的，是超越了国界、超越了政治倾向的。不管时代如何变化，不管何种肤色，当《二泉映月》的旋律响起，总能在每个生命的内心深处引起触动——为人类层出不穷的苦难，为人生所经历的辛酸与哀伤。阿炳的音乐具有那样强烈的震撼人心的艺术感染力，它久演不衰、久听不厌，成为中国音乐文化宝库中不可多得的雅俗共赏的艺术珍品。

去问问外地有文化的人，他们的无锡概念是和《二泉映月》连在一起的；去问问外地没有文化的人，他们的无锡概念是和瞎子阿炳连在一起的。“我在无锡认识的最早的朋友就是阿炳，那里是他的故乡，城市的边边角角都有他的传奇和痕迹，只可惜没能结上缘。”民谣音乐人周云蓬说。[3]“我听阿炳拉的《二泉映月》，我就激动，这个太好了。我感觉这个曲子肯定是为了二胡这个乐器写的，突然又感觉差不多这个乐器就是为了《二泉映月》造出来的，再甚至，我就觉得为了造就这个音乐，上帝顺手造了一个无锡，又顺手造了一

① 郭罗基：《瞎子阿炳长街行》//赵永良主编：《百年无锡望族与名人传记》(四编)，人民日报出版社，2013年，第291页。
② 五七干校四连一排：《〈无锡故事选〉是复辟资本主义的大毒草》，《红无锡报》，1969年7月18日。
③ 马晟：《周云蓬：在无锡最早认识的朋友是阿炳》，《江南晚报》，2005年4月25日。

个二泉出来。”[①]

阿炳受到高度评价的同时，也有些人不以为然，甚至一些地方官员对阿炳也有成见。

1993 年是阿炳 100 周年诞辰，此年 4 月，参加全国政协八届一次会议的文化艺术界委员刘炳森、叶文玲、吴祖光等七位著名人士曾联名发出《建议修缮阿炳故居，克服极“左”意识干扰案》的提案。同年下半年，无锡市政府在规划崇安寺和城中公园地区的总体规划时，制定了保护阿炳故居计划，划定了保护范围，市文管会办公室也做出了在此建立江南丝竹博物馆的设想。1994 年 1 月 24 日，经无锡市人民政府批准，公布阿炳故居为市级文物保护单位，1996 年，一家房屋开发公司在开发规划中，将拆除阿炳故居，引起一些人的反对，这一规划未能落地。

2002 年 10 月初，阿炳故居经江苏省人民政府批准公布为省级文物保护单位。可升格没几天，有关部门在对崇安寺地块的综合开发中，决定拆除位于寸土寸金商业区的阿炳故居，易地新建，当故居屋顶被掀掉时，立即引起市民、媒体的强烈反响。市政府和省、市文物管理部门及时予以制止，并责令有关部门立即将已拆除的部分恢复原状。

2006 年，阿炳故居被国务院批准列入第六批全国重点文物保护单位名单。在花费近 5000 万元后，2007 年 5 月 3 日阿炳故居终于掀开了盖头，对游客开放。“这种老建筑，即使推倒重建，所费也不过几十万元。5000 万元，即使盖一座豪华的大厦，也绰绰有余。面对记者的疑惑，负责阿炳故居修复工程的崇安区副区长曹锡荣细细地向记者算了一笔账：居民动迁要钱，修复故居和雷尊殿等各项繁琐的工程需要钱，拆除招商银行造三万昌茶馆要钱，室内陈设要钱，环境整治要钱……修复阿炳故居的过程犹如修复一件旧衣服，既要把它修好，但又要保持它破旧的样子，这比做一件新衣服要贵得多，也难得多。”[②] 阿炳如地下有知，面对这一天文数字，不知作何感想。这个世道多的是锦上添花，少的是雪中送炭。阿炳在世时，政府没有给他一分钱的补助；他离世 50 多年后，政府却耗巨资修复他只有使用权没有所有权的老宅子。

2013 年是阿炳 120 周年诞辰，从中央到省到市都举行了丰富多彩的纪念活动。曾与阿炳生活在无锡同一时空下的，有家产万贯的大老板，有受人尊敬的绅商领袖，有医术精湛的医生，有桃李满天下的教师，等等，他们绝大多数都消失在历史的深处，姓名不为人所知，即使现在还有人提及，但其知名度也极有限。唯有阿炳至今还享有盛誉，这是阿炳本人绝对没有料想到的，这也是当年的无锡人没有想到的。

阿炳给这个世界太多，而他生前从这个世界得到太少。其去世后，他的作品一次次在世界各地金碧辉煌的音乐厅响彻，可他本人一生却从来没有机会登台献艺过。

爱屋及乌。听罢《二泉映月》，人们渴望更深入了解曲作者的人生。可让人头痛的是，我们对阿炳所知甚少，他到底生于何年？何时丧父失母？哪年盲目？吸毒多久？收入如何？……这一切都无从考证。

2016 年微信上流传的一篇文章，谈到陆文夫生前曾讲，阿炳的生命结束于自杀，自杀的原因之一是无毒可吸。与阿炳有过交往的无相法师也谈及此点："解放后无锡的禁毒措施雷厉风行，阿炳无毒可吸，生病在家，卧床不起。"[③] 到底阿炳是否死于自杀，解放前他有没有戒毒成功，这也成了难解之谜。

史学大家顾颉刚提出的"层累地造成的中国古史"观点认为："时代愈后，传说中的古史期愈长"，"时代愈后，传说中的中心人物愈放愈大"。例如，周代人心目中最古的圣贤是禹，到了孔子时代出现了尧舜，及至战国时代又出现了黄帝、神农，到了秦代又出现了"三皇"，到了汉代以后则出现了"盘古"。顾氏的观点很有见地。在阿炳的资料上，也是如此。越是后人，编得越多，编得越有鼻子有眼。

面对这种局面，本书在资料选择上，更愿意以黎松寿《江南民间艺人小传——瞎子阿炳》为依据，因为此时的阿炳还没有火起来，没有必要对其添油加醋；因为此文 1951 年 5 月 11 日到 26 日在地方报纸上连载半个月，当时大量读者与阿炳有过交集，当时杨荫浏储师竹都还健在，作者为文时必不至于背离真相。把黎松寿的这篇文章与他 1993 年出版的《阿炳传略》相对照，顾颉刚的层累说再次得到证实。

江南大学人文学院刘桂秋说得好："我们治史，要尽最大努力接近历史真相。但这句话说说容易，做起来很难。而做阿炳研究尤难，因为他是在最底层者，大多数的'史料'都是出于口耳相传，有时一件事乃至一个细节都有多种说法，又无法得到确证。"重构阿炳真实的形象也许永远不可能完成，笔者希望本书没有盲人摸象，而是在廓清事实上前进了一小步。

---

① 李宗陶：《朱新建：不疯魔不成活》，《南方人物周刊》，2014年2月17日。
② 李丽：《阿炳纪念馆今天开放迎客》，《无锡日报》，2007年5月3日。
③ 无相：《我所知道的华彦钧》//无锡市民族宗教事务局编：《民间音乐家华彦钧》，1996年，第36页。

钱孙卿：一位地方名绅的人生浮沉

当今无锡，提起钱孙卿没有几个人知道这是哪方神圣，可在上世纪三四十年代，钱孙卿的大名是如雷贯耳，妇孺皆知。他是无锡最耀眼的明星，他的一举一动、一言一行都是地方报纸的关注点，他的“粉丝”遍布无锡各个阶层——身价过亿的大老板（如荣德生等）、艰难度日的小百姓、政府官员、家庭妇女、失去亲人的孤儿……

超高的“人气王”

1945 年 10 月 23 日一大早，无锡城躁动起来。

离开无锡八年的钱孙卿在上海坐 9 点钟的快车，12 点到无锡。

得知信息后，一传十，十传百，民众们自发来到火车站广场。

在日本铁蹄下，这些在沦陷区当了八年亡国奴的民众，身心饱受摧残，他们面对的是日军的高压、民族败类的为虎作伥、多如牛毛的苛捐杂税、正不压邪的道德破产；现在日本投降了，可社会还是乱七八糟，没有走上正轨。

处在水深火热之中的老百姓，对钱孙老真是望穿秋水，盼望着他尽快回到故里，“妙手回春”，让无锡重新恢复生机与活力，让小民们能过上安稳的日子。

那天在站台上迎接钱孙老的队伍来自地方各个领域：常镇指挥部孙元良将军代表、范惕生县长（时无锡为县的建制）、国民党党团领导、县保安团团长率士兵二连、县警察局长率警察二队、县银行代表、孤儿院陈汉文率全体孤儿、城区李区长、车站张站长和一些地方名流。还有高僧量如大师、慧鑫法师及白衣殿主持等。

站台上这群欢迎队伍，折射出钱孙老影响力涵盖三教九流，有官有民，有上层有底层，有入世的有出世的。

在一片欢呼声中，钱孙老步出车站，等候在火车站广场的人群，看到的钱孙老依旧是过去的打扮：墨晶眼镜、黑马褂、瓜皮帽，颔下留着长长的髭须。“孙老，你好！”“孙老，我们想你！”听着这熟悉的锡语乡音，看着这热情似火的场面，年近花甲的钱孙卿心中有暖流有酸楚，他用那高亢的声调不停地说着“乡亲们好”“大家好”。

随即，受孙元良邀请，钱孙老乘军车赴市中心旗杆下杨公馆将军行辕，同他餐叙。

时刚过不惑之年的孙元良，仪表堂堂，玉树临风，这位毕业于黄埔一期的高才生久经沙场，曾在上海、在南京、在贵州同日军拼杀，战功累累，其对钱孙老很尊重。

聚谈结束，钱孙老回到阔别八载的家。八个寒暑，鸠占鹊巢，位居七尺场的钱老私宅（即现在的钱锺书故居，锺书的父亲钱基博与钱孙卿为孪生兄弟）为日军占据。

如今日军投降，物归原主。钱孙卿在祖宗的牌位前，虔诚地焚香祭拜，告慰先人的在天之灵。

亲友们早早地等在钱宅，与他们话过家常后，钱孙卿来到了城中公园内清风茶墅，与老朋友畅叙。多年未见，大家有着说不完的话叙不完的情。

第二日，钱孙卿出城墙西门，到西乡祖坟前扫墓，到惠山谒钱氏宗祠，他严格遵循着传统。

第三天下午，他来到三皇街商会礼堂，参加招待地方各界谈话会。这次谈话会没有发会议通知，仅在报上提前刊发一则消息，自由参加。

会场“爆棚”了。范县长、党团领导、警察局长、教育界代表、工商各业代表不请自到，大家都翘首以待钱孙卿为地方指点迷津。

三时正，钱孙卿从休息室步入会场，全场起立，掌声雷鸣。

当年的记者在《大锡报》上这样报道：“钱氏点首答礼，即站立于会议长桌之北端，未及发言，即哽咽泣下，双目流泪。”

“风住尘香花已尽，日晚倦梳头。物是人非事事休，欲语泪先流。”

国破家亡无穷恨的李清照，面对沉重的人生，写下了这苍凉的诗词。

这场景在众目睽睽下重演了。

一位经历过人生数不尽的喜怒哀乐、年近花甲的老人，有着怎样的复杂心情，要当众未语泪先流呢?

“八年来，未能与诸位身同甘苦，自问遗弃地方，是个罪人，深深觉得对不起地方，对不起自己。”在场者闻之，无不为之动容。

战前的钱孙卿，担任无锡县商会领导十多载。在其领导下，县商会迎来了其全盛时代。

时商会不仅“具有调查商性、处理破产及商务诉讼、受理成立公司或行号、申请专利权、进行文契债券的公证、发行标准账簿等职权”，而且还兼有地方自治行政的职能，参与大量地方事务的处理，为地方的发展出钱出力献计献策。

民国时期，无锡完成了从一个平凡小县城到全国第五大工业中心的巨大跳跃（名列上海、广州、天津、武汉之后），在这一过程中，官治软弱无力，政府严重缺位，钱孙卿所领导的商会在地方的发展中居功至伟。

正当无锡经济如日中天时，日本的铁蹄给其巨大一击，街市被焚，工厂被炸，企业家们流落异乡，一些乡绅被拉下水，上了侵略者的贼船。钱孙卿始终不为日本人的威逼利诱所动，寄身于上海复兴路一民居里，这小小的三层楼中曾聚集着众多的钱氏家人，其中他的侄子钱锺书在此写出了经久不衰的大作《围城》。

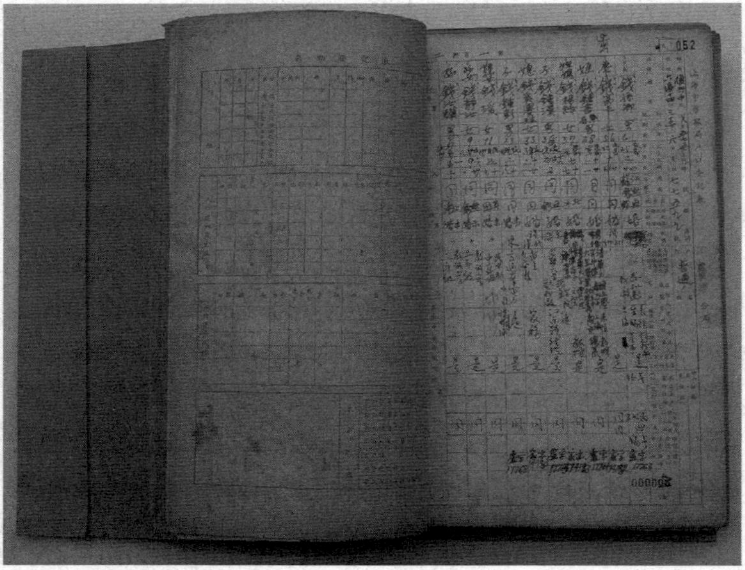

钱孙卿家在上海的户籍登记档案，钱锺书夫妇和女儿钱媛也登记在内

栖隐沪上的钱孙卿始终牵挂着家乡的一切，他组织旅沪同乡会，通过各种渠道对地方政治进行遥控，以助铁蹄下的民众纾困解难。

荣归故里的钱孙卿，发现一切今非昔比。市中心繁华区八年前被日军的一把大火毁于一旦；众多的工厂伤痕累累，大量工人没有工作，嗷嗷待哺。

如何才能使地方从乱转治？如何才能在一团乱麻中找到问题的解决之径？钱孙卿的发言拨开了重重迷雾，让人们在迷惘中看到曙光，在困难中见到了光明。

当年的无锡各界把钱孙卿当作“定心丸”和“指路神针”。

没有功名没有产业也没有上过大学，钱孙卿竟能在地方上有着超高的人气，成为众多老板们服膺的领袖，百姓心目中的良绅，政府的左右手，他的秘招又是什么呢？

这里我们把镜头切换到 20 年前那场持续八天的围城之役。

“带头大哥”的诞生

1925 年 1 月 18 日，离除夕只有五天时间了，锡城家家户户都在忙着准备年货，“老小”们更是扳着手指，盼望着放鞭炮的时刻快点到来。

但令人没有想到的是，一场从天而降的灾祸使这个 80 多年没有硝烟的城市愁云密布，年味顷刻间无影无踪。

第二次直奉战争波及无锡。苏督齐燮元的溃军乘火车来到无锡，兵临城下，四处打劫。繁华的无锡顿时危如累卵。

间不容发，上任仅两个月的无锡“市长”钱孙卿（时称市公所总董）果断下令全市五个城门紧闭，全市进入紧急状态。

溃军数量不断增加，他们不仅勒索生活用品，还狮子大张口，索饷 15 万元（时一个工人的月薪在 10 元左右），并不时发出攻城的威胁。

高 2 丈 1 尺左右、长 5 560 米的无锡城墙，虽内外皆有护城河，但阻挡不住齐军的强攻。为此，钱孙卿同地方公团领袖们商定，一方面依托城墙严防死守，并布置电网，防止溃军入城；另一方面则想方设法安抚齐部军官，使他们稍安毋躁，不至于狗急跳墙。

带着由十公团出立借据，由薛南溟、荣德生等大佬作保，从银行借来的一万多元，钱孙卿等三人缒下城墙，来到火车站齐部，同溃兵讨价还价。

溃军的胃口没有满足的时候，不久，他们又提出了更高的价码。钱孙卿不得不再一次缒城，与蛮不讲理的军官杀价，谈完条件后，他冒着刺骨的雨雪，绕道西门入城，回到家中，已是子夜时分。

大混乱中，溃兵们在城外不时烧、抢，恐慌的民众们流离失所；粮食、燃煤的供应都出现非常大的困难，为此，要避免哄抬物价，要防止电力中断，要给衣食无着的难民提供吃住；要赶快组织力量扑救溃兵引发的火患，以防火烧连营；一些误触电网的溃兵尸体要处理……当然最难应付的则是齐部的不停勒索，索饷索物，还要地方帮他们拉差拉夫。

除夕那天，齐军除要地方提供牛奶、咖啡、糖果等好吃的外，还要求送几个大厨到军营，帮他们做年夜饭，可厨师们都不敢深入虎穴，钱孙卿无奈只好委托公园饭店准备两桌佳肴，由他带人送到城外齐军司令部。

这是无锡历史上一个特殊的除夕。整个夜晚，锡城听不到一声鞭炮响。许多家庭都无法团圆，大量青壮男子正顶着严寒，在城墙上巡视，不敢有任何懈怠。市中心七尺巷钱绳武堂新居里，十多口围坐在堂中，那昏暗的光线，映照着每个人脸上焦急的神情，尤其是钱孙卿 77 岁的老父亲，更是坐立难安，这位饱经风霜的秀才，幼年时经历了太平天国的战乱，流离失所；晚年则又逢大军围城，儿子去虎口捋须，他为儿子的安全担惊害怕。

正月初三，奉军张宗昌部到锡，齐部弃逃。可一波未平，一波又起，配有白俄人员的张宗昌部队也不是省油的灯，钱孙卿又不得不应付张部的勒索，有一次张部军官要 1000 元的下乡搜查军火费，钱筹措了 500 元送去，即遭丘八的高声痛斥与恫吓。

初五晚上，从北方来的张部士兵不耐南方潮湿严寒的气候，生火取暖时，引发火灾，惠山之麓的钱氏宗祠与寄畅园部分建筑片瓦不留，钱孙卿的老父亲看着化为灰烬的祖宗牌位与画像，老泪纵横，悲从中来。

自围城到正月十九奉军离去，无锡损失惨重，先后被提军用款项 265 140 余元，代办给养、酬劳等 97 649 元。270 多户被烧掉，46 000 余户遭抢，共计损失银 600 余万元。

尽管遭受巨大损失，但不幸中的万幸是，城区及近郊工厂区保住了。之所以能做到这一点，钱市长功不可没。

围城事件前，钱孙卿担任过小学教师、县议员，负责过无锡城乡的教育行政，出任工商中学的校长，在地方上已有一定名气，由此他能为大佬们所看重，接替掌管无锡 16 载的薛南溟出任无锡第二任“市长”（市总董）。时钱“市长”管辖范围包括无锡县城及周边地带，面积为92.3方里，辖区人口有十多万，管理领域则涉及治安、财政、教育、卫生、实业、赈济、市政建设等诸多方面，上班地点在观前街恒善堂内，但其手下并没有多少兵，仅有副董2人，办事员10余人。

围城之时，局势大乱，草木皆兵。面对接踵而至的棘手难题，千头万绪中，38岁的钱孙卿颇有大将风范，他临危不惧，敢于担当，善于用人，折冲樽俎，以其大智大勇，带领地方民众化险为夷，从而赢得上上下下的广泛好评。

应地方人士的热烈请求，江苏省长韩国钧特书“梓里蒙庥”四字匾额，由无锡县长亲自送至七尺巷钱家悬挂。获得如此高的嘉奖，在无锡历史上还极其罕见。

围城事件后，钱在地方上的权威与声望大增，他积累了超高人气，开始成为无锡城区的“带头大哥”，掌控地方政治几十载。这中间钱孙卿也曾几次想栖隐山林，但都为地方官绅所挽留。

如1931年10月上旬，县商会主席钱孙卿因不能见谅于各方，办事棘手，特提交辞呈，赴上海养病，这惊动了无锡社会。唐文治、华艺三、杨翰西、蔡兼三等绅商立即联名致电，恳切挽留。13日县商会召集全体会员大会，一致主张敦促钱君速回无锡，主持会务，并公推蔡有容、吴襄卿赴沪劝驾。县长陈传德也托蔡有容带去亲笔信，“务祈先生顾念桑梓云霓望切，即日言还，共维紧张之局”。①

积累了巨大人气的钱孙卿，粉丝团遍及地方各个年龄段各个行业。江苏省第三师范校长(1911~1921)、比他大15岁的顾倬便是他的铁粉之一，1938年初他曾赋长诗赞美钱孙卿的才华与贡献：②

钱王武肃有贤孙，锡山闻望推第一。从政惠商廿载余，主持共仰神明质。

振笏垂绅大事经，善谋速断有足述。使君文章酬世高，使君才调无与匹。

每逢议席发谠言，声似雷霆光似日。鼎革初无气象新，使君佐治励心神。

乡邦桃李栽培秀，校序声名海内珍。因由群彦争奋发，擘画使君最苦辛。

回头痛忆齐卢战，乡关骤遇干戈变。入则运筹出抗争，使君惕厉顾面面。

终使乱兵早肃清，地方元气留一线。风云龙虎一时盛，我独使君常眷恋。

党国功成十一春，揭橥主义奉三民。实施政策多变换，侃侃使君每力陈。

---

①《商会、政府派员挽留钱孙卿》，《新无锡》，1931年10月14日。
② 顾倬：《忆钱孙卿》，《云窝诗存》，自印本，无锡市图书馆藏。

迩来百业喜兴起，工商进步日千里。政略俗情群议多，曾连排解谁堪拟。

共向使君马首瞻，一言九鼎有如是。……

私交公义尽相钦，默祝去人天相深。卜日梓乡联旧雨，与君杯酒再同斟。

1946年4月15日，无锡县商会选举执监委员，大会代表217人，选出15位执行委员。钱孙卿以199票名列第一，下为李惕平191票、郑翔德173票、唐经国156票、赵章吉153票、戈子才146票、吴邦周123票、王德润122票、石清麟121票、安君模118票、吴襄卿118票、任士雄96票、贺纪荃94票、陶冠时84票、宋启诚81票。[①] 正是这种透明、公正的运作机制，使无锡商会不仅在工商业者中有号召力，且在地方社会上也发挥着举足轻重的作用。

钱孙卿有众多的粉丝，但也有对手与政敌。1946年夏天为四堂（恒善堂、普济堂、同仁堂、育婴堂）是公产还是私产问题，他与无锡县议长蒋哲卿发生激烈争执，蒋托病请辞，钱致函蒋哲卿："铺斋议长伟鉴：报载引疾，至深惶悚。是非不可不辨，大局何能不顺？国家多难，宜共休戚。君长议席，岂容高蹈？仍盼强起，免辜众望。当世英雄使君与操。后唐李克用致梁太祖书曰：'君拳我胜，世惟两贤，乃能相扼'。人心不同，各如其面，意见偶左，幸毋介怀。专此布臆，祉颂议祺。弟钱孙卿。八月十五日。"[②]

当时的媒体对两卿之争有过系列报道，这两位都是地方重量级人物，背后都有一批追随者。

江苏省第一个重点炮轰的大右派

1948年底，新的一次改朝换代即将来临，文人与绅商们面临着非此即彼的选择。

时钱穆在无锡江南大学任文学院院长，钱孙卿与荣德生都劝其留下，迎接解放，可钱穆还是毅然决然南下香港，离开了大陆。对新政权寄予很大期望的钱孙卿，发起成立无锡县人民公私社团联合会作为应变机构，自任第一召集人，布置应变事项，使无锡在新旧政权交替之际，社会稳定，工厂与档案都完好保存。

人民政府重视钱孙卿的影响力，安排他担任了诸多重要职务：华东军政委员会财政经济委员会委员、中国人民保卫世界和平反美侵略委员会苏南分会主席、苏南协商委员及民主建国会

①《县商会成立大会选定执监委员》，《锡报》，1946年4月16日。
②《两老相争非幸事，县长出作鲁仲连》，《锡报》，1946年8月17日。

合影(1949)后排左起：周妈(保姆)、钱锺泰、钱锺彭、钱锺汉、钱锺鲁、钱锺华，前排左起：钱高珍、钱孙卿

无锡市分会筹备会负责人、无锡市各界人民代表会议协商委员会副主席、苏南行署副主任、江苏省人民政府委员、江苏省政协副主席、江苏省民建副主任委员、江苏省工商联主任委员。

1950年10月28日，钱孙卿的五公子钱锺鲁在上海结婚，钱事先写了一篇《五子锺鲁婚说代谢嘉宾》印发各亲友：

五子锺鲁，婚有日矣，请事于余，则告之曰：教育吾负其责，婚娶汝等之事，余无主张，汝自酌之。汝长兄锺韩，于民国三十五年成婚，时任国立中央大学教授，适当日本投降，胜利归来之后，余商其妇翁浙江沈介侯先生，不敢以子女事惊动乡里，特令赴沪就婚，别定简化节目，只到亲属签证，外不受礼，家不张宴，汝所知也。三兄锺毅，去年婚于上海苏氏，时任国立交通大学教授，适当解放伊始，余亦商其妇翁成礼而已，未尝备物，真乃通脱人也，诸兄成事具在，汝僭越诸兄不可也。余家儒素，虽非寒苦，未尝有大富贵，世以俭朴相尚，近与汝次兄锺汉常里居，尤畏物议，汝与新妇，均任职庆丰纱厂，宜向工人兄弟看齐，劳动改造，自节约始，踵事增华，必

春节合影(1956)后排左起：钱静汝、钱锺华、李富铭、钱锺鲁、钱锺汉、钱汝骥
中排左起：陈霞清、奚赛珠、钱高珍、钱孙卿、沈慧贤、钱同生、钱锺毅夫人
前排左起：钱象汝、钱敏汝、钱锺毅大儿子、钱汝虎、钱静汝妹妹、钱婉汝、钱锺毅女儿

受批评，非仅余父母贻戾也，汝其念之。汝妇翁，陈韶琴先生，早同里闬，吾知其为明达人也。夫妇好合，必期百年，古人糟糠，白头相守，少年富贵，未必偕老，美未宜尽，事求可久。余历史观记如是，而数十年社会体验亦如是，可以见人事之变迁，亦足征福泽之消长。凡我两姓姻好，必能爱人以德，咸知余及陈翁之意，为汝夫妇惜福也！既以诏鲁，且谢嘉宾知我爱我，当共鉴之。①

年过花甲的钱孙卿虽位列省级干部，但其影响日趋边缘化，毕竟士绅左右地方政治的时代一去不复返了。1949 年后一波接一波的政治运动，如 1950 年的土地改革、1951 年的镇压反革命、1952 年“三反五反”及 1955 年的“肃反”等，让一些与钱孙卿有过密切交往的工商界教育界人士或被镇压或受处理，这使钱孙卿心里很不是滋味。

1957 年是中国政治历史上最为奇特的一年。东方风来春满园时，各级政权组织鼓动人们消除顾虑，大胆“鸣放”，5 月 24 日至 31 日，江苏省委统战部两次邀请省工商联的负责人座谈。钱孙卿保持了他一贯敢言的作风，对党的政策与工作提出批评和建议。

春去夏来，整风运动的方向突然发生变化。6 月 13 日至 7 月 22 日，钱孙卿在出席全国工商联和民建中央召开的联席会议上，先后 23 次与章乃器、毕鸣岐一起受到批判。7 月 15 日，在全国人民代表大会上，他同诸多右派代表一样，检讨自己——“我做了人民罪人”是其发言题目。

北京对钱孙卿展开批判的消息传到江苏。6 月 18 日，省民建、工商联召开联席扩大会议，150 多人参加，在钱孙卿不在场的情况下，对其言论进行了批判。钱孙卿也是江苏省最早被划为斗争对象的“异己”，是当时《新华日报》发文批判的重中之重。在这次会议上，人过中年的钱锺汉不得不对自己的老父亲大加挞伐。

在 6 月 19 日和 20 日举行的江苏省民建委员，省工商联常务委员联席扩大会议上，钱锺汉，庄申等本市工商界人士，开始初步揭发和驳斥钱孙卿的反动谬论。钱锺汉表示要与他的父亲划清界线。钱锺汉说：我很赞成与右派分子展开斗争。我与我的父亲钱孙卿，在家庭中是父子关系，但解放以来，在政治思想上我与父亲有了分歧。解放后，国家有了前途，人民有了前途，我们自己也有了前途，而在我父亲看来，却认为是昏天黑地。

我父亲过去对工商联工作，态度和立场是有问题的，他认为今天工商联不如过去的老商会。过去老商会是干什么的呢？那是维护资产阶级的利益，与工人阶级进行斗争的，如照我父亲的希望，那将把工商界引导到什么方向去？必然是推翻人民民主专政，走向资本主义老路，这是全省工商界不愿走的。

我父亲是地主阶级出身，一直站在地主阶级立场讲话。解放以来，我与我父亲发生过三次正面冲突。土改时，他说“江南无封建”。1954 年，司法部史良部长到无锡视察，她说：合作社组织不起来，领导有问题，乡政权被地主夺去，把地主评成富农，把富农评成贫农，把贫农评成了富农。我父亲当时却辩护说，江南无封建，江南无地主。对合作化起了坏作用。第二个问题是统购统销，我父亲说，现在农民不得了，没的吃，比解放前差了。我说要根据事实说话，党是不会不关心农民的，说农民已没有吃是不符事实的。后来市人民委员会请他到各地去看看，访问了很多农民，都说生活很好，他只碰到一个改造中的地主在向他叫苦。第三个问题，关于反革命分子钱凤高的问题，这个人在抗战初期逃到乡下，后来进城就投了日

①《钱孙卿代谢嘉宾》，《晓报》，1950年11月2日。

寇，并跟着日寇下乡扫荡杀了许多人，最后又与日寇合作当了日寇华中蚕丝公司常务董事。解放后，政府没收了他的财产。我父亲向我说，政府不能没收钱凤高的财产，要很快处理他的问题，同时不能称钱凤高为汉奸。当时我同意我父亲前面两点，但不同意他的最后一点，结果，我父亲竟说我出卖了无锡人。有人说他是反党、反社会主义，我完全同意。

我父亲如此对党不满，是不是因为党对他不够尊重呢？是不是没有对他进行帮助呢？不是的，我觉得党对他很尊重，也对他进行了很多的帮助，但我父亲怎样呢？以反革命分子钱凤高的例子来说，事情发生后，无锡市的市长去找他，未谈几句话，他就骂起来了，后来又骂了管副省长，又骂了省商业厅的李厅长，他以人家对他尊重为可欺。他说他联系群众，而他过去的有些老朋友如赵章吉，华晋吉、吴邦周等，都被逮捕了。有同志说我对他帮助不够，态度不好，实际上，我讲一句话，他就骂半天，他说我做了官，脱离群众，拍党的马屁，出卖无锡人，我一见到他就怕。

我与我父亲的思想是对立的，这次我到省里来不大愿讲话，并不是真的，而是感到连对我父亲都不能帮助，如何来帮助别人。在“鸣放”中，他利用机会散布荒谬言论，因此我觉得我要与我父亲划清思想界限，也希望他的老朋友也与他划清思想界限，只有这样把他孤立起来，他才能考虑他的问题，认识他的错误，才能与人民站在一起前进。①

这段儿子揭发老子的文字就刊登在家乡的报纸上，广为人知，它让钱孙卿的光辉形象严重受损，为更多的人起来揭发钱孙卿提供了气场。

8 月 7 日，省民建、工商联联席扩大会议继续举行，这次是对钱孙卿面对面的批判和斗争，责令他作交代。钱承认自己犯了许多错误，“已走上了反党反社会主义的道路”，“向人民低头认罪”，但“会上，钱孙卿的检讨刚一谈完，大家对他的狡猾态度、过‘关’的敷衍手段，表示极大的愤慨”。

8 月 13 日，联席扩大会议在休会两天后又开始了。会场四周贴满了各地工商界和与会者声讨右派分子钱孙卿的来信、来电和大字报。会上，钱根据领导小组的决定，重做了检查交代，承认了自己是一贯站在地主和资产阶级的立场上来反党反社会主义的。但这样的上纲上线还是被说成避重就轻，根本过不了关。

8 月 22 日，钱在大会上又不得不作了第三次交代，把“屎盆”扣到自己头上：

我是地主家庭出身，过去做了几十年的资产阶级代言人。解放以前，在无锡地方已成为一个封建霸头，代表大资本家利益，一贯骑在人民头上。解放后我受到党和政府的优厚待遇，而我却不是感恩图报，反而对党的领导和新的社会秩序感觉到处处不称心。首先，这是由于我的思想感情与垂死的剥削统治阶级，有千丝万缕的联系，坚定地站在封建、资产阶级右派立场来看着问题，因而对社会主义革命和社会主义改造各项大运动，广大人民是欢欣鼓舞，我却觉得每一着都是伤害自己的亲人和朋友，暗暗伤心。因此，思想上的距离和抵触日益增长，以致发展成为怨恨。另一方面，我在无锡及苏南地方上，自辛亥革命至解放前夕，屡经变乱，每次总是利用时局动荡，地方无人负责之际，乘时而起，进行政治投机，制造自己地位，到解放前已成地方封建霸头，唯我独尊。……

在钱孙卿把自己为人的所有尊严彻彻底底踩在脚下时，这场马拉松的面对面批判才鸣锣收工。半个月间，每个与会者都要张口，都要找来几发“炮弹”打中钱孙卿；而这些与会者，钱孙卿都熟稔，这中间有他相识多年的老友，有他提拔重用的干部，有他的助手……他们的发言有名有姓地登在当时的报纸上，以此来反复论证钱孙卿此人的无耻和罪大恶极。如钱几十年的老朋友，76 岁的省工商联副主委陆小波在媒体上著文大骂：“钱孙卿看起来是‘道貌岸然’，揭开来原来是个‘人面兽心’的右派分子。”

对这场声嘶力竭、声势浩大的批判，也有一点“杂音”——“钱孙卿胡子一把，哪里还会干反党反社会主义的勾当？最多不过是思想问题罢了。”“钱孙卿几十年来，为人正直，肯仗义执言，在旧社会里敢讲，在新社会里也敢讲，他是个老好人，就是脾气梗一些，封建地方观念浓厚一些罢了。”但这些声音立即遭到了批驳与围攻。

11 月，省工商联、省民建会正式转入领导层整风，钱孙卿又陷入了新一轮的批判。次年 1 月，他被定为右派分子，由江苏省政协副主席、江苏省民建副主任委员、江苏省工商联主任委员降格为省工商联常委、省政协常委，回到了无锡，闲居在家，其全国人大代表的资格也被终止。

1957 年是钱孙卿人生中最为心酸的一年。除了自己在反右的漩涡中反复呛水外，他的后代中也是多人受创。二子钱锺汉主动向父亲开炮，也无济于事，还是被错划为右派分子，撤去无锡市副市长及市民建主委职，与其一同窝在家中；其三子钱锺毅是留美的博士，在上海同济大学被错划为右派分子后，调往福建等地；时任南京工学院副院长的长子钱锺韩也受到了多次批判；五子钱锺彭在燃料工业部工作，后选派到苏联学习，回国后参加西固热电厂建设。电厂领导瞎指挥导致锅炉管爆炸，却把他打成了反革命分子关进监狱，直到 1961 年才获“教育释放”。

①《钱锺汉庄申等工商界人士开始揭发钱孙卿反动真相》，《无锡日报》，1957年6月22日。

反右运动使一批讲真话的党外人士惨遭打击，导致全社会假话盛行。1958 年亩产万斤的神话与共产风带来的是国民经济严重的困难。这从反面也证明了讲真话的必要与可贵。

为了解钱孙卿的真实思想，高景岳和程景灏按组织的要求，以朋友身份去接近他，正是这份《关于右派分子钱孙卿的思想反映的汇报（1961 年 1 月 27 日）》，使我们还能看到这位年过七旬老人宁折不弯、铁骨铮铮的风采：

高景岳和程景灏在一月二十六日上午到老右派钱孙卿家里与他谈话，长约一小时，他自始至终抵触情绪很大，甚至嚣张，他谈话内容自买不到药谈起，谈到当前市场供应、浮肿病、农业减收、大跃进的浮夸、工业出口产品不符合规格，等等。说明他虽居家中，接触的面、了解的情况比较多的，但是他所提意见，都是对党的领导带着攻击性的和对听者具有煽动性的。

从谈话中可以看出他对右派帽子始终不服帖，并且坚持错误，对群众是有影响的，我们今后要经常去了解和教育，并建议党能找他谈话进行教育。

兹将其谬论摘录如下：

现在说起来三自给，弄到药都不出去调配，样样要靠无锡自给，这怎么来事？现在浮肿病不是一件小事，是全国范围内都有，我的儿子、媳妇、女儿在大同等地都普遍有浮肿病，现在医生也有些右倾怕戴帽子，看到这种病，只弄些糠给大家吃吃，从前生脚气病吃些糠还不去说它，现在的浮肿是从上头下去的，吃糠有啥用？这是一个严重问题，照这样下去，非但社会主义，要亡国灭种的。

从前司马懿看到诸葛亮食少事繁就料到他不久于世，我们这一代能活到七八十岁完全是由于中年保养、饮食有时、休息有节，现在政府对中年一代如此不爱惜，饮食卫生如此样子，休息没有定时，将来是后继无人。

现在有些人叫作敢怒不敢言，我这顶帽子也不想摘，看到了不对就要讲，现在最最要紧的是浮肿病和肝炎，这都是吃不饱的关系。

现在国际上从二次世界大战后，说要先动手都不肯的，就是要看对方国内的情况，希特勒德国在大战时，军事上并没有失败，而是失败在国内没有粮食。当时希特勒要发面包券，他的参谋长就料到不来事了，后来居然如此。

现在是贪污之风盛行，有的还是党员，如住在我们此地的两个居委会主任都是如此，在农村能够有些吃的都是干部，到城里来买点心的粮票也只有干部有，现在农村是盗窃流行，连到城里学校里学生也是偷窃，相互偷粮票，照这样下去，社会治安是一个大问题。

现在生了浮肿病，要吃些糠，也要熟人，外面商业上一些人的服务态度也是恶劣到不能讲。

现在生产出来的东西质量是一塌糊涂，蔬菜弄到如此样子，过去讲这是偷工减料，现在老百姓也讲现在是社会主义企业了，不是过去资本家剥削，为啥经营作风是如此样子。

现在证明我过去讲的都是对的，我现在帽子不想摘了，现在你们是成功的，记住看待历史不是看当时的，要看将来的，将来在历史上我是成功的。

希特勒喊过万岁完蛋了，蒋介石过去也喊万岁也完蛋了，所以现在万岁也不是随便喊喊的。

我现在横竖也不去谈它了，你们在本乡本土做过官的，如果看到现在这种情况不讲，老百姓只认得你们，别人是不认得的。

整风现在要整下头，更要整上头，这几年在工作上到底如何搞的，下面做的工作都是上面叫他们如何做，他们才会做的。

你们在外面都看得见，现在的人的面孔都又黄又青，都是骨瘦的。

依托这份思想汇报，组织上认为钱孙卿反动透顶，无可救药，这样的人离摘帽还远得很。

总的讲，九年来很少悔改表现，转变不大，出言吐语，至今仍坚持他原来的立场、观点，特别是对当前国家前进道路上出现的暂时困难，满腹牢骚，意见很大。

1. 服罪态度，他说，“现在证明，我过去讲的都是对的，历史不是看当时的，要看将来的”。又说：“现在你们是成功的，将来历史上我是成功的。”

2. 对当前形势的看法，他说：“现在贪污之风盛行，盗窃流行，是乱的开始，吃不饱，病人多，是个大问题，人民敢怒不敢言。”“从前司马懿看到诸葛亮食少事繁，就料他不久于世。我们这一代能活到七八十岁，完全由于中年保养，饮食有时，休息有节，现在政府对中年人太不爱惜了。”又说：“照此下去，非但谈不上社会主义，后继无人，要亡国灭种的”。“希特勒喊过万岁，完蛋了，蒋介石过去也喊万岁也完蛋了，所以现在喊万岁也不是随便喊喊的。”

3. 对摘帽子的看法。他说：“右派帽子不想摘，民建工作不要做，学习和会议更不想参加。”并自翻印“孙庵”（本人号）年谱，称蒋介石为氏，称被镇压的反革命分子为君，敌我不分混淆是非。他子钱锺汉今年摘去右派帽子后，有所触动说：“锺汉摘掉帽子是好的。”但另一方面对钱锺汉说：“你摘你的帽子，我走我的道路。”（1961 年10月10日。）①

① 无锡市工商业联合会：1961年《关于右派分子座谈会记录和情况汇报》，案卷顺序号21。

凄婉的晚年岁月

1966年夏，“文革”大幕拉开，作为“死老虎”的钱孙卿仍是关注的重点，他的家多次被查抄，这里全文转抄一份丁永铭上报工商联的情况汇报，汇报上批有“已阅”字样，足见钱孙卿很受有关部门关注，他的动态全在组织掌控中。

查抄情况：

共查六次

1. 无线电机械学校（8月26日）

2. 风雷中学（8月27日）

3. 无线电机械学校（8月29日）

4. 厂红卫兵（申新）（8月30日）

5. 厂红卫兵（9月1日）

6. 爱武中学（9月1日，笔者注，原无锡市第一女子中学）

抄查经过情况，及红卫兵进行教育批判过程，已详关于钱锺汉的情况汇报中，不赘。

查出东西：

钱孙卿说：“几次查抄，我所藏的古画古董，以及兄弟两人的文稿、著作，均已荡然无存。劫后余物，只剩主席著作几本，旧衣几件，以及他们（指红卫兵）不要的残破小摆设几件（约八件），伴我残生而已。”又说：“黄金白银，我素不积存，几件首饰，亦系妻女所有，而古董、古画，素所喜爱，其中颇有千年以上之物，费过我一番心血，在我看来，重于黄金白银。我原拟在死后，令锺韩加以整理，捐赠博物馆及图书馆，现在先行一步也好（笑声，啊啊……），也可赎我黄金不多之罪了。”又说：“搜查出的东西，皆无收条，当时这批来，那批去，也记不清那一批红卫兵拿的是那一些东西，因此具体的，详细的数字，谈不出了，也记不清了。”但可以奉告的是无线电机械学校，来得早，拿去的皆系精品，其中有的东西确系有了钱也无处买到的，我曾建议他们妥为保管，交给政府，就我记忆所及主要的有：

（一）古董类

(1) 秦俑一个（故宫遗物）

(2) 汉印一方（阴文：方信司马）

(3) 清代乾隆御览之宝一方（故宫物上有九龙）

(4) 绿玉章一方

(5) 清代乾隆御笔羊脂玉章一方

(6) 古月轩瓷瓶一个(乾隆四十岁祝寿备尝外藩赐品)

(7) 紫光阁古墨一盒(可能在查抄时已弄碎)

(8) 乾隆御墨一盒

古董共有三五十件,以上列为冠,余难一一详记,有的是在后几批查抄中拿去的。

(二)古书类

(1) 仿宋版二十四史一套(连原装书箱全)

(2) 李鸿章全集一套(内附中俄密约秘本,国内很少流传)

(3) 翁相国日记一套(翁同龢)

(4) 章炳麟日记一套(内载晚晴政治演变)

(5) 资治通鉴全套

(6) 第一二次世界大战资料若干册

以上除资治通鉴,市上流转较多外,其余虽非孤本,亦已罕见。关于一般四书五经等古旧书籍字画,则无法备记的。

(三)本人五十年岁年谱及各种"旧著,手稿,底稿,函电,若干册"。

"已难记清,我也不想记清了。"

(四)金银首饰 金戒指、金耳环、金手镯等七八件,约重不到二两。

(一般家具及日常衣服留下)

(定息保证已交厂)

(公债,存款4000元左右没有拿去)

工资情况:

省政协,本月份起未寄来。亦未有信通知。

思想动态:

(1) 身穿旧棉袍,上罩破罩衫上有一个大洞,头发蓬乱,鬓已很长,据其自称自从红卫兵上街以来,未出家门一步。情绪故作镇静,内心头有怨怼。身体尚好,但精神索然。

(2) 对运动的看法。他说:

①“对这次文化大革命。在我看来，核心是为了‘防修’、‘反修’，同时也是为了备战，为了训练下一代。因此我是把它看作‘历史事件’看的。把自己摆开了，也就好理解一些。”

②“作为一个历史事件而论，‘推陈然后出新’，‘破旧然后更新’，历代变革，政治上，经济上推翻旧的建立符合统治当局意图的新的，也是势所必要的。‘抄家’古已有之，也不足为怪。有两点我倒是赞成的，一是通过这一次运动，物色第二代第三代的传承人，这是‘防修’所必要的。二是有了民主。听说，有的大字报，说韦永义阶级调和论，先不去研究这种提法是否对，至少敢讲是一件好事，‘防民之口，甚于防川’古有名训。让老百姓说话，这是我的一贯主张，一向赞成的。”

③“我的看法，对资产阶级分子来说，倒是赎买政策害了人。如果一解放，就这样搞，工商界的苦头倒要少吃一些。(经交谈中予以驳斥后说)当然，你们是不会同意我的看法。”

④“我认为运动不会到此为止。我对锺汉说过，矛头既然指向资产阶级右派，资产阶级权威，根据我的经验，你们兄兄弟弟，难免不被卷入。要做好思想准备。”

⑤“红卫兵‘抄家’。在我自己来说，一切都是身外之物，倒也无所‘顾惜’。我年已八旬，古玩、书籍，我迟早准备交公。自己一些‘旧作’，在现今社会当然也难保全，原已不作此想。其实我写的固然不合潮流但也非全是黑话，五十岁搞的孙庵年谱，虽是解放前写的，却记述了‘地方掌故’，都有根据，解放时我六十三岁。解放到反右的前一段我的历史，现已尽人皆知，对不对自有公评。反右后，情绪上是有些抵触，加上‘子泉’去世，内心苦闷，曾以写作为消遣，而自己在这一阶段主要钻研的是‘世界大战’的规律，我从左传、史记、资治通鉴，以及第一二次世界大战、法国革命、苏俄革命、中国革命、中苏分裂，也做了一些研究，反帝防修，我也赞成的。当然也有些写作，是不合潮流的，今天一火焚之，也就是作它一笔勾销，勿去多想了。但我总觉得‘破四旧’对历史文物，对孤本古书，还应保护，毛主席旧学基础很好，说明古书未尝不能利用。至于我老妻前一段时间身体不太好，她们是妇孺之见，看到家庭现状，连我夫妻御寒的大衣等拿了去，生活上也不能不有变化，未免感到此景凄凉，难免内心寡欢。”

思想上，流露的抵触情绪，他说：

①“我认为解放后，迟早总有这一劫。公私合营前，我虽非正式的工商界，但我与商会的渊源，成为当然的代表性人物。公私合营后，我的历史任务已告完成，成为右派，看来也是适当的。这次‘文化大革命’，我看是对资产阶级的最后一劫。此劫迟早难免，因此对我来说，思想上不是完全没有准备。”

②“我做了右派以后，党和政府还在省政协中给我一笔车马费，我也感激的，历史上对待敌

对分子，在野分子这样做法，也还不多的，还算是宽厚的。这个月省政协没有寄来，看来是有变化了，变化也不足为怪。本来红卫兵连我一个私人印章也拿去了。一再要求也没有留下来，站在他们的角度，当然是对我拿这些钱是不满意的。其实解放前在政治上我从未抬头，也由于这样，才会叫锺汉到苏北去联系。现在这些也不必多谈了，反正等党怎样决定就算了。当前经济上生活上，是会遇到过一些困难，过去锺韩还寄些零用钱给他娘，现在也不可能了，家中的一个老保姆，无子无女，也无处可去。现在也只有想法挺一挺，攒一攒再说，等到运动结束再作计较。”

③“我年已八十，现在是如何了此余生的问题。好在我还乐观，能看得开，我现在重新看看毛选，研究反修防修的问题，苏俄问题是一个大问题。我过去研究过中俄密约，我感到外国没有一个好人，防修是做对了的。家中现在是亲朋少见，间或有几个老友（如孙祖烈）等来走走，我也劝他们少来为宜。你看我不是精神还好吗？这正是由于我在‘君子处贫’的学问中得来的。请你转告工商界的朋友们，我身体精神都不差。我对老妻说过，现在我们万万病不得，至少要活到运动结束以后。至于子女，我也没有什么顾虑，在政治上，父子是各不相保，各有各人的前途。”

汇报人：丁永铭 1966 年 10 月 20 日[①]

钱孙卿被批斗的情景，目睹者记忆犹深：“我见到的钱孙卿是 1966 年红色恐怖时间，彼和一拨牛鬼蛇神被挂牌，背剪双手拖出吴家花园，两壮汉扛头扛脚直接扔上卡车，状如死人一般。亏得五短身体，似皮球一样滚动，但无哀求哭泣样子。其余男女‘牛鬼蛇神’哀号求饶，招来红卫兵小将一顿棍棒伺候，惨叫之声，令人毛骨悚然，女右派估计受不住酷刑，作撞墙状。”（张莘源回忆，2017 年 4 月 13 日）

1966年底，随着运动的深入，矛头对准了“当权派”，“死老虎”钱孙卿的压力有所减轻，但他还是不准乱说乱动的对象。

冬日的黄昏，这位八十岁的老人独自彳亍在无锡街头，眼前处处都是醒目的红彤彤的大标语，耳膜中时时听见喇叭里播送的革命歌曲，时有几片落叶在风中飘荡。

物是人非，城中公园的茶馆还在，可同他一起喝茶谈古论今的老朋友却大多阴阳相隔；中山路教堂边许国风老师家的华屋还在（现中山路八佰伴旧址），但老师已弃世六载，老师当年最看重的三杰中——徐彦宽只活了45岁，哥哥钱基博（他们是孪生兄弟）墓木已拱。那里还有他的父母、有他的几个哥哥姐姐与妹妹，有他的诸多朝夕相处的挚友、同事，有他早殇的第

① 无锡市工商业联合会：1966年《关于钱孙卿思想反映汇报(一)》，案卷顺序号6。

七子、第八子，想想这些大多仅在世上停留几年、十几年与三四十年就匆匆而去的亲人，他觉得自己在这个世界活得太久了，他内心有一种渴望，希望能早一点来到九泉之下，同他们会师。

人生的终点都是相同的，此刻钱孙卿羡慕起那些早赴黄泉的亲朋好友，他们不需要经历太多的人生折腾与煎熬，不需要经历太多的世道反复；有时他痛切地感到，对这个生活了八十个春秋的城市，越来越陌生：城墙没有了，城内纵横交错的河流与桥梁消失了，大多数延续百年的石牌坊不在了，东方红广场、工农兵广场、长征大学、崇武区（原名崇安区）这些新的名称让他很不适应。

1970 年无锡市有关部门成立“七三一专案组”，将钱孙卿钱锺汉父子和李惕平等大批人员集中隔离审查两年多，硬说“无锡人民公私社团联合会”迎接解放是伪装的，是企图潜伏的反革命行动，钱孙卿被错定为反革命分子，身心受到严重摧残。

1973 年 12 月 31 日，钱孙卿戴着右派与反革命的双重帽子，怀着满腹的委屈与冤愁离开了人间，他在这个世界上经历了 87 个寒暑，其中绝大多数时间他都是在无锡度过的。这个城市处处有他的履痕：他在城中公园品茶、在寄畅园留影、在龙山顶眺望太湖、在公益中学与荣德生促膝相谈、在西乡家坟前扫墓、在惠山宗祠里祭祖、在商会上班、在市公所掌舵、在街头看见瞎子阿炳卖唱，那悠扬的琴声浸泡了人间无尽无止的苦难和哀伤……

这位昔日无锡妇孺皆知、人人崇敬的政治明星永远地离去了。死时他没有合上双眼，死后他的丧事冷冷清清。

他没有等到还自己清白的那一天。虽然他坚信那一天肯定会来临：

1979 年 9 月，经中共江苏省委复查批准，对钱孙卿在反右运动和“文革”中的错误结论予以改正，恢复名誉。1987 年江苏省暨无锡市分别召开会议，纪念他百岁诞辰。江苏省委对钱孙卿爱国的一生给予了高度的评价，认为他是党的诤友，是一位爱国志士。

他的家属（其长子钱锺韩时任南京工学院院长）遵照他生前遗愿，将他在“文革”后至去世前应补发的所有工资，捐献给他生前曾任副董事长的江南大学，设立了孙庵奖学金（钱孙卿晚年自号孙庵老人），以资助江南大学的学生。

2016 年，位于惠山南麓的钱孙卿墓地被地方政府列为无锡市文物遗迹控制保护单位，高德地图上标有钱氏墓园。遗憾的是钱孙卿同胞兄弟钱基博 1957 年在武汉病逝，棺木千里迢迢运回故里，葬在城西徐巷啸岭湾祖坟，仅仅几年，就被村民在整田平地中破坏。

唐文治："无锡国专之父"

1920 年，风调雨顺，并无重大事件发生，但在无锡教育史上，此年并不寻常。

无锡本土的第一所"大学"——无锡国学专修馆破土而出，它生下来时很弱小，只有 30 个学生，4 名教职工加 1 个校长；它寿命不长，只活了 30 岁；它"生育能力"不强，"嫡出""庶出"（国专以后因战争离开无锡，到上海与广西办学）几十年相加，毕业生不足千人——而当今中国一般高校每年产量都能达到四五千。

然而却是这样一所其貌不扬的"小不点"，在"弃世"几十年后，仍常常为人所怀念、给好评，北京大学著名学者陈平原称他为"传统书院现代转型"的成功典范。为什么无锡国专能"阴魂不散"？她与众多寿长却差评如潮的大学相比有何差异？

要解开其中的密码，必须要了解唐文治——这所学校从创建到结束的 30 年，他是唯一的掌舵者，说他是"无锡国专之父"，毫不夸张。无锡国专宛如他哺育的小孩，从呱呱坠地、蹒跚学步、遭遇不测到英年夭折，他不仅亲睹了其过程，而且为这所学校耗尽了心血。

科举路上过关斩将

1865 年出生的唐文治，比孙中山只大三个月，这两位同龄人有着迥然不同的人生之路。

珠江口大海边出生的孙中山，较早受到外来文明的冲击，13 岁就留洋异国，追求新知；家在江苏太仓长江边的唐文治，生于书香门第，从家人亲朋那里接受的是延续了千年的孔孟之道。

唐文治的父亲唐受祺是一位秀才，一个县每年的秀才指标只有 20 人左右，考上秀才的难度相当于当今考上北大与清华的难度。秀才虽是功名的较低层次，但绝对属于地方精英阶层，朋友圈都是有头有脸有文化有能力的人物。唐受祺以当塾师为业，其东家非富即贵。

在没有学校“流水线”批量生产学生的时代，私塾这种“纯手工教育”方式产量很低，一位老师大多只带几个学生，师生朝夕相处；如今的学生同时要面对七八门学科的不同老师，老师要面对几十个学生（有的大学更多），规模化生产，品质下降。当今家长不能为孩子选择老师，而私塾时代，一些家长对老师精挑细选。唐文治的业师大多是其父慎重选择的亲朋与好友。

15岁时，已读完四书五经的唐文治，随父亲来到上海，父亲教东家的两个公子，唐文治陪学。1879年冬，唐文治再次参加童子试，这一次他过五关斩六将，旗开得胜。州试时，“首场列七十四名，初复十九名，再复十三名，三复十一名”。次年春，他在院试时得州学第六名，从此拥有了诸多考生终生不可得的秀才凭证，其人生开始掀开华丽的篇章。

17岁时，唐文治的老师由父亲变为王紫翔。已有举人功名的王紫翔学问精深，他教诲唐文治：“文章一道，人品学问皆在其中。故凡文之博大昌明者，必其人之光明磊落者也；文之精深坚卓者，必其人之忠厚笃实者也。至尖新险巧，则人必刻薄；圆熟软美，则人必鄙陋。汝学作文，先从立品始，不患不为天下第一等人，亦不患不为天下第一等文。”唐文治回忆道：“（老师）教余先读汪武曹《孟子大全》、陆清献《三鱼堂集》，并《唐宋文醇》《熊钟陵制义》等。余日夜淬厉于性理文学，初知门径矣。”

1882年农历七月底，18岁的唐文治在父亲陪同下，坐船来到南京夫子庙，参加三年一度的乡试。因江苏安徽两省共用试场，考试季的夫子庙周围陡增了一万多名来自苏皖、拖着长辫的秀才，他们要来竞争114个举人指标，这绝对是百里挑一，考生中间年龄差异很大，多数年龄在30岁左右，少数在20岁以下与50岁以上，他们中间没有结婚成家的很罕见。

闱屋磨人不自由，英雄便向彀中求；一名科举三分幸，九日场期万种愁；负凳提篮浑似丐，过堂唱号直如囚；袜穿帽破全身旧，襟解怀开遍体搜……若逢久雨泥相伴，偶遇狂风烛易流；煤锅煮粥乌云集，咸水煎汤绿晕浮；分来鱼肉全无味，做到文章便有忧。

三场九天的大考结束了，疲惫不堪的考生们在焦急等待着发榜，结局有人欢喜有人忧。命运再次垂青唐文治。诸多秀才考到霜染两鬓，也与举人无缘。18岁的唐文治第一次参加乡试，却以第20名赢得晋级，全国考中举人的平均年龄为31岁，在举人行列里，唐文治以年轻态引人注目。

获得举人称号，便正式有了当官的资格，时官的最低一级为副县级。虽然举人进了当官的保险箱，但要当中高级领导，“进士”文凭更吃香。

于是，1883 年春，唐文治与他的老师王紫翔一起北上京城，参加礼部会试，时唐 19 岁，青春年少，王 41 岁，人过中年。此次老师晋级进士成功，而学生铩羽而归。其后，唐文治继续苦读，准备再跳龙门。

1885 年，开张不久的江阴南菁书院对外招生，其分经学、古学两门，各招 20 人，提供食宿并每月给 5 000 文奖学金，一时间引得无数豪杰竞折腰。唐文治考进了这所名校，结识了院长黄以周这位东南经学大师，也结识了诸多同学，学问大进。

唐在南菁学习了四年，其间曾赴京参加会试，不中。1889 年其第三次进京，仍以失败告终，次年有恩科加试，因那时交通落后，唐文治便遵父命没有回家，而是希望在京城找一个教师饭碗，边糊口边备考，但京城僧多粥少，后经人介绍他来到天津塘沽一官员家当家庭老师，学生为东家的第四子与第五子。1890 年的加考，唐文治还是与成功擦肩而过，于是他返回故乡仍一边带课一边备考。

1892 年，28 岁的唐文治第五次向贡士发起冲击，这一次他开和了，排名第 31 位。主考官是翁同龢。其后在紫禁城太和殿前皇帝主持的殿试中，唐文治发挥不佳，列二甲第 105 名进士。朝考时其列一等 65 名。

进士三年一考，全国招录 300 人左右，分配给江苏省 20 多人，进士录取平均年龄为 36 岁。尽管唐文治用了 9 年时间、考了 5 次才摘得桂冠，但在全国众多的读书人中，能攀上科举功名最高阶梯毕竟是凤毛麟角。

仕途上春风得意

进士头衔是高官厚禄的通行证。一登龙门的唐文治被分发到户部（相当于今财政部）江西司当主事，可这一职位与他期望值有距离，为此他闷闷不乐，时规定二甲一等入翰林院——这是一个更易为领导重视更易飞黄腾达的好单位，可唐文治因没能正常发挥，落入二等，与翰林院无缘。他的老师王紫翔安慰他说：“你为什么想不开呢？你家境并不富裕，户部各种补贴很多，这样你不用去谋不当收入，也能过上好生活，这是上天帮你成全人格的好办法，你应该感到高兴才对。”唐文治感觉很有道理，心境变得明朗。

唐文治在北京租了一个四合院，把妻子父亲母亲都接到北京住在一起，其母身体不好，家中也请了仆人。处在实习期的唐文治上班并不忙，一周去两次就行了。更多时间他来到翁同龢家，当家庭老师。

1894年甲午之战爆发，中国的大败暴露了清政府腐败无能的本相。内忧外患中，清廷内部党争政争日趋激烈。时翁同龢炙手可热，树大根深，身边集聚一批政见相同的官员，被称为清流派——如何评价清流派、洋务派，至今史学界仍众说纷纭。

两年多的见习期结束后，唐文治通过考核留在户部。1896年，32岁的唐文治开始关注经世之学，学习国际法，研读各国条约事务方面的著作，他的知识结构开始发生一些变化。中国传统读书人所读的四书五经史记通鉴，重在修身与权术，其专业化与学术化方面都存在着缺陷，面对西学的强大冲击，如何应对，中国文人争执不休，唐文治尊崇的是中体西用。

当年7月，唐文治考取总理各国事务衙门章京（类似于当今外交部办公室工作人员）第二名。时掌管外交与财政部的都是翁同龢这位权臣，他对唐文治很赏识。可在波云诡谲的政争中，宦海沉浮几十载的翁同龢于1898年6月15日“摊上大事”，被慈禧撵出京城，回到家乡常熟，开始了他半隐居的生活。行前唐文治到北京正阳门火车站送行，这是他们最后一次见面，这六年间翁同龢不仅视唐文治为门生，而且还让其担任家庭教师。不久，维新变法失败，支持变法的大批官员受到牵连而杀头与撤职。作为一名在京城工作的一般干部，唐文治切身感受到权力斗争的残酷与复杂。

1899年，唐文治一周中两天在财政部上班，负责云南省财政监督；两天在外交部工作，他经常上夜班，外交部存有中外条约，唐文治拿出来仔细研读，闲暇时他还学习俄文，长时间在暗淡的油灯下读书，致其视力大减。时外交部没有独立编制，在此上班的都为兼职。

1900年夏，义和团在京城烧杀，住在使馆附近的唐文治，因安全原因，不得不举家搬迁，先在城内移动，后来到城郊的顺义与昌平交汇处。时唐文治母亲已卧床多年，妻子身怀六甲，逃难途中备尝艰辛。

外交部当然成为盲目排外的义和团冲击对象，唐文治坚守岗位，视义和团为邪教。当时有大量无辜民众被义和团屠杀，成片街区遭焚毁，众多百姓顿成无家可归一无所有的灾民。朝臣内部因义和团分成对立两派，反对义和团的大臣许景澄与袁昶喋血菜市口——这两人是唐文治的上司，为人正派，对唐有知遇之恩。八国联军入城后，慈禧太后等逃避西安，京郊社会秩序荡然无存，为接家人回城，唐文治花费百金聘请了11个保镖。

河东河西，成千上万义和团从施害者变成刀下鬼，支持义和团的一些大臣受处分，受冤杀的许景澄、袁昶得到平反昭雪，唐文治常常梦见两人被斩首的惨状，大哭而醒，泪水浸透了枕头，他的视力受到影响。

1900年夏天发生在京城的这场动乱，给国家、民族、百姓、朝廷带来了巨大灾难，整个国家元气大伤，政府权威丧失殆尽。这场灾难发生，与慈禧太后及众多无知愚昧的重臣错误决策密不可分。唐文治亲身经历这场大动乱，看到了一幕幕人间惨剧。

76岁的李鸿章随后不得不重出江湖，收拾烂摊子。《辛丑条约》规定，派专使赴日道歉。唐文治参加了户部侍郎那桐为首的九人代表团。代表团8月30日离开北京，9月2日经天津到达上海，住在天后宫；13日从上海乘船，16日抵日本长崎，17日到达马关，18日到达神户，改乘火车至横滨，不久到达日本东京，住帝国饭店。

在日本一个月，唐文治参观学校、博物馆，游览景点，当年的日本，奋发求强，一日千里，这是唐文治第一次公费出国。这次出国，不仅大快朵颐，大开眼界，而且还为那桐所推荐，赏加四品衔，以主事遇缺即补。

1901年外交部有了编制，唐文治任主事，不再在户部兼差。1902年英国新国王加冕，唐文治跟随载振赴英参加典礼。4月22日从上海启程，25日到达香港，以后经新加坡、苏伊士运河、地中海，于5月29日到达伦敦，代表团考察了英国学校、博物馆。6月30日离开英国访问比利时，7月12日到达法国巴黎，唐文治登上埃菲尔铁塔，游览塞纳河风光，旁听议院开会。8月9日，代表团乘轮抵达美国纽约，街道宽阔，四十层的高楼令唐文治很震撼，因为当时的中国三层楼都难得一见。以后他们又坐了6天火车，来到加拿大温哥华，8月18日，从这里横渡太平洋，于9月1日抵达日本横滨，随之来到东京。明治天皇接见了代表团。19日唐文治离开日本回国。这次唐文治用170天时间环绕地球一圈，访问了英、法、比、美、日五国。当年能游历欧美的中国人极少，在外交部工作的唐文治近水楼台。这也是唐文治最后一次出国，对国外的先进文明，唐文治虽不排斥，但评价并不高。

1903年，唐文治39岁，这一年他官运亨通，连跳四级。正月，他在载振举荐下，升职为外交部庶务司主稿，四月他第一次被最高领导人慈禧太后接见，补和会司员外郎。五月，他享受了一次名利双收的考试差，题为“国有六职，论学堂以储才致用，应如何预防流弊策”。六月，他再一次被西太后引见，补庶务司郎中。八月，在慈禧新政的东风下，建立一个新机构——商部，载振任尚书，被任命为右丞的唐文治第三次受西太后接见。此时唐手中的权力有了“含金量”，一个官二代送他二百金来谋职，唐文治大怒，立规道：找他行贿谋差者，当检举揭发，毫不留情。十一月，徐世昌工作调动，唐文治得以向前一步，担任商部左丞。

身为高级干部的唐文治，不时有机会进颐和园，受到慈禧召对，慈禧对其廉洁自律赞赏有加。时唐文治掌管一些大项目的最后审批权，常有大老板给唐文治送礼，唐都分文不取。

1905 年，唐文治晋升为代理商部左侍郎，从而拥有了部级头衔。副部级干部属特权阶层，过年过节，慈禧太后都要赐给他们昂贵的礼品，如绸缎、普洱茶、春条、玉如意等。

1906 年 9 月，载振奉命赴东三省当差，唐文治任代理商部部长一职。次年元月，唐文治的母亲在首都病逝，唐文治把母亲的灵柩由北京经天津乘船到达上海，再送抵太仓祖坟安葬。依旧制，27 个月丁忧期间，官员不再工作，在家尽哀。当时的变通，则其间可在官办学校、实业任职，这样，唐文治便在 1907 年秋南下上海，任邮传部上海高等实业学堂（今上海交通大学前身，其校名曾变换频繁，本文统一称为实业学堂）监督一职。

从 1892 年到 1906 年，唐文治在官场打拼 14 个春秋，从一名低级办事员，升迁到大权在手的部级领导，他担任副部长时才 40 岁，唐文治的升迁之路之所以如此快捷，一方面是他听话、出活，另方面则是与翁同龢、那桐、载振这几位大佬的垂青正相关。

从官场到学界的跑道转换

1909 年 3 月 12 日，唐文治丁忧结束，按惯例可官复原职，但他的职位没有发生变化，还在上海实业学堂当校长。该学堂属于什么级别，尚不清晰，一个副部级官员出任校长，不免让人觉得“屈才”。唐文治为何原地不动，其年谱其传记都缺少说明。也许是他的恩主载振已被参劾罢职，朝中无人；也许进入倒计时的清政府病入膏肓，山雨欲来，让他对官场敬而远之；也许是他更愿意得天下英才而教之；也许相对于帝都他更喜欢魔都，这里有公共租界、有更多的新奇事物、更多的繁华与更大的自由度……

1907 年唐文治就职时，当时的学堂已有 10 年校龄，学生 300 人，设附小，学生 100 人。徐家汇校园周边还是一片田野，“葱茏入望接田莱，十里晴光指顾开，且向此间聊养静，任他世事变迁来”，这是唐受祺的诗作，他同儿子一起住在校园里。1910 年 3 月 14 日，唐受祺七十大寿宴请好友时，到场祝贺者都是沪上名流，如有盛宣怀、蔡乃煌、沈敦和、张元济、郑孝胥、吕景端、田宝荣、严复、施肇曾、汤寿潜、刘树屏等。

唐文治掌管的实业学堂，校长月薪多达500两，一般老师月薪50两左右(1908年)，这绝对是令人咋舌的高收入(每两相当于2010年的200元人民币)。[①] 学校规模很小，发展很慢，1908年有教职员42人(其中教员25，职员17)，1916年为53人(其中教员32，职员21)，1920年为60人(其中教员36，职员24)，学校有几名外教，他们来自英、美、德等地。[②] 毕业生也很少，1919年全校毕业生仅为26人(土木科15人、电机科11人)。学校原只有两个专业，1917年才增加铁管科。

虽然实业学堂不是大学，仅是三年制专科，但唐文治定位却很高，专业课全部用美国名校教材，用英文授课，自然其入校门槛极高，1912年外校千人报考，只录取10个学生，其生源更多依靠本校五年制附中的培育。

这所由附小附中、专科组织的实业学堂因定位高，其成本非常昂贵，每年需要十多万两银子经费。清末民初，一是国家财政困难，二是政权更迭，政局不稳。为维持学校运转，唐文治利用各种人脉找钱。

唐文治掌校期间，完成的最大土木工程是图书馆，该大楼除了上级3万元拨款外，其余4万多元都来自捐款，捐款最多的是荣宗敬荣德生昆仲(1万元)，捐1000元的有黎元洪总统、中国银行、周舜卿、虞洽卿、穆藕初，总理段祺瑞捐500元，江苏省省长齐燮元100元，最少的捐5角，共募得洋41496元。[①] 现在这栋历经近百年风雨的大楼依旧矗立在上海交通大学徐家汇校园，成为学校的标志性建筑，也成为历史的见证。

唐文治对办学很投入，他认为"立国之要，以教育为命根，必学术日新，而国家乃有振兴之望"；他懂得"学堂异于科举，要以尚实学为宗旨，使人人趋重于实学"，社会才能有进步。

连续掌舵13载，实业学堂深深打上了唐文治的印记，他对学生专业定位高，他"着意注重道德，保存国粹"，每周日他登场给学生讲国学，每月要举行国文大赛，当新文化运动蓬勃展开时，他的这些做法便与时代格格不入。

由于他是经学的虔诚信仰者，在进步与落后的两种思想斗争中，他不能顺应时代的潮流。当袁世凯篡夺了辛亥革命的果实，在教育、文化、思想界掀起一股尊孔复古的逆流以

① 《交通大学校史》编写组:《交通大学校史资料选编》(第一卷)，西安交通大学出版社，1986年，第190页。
② 《交通大学校史》编写组:《交通大学校史》，上海教育出版社，1986年，第61页。

后，张勋、段祺瑞又接连搞了二次复古运动。而陈独秀、李大钊、鲁迅等人发动的新文化运动兴起，与复古者针锋相对，提倡科学和民主，反对封建特权，要求政治民主，提倡新道德，反对旧道德，提出打倒孔家店。在两阵对战中，唐文治对军阀的争权夺利、社会上的人心不古表示不满，对新文化运动思想抵触。他说："呜呼！孔教之沦胥甚矣！其桀骜者公然掊击不遗余力；其柔懦者胸无定见相率盲从。"他把批评孔孟之道的人说成残暴者，坚持反其道而行之，表示："文治梼昧，志挽颓风，爰集生徒，大江之东，讲习仁义，礼乐雍容，砥德砺行，依蹈中庸。……"并坚持要继续给学生讲封建伦理，以中庸之道，砥砺学生的品行。一年一度的祀孔典礼照常举行，1917 年 8 月 27 日的祀孔典礼尤为隆重。"祀孔乐章……配以佾午，一时彬彬焉，雍雍焉，称极盛矣！"这样，在新旧思想斗争中，唐文治成为复古者的支持力量，对新文化运动则是阻力。[①]

1986 年出版的《交通大学史》如此描述了当年的两军对垒，指责唐文治站错了队、选错了边。

以侯绍裘为代表的一批具有先进思想的学生，对校内的尊孔读经表现了强烈的不满，他们高呼"打倒孔家店！"砸烂了学校里的孔子牌位。学生们的这一行动，使唐文治感到痛心疾首，终于决定把学生领袖侯绍裘秘密开除出校。侯绍裘学业成绩优秀，作文尤为出色（曾在国文大会得奖）。在唐文治的心目中，侯绍裘是一位有才华的优秀学生。可就是这位受过唐文治多年熏陶的学生，竟如此"大逆不道"，他认为不开除不能维护封建礼教。[②]

五四运动的胜利，让学生们变得目空一切，在"学生为王"的时代，学校管理者备感困难，唐文治也与蔡元培等校长一样，走为上计，可他的辞呈多次被拒绝，1920 年 11 月 12 日，唐文治还是决绝地撂下校长之职，离开上海来到无锡，其后"盖函电交驰，至此凡十次矣。部中派员来留，本校同人来请留者络绎于道，均坚拒之"。

现在上海交通大学校园里有文治像、文治路，唐文治成为交大校史推崇的有功之臣，而唐文治本人当时告别交大的心境却异常落寞。

"部级干部"落户无锡

可以想象，如果没有五四运动所带来的学生为王，54 岁的唐文治应当会在实业学堂干到退休；只是因缘际会，他的后半生竟然与无锡一所学校的辉煌连在一起。

"部级干部"唐文治为何要在无锡而不是在苏州、上海或太仓置房？无锡又是靠什么人

民国十三年(1924)元旦，无锡国学专修馆第一届毕业摄影，前坐者左起：王宝謀、陈柱、朱文雄、孙鹤卿、?、唐文治、施肇曾、陆修祜、钱孙卿、杨翰西

才政策把这位“部级干部”吸引过来？笔者至今还是一头雾水。《唐文治年谱》中只讲置业过程没有讲因由。

1911年9月，在无锡西溪建筑新屋落成。其地本为周舜卿所有。余以三千金购之，三月间动工，并建家祠一幢于屋之东北，至是工竣。吾父因乱事方殷(指武昌起义爆发)，仍居上海。1912正月十二日(2月29日)，吾父徙居无锡新屋。③

唐文治的新居介于城内前西溪与后西溪之间，旁有古城墙与内外护城河，还有薛福成的钦使第与人气很旺的药王庙、关帝庙与城隍庙，其宅占地较广，院子就达三亩，宅中可见一公里外的惠山，年已古稀的唐受祺对新居非常喜欢，乔迁之日曾赋诗：“故园无片瓦，新筑近名山。望益常开径，偷闲急掩关。篱疏花点缀，池小石回环。桑者闲闲意，将无在此间。”

1913年2月，家祠始行春祭礼。筑爱莲、坐花二亭成。爱莲为高祖考墨池公别号；吾父手书亭中匾额，思祖德也。坐花亭，吾父所题名，桐城吴芝瑛女士为书匾额。时布置苟完矣。(1931年春，在前桑区建楼房三楹，由江应麟承造。)

在上海实业学堂上班的唐文治，不时往来申锡间，虽有火车但车速慢，车上也要消耗两

①《交通大学校史》编写组：《交通大学校史资料选编》(第一卷)，西安交通大学出版社，1986年，第321页。
②《交通大学校史》编写组：《交通大学校史资料选编》(第一卷)，西安交通大学出版社，1986年，第70页。
③ 茆萌：《唐文治年谱新编》，苏州大学硕士论文，2013年，第185页。

小时，长期的来往奔波，唐文治也曾懊悔在无锡建屋。

1919 年，对于唐文治来说，是人生比较低落的一年。他在实业学堂的办学实践与育人理念遭到了学生与社会的激烈杯葛；他本人眼疾加剧，目不能视；6 月 14 日，他的幼女唐庆婉又早夭——这个小生命诞生于是 1915 年，时唐文治年达五旬，妻子高龄生育，奶水不足，庆婉告别人间时还不会走路。这个先天不足的小生命，富于灵气，曾给父母带来许多快乐，她的来去匆匆，留给唐文治万箭穿心的疼痛。同一年中，唐文治的事业、家庭、身体都发生了不测，这让唐文治百念俱灰，卧床达一个月。他重新思考自己的人生之路，决意离开上海，离开工作十三载的实业学堂，来到无锡陪伴八十高龄的老父亲，享天伦之乐。

锡城第一所大学

无锡历史上本是运河边一个普通小县城，经济和文化的发展远逊于附近苏州、常州、镇江、扬州，清末却得风气之先，成为民族工商业发源地。民国初期无锡生机勃勃，经济力已超苏州、常州、南京，但高等教育还是空白，而上海、南京、苏州因教会与政府介入出现了一系列大学，如金陵大学、金陵女子大学、三江学堂、东吴大学、圣约翰大学、南洋实业学堂等。

得不到政府与教会教育投入的无锡，幸运的是拥有一批热心公益的企业家。在施肇曾赞助下，无锡本土第一所大学——无锡国学专修学校在 1920 年诞生了。校舍临时租借惠山古镇上的锡商山货公所两幢两层楼房。

1921 年 2 月 27 日，在完成招生、报批等环节后，无锡国专正式开馆。一大早，唐文治校长便乘肩舆，穿过西门、兴隆桥与五里花塍，来到教室，迎候他的是来自四面八方的 30 个学生——他们从近千名竞争者脱颖而出，遗憾的是唐文治看不见学生的青春笑脸，但从课堂上他能感受到听者的聚精会神。

当年 10 月，国专由惠山之麓移到城内学前街文庙旁——这里学校林立，文庙南有无锡师范，北有竞志女校，西是无锡工艺小学，东为无锡国专，无锡乙种工业学校办在文庙里。国专校园距唐文治前西溪居所一箭之遥，除周日外，他每天早晨 7 点到校，给学生上 2 节课，讲《论语》《孝经》《孟子》等儒家经典，11 点半离校，中午小睡一会，下午 3 时在家中延见宾客，4 时处理积件。

办学的关键点一是经费，二是师资，三是质量。开创之初，定开办费 8 000 元，常年经费 10 000 元，后因商业不振，捐款没有稳定性，1928 年，国专最大金主、61 岁的孙鹤卿遽归道山后，学校经费更形棘手，幸得杨翰西、唐保谦、华绎之、蔡兼三等鼎力相助，加上江苏省每年 3 000 元的补助，学校还能正常运转并有余力扩充校舍添加图书。对师资，唐文治很重视，除了自己一直讲课外，他聘请了钱基博、冯振等名师；在质量上，学校极为重视读原典，严要求，看看国专毕业论文选题就能感受到其水平之高——《中国秦汉以后之下层人民教育论》《中国征兵制与募兵制之变迁考》《中国历代民食与其体质强弱之关系论》《〈史记〉〈汉书〉中之历法考》等。

无锡国专定位于国学，相当于现在大学文史哲学科，招生时不考数理化与外语，只考四书五经方面的知识，起初不收学费与住宿费，每学期收膳费 25 元与书籍费 10 元（多退少补），学校设奖学金，最高为每月 10 元，如此优惠的条件对那些理工科较弱、家境贫寒的考生非常有吸引力。

国专学制是三年，每年招生数在 30 人到 90 人，学生最多时达 200 多人，教职员工达 20 来人。30 年间其毕业生不足千人，但它以“小而精”成就了自己，也造就了一批人才，唐兰、王蘧常、蒋天枢、吴其昌、钱仲联、王绍曾、魏建猷、江辛眉、汤志钧、朱东润、杨廷福、许威汉、曹道衡、范敬宜、冯其庸这些文史大家当年都在学前街上留下了脚印，他们的名字使无锡国专与大牌学校相比并不逊色。

“盛花期”的庆典

生于 1920 年的无锡国专，注定要走上一条充满坎坷的荆棘路。

北洋时期，中央政府深陷权威危机与合法性危机，国家四分五裂，社会动荡不安。短短几年间，无锡就经历了从直系到奉系再到孙传芳的权力转换，1927 年 3 月，国民革命军北伐抵达无锡，新任教育局长徐梦影下令解散国专，这大大出乎唐文治与师生们意料，他们相泣而别。国专校园变成军营，“马腾出舍，粪污于堂，书籍零散，薪木毁伤”。直到 6 月 1 日，经部分学生争取，无锡国专才得以恢复，学生们重回疮痍满目的校园。

30 年代中期，国专迎来了其生命的“盛花期”，1935 年适逢唐文治七十大寿，其弟子们倡议为老师建茹经纪念堂，得到广泛支持，募得 15000 元捐款，傅志章唐谋伯购赠地基，江应麟承建，历时一年，一座依山临水的宫殿式园林建筑在宝界桥畔竣工。1936年1月4日，行落成典礼，茹经堂里一片欢腾，来宾有无锡县长、公安局长、党部代表；有耆绅华艺三、杨翰西、荣德生、蔡兼三、唐星海等；有来自上海、南京、杭州、太仓等地的亲朋与门生；还有无锡国专的新老同学共两百来人。唐文治致辞，期冀追随自己的偶像高攀龙，讲学于五里湖滨，“培养本乡道德，淬砺东林气节”。当年暑假，唐文治夫妇曾到茹经堂小住，因蚊虫太多生活不便，他们只得提前撤离。

在茹经堂附近，无锡国专用11 000元购置了43亩土地，准备用三年时间打造一个设施完善的新校园，并增设史地、经济等专业，让国专的规模更上一个层次。

1936年6月21日，是无锡国专生命史上最为闪亮的一天。无锡国专十五周年纪念暨毕业典礼在这天举行，校园张灯结彩，容光焕发，校正门悬联：“东林讲学以来，必有名世；中国豪杰之士，于兹为群。”教室中呈列一些个人与单位送来的鲜花银盾礼品及新校园规划图、学生艺术作品和毕业论文、本校老师的著作等。来宾有地方党政领导，地方学校的代表，有邑绅钱基博、荣德生、蒋遇春、秦其标、唐星海等，考试院副院长、唐文治的南菁同学钮惕生致辞时高度评价无锡国专的办学成绩，唐文治讲话时，回顾了十五年办学的曲折历程，期盼“本校至百五十年纪念时，庶几中国文化普及于全世界”。

兴奋中的唐文治绝对没有想到，这场盛典是无锡国专30年生命中最后一次盛典，也是它唯一的盛典。以后烽火连天，国专20周年、25周年、30周年都没有“心情”再过“生日”。更出唐文治意料的是，盛典过后，等待无锡国专的是巨大的磨难，是花儿的败落。

1937年10月6日中午，日本飞机轰炸无锡火车站，唐文治全家躲进地下室。7日其宣布迁校，第二天带着一点简单行李与先人手迹，72岁的唐文治在家祠先人牌位前磕头告别，与夫人一起乘船来到南郊许巷。从此，他再也没有回到他所熟悉的校园、熟悉的家。

淞沪前线失利后，11月14日晚五时，唐文治与几十名师生一起，自许巷启程，乘坐三艘小船过太湖，向内地逃难，历尽艰辛，经安徽到长沙，再迁广西，次年2月在桂林复校上课。6月因年迈体弱水土不服，唐文治从香港返回上海，船过梧州、三水、虎门，到达伶仃洋时，唐文治触景生情，背诵文天祥诗作：“辛苦遭逢起一经，干戈寥落四周星。山河破碎风飘絮，身世浮沉雨打萍。惶恐滩头说惶恐，零丁洋里叹零丁。人生自古谁无死，留取丹心照汗青。”情景交融，其内心怅然若失。

回到上海后，年已古稀的唐文治并没有退居二线颐养天年。1939 年 3 月 3 日，无锡国专在上海租界开张（时桂校与沪校同存），50 多人上课，唐文治讲《诗经》《论语》等，这样的授道持续到 1949 年春，那时他已 84 岁高龄。

抗战胜利后的 1946 年春，无锡国专得以在学前街老校园重新营业，持续了八年的桂校撤销，师生返回无锡，而沪校到 1950 年才并到本部学前街。

无锡国专在 1949 年升格为本科，更名为中国文学院，10 月 15 日举行庆祝大会，84 岁的唐文治被任命为院长，他没有回无锡参加大会，副院长代其讲话。

无锡国专升格成功，看似上了一个台阶，其实陷更大困境。政权更替中，这所私立学校的"金主"要么"跑路"港台（如华绎之、唐星海等），要么自身难保（如荣德生、蔡兼三等），学校经费找不到着落，生源也极困难，焦头烂额中，唐文治与其他领导都请求政府接盘，把学校并入苏南文化教育学院。1950 年 5 月，政府满足了他们的请求，师生一百多人彻底离开了学前街来到社桥。两年后，苏南文教学院又离开无锡社桥，转到苏州，组建苏南师范学院，后更名江苏师范学院，再更名为苏州大学。

这所持续了 30 年、历尽磨难的私立学校就这样从地球上消失了，它走得很匆忙很急促。其生命不再时，备感失落的是曾在这里工作与学习的师生，他们与国专有着零距离的人生交集。当然，最难以释怀的，非唐文治莫属，他是国专 30 年间唯一掌舵者，无论是经费的筹集、教职员工的聘请、课程的安排、学生的培养、学校的发展，都由他来统筹来决策。

今天前西溪的唐文治故居、学前街上的无锡国专校舍早已荡然无存，其何时灰飞烟灭，也无文字记载。茹经堂虽然还在，但铁门紧锁，难睹容颜。只是 2015 年，适逢唐文治 150 周年诞辰之际，无锡三中的校园里立起一座唐文治的塑像，纪念这位私立无锡中学的兼职校长，期冀以此来给自己的文化底蕴"加分"。

与时代脱轨

唐文治经历了多次政权更替，他是清朝的部级领导，他是北洋时代国家重点大学校长，他是国民政府时代私立大学之主，很多次政权更替他都经历了，也未受影响。但 1949 年的江山易主，绝不仅是一次政权的鼎革，而是对社会的全面改造，实现从私有制到公有制的大飞跃。

唐文治的许多行为同新时代格格不入。如他在《申报》上做广告："太仓唐蔚芝先生诗文润：神道碑、墓志铭、家传、碑记各为100元；寿文、祭文为80元；叙文、杂文为50元，题跋、像赞、寿诗30元。"[1] 这些服务项目让唐文治每年有大量收入，这些收入中的80%他都用于慈善事业，可新政权视这些服务项目为封建迷信，严令禁止。

唐文治所提倡的国学实在距离新政权的要求太远了。上海档案馆存高等教育处对国专沪校的审查意见，认为唐文治"年老体弱，校长不过是挂名而已，但有些事情还要顾问，思想顽固"，"该校学生人数甚少而且落后，教学内容与方式都是非常封建"，不批准续办。[2]

唐文治在无锡的家业也陷入困境。新政府开征的地价税让其不堪重负，1950年6月间，他只得把三亩余的园地售于蒋某，买价为白米二百五十石，每石以二十万元计算，园地房屋围墙走廊茅亭作价均在内。[3] 次年6月，其亲属返锡发现，其宅楼下房间已由苏南行署文教处租占，茹经堂已划入风景区，无锡建设局未经业主同意，将堂屋拨交公营采石司使用。后与政府屡次磋商，建设局始将茹经堂归还原主，但仍租与庆丰纱厂。

作为前清遗老，唐文治还是得到新政权的礼遇，担任上海文史馆馆员，但唐内心也清楚，这仅是统战需要。他一生孜孜以求的国学事业已没有了存在空间。

唐文治于1954年4月9日辞世，得年虚岁90。他晚年的心境是孤寂的。

进入21世纪，国学热兴起，政府斥巨资在全球建孔子学院，一些大学投重金创国学院，有人提议恢复无锡国专，再续国专辉煌，这并不现实[4]。2022年无锡国专纪念馆落成，其选址在原无锡学宫东部的戟门，此地与无锡国专旧址仅一墙之隔。梁溪区政府斥资几百万，由中央广播电视总台影视剧纪录片中心领衔打造的6集纪录片《无锡国专》2024年底在CCTV09频道播出。了解无锡国专越多，人们对沉疴在身的中国高等教育改革的呼声便愈发迫切。

---

① 吕成冬：《唐文治家族研究(1841～1954)》，华东师范大学硕士论文，2010年。
② 陈尚君：《夫子何为者 栖栖一代中》，《文汇报》，2015年11月20日。
③ 茆萌：《唐文治年谱新编》，苏州大学硕士论文，2013年，第413页。
④ 如2021年4月10日，来自华东师范大学、中国社会科学院、复旦大学等院校的40多位学者联合给无锡市政府领导发出恢复无锡国学专科学校的倡议。全文见https：//www.sohu.com/a/463154623_771885。

第四编 从山水校园到园林宾馆

“山上清风湖畔月，同窗旧梦故人情。”

今天，当人们漫步后湾山的太湖饭店及梅园、荣宅时，几乎无人知晓，七十多年前，这里曾诞生过一所江南大学……

高等教育是国家现代化的动力源泉。不论是现代化过程中人的发展，还是制度创新和科技创新，其智力资源和思想支撑，都来自大学。大学已成为社会的中心结构，大学教育之优劣足以影响乃至决定一个社会的文化与经济的盛衰。

在知识经济时代，城市与大学形成了前所未有的共生系统，大学因城市而兴，城市因大学而盛。大学为城市的发展提供人才、智力、理论支撑，也涵养着城市的文化气质。大学就是一座城市文化品位的亮丽名片。

私立无锡国专与私立江南大学曾是中国高等教育两块金光闪闪的牌子，遗憾的是它们在时代巨变中被注销了“营业执照”。一个世纪中，无锡高校发展曲折而艰辛。如何才能让这座城市拥有更多优质大学，补齐这个城市的短板，路在何方，依旧无解。

1919年“五四”狂飙突进时，无锡也失去了平静，5月9日城区各校停课，师生纷纷上街游行，沿途呼喊“取消密约”“头可断，青岛不可失”等口号，并在各街巷张贴标语。11日，各界代表及民众5000多人，在西门外公共体育场（今五爱小学所在地）召开国民大会，无锡政界、工商界、教育界22位著名人士登台演讲，听者为之动容。6月6日，省立第三师范学校（即无锡师范）学生首先罢课，并发表宣言，呼吁各校联合行动。8日，辅仁中学、县立女中、竞志女校等校相继响应联合罢课。

此时锡城街头运动难觅大学生的身影，因为这个城市还没有一所大学，而其周边城市上海、南京、苏州，五四学潮唱主角的都是血气方刚的大学生。

一、高等教育零的突破

无锡第一所高校是1920年诞生的无锡国学专科学校，初名无锡国学专修馆，在新文化踏歌前行时，国学已从中心趋于边缘。

当年的国专与它所在城市一样，都籍籍无名，没什么存在感。校长唐文治与一帮古典文史爱好者在孔庙旁皓首穷经，收获的多是冷嘲热讽。

1928年9月，无锡有了第二所大学——江苏省立教育学院，它以培养乡村民众教育人才为主旨。院长高阳通过个人关系，以3.2万元购买了位于通惠路社桥的东吴大学实业学校基地。该地块102亩，重要建筑有楼房三座，平屋两座及自流井等。交涉手续完备后，添建礼堂及宿舍。

锡城这两所高校有许多共同点，如定位都不“时尚”、规模“袖珍”、招不到优秀生源、本地好学生都瞧不上知名度不高的本地高校。

1947年统计，江苏省立教育学院，教职员68人，学生男227，女114，共计441人，设社会教育学系、农事教育学系、电化教育专科、劳作师资专修课。

私立无锡国学专科学校，教职员20人，学生男176，女16，共计192人，设三年制国学专修科、五年制国学专修科、二年制文书专修科。

锡城这两所高校也有许多不同点，在经费上，省立教育学院有“铁饭碗”，旱涝保收；而私立无锡国专靠民间赞助。自施肇曾投入第一笔经费（开办费8 000元，常年经费每年10 000元）起，无锡国专主要依靠地方士绅捐赠，经济形势时好时坏，国专的经费也随之有喜有忧。好在东方不亮西方亮，无锡国专总能柳暗花明。

在培养定位上，国专是面向高校与中学的古代文史人才，教育学院则是面向基层的民众教育人才。当时中国不管城市还是乡村都有大量文盲，民众教育是识字教育，是成年补习教育，是补充教育，是成人教育，是平民教育，大众化教育，是救国教育，是社会化生活化的教育，是乡村建设，是通俗教育、社会教育，是全民教育。

在师资队伍上，国专从校长到老师，多是喜欢传统文化精于旧学的“土鳖”，而教育学院除副课外，老师多是在美国、日本喝过洋墨水的“海龟”，那时出国留学还极不易。

江苏省立教育学院教师信息简表

姓名	籍贯	年龄(岁)	教育背景	职务	到院时间(年)
高阳	无锡	41	东吴大学文学士、美国康奈尔大学文科硕士	院长	1928
吴福桢	五通	34	东南大学农学士、美国伊利诺州大学科学硕士	农事教育系及专修科主任农事试验场主任，副教授	1932
韦焕章	无锡	28	沪江大学文学士	注册股主任兼课务股主任	1930
陈礼江	江西九江	36	美国帝堡大学文学士、芝加哥大学硕士	心理学教授	1931
雷沛洪	广西		美国欧柏林大学文学士、哈佛大学文科硕士	民众教育概论教授	1930
俞庆棠	太仓	35	美国哥伦比亚大学师范学院硕士	教育学教授	1931
王倘	江西	32	东南大学教育学士、美国斯坦福大学教育硕士	乡村教育副教授	1932
唐庆诒	太仓	35	美国皮洛欧大学学士、哥伦比亚大学硕士	英文副教授	1932
赵冕	浙江嘉兴	29	东南大学教育学士	教育史副教授	1931
王顺成	太仓	52	日本东京帝国大学农学士	农业经济学、社会学副教授	1928
顾复	无锡	38	日本东京帝国大学农学士	稻作学副教授	1928
甘豫源	上海	30	东南大学教育学学士	教育学讲师	1928
芮宝公	江都	29	复旦大学工商管理系毕业	调查统计教员	1928
唐志才	武进	41	日本东京帝国大学农学士	气候学土壤学讲师	1930

续表

姓名	籍贯	年龄(岁)	教育背景	职务	到院时间(年)
姜尚愚	武进	41	东吴大学理学士	国文及伦理学讲师	1930
王懋升	南通	38	东南大学农学士	棉作学讲师	1930
薛明剑	无锡	38	自学成才者	民众工艺讲师	1930
孙祖宏	无锡	30	东吴大学法学士	法学通论讲师	1931
刘平江	铜山	42		演说学教员	1931
邱有珍	淮安	29	中央党务学校毕业	党义讲师	1929
陈寿同	江阴	26	中央大学法学士	政治学经济学讲师	1929
王赓	丹阳	30	东南大学体育科毕业	卫生学体育场管理学讲师	1929
韩觉剑	浙江萧山	30	上海美术专门学校高等师范科毕业	音乐讲师	1928
薛万鹏	无锡	29	厦门大学理学士	生物学讲师	1930
林宗礼	丹阳	24	江苏省立劳农学院毕业	编辑员	1931
孟宪承	武进		圣约翰大学本科，华盛顿大学教育学硕士	教务部兼研究部主任	
钱俊瑞	无锡			黄巷民众教育实验区干事	
江恒源	无锡			讲师	

资料来源：江苏省立教育学院总务部文书股，《江苏省立教育学院一览》(1932年印)

在生源上，国专多招收数理化跛腿而长于文史的偏科学生，因录取比例低，竞争激烈；教育学院“分别在各县招生，总额一百四十八名，按照教育经费多寡，确定每县保送名额。考生由县教育局局长出具推荐保送书，参加江苏省立教育学院的统一考试。按成绩分为县额生及公额生两类，县额生仅缴膳宿杂费共61元，各项费用均由本县教育局负责。每学期入学返校舟车费用亦由教育局支给。毕业后回本县服务。公额生一切费用自理，学费每学期12元”。教育学院虽有学费减免有工作安排，但面向基层，面向江苏地方，优质生源严重缺乏。作为一所私立学校，1927年无锡国专纳入“体制”，学生“不仅没有膏火费，还要交纳各种费用”。在《无锡国学专修学校学则》中规定：“每学期学费四十元、膳费十元、讲义费二元、图书费二元、杂志费一元、运动费二元、医药费二元、建筑费五元、仆役费一元、书籍费约十元、制服徽章费约十二元（以上两项多还少补），新生及插班生加缴损失保证费五元（毕业时查无损失退还）。”①

在校友影响上，教育学院毕业生多在基层，多在乡村，未出现知名校友；而三十年间，曾在无锡国专就读的校友约一千七八百人，其中不乏文史研究方面的杰出人才，如早期学生王蘧常、唐兰、吴其昌、蒋天枢、钱仲联、魏建猷，后期学生马茂元、周振甫、冯其庸、汤志钧、朱星、王绍曾等。“大凡我国的文科大学或者是综合性大学文史哲专业科系中，基本上都有无锡国专的毕业生，而且多是某一学术领域的权威、专家。在培养国学人才这点上，国专可以和任何一所专科以上大学的文史哲系相媲美。”②由是无锡国专虽早已不存，可其知名度仍颇高，而省立教育学院因缺少杰出校友则知者寥寥。

北京大学中文系陈平原教授对无锡国专的办学成绩评价极高，认为它是传统书院现代转型的成功典范，并认为国专成功的背后有“无锡”元素。“一地学风与一地民风相勾连，无锡国专之得以成功，与当地士绅的财政支持，以及民间的文化需求大有关系。有意讲学的‘当世大儒’，非只唐文治一家；借私人讲学弘扬国粹的，也非只无锡国专一处。但只有无锡国专能够获得足够的本地生源，以及相对充裕的办学经费。”③

二、在炮声中诞生的第一所大学

“高等教育”是指在中等教育基础上实施的专门教育，实施高等教育的机构被称为高等教育机构，包含大学、专科学校、职业教育学院、继续教育学院等多种类型。其中，大学是指实施高等教育的机构中那些综合性、多学科的、正规的高等学校，主要实施本科及本科以上层次的全日制高等教育④。

国民政府规定，一所高校有三个学院⑤才能为大学，无锡国专、省立教育学院严格说来都称不上大学，锡城第一所大学为荣德生所创建的私立江南大学，它是继中央大学、金陵大学、东吴大学之后的江苏省第四所综合性大学。

学者陈远曾讲，燕京大学诞生于伟大的时代——1919 年，可私立江南大学可谓生不逢时，它于 1947 年秋开张，此时国共内战正酣，在打败国民党对山东与陕北重点进攻后，共产党化被动为主动，从防守转向进攻，刘伯承邓小平部队千里跃进大别山。

民国时期私立大学的经费来源有多种模式，其一是教会学校，经费多来自国外；其二是以学养学。以学费为主要经费来源，如大夏大学、光华大学、复旦大学、广东国民大学、朝阳学院等属此类型。1931 年上述学校学费收入占全校总收入比例分别为 52%、77.2%、83.3%、71%、82%。抗战期间，国土沦陷使许多学生无力承担学费，国民政府对部分私立大学给予经费赞助，1939 年补助私立光华大学 4 万元，次年 4.5 万元；复旦大学 13.8 万元，次年 12. 6 万元；大夏大学 9.2 万元，次年 8.4 万元。⑥ 其三是以产养学。以企业捐助款、租息为主要经费来源，如厦门大学、南通学院（前身为南通大学）。据统计，1931 年厦门大学的企业捐助款、租息占全校总收入 68.23%；南通学院的企业捐助款、租息占全校总收入 88%。⑦以产养学需要企业实力雄厚并长盛不衰。可随着陈嘉庚与张謇事业的挫折，两校都面临不小挑战，厦门大学最后不得不改为国立，南通学院虽没有关闭，但发展比较缓慢。

荣氏之所以敢独资创办一所私立大学，是因为经过 40 多年发展，荣氏集团从一艘“小木舢”发展成为一个“企业舰队”，在面粉与纺织行业荣家都成为全国的龙头，纺织行业就拥有申新一厂到九厂，这些工厂分布在上海、无锡、武汉等城市。

私立江南大学第一批开办费 30 亿元是按申新各厂的产量与利润进行合理分配的。具体情况见下表：

江南大学经费分配表（单位：万元）

厂名	总认款	已付	应找
申新一厂	34500	23000	11500
申新二厂、五厂	67000	44600	22400
申新三厂	34500	23000	11500
申新六厂	45000	20000	15000
申新七厂	24600	16400	8200
申新九厂	94400	6300	3140
总计	300000	200000	100000

（上海市档案馆：《申新各厂分摊中国纺织染工程学校公益工商研究所及江南大学等经费的函件》，1948 年，Q193-1-492，第 43 页）

① 《私立无锡国学专修学校学则》，见《私立无锡国学专修学校十五周年纪念册》，无锡国学专修学校学生自治会编，1936年，第21页。
② 吴湉南著：《无锡国专与现代国学教育》，安徽教育出版社社，2010年，第229页。
③ 陈平原：《传统书院的现代转型——以无锡国专为中心》，《学术中国》，2001年第1期。
④ 张澜等：《“高等教育”和“大学”概念的界定与分析》，《辽宁高等教育研究》，1995年第4期。
⑤ 注，这里的学院不同现在的提法，而是指以文、理、工、农、医、商、法等学科门类而划分的。
⑥ 韩戍：《战时私立大学与国民政府教育部》，《民国研究》，2016年第2期。
⑦ 宋秋蓉：《20世纪上半叶中国私立大学产生与发展的历史轨迹》，《高等教育研究》，2006年11月第27卷 第11期。

江南大学开办费 200 亿元 (约相当于当时 100 万美元), 招生后的运转需要日常费与设备费, 这些费用也是申新几个工厂共同负担。

荣氏家族独资办大学, 不仅与当时荣氏企业的实力有关, 也与当时大学规模小而精有关。

民国时期, 中国大学数量较少, 规模也不大。如私立沪江大学 1946 年第一学期教职员数总计 67 人 (专任 48 人兼任 19 人), 其中教授 17 人 (专任 10 兼任 7), 副教授 14 人 (专任 11 兼任 3), 讲师 22 人 (专任 13 兼任 9), 助教 12 人, 教员 2, 职员 7, 设文、理、商 3 个学院, 13 个系。私立大同大学 1946 年第一学期教职员数总计 105 人 (专任 72 兼任 33), 其中教授 69 人 (专任 44 兼任 25), 副教授 11 人 (专任 8 兼任 3), 讲师 17 人 (专任 12 兼任 5), 助教 8 人, 职员 10 人, 设文、理、商、工四个学院, 13 个系。[①] 国立大学教师超过四位数的, 全国也是极少数。

一方面是经济发展需要更多专业人才, 另一方面则是当时高校因数量与规模限制, 输出人才远远满足不了需要。荣德生创办江南大学, 不仅考虑了必要性, 也考虑了可行性。时荣家战后事业发展很快, 完全有能力办好一所私立大学。

私立江南大学除独资外, 另一特点则是创建伊始便创办理工学院。学校有 3 院 9 系, 文学院设中文、外语、史地、经济学系; 农学院设农艺、农产制造学系; 理工学院设数理学系、机电工程、化学工程三系。

因工学院需要实验室与大量耗资, 一般私立大学承担不起, 除财源滚滚的教会大学与有财政支持的国立大学外, 多不办工学院。国立大学中设立法学院、工学院、农学院的比例分别为 71.1%、71%、58.1%; 而私立大学同类比例则只有 27.3%、13.6%、31.8%。[②] 私立大同大学虽有工学院, 也是在学校积累 20 多年后才开始增办。1947 年诞生的 3 所私立大学, 海南大学与珠海大学都未设工学院, 而江南大学创办伊始便有机电工程与化学工程专业, 这在私立大学历史上应是"异数" (严格讲, 教会大学不算私立大学)。为何私立江南大学创校伊始, 便办工科, 除了荣家"财大气粗"外, 也与荣家发展实业, 对工科人才极度渴望有关。

如果说, 荣德生先生有"自利"之心, 对工科有所偏爱, 那么他对文科的重视则让后人对他的大格局大胸怀刮目相看。

新建的江南大学 9 个系中, 文科占了 4 个: 中文、史地、外语、经济, 除此他还设立了高规格的江南研究院。"本院先设下列四个研究所 [现 (1) 与 (4) 两研究所工作已开始, 余两在筹备中)](1)哲学研究所,(2)数学与理论物理研究所,(3)中国文艺研究所,(4)西洋文学研究所。"[③]

江南研究院由无锡人许思园(1907~1971)负责,许思园的祖父是近代外交官许珏,姑祖父是近代著名数学家华蘅芳。16岁时,许思园考入上海大同大学,同学中有施蛰存、傅雷等人。施蛰存后来回忆说,思园"读书甚博,过目不忘,又能冥想深思,在大学时已有哲学家风度"。大学毕业后,年方十九的许思园任教南京中央大学哲学系。20岁时便写成英文著作《人性与人之使命》,此书问世后,得到了许多中外学林硕彦的高度称赏,印度大诗人泰戈尔评价说:"作者文字有深湛之智慧,足以启示多数读者明了人生之真谛"。从1933年起,许思园欧美游学十二年,其间获得巴黎大学博士学位。他来到私立江南大学,任哲学所所长并负责江南研究院工作,1949年私立江南大学中文史地专业停招后,他转山东大学历史系。1957年他被划为"右派",1964年教学任务被停止后,他经常为企业翻译些工程、机械方面的外文资料,1974年病逝于曲阜。[④] 许思园学贯中西兼通文理,是不可多得的奇才,可惜命运多蹇。

40岁的许思园交游广泛,他为江南研究院挖来了不少牛气冲天的名角,这份支薪名单中便可见证。

江南研究院职员名单(凡本院职员不在本院支薪者不列入此名单)[⑤]

职别	姓名	学历	经历	著述	款额(元)
代理院务	许思园	法国巴黎大学博士	国立北平研究院名誉通信员,曾任国立中央大学教授	哲学	188
研究员	朱光潜	法国司脱拉斯堡大学博士	国立北京大学外文系主任,代理文学院院长,曾任武汉大学教授	哲学	40
	吴宓	哈佛大学硕士	国立武汉大学外文系主任,曾任清华大学外文系主任,清华大学研究部主任。	文学	40

① 中国第二历史档案馆,全宗号五,案卷号2270。
② 胡建华:《现代中国大学制度的原点:50年代初期的大学改革》,南京师范大学出版社,2001年,第36页。
③ 无锡市第一棉纺织厂:《江南大学公益中学关于校舍分配、家具购置、经费开支的文件及第一次校董事会议记录》,1947年,永久卷,目录号。
④ 许思园:《中西文化回眸》,华东师范大学出版社,1997年,第176页。
⑤ 在北大,待遇最高的教授,其底薪也不过630元。依照改革币制后的公教人员待遇调整办法,630元底薪者只能拿到125个金圆,外加研究费20金圆,兼课约40金圆(兼课每人最多不过四小时,而且有许多教授并不一定有课兼),合计不过185金圆。

续表

职别	姓名	学历	经历	著述	款额(元)
	宗白华	德国柏林大学毕业	国立中央大学教授，曾任中央大学哲学系主任	文学	40
	施蛰存		国立暨南大学教授	文艺	40
	贺麟	哈佛大学博士	国立北京大学教授，代理哲学系主任，兼北京大学训导长，曾任清华大学教授	哲学	40
	钱学熙		国立北京大学外国文学研究部导师，曾任光华大学、北京大学等校副教授	西洋	40
	罗大冈	巴黎大学博士	国立南开大学教授	文学	40
	卞之琳	北京大学文学士、英国牛津大学	国立南开大学教授	文学	40
	熊十力		国立北京大学教授	哲学	40
	景昌极	南京高等师范毕业	国立安徽大学教授，曾任中央大学、浙江大学、武汉大学教授	哲学	40
书记	盛能力				40
勤工	杨炳银				25
勤工	唐宇文				25
杂费					100

(无锡市第一棉纺织厂档案：《江南大学教师名单、薪津指数计算标准、聘书等文件》，永久卷，目录号7，序号1.)

三、打造一流山水校园

为使私立江南大学能引人注目，荣德生在学校硬件与软件上都花了不少心思。

硬件之一是校园选址。与鼋头渚隔湖相望的后湾山，依山傍水，风光旖旎，成了江南大学新校园所在地。正是这山水形胜的优美校园为众多教授选择江南大学加持。钱穆先生曾在燕京大学、北京大学、云南大学、昆明西南联大、成都华西大学、四川大学等地任教，1947 年他任江南大学文学院院长：

“余之院长办公室在楼上，窗外远眺，太湖即在目前。下午无事，常一人至湖边村里，雇一小船荡漾湖中。每一小时花钱七毛，任其所至，经两三小时始返。……其时汤锡予（注，指汤用彤）赴美国哈佛讲学归，特来访。告余，倘返北平，恐时事不稳，未可定居。中央研究院已迁至南京，有意招之，锡予不欲往。彼居江南大学数日，畅游太湖、鼋头渚、梅园诸胜，其意似颇欲转来任教。”①

哈佛三杰之一汤用彤欲加盟新生的江南大学，部分因素也是看中了这绝佳的校园美景。

江南大学校园(1948)

刘家和是私立江南大学第一届新生，晚年他回忆大学时光时写道：

新校址三面环湖，风景非常优美。推开我宿舍的窗户，太湖湖光山色就可以展现眼前。早晨起床，从宿舍前往湖边的饭厅，湖面笼罩着一片白茫茫的雾气。虽然看不清湖面，但是可以清晰地听得到湖面上咿咿呀呀的渔船摇橹声。吃完饭去图书馆看书，不一会儿，雾气就慢慢散开了，有的一丝一缕地从图书馆窗前升起，煞是好看。傍晚的时候，还可以观赏到太湖日落。现在的人恐怕很难想象当时的优美情境。

校园选址解决后，如何达到建筑与山水的和谐，荣家请来了国内顶尖的建筑师赵深。

赵深 1898 年出生在元锡一个普通的教师家庭，父亲去世早，家境窘迫，家中开销曾一度需要父亲的世交资助。赵深 1911 年考入清华学堂学习 8 年。1921 年赴美后进入宾夕法尼亚大学建筑专业，别人需要四五年时间才能完成建筑专业的学习，他却只花了两年半。宾夕法尼亚大学是中国“第一代建筑师”的大本营，朱彬、范文照、赵深、杨廷宝、陈植、梁思成、林徽因、童寯等都曾负笈于此。

1927 年赵深回国后，先与范文照合开建筑事务所，这个事务所曾经设计建造了南京大

① 钱穆:《八十忆双亲 师友杂忆》，生活•读书•新知三联书店，1999年，第260页。

无锡后湾山江南大学全景(华盖建筑师事务所设计, 1947.8)

赵深、孙熙明夫妇

江南大学主楼(1948)

戏院（今上海音乐厅）、美琪大剧院等一系列公共建筑，大受好评。1931年，赵深单飞，在上海滩成立赵深建筑师事务所，承接到原上海大沪旅馆项目。后陈植、童寯加盟，更名为上海华盖建筑事务所，这建筑界“三大巨头”合作设计了近百座建筑，著名的有南京的外交部大楼、首都饭店、中山纪念馆、铁道部大楼等。1952 年赵深担任华东建筑设计公司总工程师，1953 ～ 1955 年任建工部中央设计院总工程师，1956 年回华东建筑设计院任副院长兼总建筑师。

赵深与荣德生长子荣伟仁是连襟，他们分别娶了孙荫午的二女与三女。自然荣家的许多建筑如申新三厂、茂新面粉厂（现仍存，为无锡民族工商业博物馆）与私立江南大学都是由这位颇负盛名的建筑师操刀。

1947 年 9 月 17 日，后湾山新校舍由上海陆根记营造厂承建开工。第一期工程包括教学大楼、男生宿舍、饭厅等，工程价为当时货币法币 65 亿元。第二期工程包括女生宿舍、机械、电机实习工场等，造价约为法币 10 亿元。

陆根记营造厂是当时建筑界大牌，作品有上海百乐门、南京国民大会堂、国立美术陈列馆及励志社大礼堂、昆明大戏院。

正是这种精品意识，荣氏在校园硬件建设中既找到了好的“食材”（校园位置），又请到了好的“大厨”（一流设计师与建筑公司）。荣德生的目标是超过之江大学。而今坐落在钱塘江畔这所曾经的教会大学校园一揽子成为全国重点文物保护单位，引游人驻足联想，而老的江南大学校园却因造化弄人，面目全非，成为面向高端消费人群的五星级宾馆。

四、名师扎堆

平地起高楼的私立江南大学，创建伊始就聘请了一批名师，有专任教授，有兼任教授。1947 年考入史地系的刘家和，半个世纪后还清晰记得当年的授课老师：

两年中所修的一般必修课有：大一国文，授课老师为唐至中先生。大一英文，其中又细分为：英文课文 (3 学分)，授课老师为沈制平先生；英文文法 (2 学分)，老师为姚志英先生（用英语讲）；英文作文 (2 学分)，老师为姚志英先生（一周作文、一周讲评，如此轮转）。因文科学生必须选修一门理科课程，我选了微积分，老师孙湘先生，用英汉双语讲。以上是基础必修课，其中使我最感受益的是唐先生讲的国文和姚先生讲的英文法。

我所修史地专业必修课有：中国通史，老师为钱穆先生。西洋通史，老师为谢兆熊先生。中国近代史，老师为郭量宇（廷以）先生。西洋近代史，老师还是谢先生。商周史，老师是束天民（世澄）先生。秦汉史，老师为钱穆先生。地理学概论，老师为王文元先生。在

江南大学学生出游

专业必修课中，使我受益最大且深的是钱先生的两门课，其次是束先生的商周史。

文科学生一般必选课有，哲学概论，老师为唐君毅先生（我还选修了唐先生开的伦理学）。理则学（即逻辑学），老师为牟宗三先生。这两位老师的课都唤醒了我对哲学与逻辑终身学习的兴趣。

文科学生一般选修课很多，我选修了文字学，老师为冯振先生（其实此课是系统地讲《说文解字》，从序讲到部首，再按分部逐个讲字），这门课也激起我一生对文字、音韵、训诂的兴趣。此外，我还选修了钱清廉先生开的政治学，主要参考书是加纳的《政治科学与政府》，胡立猷先生开的经济学（讲课大纲用英文，讲课用中文），主要参考书为马歇尔的《经济学》；以上两种参考书都是西方最常用的教本，所以原文、中译本均有。我选这两门课，主要是为了初步了解西方政治经济体制，以便更好地理解西方历史。

我还选修了先后由冯振先生和诸祖耿先生讲授的中国文学史，学了这门课就更加感到中国文、史两学之间的深层关系。此外还旁听过中文系李笠先生和朱东润先生所讲的修辞赏析与文论的课，上课时尽情享受，期终又无考试负担，何乐不为？因为选修的课程量大面广，我不可能追求门门高分。我所热切追求的是：求知欲的尽可能地满足，同时学术境界的尽量拓开，这是治学方法的精进之道。①

钱穆、唐君毅、牟宗三、郭廷以早已辞世，可他们的著作依旧畅销不衰；冯振、王庸、朱东润、诸祖耿、谢兆熊、钱清廉、胡立猷、李笠等老前辈，还不时为当今学界所提及。刘家和在私立江南大学所遇到的老师阵容何等“豪华”。当然这些大神不少是兼职教授，如郭廷以、冯振、李笠等，地处沪宁中间的江南大学，因交通便利酬金较高，吸引了一批名师来“走穴”。

1928年出生的刘家和，以后任教于北京师范大学历史系，成为世界中古史研究的权威，耄耋之年仍在发表学术论文、出版学术专著，其学术生命周期之长，学术生命力之旺盛让人叹为观止。

这些老师都是在我茅塞要开未开之际，适逢其会地给了我一生受用的影响。虽然他们只教了我一二年，可是我从他们那里得到的，则是我对这些学科终生学习的浓烈愿望。所以他们给予我的影响几乎是终生难忘的。我很幸运，我在一个适逢其会的阶段遇到了他们。当时我的求知欲极为旺盛，就像一株刚要从泥土里向外冒出头来的幼芽，恰好遇上了他们所施与的智慧的阳光雨露。如果早一点遇到他们，那么我对他们的施予会一切茫然无知，接受不了；如果再晚一点遇到他们，那也许我习惯已成，他们的施予也许就改变不了我已成的积习，同样归于无效。②

荣氏用重金招聘贤才，各色人等通过各种关系打招呼写条子，有借助董事长吴稚晖；有借助学校实际掌舵者荣一心（荣德生三子）与荣毅仁；有借助校长章渊若；有借助话语权极大的乐幻智；有借助各院院长……可以说没有“关系”是进不了私立江南大学的，但奇怪的是，老师队伍中少见低水平者，多见的是各领域的翘楚，因为这些“关系”要承担连带责任。

刚刚兴办的私立江南大学之所以招到许多名教授，除了学校的硬件、丰厚的工资有吸引力外，也与当时进退自由的人才流动制度有关，清华大学刘超博士对此有精辟的论述：

大师乃大学之本，名师乃名校之源。进一步的研究表明，民国大学的崛起与其师资的流动紧密相关，大批名教授，尤其是曾留洋的少壮派教授的去留直接影响着民国大学的沉浮。抗战前中国高校规模非常有限，以1934年为例，教员7205人（教授2801人），有留学

① 刘家和：《春风化雨忆江南》，江南大学校友会1947-1952老校友分会编：《老校友回忆录》（内刊），2017年，第73页。
② 邹兆辰：《在中外历史文化长河中徜徉——访刘家和教授》，《史学月刊》，2007年第2期。

经历者 3856 人。相对于全国百余所高校，尤其是十余所名校来说，这一数量绝不算多，但为何这么多大学可以先后在短期内崛起呢？这乃与其师资的流动密切相关。如果说学生的转学制度对大学的发展具有重要意义的话，那么教师流动制度则更与其休戚相关。这一流动之所以能够长期存在而且发挥显著效应，与当时的社会制度密不可分。其中，尤其重要的是其宽松的民政制度。因无户口制度、单位制度，人才的流动便极为自由，成本亦低，这就使得整个知识界既有相对稳定的师资团队又有流动的名流群体，既有秩序又有活力，这也使学人之个体和群体均长期处于最佳状态。因此，于教师而言，一俟环境不佳即可尽速离开，来到新的较满意的环境中，借此可确保自己长期在较优良的环境中治学、教研（如吴宓、顾颉刚等在 20 余年间曾先后任教 10 余所大学）；于学生而言，各校学子亦可师从多位名师，博采众长；知识界遂因此永葆活力，这无疑是“三赢”之举。①

五、水土不服的华东艺专

1952 年，苏南文化教育学院与东吴大学合并为苏南师范学院，在东吴大学原址办学，私立江南大学撤销后部分专业也并入苏南师范学院。至此，无锡本土三所高校彻底消失，这对无锡高等教育的发展来说，是一次严重打击。

为何无锡不保留一所高校？为何苏南师范学院不能设在无锡？当时无锡是苏南行政公署所在地，比常州、苏州都有着更高的政治地位，应当有机会争取更多高教资源，何况当时中央政府负责教育的是无锡人陆定一、钱俊瑞。

1952 年 8 月，华东军政委员会文化部决定，合并上海美术专科学校、苏州美术专科学校和山东大学艺术系为华东艺术专科学校。虽然上海美专与苏州国专办学时间长、师资力量强，但合并后仍以山大艺术系为建校骨干，这种合并带有以解放区高校改造国统区高校，以公立高校改造私立高校的倾向。

学校选址有上海、苏州、无锡三方案，进行比较还是认为原私立江南大学校园办学条件最好，“坐落在太湖之滨后湾山上，三面环湖，风景优美，是办艺术院校的理想之地”。江南大学课桌、后勤人员都划给华东艺专。

1952 年 10 月中旬，在北京召开的太平洋和平大会的代表几十人来无锡参观，苏南行署为接待这批外国朋友，招待场所一时难以解决，拟将江南大学校舍改造为宾馆以应急需，此事已报华东局，待批。在未定新址前，要求华东艺专先去苏南区党委党校（原无锡华新丝厂旧址）。

王秉舟参与当时学校的筹建工作，他回忆说：

9月29日晨，（从青岛南下的）山大艺术系师生到锡，随车物资直运江南大学暂存。我即去苏南行署文教处同赴江南大学商校产接受事宜。江南大学校区，因暑期失修，路边杂草丛生，略显荒芜，办公室内也显得有些零乱。接待我们的总务主任，第一句话便是："江南大学就此休矣！"流露出学校的教工们失落伤感的情绪。物资移交的洽谈是顺利的，很快就交接时间及步骤达成一致。我随即返回苏南党校，将在锡师生分别编组，全力投入接收工作。9月30日晨，同学们乘船赶赴江南大学，随即开始清点移交工作。江南大学留守人员给予积极的支持配合，接交工作非常顺利。

10月8日，在锡师生游览太湖风光，参观江南大学校舍，中午在江大食堂就餐，晚9时返苏南党校。10月14日，苏州美专师生乘车来锡，17日上海美专师生到锡，共有学生500人。11月4日宣布，刘海粟任华东艺专校长，其主要从事艺术创作，不参加学校的具体事务，这位挂名的校长很知趣，极少来无锡。副校长臧云远主持校务，臧是一位革命诗人。苏州美专的石膏像经过细心捆扎、包装后，雇了几只木船，从沧浪亭校门前河道出发，运到小箕山江南大学。

11月23日华东局文化部紧急通知，华东艺专迁无锡社桥头原苏南文教学院旧址办学。26日完成搬迁任务。

苏南文教学院旧址原为江苏省立教育学院校园，与私立江南大学校园相比，有天壤之别。面对校址的延宕与变化，华东艺专师生当然很失落，有被耍的感觉。

私立江南大学校园由"教育用地"改为"商业用地"太湖饭店，是哪些力量决定的，史无记载。从此，当年钱穆、唐君毅、郭廷以等授课的教室改造成了达官贵人方能出入的场所，作为无锡最好的宾馆，这里除接待毛泽东邓小平等党和国家领导人外，还接待过几十个国家的元首。直到上世纪90年代开启的市场经济，这家五星级宾馆才对有经济实力者开放。

到1956年，华东艺专教职员工计有197人，其中教授16人，副教授8人，讲师22人，助教59人，教员3人，教辅人员4人，职员46人，工友39人。设绘画与音乐两个专业，生源为初中生，在校学习5年后拿专科文凭。来锡后，因招生停止，学生只出不进，越来越少，

① 刘超：《中国大学的去向——基于民国大学史的观察》，《开放时代》，2009年第1期。

无奈之下才在1957年招了70名音乐系学生。[①]

这所在无锡存在感不强的学校，在1956年又面临迁移西安支援大西北的命运，虽反对者不少，还是要执行，适逢1957年整风运动，鼓励鸣放。

学校民盟支部率先在无锡市各民主党派鸣放会上提出：华东艺专不能西迁。当时，大家顾虑较少，畅所欲言。从讨论中，不难看出，虽然学校领导对学校西迁做了不少动员工作，但大家仍心存疑虑，主要是：

1. 自从1952年院系调整至今已有五年，但作为直属领导的前华东文化部和中央文化部，一直高高在上，没有来关心过学校的现状。

2. 在并校的最初调整方案上规定校名为“上海艺术专科学校”，校址在上海。但原已有相当条件的校舍，并未得到利用和扩建，华东文化部却拟定两年内在漕河泾新建一个“文化城”，因为这一脱离实际的方案无法实现，于是校名又改成“华东艺术专科学校”，迁往无锡江南大学旧址。可是，当三个地方的师生员工及其家属七八百人到了无锡，才发现原“江南大学”校舍却早已是外宾招待所，连校长都被拒绝入内参观。大家不得已，临时找几处地方狼狈安置。到11月，才得到前文教学院的校址住下来。

3. 前华东文化部的负责人曾告诉刘海粟校长并当众宣布，艺专两年内一定搬回上海，但五年都没下文。

4. 学校在1954年归中央文化部直接领导后，要被改为工艺美术学院；而刊在中央出版的1955年《高等学校升学指导》上，却又改名为“华东艺术师范专科学校”；但到了1955年底，又突然决定学校迁往西安，和西北艺专合并，分音专、美专。如此朝令夕改，使大家对政策已经不太信任。

5. 从华东艺专合并到现在，一共只招收了70名音乐系学生，美术系则一个名额都没有，而实际上美术系拥有当时全国最多最好的石膏模型等设备，教师数量和质量也优于其他院校，但文化部不加重视，其他学校都可以招生，却对学校的招生要求一概不理，令大家痛心。

6. 文化部对迁校问题不顾实际困难的“边搬边建”，让老师们感到领导主观意志的危害，对反对者“人事冻结”和“到处关门”的意见更让老师们反感。

7. 原定暑假以前完成的西安音乐学院建筑，于3月12日停工；原定下学期开始基建的

① 刘伟冬主编：《艺术学研究》山东大学艺术系、华东艺专研究专辑，南京大学出版社，2012年，第416页。

华东艺专部分同学毕业前夕合影(1956)

西安美术学院，已经把圈好的500亩地还给了农民，大家对未来校舍的美丽幻想成了泡影。

8. 上级对物品的包装搬迁考虑周到，石膏像不要损坏一个指头，但对教师员工却草率决定马上就搬，大家感到人不如物。

9. 根据西安实际情况，教师调去后家属不可能得到妥善安排，严重影响了大家的积极性。

因此，就全校范围来说，主张西迁的只是少数。美术系教师大部分持反对意见；原上海美专教师，则极力主张把学校迁回上海。总之，学校绝大多数教师明确表示：不愿西迁，至于在什么地方办学，苏州、南京、无锡等，则各抒已见。

鉴于教师中反映出不愿迁校的强烈情绪，江苏省委也想留住学校，于是便向国务院写了报告，要求将学校留在江苏。8月，国务院批复，同意江苏省委意见，决定“学校停止西迁，留江苏继续办学，属江苏省委直接领导”。这一决定，得到广大教职员工热烈欢迎。学校开始做升格准备。然而，事情并未了结。[①]

整风运动变成反右运动，由反官僚主义变成抓反党分子。1958年7月，江苏省委派遣团省委第二书记刘平带工作组进校领导“反右”，工作组将“迁校”讨论中一些本属正常的不同意见，无限上纲为“向党进攻”“反党反社会主义”，以“阴谋夺权”“妄图恢复刘家店”“宗派主义”等罪名，使党内外十名同志蒙受冤屈，被划为“右派”；不少同志遭到残酷斗争，受到党纪处分。校长、副校长、教务主任则统统被戴上“右派”帽子、撤销职务。校刊《华东艺专》第四期文章标题火药味很浓：《刘海粟是美术界的毒草》《粉碎刘海粟对党的艺术事业的进攻》《反右斗争获得全胜——反出刘海粟、温肇桐、汪树荣、高孟焕、牟英等五个右派分子》。

1958年1月14日，江苏省委决定：华东艺专迁校南京，校址设在丁家桥。“为什么要迁南京？从我校目前情况看，如留在无锡，困难较多，到南京后，将来如与有关院校的艺术系合并调整，届时人力物力集中对全省和全国艺术教育事业来说都有利，会把学校办得更好。到南京后，对于业务上的交流经验和互相观摩也较无锡有利，南京原有十一所高等院校，在教学上互相观摩学习也有好处。在南京靠近省级领导，在上级直接领导和帮助下，对我们无论在思想上业务上都有利。”[②]

南京艺术学院在回顾学校发展史时，为当年从无锡迁到南京这次战略转移而自豪，认为这是校史上里程碑式的事件。对于这所高校的离去，无锡当政者一点痛感都没有。

六、大跃进送给无锡的“礼物”

到1957年止，江苏省共有高等学校15所，即南京大学、南京工学院、华东水利学院、南京航空学院、南京农学院、苏北农学院、南京林学院、南京医学院、苏州医学院、南京药学院、江苏师范学院、南京师范学院、扬州师范专科学校、江苏师范专科学校、南京艺术专科学校。其中10所在南京，扬州、苏州各2所，无锡1所，这就是1957年在无锡中学师资训练班基础上建立的江苏师范专科学校。这所学校 1958 年迁徐州，与徐州师专合并，建立徐州师范学院，2018 年改名为江苏师范大学，无锡再一次为他人作嫁衣。

1958 年 9 月，中共中央、国务院发布《关于教育工作的指示》，提出“争取在 15 年左右的时间内，基本上做到使全国青年和成年，凡是有条件和自愿的，都可以受到高等教育”，各地出现了大办高等学校的热潮。1958 年 6 月，江苏省决定新建 16 所高等学校，两个月后，又重新决定新建 59 所高等学校，实际上当时全省新建了 82 所高等学校，其中南京市 21 所、无锡市 10 所、苏州地区 9 所、镇江地区 11 所、扬州地区 5 所、南通地区 5 所、淮阴地区 4 所、盐城地区 8 所、徐州地区 9 所。[③]

这种大跨越很快就撑不下去了。无锡兴办的 10 所高校来得快走得也快，浪费了大量资金，让一批找到新工作的人空喜一场。当然大跃进让无锡高等教育在“失”的同时也有“得”，那就是无锡轻工业学院的诞生。

1958 年 8 月 18 日，南京工学院食品工业系东迁无锡市，在社桥原华东艺专旧址扩建成院，归属省人民委员会领导，命名无锡食品工业学院，后改称无锡轻工业学院。设食品工程、粮食工程、机械工程 3 个系和发酵剂制造工学、食品工学、油脂工学、食品机械、粮食加工与贮藏 5 个专业及 1 个造纸专修科。

学校初建时共有教职员工 174 人。其中专任教师 74 人。专任教师中有教授 4 人、副教授 4 人，讲师 15 人，助教 51 人。在校学生 1028 人。占地 150 亩，房屋建筑总面积 19473 平方米，使用面积 13648 平方米。

建院初期，图书馆馆舍面积 430 平方米，有从南京工学院调来的图书 7000 多册，期刊合订本 1400 多册和散本 7000 多册，学校教育事业费由江苏省财政拨款，1958 年学校事业经费为 31.78 万元，包括南京工学院划出的 9.56 万元。

无锡轻工业学院学生报到后，第一件事是参加大炼钢铁。学校与四中、九中、社桥初中合建第六教育钢铁厂，经过几天筹备，9 月 13 日三号炉正式出铁，直到 10 月 2 日由于形势发展，第六教育钢铁厂完成了历史任务。半个月中共炼出 8080 斤生铁，成本极高。

---

① 黄晓白主编：《南京艺术学院校史：1912～2012》，江苏人民出版社，2012年，第121到122页。
②《我校寒假迁往南京 刘平同志作整改及迁校问题报告》，原载《华东艺专》第四期，1958年2月14日。
③ 江苏省教育志编纂委员会编：《江苏省教育大事记》(1949～1988)，江苏教育出版社，1989年版，第137页。

无锡轻工业学院院长由杨增出任，杨原为无锡市委宣传部副部长，平易近人。学院与地方关系就此变得非常密切，当时无锡轻院报纸上的新闻报道可以作证：

1959 年 2 月 20 日，300 多名学生支援黄巷人民公社灭麻雀。

3 月初，我院接到市委积肥指示后，院里立即进行布置和分配任务，各系又进行简短动员，全院各班级也纷纷提出要求：保证在不影响学习、劳动下，抓紧空隙时间，每人积肥三百斤。为了完成积肥任务，在中午、傍晚、假日里，到处是一片积肥的热闹景象。在积肥中同学们干劲冲天，不怕脏臭，有的跳到阴漕，有的站到垃圾坑里掏污泥；挖泥工具少，同学们就用手挖，弄得满身污泥也不嫌臭。经过半个月积肥，全院积肥五千多担，其中油 82 一个班就积肥五万多斤，平均每人 1600 多斤。

6 月 7 日，我院与全市各机关团体及其他学校一样，到农村去支援夏收。清晨五点钟，全院师生员工 800 多人组成的支援夏收队伍出发了，院党委书记杨增同志头戴草帽排在队伍中间。经过三个钟头步行，到达目的地——钱桥人民公社。队伍分成小队，分别到公社各小队割麦。下午四点钟，紧张的战斗结束了，战果是：割麦 200 多亩，打油菜 2 亩，翻土 8 亩，插秧近 7 亩。

10 月 25 号，早晨六点半钟，全院 1100 多师生员工，排着整齐的队伍，向惠山进军，经过一天紧张劳动，全院共完成大坑 560 个，其中以机械系最好，295 人挖 214 个，平均每人挖 0.72 个，其次是机关，38 人挖 20 个，粮工系 339 人挖 172 个，食工系 434 人挖 174 个。第一次战斗结束了，经过检查，发现不合质量而报废的坑有 45 个。其中机械系 26 个，食工系 19 个；食工系有三人受轻伤；工具保管不够，丢失了 32 件工具。

1962 年位于青山湾的无锡纺织工学院停办，并入无锡轻工业学院，学校开始分设社桥与青山湾两个校区，两校区相隔 3 公里左右，加在一起面积不足 300 亩。此年江苏省普通高校 35 所，南京 24 所、扬州 3 所、镇江无锡各 1 所、徐州 2 所、苏州 4 所。[①] 1961 年到 1963 年，国家经济困难时期，除搞好师生伙食外，学校食堂还养猪 300 头，改善师生生活。

自 1960 年开始，学校开始招收研究生 4 名，其后直至“文革”爆发，每年分别招收研究

① 江苏省教育志编纂委员会编：《江苏省教育大事记》(1949~1988)，江苏教育出版社，1989年版，第137页。
② 当时中专学校生源并不比大学差，他们多为优秀初中毕业生。无锡无线电工业学校直属机械工业部，现改名为江苏信息技术职业学院，迁址到锡城西郊藕塘职教园。

无锡轻工学院酵631班两派同学各自合影(1968)

生人数为 0、3、3、1、3 人。本科生招生 1964 年最多，为 422 人；1962 年最少，为 240 人。一叶知秋，1962 年成为高考最难的一年。

从 1963 年起，无锡轻工业学院隶属关系由原江苏省转交轻工业部，学校经费预算关系划转轻工业部。随即轻工业部先后调陈德钧、季洪、张广洪等干部来校掌权。

“文革”初，全校共有师生员工 2 460 人，其中教职员工 700 人（教师 287，干部 193，工人 201），党员 205 人，团员 1 342 人。设 5 个系部（食工系、机械系、粮工系、纺工系、基础课部），本科在校生 1 757 人，有 57 个学生班级。

1966 年 8 月 11 日晚上，毛主席会见首都革命群众的喜讯传来，“无锡轻工业学院二千多革命师生员工向中共无锡市委贺喜，他们抬着毛主席画像和大红喜报、决心书，举着一面面彩旗，敲锣打鼓，革命师生代表把大红喜报和决心书交给党，向亲爱的党和毛主席表达了把无产阶级文化大革命进行到底的决心。市委书记韦永义、副书记吴镇等负责同志热情地接待了前来贺喜的革命师生员工。当该院副院长何洩代表革命师生员工向党宣读了决心书以后，韦永义同志同大家一起高呼口号。吴镇同志还指挥大家唱《东方红》等革命歌曲”。

1966 年，暑假师生们都没有放假，全身心地投入史无前例的“文化大革命”中。

1967 年初，学校更名为无锡长征大学。因只有一所大学，锡城众多造反成果都“归功”到该校造反派（时称为六二六派），六二六派在社会上虽有众多支持者，可人多势不众，几经沉浮，多数时段都处在对立面九二派打压之下，九二派由一所中专学校——位于梁溪桥旁的无锡无线电工业学校掌控。②

6月27日，青山湾校门口发生火烧铁皮车惨剧，九二派多人被烧死在车中。7月2日晚，九二派武装冲进轻院校内，对留守学校的少量学生发起攻击，烧去了校内大字报棚，教学、实验大楼中大量教学仪器遭破坏，但师生并无伤亡。

因“文革”爆发后，大学停止招生，学校只出不进，到1970年，在校生只剩67人，他们都是造反太积极的学生，留校接受审查。次年65人审查通过，学校仅剩2名学生，而教职员工却有585人；年度预算数71万元。

1972年，校园终于有了一批“新鲜血液”，学校招收第一批工农兵学员，当时没有高考，采用推荐方式上大学。5月2日上午，338名学员参加开学典礼。

“文革”结束后，学校开始回到轨。1977年7月19日，根据中央和中共江苏省委决定，撤走驻院工宣队，这批工人师傅管理大学期间，让部分知识分子身心备受折磨，发生了7起自杀悲剧。9月，教育部确定学校接受食品方面外国留学生，首先由食工系的食品和制糖2个专业接受14名外国留学生，来自几内亚、马里、贝宁、扎伊尔等4个国家。随之通过竞争激烈高考的1977级大学生进入校园。

“文革”期间，职称评审工作长期停摆，1979年，全校确定和晋升讲师158名，副教授5名。一批接近退休年龄的老师仍是讲师职称，如1946年毕业于中央大学机械系的吕庸厚(1924年生)；1944年从昆明西南联大电机系毕业，曾参加抗日远征军的罗家佑(1922年生)；1952年毕业于金陵大学数学系的张遐(1926年生)；1948年毕业于清华大学航空系的冯仕章(1920年生)；1950年毕业于浙江大学机械系的韩云岩(1926年生)；1949年美国奥利岗州立学院研究院毕业的陈舜祖(1921年生)；1954年南京工学院食工系毕业的伦世仪(1928年生)；1958年苏联莫斯科食品工学院研究生毕业的王文生(1932年生)；1950年交通大学化工系毕业的王鸿生(1925年生)，等等。

1979年全校只有4名老教授，他们都年过古稀，分别是73岁的朱宝镛，1935年比利时发酵工业研究院毕业；70岁的沈学源，1934年日本帝国大学农产品加工专业毕业；77岁的黄本立，1931年日本帝国大学农学部毕业；71岁的向瑞春，1937年比利时圣布鲁农学院农产工业系毕业。

1981年学校教授人数终于出现变化，增加了2人，分别为59岁的刘复光，1951年美国依阿华大学博士毕业；67岁的王鸿祺，1939年北平大学农化系毕业。刘复光与王鸿祺评上教授年龄都很大，但在当时却颇引人注目，因为十几年没有人评上教授，而全省评上教授的人数也只有两位数。据江苏省29所老高校统计，“文革”前有教授227名，副教授150名，讲师1 746名。1981年提升教授76名，副教授956名，现有教授403名，副教授1590名。[①]

1983年6月底统计，全校高级职称教师70人（男63人，女7人），其中教授6人，副教授59人，高级工程师3人，副研究员2人，平均年龄57.63岁（最高81岁，最低48岁），平均工资143.48元（最高253.9元，最低88.1元）。[②] 当时更多的教职工年近不惑，每月工资只有60元左右，不得不精打细算过日子。

1983年，全校本科生1 896人，其中招生631人，毕业512人。硕士生招生为18人。全校教工人数1 326人；年度预算数372.14万元。直到1984年，全校本科生在校人数才突破2 000人“小关”。

1984年，国务院批准食品工程专业为博士学位授予点，这是全国第一个食品专业博士点，沈学源教授被国务院学位委员会批准为食品工程的博士生导师，1985年3月15日，第一批博士研究生陶文沂、李强军、葛世军正式报到攻读博士学位，7月29日，76岁的沈学源逝世。次年新增博士生导师3人，他们是汤逢、刘复光、伦世仪。

七、江南大学从市立到国立

由于审批权下放与高速发展的政策指导，从1982年到1985年，高校迎来了增设高峰，3年内，中国内地涌现出301所高等学校，平均每年增长100所，中心城市也先后建设了一批短期职业大学，如汕头大学、深圳大学、广州大学、五邑大学（江门市）、佛山大学、韶关大学、嘉应大学（梅州市）、西江大学（肇庆市）、孙文学院（中山市）、东莞理工大学、惠州大学等。

职业大学是主要为地方服务、不包分配的全日制综合性高等学校[③]，既是高等教育的组成部分，又是高层次的职业教育。学习以三年为期（专科性质），某些专业亦可设四年本科，正式录用的毕业生享受同期大学毕业生待遇。

无锡职业大学1981年成立，首次招收新生209人，在梁溪路龙山之麓征地作为校园。

① 江苏省教育志编纂委员会编：《江苏省教育大事记》(1949~1988)，江苏教育出版社，1989年版，第279页。
② 此统计数据由原无锡轻院校长陈德钧生前提供。
③ 1995年，国家编制内大学才开始不包分配。

无锡高校变化情况表(1948～1984)

年份	1948	1949	1952	1958	1959	1962	1966	1976	1978	1982	1984
学校数	3	3	1	10	5	1	1	1	2	2	3
学生数	875	772	310	2225	2706	1666	1753	1088	1616	2629	5217
教工数	116	90	63	125	168	234	543	316	494	749	899

(无锡市教育局编：《无锡教育新编》，内部资料，1984年，第23页)

1984 年，无锡市委、市政府集资 3000 万元(时一般工人月工资 50 元左右)，将无锡职业大学改建为无锡大学(仍属职大性质)，程志翔任校长。程是无锡人，在北京大学化学系读本科与研究生，对办学非常投入。

为适应对外开放，对内搞活经济，发挥原私立江南大学的影响，1985 年 6 月，报经江苏省政府同意，将无锡大学改名江南大学，学校性质、学制和领导体制不变。聘请全国人大常委会副委员长荣毅仁担任名誉董事长，聘请著名经济学家、无锡人薛暮桥担任名誉校长。本年全校有教职工 524 人，其中副教授 6 人，讲师 123 人，教师 39 人，助教 94 人。本年招生 720 人，在校学生 1496 人。全校占地面积 375 亩，校舍 9 万平方米。

1985 年，荣毅仁向学校捐赠 300 万元，其中 200 万元建立“公益图书馆”，100 万元建立“公益奖学金”基金；1987 年台北市能源航运股份有限公司董事长程志新捐赠 100 万美元，建造“文浩科学馆”[①]，借助这些外部资源，新建的江南大学有了一个良好的开始。

1987 年 10 月 27 日，江南大学召开建校 40 周年庆祝大会，聘请复旦大学夏炎德、上海财经大学马家善、同济医科大学杨晟、华东化工学院汪巩和穆光照、厦门大学万桢、中科院微生物研究所薛禹谷、苏州医学院马骏驷为学校名誉教授，他们都曾在私立江南大学工作过，学校希望利用私立江南大学的资源，借助荣毅仁的力量，赢得一个好的发展前景。

1995 年 2 月 16 日，国家教委批准“无锡轻工业学院”更名为“无锡轻工大学”[②]，1996 年 4 月 23 日批文，同意江南大学升格为本科院校，并改名为江南学院。一年间，无锡这两所大学，一所由大学更名为学院，一所则由学院更名为大学。外界对此“游戏”不知何意，内行知道，没有进入国家编制之前，叫江南大学，教育主管最高机构可以听便，但“收编”后则需要按规定动作，先从学院开始，再通过努力升格为大学。

1995 年起，国家重点扶持 100 所大学，为争夺这块大蛋糕，众多高校都铆足了劲。此年底，北京大学清华大学等 15 所大学拿到第一批“入场券”，无锡轻工大学于 1998 年 3 月作为第四批拿到了这一宝贵指标，此时全国有 78 所大学入围。[③]

211 工程打着不再四处撒胡椒面，集中力量办重点之名，但带来的结果是中国大学的“马太效应”，高校间差距大大拉开。无锡轻工大学这个从没有进入全国重点大学行列的高校能挤进“名流俱乐部”，得力于两点：一是行业特色，学校隶属于轻工业系统，有小学科竞争小的独特优势；二是在轻工业系统 8 所高校间，无锡轻工大学能脱颖而出，也与当时以承欣茂为首的校领导抓住先机积极进取密切相关。

无锡轻工大学诞生后，迎来了几大利好：一是搭上了 211 工程这班列车，这对学校实现弯道超车至关重要；二是 1998 年国务院决定，除教育部外，其他部委将逐步放弃办学职能，实现高等教育“以区域为中心，为区域经济服务”的功能，无锡轻工大学的“主子”也从轻工业部易为教育部，学校经费随之大幅增加；三是省部地方共建，学校与地方的联系从计划经济时的疏远变为市场经济条件下的共存共荣；四是伦世仪教授 1995 年当选中国工程院院士，他是中国发酵工程方向唯一的院士，直到 2017 年他的博士生陈坚当选中国工程院院士，学校院士数量才发生变化。

1999 年起，全国从上到下刮起了一场高校合并风。受 1998 年金融危机影响，无锡经济不景气，某些领导“把办大学看成包袱，想借机扔掉由地方财政负担的这两所学校”[④]，力推江南学院及 1984 年创办的无锡教育学院同无锡轻工大学合并，可在校名问题上是叫江南大学还是无锡轻工大学发生了矛盾，谈了一年，两校都不退步。“由于三校的办学实力悬殊，轻大不少教职工担心并校会稀释学校的办学资源，降低生源质量，影响学校的综合实力，特别是涉及校名的更改，反对者更多，认为将使学校无形资产遭受重大损失，还会伤害大批校友的感情。”[④]

其实无锡轻工大学也有着长期行业办学所形成的弊端：从人们的思维方式看，眼界不够开阔，思想偏于保守，对外校的发展态势知之不多，对校内的改革左顾右盼，对学校的

① 程志新是程志翔校长之兄，时在台湾发展，程文浩是他们的父亲，可惜文浩馆仅使用10年多便拆毁，此地块改为住宅区山语银城，程志新之子又捐资在江南大学长广溪校区重建新的文浩馆。

② “无锡轻工大学”校名由中国佛教协会会长赵朴初亲笔书写，苏州碑标厂用大理石雕刻，可这一校名石碑在2011年毁弃，未能保留。

③ 至1999年底，全国有94所大学进入211，至2008年底此工程收闸，共有115所大学进入211行列。

④ 简大钧：《从企业到学校——回顾世纪之交的大学工作》，高等教育出版社，2012年，第28页。

发展目标缺乏战略性研究，尚未形成总体构思；从教职工行为方式看，满足于小打小闹，一得自恃，宁当鸡头，不做凤尾，缺乏团队意识和协作精神，难以集中力量办大事；从学科专业看，设置面窄强势学科少，文理科比较薄弱，缺乏学科进一步向高端发展的支撑平台；从办学条件看，校区狭小而且分散，缺少进一步发展空间，投入严重不足，科研设备主要还是20世纪80年代依靠世行贷款购置的，已相对陈旧。就说校名吧，它是一份资产也是一份包袱，它打上的行业办学的烙印，也会影响学校办学空间的拓展。从长远看，最终决定学校社会影响力的，是自身的综合实力，校名不是决定性的因素。

2000年夏，简大钧作为一名“空降兵”担任无锡轻工大学党委书记，上级也希望他能以超脱的地位领导这场合并，简认为，“三校合并是学校从单一的行业性很强的工科型大学，快速发展成为一所学科门类比较齐全的多科型大学的一次大好机遇”，但因校名问题谈不拢，一时间无锡市政府与教育部都有不再合并、三校各自发展的意向。

突然峰回路转，2000年“10月中旬，李岚清副总理视察无锡，并到了江南学院。省、市领导在向岚清同志汇报工作时，谈到了三校合并的问题，岚清同志马上表态说：我讲大规模的高校合并工作基本告一段落，并不是要一刀切，今后一个也不动了，条件成熟的还可以继续搞嘛！你们的并校方案酝酿了这么长时间，已经成熟，不能半途而废。至于校名嘛，我在上学的时候就知道无锡有一所江南大学，我看还叫江南大学好。”[①] 2001年2月13日，三校合并组建的新的江南大学宣告成立。

三校合并后，如何理顺新江大的谱系，有不同的解释。这如同魏蜀吴何谓正统，至今还是一团乱麻。现在江南大学追溯自己的源头，有三种不同叙述，一是1902年说，一是1947年说，一是1958年说，这三说，打了不少口水战，难有定论，也很难摆平。

2002年，刚刚合并组建1年的江南大学，就和南京大学、东南大学等高校联合举办了“百年校庆”，将校史追溯到了1902年的三江师范学堂，一下子成了和南大、东南大学肩并肩的百年大学。因为无锡轻工学院的前身是南京工学院食品系，而南京工学院源于1902年的三江师范学堂。这番牵强附会的追根溯源引来了社会不少质疑与冷嘲。

作为民生的食品工业，民国年间众多高校都有一批学者在关注，一般列入农产加工、农业化学、农业制造等专业或方向。私立江南大学1947年诞生时，相关学科定名为农产制造学系。1949年后，强调学习老大哥，任教私立江南大学的朱宝镛教授建议效法苏联，农产制造学系改名为食品工业系，1950 年 12 月 10 日，中央人民政府教育部批准这一建议，由是私立江南大学享有全国第一个食品工业系命名权。

1952 年院系调整时，私立江南大学食品工业系（含面粉专修科）与南京大学农学院农业工程系 、浙江大学农学院的农业化学系、武汉大学农学院园艺系的农产加工组和农学院农业化学系的农产制品组以及复旦大学农学院农业化学系下的一少部分食品相关专业组建南京工学院食品工业系，南京工学院食品工业系由此也成为新中国公立大学里的第一个食品工业系。五所大学相关专业走到一起，何为主、何为次，不易理清。

1958 年南京工学院食品工业系离开六朝古都，来无锡创建无锡轻工业学院，至 1981 年全校只有 4 位教授：朱宝镛（原私立江大食品工业系教授、系主任）、沈学源（原私立江大食品工业系教授）、向瑞春（原武汉大学农业化学系教授）、黄本立（原浙江大学农业化学系教授），这 4 大教授中又以朱宝镛为首，朱担任主管教学副院长达 20 多年 (1958~1983)。

长期在无锡轻工学院工作，20 世纪 90 年代担任无锡轻工学院党委书记的钱慈明，是钱穆的侄子，也是私立江南大学第一届学生。由此也能看到私立江南大学与无锡轻工有着扯不断的关系。

借着高校扩招与大学城建设，2004 年起江南大学开始整体搬迁到长广溪新校区，此校区占地 3 000 多亩，近山近水，从而使学校办学条件得到一个质的提升。

天下最难的事便是拆迁，几千民众要离开自己祖祖辈辈生活的家园，且有些补偿还不合理，拆迁过程中，免不了有冲突，校长书记三次收到菜刀，更有一些针对学生的威胁言论。最终在无锡市委书记王荣支持下，在政府协助下，在简大钧书记等校领导努力下，江南大学成为全国第一个整体搬迁办学的高校，这为学校的管理带来了便利。

2005 年，43 岁的陈坚出任江南大学校长，这位土生土长的无锡人在清华大学读本科，在无锡轻工业学院完成硕士与博士学位，得天时地利人和之便。他在任 15 年，力推攀登计划，大抓科研，引进人才，学校排名大大前移，位居高校排行榜 45 名，被誉为进步最快的大学。2017 年全校教职工 3 206 人，其中专任教师 1 895 人，行政人员 508 人，正高级职称 404 人。2018 年全校在校生数本科 20 191 人，研究生 8 686 人，留学生 1285 人。

---

① 简大钧：《从企业到学校——回顾世纪之交的大学工作》，高等教育出版社，2012年，第29页。

八、高教短板何时休

1948 年，江苏省共有 24 所高校，南京有 12 所，苏州有 5 所，无锡有 3 所，南通、徐州、镇江、丹阳各 1 所。[①] 无论是高等学校数、在校大学生数还是高等教育总体实力，无锡在省内仅次于南京、苏州，名列第三。

1952 年全国院系调整，无锡高等教育受到重创，长期只有 1 所高校。1965 年，江苏省共保留高校 29 所，南京有 17 所，苏州 4 所，徐州 2 所，扬州 3 所，南通、镇江、无锡各 1 所。

1988 年，江苏省有 79 所高校。南京市 31 所，镇江 5 所，苏州 10 所，扬州 7 所，镇江 5 所，徐州 5 所，连云港市 3 所，淮阴 3 所，盐城 3 所，南通 4 所，无锡高校上升到 3 所 (轻工学院、江南大学、无锡轻院纺织分校)，但仍处谷底[②]。无锡高校在校学生数 1952 年，300 人；1978 年 1 200 人；1980 年，1 700 人；1985 年，4 600 人；1988 年，6 100 人。[③]

在教育大省江苏，无锡高等教育抬不起头；与其他地级城市相比，无锡本科院校数量也相形见绌，大学只有 1 所 (2007 年统计)。

2015 年江苏省本科高校，南京 25 所，徐州有 4 所，苏州有 4 所，常州有 3 所，镇江、盐城、淮安、南通、无锡各有 2 所。[④] 而无锡 2 所本科高校有一所是民办太湖学院。无锡高等

2007年我国地市州域高等学校20强城市一览表　　(单位：所)

城市	高校总数	本科院校数	高职高专院校数	城市	高校总数	本科院校数	高职高专院校数
大连	21	12	9	吉林	9	5	4
苏州	17	4	13	廊坊	9	5	4
青岛	14	6	8	常州	9	3	6
厦门	13	3	10	淄博	9	1	8
泉州	13	3	10	株洲	9	2	7
宁波	13	4	9	唐山	8	4	4
保定	11	5	6	牡丹江	8	2	6
无锡	11	1	10	烟台	8	4	4
咸阳	11	5	6	衡阳	8	4	4
潍坊	10	2	8	桂林	8	4	4

(引自郑利霞《我国高等教育布局结构及其逻辑研究》，华中科技大学博士学位论文，2009)

教育总体实力不仅大大落后于南京、苏州，也落后于扬州、徐州、镇江，即使与常州、南通相比，也并不占优，在全省13个城市中处于中等偏下水平，这与无锡经济中心城市和人均国内生产总值居全省第一的地位极不相称。

如果说改革开放前30年，无锡高等教育的落后是源于计划经济时代上级政府的怠慢，那么改革开放后，地方有了一定程度的高等教育自主权，而无锡高等教育未能发展起来，则与主政者密切相关。

1978年3月，江苏省化工局在无锡市创办南京化工学院无锡分院，校址先在惠山之南的忍草庵，全院在校学生240名，教师13人。8月，省革委决定，南京化工学院常州分院并入南京化工学院无锡分院，院址设在马山古竹镇。1981年5月，经国务院批准，该院迁常州，定名为江苏化工学院。⑤

80年代，江苏化工学院、海军电子工程学院、江苏职业技术师范等高校都曾向无锡伸出“橄榄枝”，可惜最后均“花落别家”。

改革开放后，在众多城市对大学大开绿灯之时，无锡主要领导韩本初、马健都反对发展高等教育，他们从“文革”中感受到大学是动乱的发源地，是不稳定的根源，此论来自道听途说，真实原因何在，官方文献也不会有任何记载。据笔者推测，有义务没有权利，从而使地方决策者不愿意这些大学落户无锡。“在相当长一段时间内，无锡人认为办大学应该是国家投资，地方办大学是自找麻烦，而且以精明著称的无锡人向来看重‘谁所有’。”正是这种过分精明，让无锡高等教育发展留下了长久遗憾。原无锡轻工大学党委书记承欣茂不无感慨：80年代每年开全省高校工作会议，南京、苏州、扬州、徐州等城市进出会场的代表总是成群结队，只有他总是一个人独来独往，因为那时候全日制本科院校，无锡就轻工业学院一家。

无锡邻居常州长期没有一所高校，1958年建立了4所高校，但来去匆匆，很快下马；1981年省属化工学院为无锡所不容，却为常州所欢迎。1982年该市集资2 000万元，加上从世界银行贷款165万美元，在常州职工大学基础上办起了常州工业技术学院，1984年又筹建

① 江苏教育志编委会:《江苏高校变迁》, 印刷品, 1988年, 第21页。
② 江苏教育志编委会:《江苏高校变迁》, 印刷品, 1988年, 第47页。
③《无锡辞典》, 复旦大学出版社, 1990年, 第543页。
④ 唐加俊:《无锡市高等教育发展的调研》,《江南论坛》, 2016年第3期。
⑤ 江苏省教育志编纂委员会编:《江苏省教育大事记》(1949~1988), 江苏教育出版社, 1989年版, 第241页

一所以工科为主的职业技术高等师范学校——常州职业师范学院，属市领导，省市共同投资 2 077 万元，1987 年正式开学。[①] 现在常州有 3 所公办大学，而无锡公办大学只有 1 所。

上世纪 80 年代，一些经济中心城市创办市立大学，无锡大学 (后更名江南大学)、深圳大学、广州大学、汕头大学同时破土而出，如今深圳大学与广州大学、汕头大学在全国都有一定知名度，而无锡大学在与无锡轻工大学合并中被融化。如果无锡当年大学重组时，分别以无锡轻工大学与江南学院为主体，联合在锡其他高校，使无锡保留 2 所相互竞争的公办本科大学，也许更有利于无锡高等教育发展。

为填补优质高等教育资源短板，无锡希望借助外力，引进知名大学来锡办校，成立北京大学无锡微电子学院、南京农业大学无锡渔业学院、东南大学无锡分校等。东南大学无锡分校成立于 1988 年，到 2018 年累计在锡培养本科生 2 290 名，研究生 2 272 名，[②] 每年培养本科生与研究生都不到 3 位数；2006 年，北京大学软件与微电子学院无锡产学研合作教育基地在山水路兴建，占地面积 500 亩，规划建筑面积 20 万平方米。实行整体规划、统一设计、分期实施，工程建设全部由无锡市人民政府投入。但终因各种因素，合作失败，该校园 2018 年转给东南大学无锡分校。2018 年，无锡又引进南京信息工程大学滨江学院，在锡山大道 1300 号拨地 1 100 亩。无锡这种做法，对本土高校发展其实贡献很有限，因为在我国高等教育发展的各类统计中，有两类机构不计入校数，一类是经国家批准设立的普通高等学校分校 (院)、大专班 (办学点)；另一类就是独立学院。

外来和尚会念经，对本土高校，无锡政府没有予以足够重视与支持。2000 年出任无锡轻工大学党委书记的简大钧，行政级别正厅级，与无锡市长平级，但他发现，在一些地方官员眼中，其地位并不高。“高校领导的级别不管你定多高，在政府官员的心目中你只是个基层单位，谁都有向你发号命令的权力。记得我刚到无锡不久，去参加一个有数百人参加的市委扩大会议，怎么也找不到自己的座位，后经人指引，才知道是在最后一排的角落上。”[③]

1948 年无锡有 3 所高校，1978 年无锡只有 1 所高校，1981 年为 2 所，1999 年为 2 所。可以说 20 世纪下半叶，无锡高等教育发展严重滞后。21 世纪初，无锡后知后觉，才重视办高校，高校数短短几年间翻了几倍，由 2000 年 4 所，到 2004 年 11 所，2006 年 12 所。

2018 年无锡有普通高校 13 所，在校生超过 12 万人，另有高校分校 3 所，高校研究机构 5 个。这一数字在江苏 13 个地级市中排名偏后。苏州有高校 21 所，在校生 21.9 万人；

江苏各城市普通高校数量(2024)

城市	本科层次高校						专科层次高校
	总计	部属	省属	市属	民办	中外合作办学	
南京	35	8	16	2	9	0	18
苏州	9	0	3	1	3	2	17
徐州	6	1	2	1	2	0	6
常州	3	0	2	2	0	0	8
无锡	3	1	0	1	1	0	11
南通	3	0	1	2	0	0	6
镇江	4	0	2	0	2	0	4
扬州	3	0	1	0	2	0	6
泰州	5	0	1	0	4	0	2
连云港	2	0	1	0	1	0	3
淮安	2	0	2	0	0	0	5
盐城	2	0	2	0	0	0	5
宿迁	1	0	1	0	0	0	3

青岛有普通高校 29 所，在校生 36.5 万人；宁波有普通高校 15 所，在校生 15.5 万人；大连有高校 30 所，在校生 37 万人。④“高层次高等教育资源的匮乏，已经制约了无锡城市现代化建设和产业结构转型升级，成为无锡深入实施创新驱动战略所必须面对和解决的问题”。⑤

2018 年，无锡市委、市政府制订《关于推动高等教育创新发展的若干意见》并采取诸多大动作。其一，引进南京信息工程大学滨江学院，在锡山大道 1300 号拨地 1100 亩。2021 年因国家要求独立学院脱离公办大学，滨江学院便华丽转身为无锡学院，由民办变公办后，学费大减，生源转好。其二对江南大学，给了大量真金白银扶持，校地融合大大加强。

大学是城市创新发展的动力引擎，为城市提供智力支撑，涵养城市文化品味，是一张不可或缺的城市名片。江苏 34 所省属本科高校分布在全省 12 个地级市，只有无锡是空白点，这种局面是如何形成的，笔者不知内情。

① 江苏教育志编委会：《江苏高校变迁》，印刷品，1988年，第39页。
② 陈春贤：《重磅！无锡这所大学将整体搬迁，新校区启用时间已敲定！》，《无锡日报》，2019年11月12日。
③ 简大钧：《从企业到学校——回顾世纪之交的大学工作》，高等教育出版社，2012年，第143页。
④ 胡忠均：《无锡高质量发展亟需高等教育崛起》，《无锡日报》2018年7月23日。
⑤ 唐加俊：《无锡市高等教育发展的调研》，《江南论坛》2016年第3期。

后记

拙著诞生于2018年，2021年出了增订版，2024年增订版第二次印刷，2025年第三版问世。一本地方读物，口径限制，读者面注定有限，但7年间却出了三个版本，大大出乎笔者意料。这里最应感谢的一是本书责编陈立群先生，乐意为他人作嫁衣，他的鼎力帮助，拙著才有机会更新迭代；二是关注拙著的读者，因为各位的喜爱，拙著在阅读被短视频打得“落花流水”的时代还有存在感与生命力。

经济的快速发展，城市间的竞争日趋激烈，作为一个地级市，在与直辖市、计划单列市、省会城市的竞争中，无锡不占便宜，但表现可圈可点。若论人均GDP，从2020年开始，无锡就风光无两，持续5年登顶全国大中城市首位。在内地城市排名中，无锡经济规模近年稳居第14位，其出口总额第12位(2024)，工业营收第11位(2023)。

2025年初，中央电视台总台春晚和元宵晚会在无锡设置分会场，有关部门精心策划，舞台紧邻水系，镜头中呈现的，不仅是江南的文脉绵延与小桥流水，更是现代化江南的奋发进取与勃勃生机，映照出无锡的时代面孔，从而为城市带来了巨大流量。

拙著第三版对照片有所增减。责编陈立群先生因长期主持《民间影像》，他在历史照片搜集整理方面，耕耘多时，路子多、人脉广，其精心寻觅的老照片，达到了一图胜万言的传达效果。

拙著内容上除一些小修小补外，大调整有三处，删除顾倬顾衡篇，增加运河、东林书院与李超琼三大块。1902 ~ 1903年李在无锡任县令，其日记保存了丰富的乡土信息——政府、交通、景点、文化等多方面，笔者借助一场虚拟访谈，让读者重返120多年前的生活场景。喜欢访古的游人来无锡必到东林书院打卡，有关介绍汗牛充栋，笔者的梳理与解读，在新材料与新视角上费了心思，没有人云亦云。运河沿线几十个大大小小城市中，无锡与运河“最亲”——它曾穿城而过，当今城中心车水马龙的中山路曾是其主航道，水运衰落让今人难以理解运河曾经的辉煌，希望笔者的文字让您能对无锡段运河有新的认知。

著名学者王笛言，史学著作分为两大类，一是史学研究，一是史学叙事。史学发展需要两翼齐飞，可受众更广的史学叙事长期不受重视，这种局面应当改变。拙著仅是史料的搬运工，让史料说话，未做过多阐释与发挥。一些人看来，这工作不难，其实内行明白，发掘史料，不仅要钻故纸堆，还要四处“钻营”。如在寻找东林书院高清历史照片时，一度陷入困境，档案馆、图书馆、网上所见均缺少新意与历史感。正无从下手时，无锡市公安局顾颖警官指路，到东林小学校史馆看看；借助东林中学叶映峰校长牵线搭桥，得以与东林小学武凤霞校长联系，朱德胜副校长倾囊相助，拙著中从而有了极珍贵的东林照片。

拙著第三版修订时，众多师友予我帮助，尤其是锡惠景区文化总监金石声先生百忙之中，细读拙著，斧正错讹。

今年是笔者退休之龄，也是来无锡谋食整整30载，见证了无锡城的“疯狂扩张”与品质提升；这期间，因地方研究有幸结识了一批抬举我支持我的新闻界、政府界、教育界、企业界、文化界等领域的领导与师友：接玉松、顾必成、李跃光、阚乃庆、朱重阳、许沁、陈琳、苏迅、汤可可、钱江、浦学坤、浦文昌、张振强、陈文源、刘桂秋、庄若江、黑陶、郁有满、李广平、鲁晓军、葛红、金石声、张建清、范世涛、卢迎安、毛勤勇、朱刚、王星、徐仲武、高来东、孟明锋、顾颖、章虹、陶潜、顾群涛、夏刚草、姚起亚、周孜正、王兴亮、孙铮明、阎智海、于书娟、武频圆、刘晴、顾烨青、秦韶华、代福平、耿晨亢、伍大福、任翌、顾健、管毓鹏、钱汝伉……

AI的快速发展，使人类的写作面临巨大挑战，在现有知识重组方面，人类显然不是其对手，只是用“一手的”语料与素材，AI还替代不了。笔者曾以东林书院为题，要DS写一篇兼具学术性与可读性的文章，DS几次作业都达不到拙著东林篇的水准，因为笔者发掘的硬核材料，数据库还未收藏。

再次感谢所有关注拙著的人们！无锡这座工商名城的文化密码值得您去深入探寻。

汪春劼

2025年春于江南大学